KB214581

십자가에 관해서 한국어로 두 번째로 나오게 된 차재승 교수의 이 책은 여러 측면에서 장점을 가진다. 우선 이 책은 십자가와 관련해서 흔히 사용되는 은유들(대리, 교환, 형벌, 승리, 속죄 등)이 십자가의 실체를 이해하는 데 유용하면서도 한계를 지녔다는 생각에서 출발한다. 이런 신학적 민감성은 지금까지 제안된 십자가에 대한 이해를 비판적으로 보도록 해주며, 그렇다면 무엇이 십자가에 대한 바른 이해이며 바른 사고인지 독자로 하여금 의문을 가지도록 만든다. 차재승 교수는 7인의 신학자들로 하여금 이 질문에 답하게 하며, 이를 통해 그들의 십자가 사상의 핵심을 드러내는 동시에 내재된 문제를 노출시킨다. 마침내 차 교수는 독자들을 "십자가 그 자체"로 다가서도록 이끌고 간다. 그리하여 그리스도의 십자가 자체에서 죽음과, 죽음에 의한 죽음의 죽음을 보게 하고 그로부터 넘쳐나는 생명이 그리스도의 십자가의 핵심임을 드러낸다. 이 책은 신학생과 목회자들에게는 1차 문헌 독해를 통한 신학적 사고 훈련을 하는 데 크게 도움이 될 것이고, 성도들에게는 그리스도와 함께 죽고 함께 살아가는 삶이 일상에서 얼마나 소중한지를 일깨운다는 점에서 한국 교회를 다시 세우는 데 기여하리라 믿는다. 진심으로 이 책을 여러분께 추천한다.

강영안 | 서강대학교 철학과 교수

작년에 나온 십자가 신학 제1권 『십자가, 그 신비와 역설』(새물결플러스)에 이어 출간된 이 책은 십자가 신학을 전통적 개혁주의 신학사의 맥락 안에서 전개하고 있다.

이 저서는 오늘날 번영 신학으로 자본주의화·상업주의화 된 한국과 미국 등 세계 교회의 경향에 반대해서, 기독교 복음의 핵심인 십자가 신학의 진수를 보여준다. 루터가 16세기 당시 오염된 중세의 "영광의 신학"에 대해 십자가 신학의 논제를 제시하면서 종교개혁의 토대를 마련했던 것처럼, 저자는 번영과 양적 성공 지향으로 얼룩진 한국 교회 목회와 신학을 향해, 인간 죄와 심판을 대신 짊어지신 하나님의 아들 예수 그리스도의 십자가 사건을 성경적·개혁신학적인 토대에서 다룰 뿐만 아니라 더 나아가 전통적인 개혁신학에서 다루는 대속론의 폭을 넓혀 "십자가 그 자체로"라는 개념을 제시한다. 그는 십자가가 본질적으로 "획득과 죽임"이 아니라 "상실과 죽임 당함"이라고 이해한다.

차 교수는 유형적으로 교회사에 나타난 7신학자의 십자가 사상을 소개하고 십자가 그 자체에 대해 깊이 있게 신학적으로 분석하며 비평적 평가까지 하면서, 저자 자신의 십자가 신학을 전개한다. 그는 교부 시대와 중세와 현대에 이르는 위대한 신학자들의 사상을 통시적·공시적으로 소화하여 신학적 사색의 완숙에 도달하고 있다. 대중적 인기에 영합하는 신학 서적이 범람하는 세태 가운데, 이 책이 한국 신학계에 신학의 진수, 십자가 신학의 진수를 다시 한 번 상기시키며 오도된 교회의 경향에 경종을 울릴 것으로 기대한다.

김영한 | 기독교학술원장

이 책에서 저자는 기독교회사에서 십자가의 구원론을 다양한 방식으로 천착한 7명의 신학자의 십자가 이해를 독창적으로 재해석하며 자신의 십자가 이해를 "그 자체로서의 십자가"와 "넘치는 십자가"의 틀로 제시한다. 나사렛 예수의 십자가 죽음을 구원론이나 교회 성장론에 종속시키는 기독교 제국주의나, 도덕적 모범 정도로 축소하려는 19세기 자유주의 신학, 그리고 기독교회사에 나타난 다양한 십자가 이해의 불충분성을 비판적으로 조명하는 이 책은 특히 구원 효용론의 십자가 이해를 경계하고 있다. "십자가 그 자체"에 대한 이해가 천박한 상황에서는 "넘치는 십자가" 이해에 이를 수 없음을 잘 보여주는 것이다. "그 자체로서의 십자가"는 나사렛 예수의 십자가 죽음이 하나님과 그분의 아들 예수 자체에게 무엇을 의미하는 사건인가를 추적하는 가운데 등장한 개념이다. "그 자체로서의 십자가"는 저자의 핵심 사상으로서, 십자가가 인간의 이성이나 종교적 상상이 근접할 수 없는 하나님의 고유 사역이자 신비 그 자체라는 이해에서 출발한다. 이 중심 논지를 이해한 후에야 독자는 "넘치는 십자가"의 향연에 참예할 수 있다. 어렵고 생경한 신학 용어들이 매끄러운 읽기를 다소 지연시킬 수 있지만, 이 책은 한국 보수 교회에서 강조되는 형벌 만족설적 십자가 이해와 세속적·자유주의적인 교회에서 강조되는 도덕 감화설적인 십자가 이해 사이의 불필요한 긴장과 대립을 발전적으로 통합할 것이다. 인내를 가지고 끝까지 독파한 독자는 삼위일체 하나님의 심장에서 오고 간 대화를 엿듣는 듯한 감격을 맛볼 것이다.

김회권 | 숭실대학교 기독교학과 구약학 교수

차재승 교수의 십자가에 대한 책이 우리 손에 들려졌다. 차 교수가 네덜란드 자유대학에서 쓴 박사학위 논문의 일부가 이제 한국어로 독자들에게 소개된 것이다. 이 책에서 저자는 원전에 세심하게 천착해서 선배 신학자들과 깊이 있고 진지한 대화를 시도한다. 따라서 독자들에게도 꼼꼼하고 주의 깊은 읽기가 요구된다. 우리는 이 책을 깊은 사색과 더불어 읽어가야 할 것이다. 우리가 이 책을 기반으로 해서 성경과 진정한 신학에 보다 충실한 십자가 이해로 나아간다면, 이것은 저자에게도 큰 보람이 될 것이라고 확신한다. **이승구** | 합동신학대학원대학교 조직신학 교수

십자가는 기독교 신앙의 알짬이자 뿌리다. 그 십자가를 신앙적 겉멋을 위한 장식품이나 심리적 위안물로 삼아 편하게 생각해온 데 기독교 역사의 왜곡이 있고 오늘날 한국 교회가 앓는 병통의 원인이 있다. 이 책은 그 험한 역사의 탁류 속에 그나마 십자가 정신을 살피고 높이려 애써온 신학자와 교회 개혁가들의 사상적 정수를 뽑아, 다시 이 컴컴한 세상에 십자가의 계몽을 선사한다. 살려야 할 연약한 생명들을 침몰하는 배에 가두어둔 채 저 홀로 살겠다고 도주하는 이 절망적인 무책임의 세태 속에서, 죄인들을 살리기 위해 예수께서 지신 십자가의 그 심오한 역동성이 이 책을 통해 부활했으면 하는 마음 간절하다.

차정식 | 한일장신대학교 신학과 신약학 교수

이전 책 『십자가, 그 신비와 역설』은 예수의 죽음과, 그 죽음이 믿는 자들에게 가지는 중요성을 다루는 성경 본문들에 대한 연구였다. 이 책에서 차 교수는 이전 연구 주제를 계속해서 탐구하고 있다. 이 책은 7명의 신학자의 십자가 사상을 탐색한다. 하지만 단순하고 피상적인 역사적 개론의 수준에 그치는 것이 아니라, 그리스도의 구속적 죽음을 이해하는 데 혁혁한 공헌을 한 신학자들을 다루면서, 그들의 사상에 대한 신선하고 통찰력 넘치는 분석을 제공한다. 이 책은 십자가 사상이라는 주제 연구에 중요한 공헌을 할 것이다.

존 헤셀링크 John Hesselink | 웨스턴 신학교 조직신학 교수

이 책은 신학 연구에서 쉽게 찾아보기 힘든 심오함을 보여준다. 왜냐하면 이 책은 신학적 유형들을 설명하는 데 그치지 않고 기독교 사상의 심도 있는 질문들을 파고들며 거기에 천착하기 때문이다. 주관성이 지배하는 이 시대의 교회와 기독교 저술의 경향에 대해 차재승 교수는 그리스도의 십자가의 객관적 실재, 곧 십자가 그 자체를 우리 사상의 초점으로 삼는다. 십자가야말로 진정으로 기독교 신앙의 가장 견고한 기초이며, 심지어 모든 인간의 신뢰가 사라져버릴 때조차도 바로 이 초석으로부터 은총이 흘러넘친다.

아브라함 판 드 베이크Abraham Van de Beek │ 네덜란드 자유대학교 조직신학 교수

7인의 십자가 사상

7인의 십자가 사상

십자가 그 자체로부터 넘치는 십자가로

차재승 지음

Holy
WavePlus

차례

약어

ACW   *Ancient Christian Writers: the works of the Fathers in translation.* Westminster: The Newman, 1946-.

A. H.   *Against Heresies.*

ANF   *Ante-Nicene Fathers,* eds. Alexander Roberts and James Donaldson. 10 vols. Peabody: Hendrickson Publishers, 1995.

CCEL   *Christian Classics Ethereal Library.* Grand Rapids: Calvin College, 2000. Database on-Line, http://www.ccel.org.

CDH   *Cur Deus Homo.*

CR   *Corpus Reformatorum.* Brunsvigae: Schwetschke (Bruhn), 1863-1900.

DCV   *De Conceptu Virginali et de Originali Peccato.*

FC   *The Fathers of the Church.* New York: Christian Heritage; Washington: The Catholic University of America Press, 1947--.

LCC   *The Library of Christian Classics.* 26 vols., eds. John Baillie, John T. McNeill, and Henry P. Van Dusen. Philadelphia: Westminster Press, 1953-69.

LF	*A Library of Fathers of the Holy Catholic Church.* Oxford: J. H. Parker, 1838-1888.
LW	*Luther's Works.* Vols. 1-30, ed. Jaroslav Pelikan. St. Louis: Concordia Publishing House, 1955-86; vols. 31-55, ed. Helmut Lehmann. Philadelphia: Fortress Press,1955-86.
MPG	*Patrologia Cursus Completus Series Graeca,* ed. Jacques Paul Migne. Garnier, Parisiis.
MPL	*Patrologiae Cursus Completus Series Latina,* ed. Jacques Paul Migne. Garnier, Parisiis.
MRH	*Meditatio Redemptionis Humanae.*
NPNF1	*Nicene and Post-Nicene Fathers.* First series 14 vols., ed. Philip Schaff. Peabody: Hendrickson Publishers, 1999.
NPNF2	*Nicene and Post-Nicene Fathers.* Second series 14 vols., eds. Philip Schaff and Henry Wace. Peabody: Hendrickson Publishers, 1999.
OWC	*Oxford World's Classics.* Oxford: Oxford University Press, 1994-.
Proof	*Proof of the Apostolic Preaching.*
SC	*Sources Chretiennes.* Paris: Les Editions du Cerf, 1941-.
Sermons	*The Complete Sermons of Martin Luther.* 7 vols., eds. John Nicholas Lenker and Eugene F. A. Klug. Grand Rapids: Baker Books, 2000.
Stieren	*Sancti Irenaei Episcopi Lugdunensis Detectionis et Eversionis Falso Cognominatae Agnitionis seu Contra Omnes Haereses Libri Quinque,* ed. Adolphus Stieren. Lipsiae: T. O. Weigel, 1853.
WA	*D. Martin Luthers Werke. Kritische Gesamtausgabe.* 67 vols. Weimar, 1883-.

십자가 그 자체와
넘치는 십자가

지금까지 예수 그리스도의 십자가를 어떻게 해석할 것인가 하는 문제에
대한 논의가 많이 있었다. 십자가에 대한 다양한 해석이 존재하는 까닭은
십자가 사상이 채택하는 유형, 유비, 은유의 차이 때문만이 아니라 그리스
도의 사역이 누구에게 영향을 끼쳤는가에 대해서 서로 다른 차원의 해석
을 가지기 때문이기도 하다. 이런 해석의 다양성에도 불구하고 그동안 우
리는 주로 "십자가를 어떻게 이해할 것인가?"라는 주제, 곧 십자가의 의미
해석에 초점을 맞추어왔던 것이 사실이다. 그러나 십자가의 **실재**는 십자
가에 대한 **해석**을 앞선다. 인간의 논리는 인과관계, 필연성, 교환, 은유, 이
해 가능성, 유비, 추론에 주로 의존하기 때문에, 십자가 사건의 실재는 인
간의 논리 너머에 있다. 따라서 하나님의 거룩하고 신비한 자기희생을 인
간의 논리 체계 속에 가두고 이해할 수 있다고 생각하는 것은 십자가에서
그리스도를 끌어내리는 것이다(막 15:30). 우리는 그리스도의 십자가와 그
의 옷을 동일시할 수 없고(막 15:24), 그리스도 좌우에 있던 행악자와 그리

스도를 동일시할 수 없다(눅 23:40). 십자가의 실재와 그것의 의미에 대한 해석 사이에 존재하는 피할 수 없는 괴리로 인해서 다음과 같이 질문할 수 있다. 우리의 모든 주장과 관계된 근원으로서의 **"십자가 그 자체"**는 무엇인가?

"그 자체로서의 십자가"(the cross as such), 곧 "십자가 그 자체"는 십자가에 대한 해석이 아니라 우리의 이해가 출발하는 십자가의 실재다. "그 자체로서의 십자가"는 관계적인 실재라기보다 본질적인 실재다. 곧 예수께서 십자가에서 돌아가셨다는 사실이 다른 어떤 질문, 곧 "이것이 우리에게 어떻게 영향을 미치는가?" 혹은 "왜 십자가가 필요한가?"라는 질문보다 더 본질적이다. 따라서 "그 자체로서의 십자가"와 십자가에 대한 해석 사이에는 신학적인 판단 중지(epochē)가 필요하다. 하지만 이 책은 십자가 그 자체에 관한 십자가론만을 대상으로 삼지는 않는다. 이 책의 시도는 다만 십자가 그 자체와 넘치는 십자가(cross overflowing)라는 패러다임을 의식하는 가운데, 기존의 다양한 십자가 사상을 연구하면서 십자가의 신비와 깊이에 더 가까이 가려는 것이다. "십자가 그 자체"에서 "넘치는 십자가"로 나아가는 십자가 이해를 전개하면서 십자가의 실재라는 문제에 주의를 기울이면, 그동안 관습적으로 받아들였던 (1) 십자가 해석의 많은 문제를 깨닫게 될 뿐만 아니라 (2) 그것들의 연관 관계를 파악할 수 있게 되고, 그리하여 (3) 다양한 십자가 이해를 포괄적으로 수용할 수 있게 된다.

다섯 가지 점. 십자가에 대해 논의할 때 "십자가 그 자체"로부터 시작해야 한다는 주장은 십자가의 근원을 인간의 지성으로는 알 수 없다는 주장과 동일하지 않다. 십자가 그 자체로 돌아가고자 하는 이 책의 의도에 내포된 신학적·교회적 의미는 다음과 같다. 첫째, "십자가 그 자체"는 세속주의와 기독교 제국주의에 빠질 위험으로부터 그리스도인들을 보호한다. 한국에서는 많은 그리스도인이 자신의 신학적인 경향과 무관하게 "승리합시다!"라는 인사를 나눈다. 이런 인사는 세속적인 가치를 극복할 수 있는 영적·종교적 승리를 의미하는 것에서 출발했다. 그러나 이 인사는 종종 성공, 명예, 권력의 쟁취를 포함하는 세속적 가치 지향을 드러내기도 한다. 교회는 자주 세속 가치를 추구하는 도박장, 또는 타문화와 타민족을 말살하는 호전적 전투장이 되기도 한다. 그러나 십자가는 본질적으로 "획득과 죽임"(gaining and killing)이 아니라 "상실과 죽임 당함"(losing and being killed)이다. 십자가 이해가 죽음에서 생명으로 지나치게 빨리 전환될 때, 희생과 섬김이라는 기독교 고유의 정체성을 상실한다. 기독교 세속주의와 제국주의를 초래하는 천박함은 십자가를 "결과 중심적 틀" 속에서 이해할 때 생긴다. 인간은 십자가 앞에서(*coram cruce*)조차 예수님의 옷에 더 관심이 많다(요 19:23). "그 자체로서의 십자가"는 우리 관심을 예수님의 죽음으로 다시 돌리는 것을 목표로 한다. 생명이 오로지 죽음 다음에 오기 때문이고(요 12:24), 죽음 없는 생명이 결코 죽음을 대체할 수 없기 때문이다.

둘째, "그 자체로서의 십자가"로부터 십자가에 대한 논의를 시작할 때에만 우리는 대신론(substitutionary perspective)과[1] 도덕적 모범론(moral

---

1. 일반적으로 substitutionary perspective를 대속론(代贖論)으로 번역하지만, 대속론이라는 용어는 법정적·상업적 의미를 가지고 있기 때문에 substitutionary perspective의 의미를 포괄적으로 표현하기 어렵다. 따라서 죽음, 죄, 질병, 인간의 한계를 짊어지신 그리스도의 사역이 가진 포괄성을 부각하기 위해서 이 책은 "대신론"(代身論)이라는 용어를 사용한다. 이는 결코 법정적·상업적인 의미를 희석하기 위해서가 아니라, 이를 포함하는 더 넓은 의미를 수용하기 위해서임을 밝혀둔다. 4장 오리게네스, 5장 캠벨의 십자가 사상을 다루는 곳에서는 대속의 의

exemplary theory)의 논리적 우선순위를 명확히 알 수 있게 된다. 대신론이 모범론보다 논리적으로 앞선다. "예수님은 십자가를 통해 우리에게 모범을 보이셨고, 우리가 따라야 할 것을 대신하신 것이 아니라 대표하셨다"라는 모범론의 주장은 심각한 논리적 문제를 가지고 있다. 사실상 죽음이 아무런 매개체 없이도 도덕적 가치로 전환될 수 있는 방법은 없다. 죽음은 인간의 **도덕적 가치**가 아니라 인간의 **실재**다. 우리는 죽기 위해서 예수님을 따를 필요가 없다. 우리 모두는 언젠가는 반드시 죽기 때문이다. 예수님의 죽음을 도덕적인 모범으로 이해하는 자들은 죽음과 도덕적 가치 사이를 연결하는 개념들—예를 들어 희생—이 전제되어 있음을 간과한다. 죽음은 희생이라는 덕목을 통해서만 비로소 도덕적 가치를 갖게 된다. 자연적 죽음이나 자살, 질병으로 인한 죽음은 결코 도덕적 가치로 전환될 수 없다. "도덕적 가치를 갖게 하는 그 무엇"이 죽음과 도덕적 가치 사이의 연결 고리를 제공한다. 따라서 십자가의 도덕적 측면은 결코 십자가의 희생적 측면보다 논리적으로 앞설 수 없다. 이런 혼동은 바로 십자가 이해의 출발점을 "십자가 그 자체"로 삼지 않았기 때문에 일어난다. 하지만 십자가에 대한 이해를 "그 자체로서의 십자가"에서 시작해야 한다는 점을 올바로 인식할 경우에, 우리는 십자가를 이해하면서 결코 도덕적 가치에 우선순위를 둘 수 없음을 분명히 깨닫게 될 것이다.

셋째, "십자가 그 자체"로부터 십자가의 의미에 대한 해석을 시작하면,

미일 때 "대신"보다 "대속"을 사용하고, 8장 "칼뱅의 대속"에서도 "대신"보다는 "대속"을 주로 사용하는데, 그 이유는 칼뱅의 십자가 사상이 대단히 포괄적임에도 불구하고 법정적인 의미를 가지는 형벌적 대속론(Penal Substitutionary Theory)이 그의 주된 십자가 사상 중 하나이기 때문이다.

많은 오해와 비판을 받고 있는 대신론을 **새롭게 정의**할 수 있게 된다. 그리스도의 대신이 인간사에서 일어날 수 있는 대신과 다르다는 것을 십자가 그 자체로부터 출발할 때 더 명확히 알 수 있기 때문이다. 일반적 대신의 두 가지 특징은 (1) 능력, (2) 위치/거리다. 첫 번째 특징인 능력은 대신하는 자가 대신받는 자들이 하지 못하는 것을 대신함을 의미한다. 예수님이 인간을 대신하신 것도 능력이라는 측면에서는 일반적 대신과 유사하다. 인간은 스스로를 짊어질 수 없다. 죄에 대한 기억만으로도, 우리는 자기 자신을 짊어지기는커녕 오히려 스스로에게서 떠나기를 늘 소망한다. 우리는 하나님을 떠나서 스스로 웅덩이를 팠고(렘 2:13), 따라서 사망이 왕노릇하고 있다(롬 5:17). 종국에 우리는 먼지로 돌아가야 하는 존재다. 우리는 시간과 공간에 매여 있는 삶을 살아가는 우리 자신에게로 버림받았다. 그러므로 우리는 우리 자신을 짊어질 수 없다. 그러나 예수님이 자신의 피와 살을 우리와 나누심으로써 우리를 짊어지시고 십자가에 포함시키신다. 두 번째 특징인 "위치" 혹은 "거리"는 대신하는 자가 대신당하는 자를 대체하고, 따라서 배제한다는 의미다. 일반적인 의미에서, 대신하는 자에게 일어나는 것이 대신당하는 자에게는 일어나지 않는다. 그들은 서로 교환 (commercium)되었기 때문에 동일한 시간과 공간을 공유할 수 없다. 그러나 **예수님의 대신**은 이런 **일반적 대신**과 다르다. 우리가 그리스도와 함께 십자가에 못 박혔기 때문이다(롬 6:8; 갈 2:19). 예수님의 대신에서 대신당한 우리가 대체되거나 축출되지 않고, 대신하는 예수님과 대신당하는 우리가 함께 십자가에 못 박혔다. 그리고 이런 십자가 사건을 계속해서 살아가는 것이 성찬인데, 성찬에서 우리는 그리스도의 몸과 피를 먹고 마신다. 이 거룩한 하나 됨의 의미를 일반적 대신의 개념으로는 도저히 설명할 수 없다. 바로 이 점에서 예수님의 대신은 일반적 대신과 의미가 아주 다르다. 어떤 이들은 일반적 대신을 근거로 대신론이 잔혹하고 배타적·외적·법률적·기계적이라고 비판하면서 대신론은 하나님과 인간의 관계를 잘 드러내지 못한다고 주장한다. 그뿐 아니라 바로 이런 대신론의 결점을 보완할 대안으로 도덕적 모범론을 주장하기도 한다. 그러나 이들의 비판은 우리를 십자가에 포함시키신 예수 그리스도의 "성경적 대신"이 아니라 일반적 대신을 근거로 한 것이다. 예수님은 자신을 인간과 나누어 가지심으로써(by sharing himself), 자신을 인간에게 연합시키셨다(he unites himself with humanity). 예수님의 대신은 인간을 배척하고 축출하는 것이 아니라 십자가에서 함께 죽음으로써 새로운 공동체, 곧 함께 죽는 공동체를 만드는 것이었다. 예수님의 대신은 대신하는 자가 대신당하는 자들 속에서 대신당하는 자들과 함께하는 대신이다(he substitutes himself for humanity in and with humanity). 인간사의 어떤 관계도, 십자가 위에서 인간과 예수님이 함께 죽는 이 사실보다 더 긴밀하고 인격적인 관계는 없다. 예수님이 자신을 인간에게 나누어주시고 짊어지셨을 때, 인간은 예수님과 함께 십자가에 못 박혔다. 법정적·상업적·제의적인 틀을 빌리지 않고 예수님과 인간이 함께 십자가에 못 박혔다는 가장 원초적인 실재, 곧 십자가 그 자체로부터 예수님의 대신을 올바로 정의한다면, 인간과 예수님 사이에는 어떤 간격이나 거리도 존재하지 않는다. 일반적 대신을 넘어서는 예수님의 대신이 인간의 사회적 틀에 의존하는 일반적 대신과 궁극적으로 얼마나 다른가 하는 것을 "십자가 그 자체"가 분명히 드러낼 것이다.[2]

---

2. 그리스도와의 연합(*unio cum Christo*)은 기독교 신학의 핵심 가운데 하나며 개혁신앙의 근

넷째, "십자가 그 자체"로부터 시작한다는 것은 예수님의 십자가 사역이 가진 다양한 의미에 대한 해석을 배제하는 것이 아니라, 오히려 "십자가 그 자체"로부터 "넘치는 십자가"에 이르는 신비를 통해 하나님의 풍요로운 일을 이해한다는 것이다. 따라서 십자가의 영성과 윤리적 측면을 십자가론 속에 수용할 수 있게 된다. 간혹 십자가의 대신적 측면을 지나치게 강조하면서 십자가를 통해 예수님이 인간 윤리에 미친 영향을 과소평

간을 이룬다. 그리스도와의 연합은 신비한 연합(*unio mystica*)인데, 간혹 **인간**이 어떻게 하나님과 연합할 것인가라는 주제로 왜곡되는 경우가 있다. 하지만 그리스도와의 연합은 **그리스도**를 중심으로 발생하는 기독론적 패러다임이 우선이고, 그 다음에 인간이 그리스도에게로 연합되는 것이 뒤따른다. 따라서 그리스도와의 연합은 다음의 4단계로 세분된다. (1) 그리스도가 자신을 인간에게 연합시키신다(Christ unites himself with humanity). (2) 그리스도가 인간을 자신에게 연합시키신다(Christ unites humanity with himself). (3) 우리가 그리스도에게로 연합된다(We are united with Christ). (4) 우리는 우리 자신을 그리스도에게 연합시킨다(We unites ourselves with Christ). (1)은 성육신의 진실성을 위해서 필수적인 요소이고, 초기 교부들이 그리스도의 인성에 주목할 때 강조했던 점이다. (2)는 고기독론(High Christology)의 핵심적인 내용이고, 알렉산드리아 학파의 중심 사상이기도 하다. 인간 중심적인 기독론이 아닌 그리스도 중심적인 기독론에서 (1)과 (2)는 반드시 함께 강조되어야 한다. 그리스도 중심적인 "그리스도와의 연합"은 특히 **십자가**에서 더 강력하게 드러나는데 (1)과 (2)는 이레나이우스와 판 드 베이크의 십자가 사상에서 주로 다루어질 것이고, (3)은 칼뱅의 십자가 사상을 다룰 때 칼뱅이 놓치고 있는 점을 지적하면서 다룰 것이다. 그리스도와 함께 십자가에 못 박혔다는 사상은 기독교에서 신비 중의 신비인데, 성경은 여러 곳에서 이 신비를 천명하고 있다. 따라서 전통적인 대신론의 단점을 성경적으로 보완하는 작업을 이 책은 다루고 있다. (4)는 흔히 내포적 대신론(inclusive substitutionary perspective)을 종말론적으로 해석할 때 강조되는 점인데, 만약 (1)-(3)까지와 함께 강조하지 않는다면 도덕적 모범론의 또 다른 유형으로 전락할 위험도 있다. 따라서 우리는 위의 4가지 측면을 모두 포함하는 그리스도와의 연합을 이해해야 하고, 바로 이 4가지 점이 모두 십자가와 긴밀히 연관되어 있다. 그리고 바로 십자가에서 그리스도와의 연합이 가장 치열하고 구체적으로 드러난다. 곧 그리스도의 성육신의 진실성(죽음으로 그리스도가 인간과 나눔), 인간, 구원의 주체(죽음으로 그리스도는 인간을 짊어지심), 하나님과 인간의 친밀한 관계(함께 죽음으로 우리도 십자가에 포함됨), 성화의 구체적인 내용(우리를 죽임으로 그리스도에게 우리를 연합함)이 그것이다.

가하고, 또 십자가가 생명의 내세적인 측면만이 아니라 지금 여기에(*hic et nunc*) 새로운 삶을 실현케 하는 일에―비록 그 변화가 너무도 미미하고 피상적인 것에 그친다고 할지라도―얼마나 긴밀하고 결정적으로 관계하는지 올바로 인식하지 못하는 경우가 있다. 혹은 이런 주제를 성령론의 영역으로만 국한시키기도 한다. 하지만 십자가가 기독교 윤리와 무관하다는 주장은 십자가의 결과물에 대한 세속적 관심보다는, "십자가 그 자체"로부터 출발해야 한다는 주장이나 십자가의 대신적 측면이 윤리적 측면보다 우선한다는 주장, 또는 십자가의 대신론을 "십자가 그 자체"로부터 출발해서 올바르게 정의해야 한다는 주장과 결코 같지 않다. 십자가를 이해하는 데 결정적인 것은 "인간이 얼마나 진보를 이룰 수 있는가?" 하는 **인간론**이나, "성령이 인간의 성화에 얼마나 관계하는가?" 하는 **성령론**이 아니다. 오히려 "예수님의 십자가가 인간과 어떤 관계를 가지는가?" 하는 **기독론**이 십자가를 이해하는 데 결정적이다. 인간이 얼마나 진보를 이룰 수 있는가 하는 질문은 십자가가 무엇인가 하는 질문과 같지 않다. 그뿐 아니라 성령이 인간의 영성과 윤리에 끼치는 영향은 성령론 자체의 영역이 아니라 바로 십자가가 무엇인가 하는 질문과 결정적으로 연관된다. 예수님은 십자가에서 우리를 짊어지셨을 뿐만 아니라, 우리가 십자가의 고난을 함께 나누기를 원하신다(벧전 4:13). 따라서 우리는 성령론과 인간론의 영역에서 성화를 논할 뿐만 아니라 십자가론의 영역에서 기독교 영성과 윤리를 논할 수 있어야 한다. 십자가는 그 자체로부터 인간의 실존적 삶과 영생으로 흘러넘친다. 따라서 십자가를 올바로 이해하기 위해서는 "넘치는 십자가"와 "그 자체로서의 십자가"를 함께 다루어야 한다.

마지막으로 "그 자체로서의 십자가"와 "넘치는 십자가"의 두 개념이 의미하는 것, 그리고 그것들 사이의 관계가 가지는 신학적 함의가 중요하다. 십자가의 두 가지 측면을 드러내는 여러 개념이 있다. 예를 들어, 십자가의 "객관적 측면"(objective aspect)과 "주관적 측면"(subjective aspect)을 구분하고 이것들을 조화시키려는 시도가 계속해서 있었다.[3] 우리는 교부신학자 오리게네스(Origen)와 19세기 신학자 맥레오드 캠벨(McLeod Campbell)에게서 그 구체적인 예를 발견할 수 있다. 오리게네스는 그리스도의 희생과 이를 따르는 인간의 희생을 동시에 강조했다. 맥레오드 캠벨은 회고적 측면(retrospective aspect)과 전향적 측면(prospective aspect)이라는 개념을 통해 이 두 측면을 표현하려고 했다. 앞으로 다루겠지만 이런 개념들은 용어만이 아니라 내용에서도 많은 차이가 있다. 그러나 내가 사용하는 "그 자체로서의 십자가"와 "넘치는 십자가"라는 개념은 두 가지 지점에서 이 개념들과 구분되어야 한다.

첫째, "그 자체로서의 십자가"는 구체적인 어떤 내용을 의미하기보다 십자가 이해의 출발점이 되는 그 무엇을 지향하는 개념이다. 곧 인간의 여러 지적 패러다임에 십자가를 담아서 이해하려는 시도 이전의 그 무엇을 의미한다. 극단적으로 표현하면 그것은 단순히 "나무에 달려서 죽은 죽음 그 자체"를 의미한다. 그러나 "그 자체로서의 십자가"는 단순한 실재 그 자체를 의미하기보다 그 실재에 가장 가까이 가는 지향성 개념이다. 따라서 그것은 십자가의 객관적인 면보다 훨씬 더 근원적인 면을 나타낸다고 할 수 있다.

둘째, "객관적인 면"과 "주관적인 면" 혹은 "회고적인 면"과 "전향적인

---

3. Mather 1958: 266

면"이라는 용어가 이 두 개념의 관계에 대한 구체적인 내용을 가지지 못한 반면에, "그 자체로서의 십자가"와 "넘치는 십자가"라는 두 개념은 무엇보다도 용어 자체가 이 두 측면의 관계를 드러내는 동시에 그것의 근원적인 차이를 나타내고 있다. "넘치는 십자가"라는 용어는 이미 "그 자체로서의 십자가"에 뿌리를 두고 거기로부터 넘쳐흐른다는 의미다. 곧 두 용어의 구분이 그 용어 속에 전제되어 있다. 가령 그리스도가 이루신 평화를 이 땅에서 우리도 이루어야 할 평화로 이해하는 것은 "넘치는 십자가"의 측면에 더 가까운데, 우리가 평화를 이루고 십자가를 짊어지고 그리스도를 따라야 한다는(막 8:34) **필연성**과, 우리는 평화를 이루기는커녕 평화를 파괴하며 예수를 따르는 자임을 부인하려고 십자가로부터 도망가는(요 18:17) 사람들에 더 가깝다는 **현실** 사이의 본질적인 괴리를 이해해야 한다. 기독교 역사 역시 인간의 이런 실존과 도덕성이 "십자가 이후"에도 본질적으로 전혀 달라지지 않았음을 입증한다. 인간은 하나님의 이름으로 타인을 죽이며, 자신의 죄악을 무관심으로 포장하고 있다. 고대의 전쟁은 자신의 생존 때문이었지만 현대의 전쟁은 더 많은 권력을 쟁취하려는 욕망이 그 배후에 자리 잡고 있다. 우리는 생활의 편의를 위해서 세계 곳곳의 기근과 전쟁, 재난을 방치하고 무관심 속에서 살아간다. 더 많은 것을 소유하려는 우리의 욕망이 타인의 죽음을 초래하며 타인의 불행을 야기한다. 이런 현실 가운데서 십자가의 두 측면인 객관적인 측면과 주관적인 측면, 즉 "그리스도의 희생"과 "인간 희생"을 구분하지 않고 무조건 조화시키려는 노력은 모두 필연성과 현실을 혼동하고 있다는 비판에 직면할 수 있다. 이런 비판을 극복하기 위해서는 그리스도가 인간을 짊어지고 인간에게 나누는 것(Christ's bearing and his sharing)과, 인간이 **그리스도를 따르는 것**이 구분되어야 한다.

그렇다면 그리스도를 따라야 하는 필연성과 그리스도를 따를 수 없는 한계로 가득 찬 현실 사이의 괴리를 어떻게 메울 수 있는가? 그 자체로서의 십자가와 넘치는 십자가의 연속성은 어디서 찾을 수 있는가? 하지만 인간의 실존과 도덕성을 근거로 십자가의 연속성을 찾는 것은 불가능해 보인다. 따라서 그리스도의 사역(Christ's work)과 인간 행위(our work)를 조화시키는 것을 통해서가 아니라 그리스도의 사역에 초점을 맞춤으로써 우리 삶과 십자가의 연속성을 **발견**할 수 있다. 십자가는 근원적으로 삼위일체 하나님의 사역(God's work)인 동시에, 우리의 실존과 함께하시는 바로 임마누엘이신 그리스도에 의해서 일어난 사건이다. 그리스도의 죽음은 십자가 사건의 핵심인 동시에 그가 우리 실존과 함께하시는 관계 방식의 가장 구체적인 내용이다. 그 자체로서의 십자가와 넘치는 십자가를 연결하는 것은 **우리**가 아니라 바로 우리의 머리 되시는 **그리스도**시다. 우리가 우리의 죄악, 고난, 질병, 피상성, 허무, 생의 부조리로 고난 당할 때 우리를 짊어지신 바로 그분이 우리와 십자가에서 함께하신다. "인간이 십자가로부터 얼마나 멀리 도망가는가?", 혹은 "인간이 십자가를 짊어지고 얼마나 진정으로 매일 죽을 수 있는가?"(고전 15:3) 하는 것보다 더 우선적으로, 십자가는 임마누엘 하나님이신 그리스도가 자신을 드러내는 방식이다. 그리고 이 선포는 그를 따르는 자들의 구체적인 삶과 연관성을 가진다. 기독교 윤리는 인간의 합리적인 이성의 활동이 평등, 자유, 정의라는 가치를 얼마나 훌륭히 실현할 수 있는가 하는 문제와 본질적으로 다르며, 오히려 가장 불평등하고 부자연스러우며 정의롭지 못한 신의 자기희생이라는 십자가에 뿌리를 두고 있다.

이 책은 지난 기독교 역사에 등장했던 7인의 십자가 사상을 다루려 한다. 이를 통해 "그 자체로서의 십자가"에 다가가는 과정에서 기독교 세속화와 제국주의에 반대하는 십자가의 실재를 표현하고, 그 자체로서의 십자가와 넘치는 십자가의 두 측면의 차이, 연속성, 우선순위 등을 논할 것이다. 뿐만 아니라 십자가의 본질적인 면과 윤리적인 면의 관계를 설정하고 "그리스도의 대신"이 일반적 대신과 어떻게 다른가를 짚어보면서 대신론을 재정의할 것이다. 여기에 덧붙여서 십자가가 기독교 윤리와 영성과 어떤 관계를 가지는지를 밝혀보려 한다. 십자가에 대한 논의를 "십자가 그 자체"로부터 "넘치는 십자가"로 옮겨가면 이런 점들이 뚜렷해질 것이다. 그러나 이런 주장이 "그 자체로서의 십자가"가 다른 모든 십자가 이해나 패러다임, 그 역사적인 전개를 넘어서는 또 다른 십자가 해석이라는 의미는 아니다. 단지 "십자가에 대한 논의를 그 자체로서의 십자가, 곧 십자가의 본질에서 시작한다면 앞에서 언급한 여러 가지 문제점을 발견하고 보완할 수 있을 것"이라는 의도다. 따라서 "십자가 그 자체"로부터 도출된 기존의 십자가에 대한 여러 해석, 다양한 역사적인 전개는 버려지거나 도외시될 것이 아니라 오히려 십자가에 대한 우리의 이해를 더 풍요롭게 할 것이다.

두 가지 질문. 십자가 그 자체가 갖는 다양한 신학적인 함의에는 두 가지 중요하고도 힘겨운 질문이 있다. (1) "그 자체로서의 십자가"가 도대체 무엇인가? (2) 어떻게 우리는 "그 자체로서의 십자가"를 알 수 있는가? 이 책의 대부분은 첫 번째 질문에 어떻게 대답할 수 있는가 하는 고민 때문에 7인의 십자가 사상을 다루고 있다. 그 과정에서 "그 자체로서의 십자가"의 중요한 일면들이 드러날 수 있을 것이다. 그러나 "그 자체로서의 십자가가 바로 이것이다"라고 구체적으로 지적하는 것이 이 책의 주된 목표는 아니다. 오히려 "그 자체로서의 십자가로 돌아가서 우리의 십자가 논의를 시작하는 것이 얼마나 중요한가"라는 점과, "인간의 이데올로기적 관념이 십자가의 심오함을 이해하는 데 얼마나 한계가 많은가"라는 점을 드러내는 것이 목표다. 이렇게 함으로써 "그 자체로서의 십자가"의 몇몇 중요한 측면이 결국에는 드러나게 될 것이다. 그럼에도 "도대체 '그 자체로서의 십자가'가 무엇인가?"라는 질문에 다가가는 전 과정에서 우리가 기억해야 할 다음의 **네 가지 측면**을 여기서 밝혀두고자 한다.

첫째, "그 자체로서의 십자가"는 "십자가가 어떻게 그 역할을 감당하는가?"(How does the cross work out?) 또는 "십자가가 왜 필요한가?"(Why is the cross necessary?)라는 질문보다는 "십자가가 무엇인가?"(What is the cross?)라는 질문에 더 가깝다. 물론 이 세 질문은 서로 구분되면서도 깊이 연관되어 있어서 별도로 다루어질 수만은 없다. 그러나 "why the cross?"나 "how the cross?"에 관한 질문보다는 "what the cross?"라는 질문이 더 우선하고 또 십자가 그 자체에 더 가깝다는 것을 주목해야 한다. 둘째, 십자가의 이해나 해석이 "인간을 위한 그리스도의 죽음"이라는 십자가의 꾸밈없는 실재(bare reality of the cross)로 전환되기 위해 더 많은 개념이나 논리적인 중간 도구를 필요로 한다면, 그 이해는 "그 자체로서의 십자가"에서 더 멀리 있다고 볼 수 있다. 이는 더 많은 개념이 개입될수록 그 이해가 인간의 사회적·문화적·철학적인 가치에 의존하기 때문이다. 셋째, "그 자체로서의 십자가"와 "넘치는 십자가"의 두 측면이 서로 어떻게 연관되는가 하는 점은 바로 그 자체로서의 십자가의 중요한 측면 가운데 하나다. 그 자체로서의 십자가는 개념적인 틀 속에 갇혀 있는 것이 아니라 그 근원으로부터 흘러넘친다. 왜냐하면 그리스도는 우리 자신이 짊어질 수 없는 것을 대신 짊어지신 동시에 자신의 죽음을 통해 우리에게 풍성한 생명을 부어주셨기 때문이다(요 10:10). 이 두 측면은 바로 그리스도 한 분의 죽음에서 비롯된 것이기 때문에 분리될 수 없다. 그러나 동시에 두 측면은 서로 구분되어야 한다. **그 자체로서의 십자가**는 죽음이 중심이 되는 관점(death-oriented perspective), 그리스도 자신을 내어주심, 인간과 그리스도의 죽음의 공동체 등을 주축으로 하는 개념에 더 가까운 반면에, **넘치는 십자가**는 생명이 중심이 되는 관점(life-oriented perspective), 그리스도가 우리에게 주시는 것, 우리의 삶 속에 감추어진 그리스도가 우리에게 끼치는 영향 등을 주로 다루는 개념이다. 그 자체로서의 십자가와 넘치는 십자가의 "차이 속에서의 연속성"(continuity in difference)은, 그 자체로서의 십자가의 아주 중요한 측면 가운데 하나며 앞으로 지속적으로 강조될 것이다. 마지막으로 "그 자체로서의 십자가"에 접근하기 위한 궁극적인 자료는 성경이지만, 또한 성경 저자들도 그들이 처한 사회적인 맥락 속에서 십자가를 이해하고 해석했다는 점에서, 고린도후서 5:14이 그 자체로서의 십자가를 드러내는 가장 중요한 텍스트 가운데 하나라는 것을 제안한다. "한 사람이 모든 사람을 대신하여(ὑπέρ 혹은 위하여) 죽은 것인즉 모든 사람이 죽은 것이라." 이 성경 말씀은 왜 그리스도의 죽음이 일어났으며 또 어떻게 그 죽음이 모두를 위해서 작용하는지에 대해서 설명하지는 않는다. 오로지 그리스도의 죽음의 본질적인 실재와 그 실재 안에서 모두가 죽었다는 사실을 선포할 뿐이다. 곧 모두를 위한 그리스도의 사역(Christ's work for all)의 구체적인 논리나 메커니즘이 아니라 모두의 죽음(death of all) 그 자체를 천명하고 있다.

둘째, 이 문제 또한 곤혹스러운 질문인데, 어떻게 인간은 "그 자체로서의 십자가"를 알 수 있는가? 이 질문은 의미가 부여된 십자가, 이해된 십자가, 언어로 표현된 십자가 등이 가지는 해석학적·인식론적인 측면과 연관된다. 인간이 이해 가능하고 설명 가능하다고 간주하는 것은 주로 인과관계, 필연성, 교환 등의 논리에 근거한다. 그러나 궁극적으로 십자가에 대한 대부분의 해석은 "그것을 위한 그것"(quid pro quo) 곧 지불(payment)과 빚, 죄와 징벌, 희생물과 축복, 대신하는 것과 그에 따른 보상 등에서 발견할 수 있는 서로 주고받는 교환(exchange)의 논리에 가깝다. 그런데 만약 그 자체로서의 십자가가 이해 가능하고 설명 가능한 교환의 논리보다 더 근원적인 무엇이라면, "인간의 지성이 어떻게 이를 이해할 수 있는가?"라는 질문에 직면하게 된다. 어떤 종류의 해석이나 그 체계를 십자가로부터 벗겨버린다면 십자가는 인간에게 무엇을 드러낼 것인가? 그 자체로서의 십자가는 인간 이성이 적용될 수 없는 것인가? 그렇다면 "그 자체로서의 십자가"는 "인간을 위한 그리스도의 죽음"이라는 짧은 표현과 동어반복에 불과한 것이 아닌가? 우리는 십자가를 그저 죽음 그 자체, 혹은 죽은 사람이 달린 나무라고 이해해야 하는가?

그 자체로서의 십자가는 사회적·철학적·문화적인 인간 상황에 부합되는 것이라기보다는 **신비**에 가까운 것으로 보인다. 한 사람의 죽음이 모든 이의 죽음을 위하는 동시에 그 모든 이가 한 사람과 함께 죽은 것임을 설명할 수 있는 패러다임을 인간 사상 체계 내에서 발견하는 것은 불가능하기 때문이다. 따라서 십자가를 인간의 개념, 곧 심판, 용서, 희생과 유비적으로 연관시키면 반드시 무엇인가가 부족하거나 잘 부합하지 않는 것이 생기기 마련이다. 창조주가 자기 아들을 버린 것을 두고 인간을 심판한 것이라 할 수 있는가? 이와 반대로, 죽어야만 가능한 용서도 용서라고 할 수 있는가? 희생제물과 그 결과가 서로 교환되는 것도 희생이라고 할 수 있는가? 희생이란 희생하는 자가 손해를 보아야 하는 것이 아닌가? 희생을 드리는 주체와 희생물이 동일한 경우도 희생이라 할 수 있는가? 혹은 반대로, 희생물과 이에 따른 축복이 서로 교환되는 제의적 희생이 진정한 희생이라 할 수 없다면, 그리스도의 희생이 제의적인 희생(cultic victimization)보다 훨씬 더 깊은 차원의 진정한 의미의 희생이라면, 그리스도의 희생을 과연 무엇이라고 칭할 수 있는가? 그리스도가 십자가에서 우리를 위해 희생했다는 것을 우리 모두는 안다. 그러나 우리가 인간 논리 체계 안에서 십자가를 이해하려고 하는 한, 그리스도의 희생이 가진 고유의 특성에 대한 깊은 이해를 상실해버릴 것이다. 이런 이유로 그 자체로서의 십자가에 가까이 갈수록 우리는 더 적은 수의 해석학적 패러다임을 가진다. 그리고 "그 자체로서의 십자가"는 "인간을 위한 그리스도의 죽음"이라는 단순하지만 이해 불가능한 짧은 표현에 그칠지도 모른다. 이런 이유로 우리는 "그 자체로서의 십자가"에 더 가까이 가야만 할 필요성과, 그러나 십자가를 우리의 사상 체계 안에서 유비적으로 이해하는 것이 유일한 대안일지도 모른다는 현실 사이에서 딜레마에 직면한다.

이런 맥락에서 볼 때 어떻게 그 자체로서의 십자가를 알 수 있는가라는 질문은 해석학적 질문보다 훨씬 더 근원적이다. 우리가 지금 논의하는 것은 인간사의 한 사건이 아니라 예수 그리스도의 십자가다. "십자가는 그리스도의 죽음이다!"라는 사실이 인간이 파악 가능한 범주를 넘어선다면, 다른 한편으로 이 사실은 "예수께서 위로부터 오셨고"(요 6:51, 58), "그의 왕국은 이 땅에 속하지 않는다"(요 18:36)라는 것이 우리가 직면한 문제의 유일한 단서라는 것을 알려준다. "십자가의 논리가 어떻게 형성되어서 어떻게 작용하고 왜 그래야만 하는가?"라는 문제에 대한 설명에 앞서서, 성경이 십자가에 대해서 우리에게 알려주는 것은 "하나님이 십자가의 죽음으로 우리를 용서하셨고, 용서로 심판하셨고, 심판과 용서로 하나님의 의를 우리에게 이루셨고, 희생으로 사랑하셨고, 사랑으로 희생하셨다"라는, 인간이 이해하기 힘든 "십자가의 실재"에 관한 것이다. 그 용서와 희생은 하나님이 사랑이시라는 것(롬 5:8), 그리스도가 누구신가라는 것(요 8:28), 십자가로 인해서 모든 사람이 그리스도에게로 이끌려오리라는 것(요 12:32) 등을 알려주신다. 이 책은 이 모든 성경적인 질문을 인간 논리 체계 속에 가두지 않고 드러내면서 그 자체로서의 십자가로 다가가려고 한다.

이 책이 다루는 주제에 대한 인식론적·해석학적인 어려움은 어느 것도 자명하지는 않다. 이런 주제들은 그 자체로서의 십자가에 이르는 길목에서 드러날 것이다. 따라서 그 자체로서의 십자가가 무엇인가라는 구체적 내용보다도 그 자체로서의 십자가로 다가가는 전 과정이 대단히 중요하며, 바로 이것이 이 책의 주된 내용이다. 더 간략히 말하면 이 책은 십자가 그 자체로 다가가는 과정일 뿐이다. 7인의 십자가 사상도 결코 십자가 그 자체가 될 수 없다. 사상은 십자가를 소유할 수 없다. 그리스도가 인간의 기독론을 늘 파괴하고 새로 세우시듯, 십자가는 우리 사상을 파괴하고 새롭게 세울 것이다.

몇 가지 개념의 한계. 십자가의 신비는 인간이 수용하기 힘든 십자가의 동시성에서 온다. 예수께서 죽으셨다는 점에서, 십자가의 외형(externality)은 심판 개념에서 더 선명하게 드러날 것이다. 십자가는 죽음을 표현하고 있는 분리, 버려짐, 무와 직접적이고 외형적으로 만난다. 동시에 십자가의 내면(internality)은 용서 개념에서 가장 뚜렷하게 드러난다. 인간을 심판하신 하나님은 인간에 대한 심판의 집행뿐만 아니라, 그 집행의 모든 부담을 자신과 독생자에게 돌리시고 떠맡으셨다. 인간에게 영향을 주려고 자신도 영향을 받으셨다. 이 내면적 십자가의 심오함을 심판이라는 외형적 개념으로는 도저히 옮길 수가 없다. 용서만이 하나님의 아픔, 그리스도의 고난의 내면적인 면을 조금이나마 드러낼 수 있을 것이다. 법정적 개념에서는 심판과 용서가 공존할 수 없다. 그러나 십자가에서는 심판과 용서가 분리될 수 없다. 시간적이고 논리적인 우열이 없이, 심판과 용서는 십자가에서 공존한다. 하나님의 심판은 하나님의 용서다. 이것은 한 사건의 두 측면이다. 죽음이 발생했다는 점에서 심판은 "십자가의 외적 원리"(*principium externum crucis*)다. 그러나 그 심판이 죽음과 멸절, 무를 위한 죽음이 아니라 회복을 위한 용서를 내포한다는 점에서 용서는 "십자가의 내적 원리"(*principium internum crucis*)다.

이 두 개념과 비교하면 "희생"은 죽음과 더 직접적으로 연결된다. 심판, 용서, 대신, 모범, 화해, 칭의 등의 어떤 개념도 그 속에 죽음을 담아내지 못했다. 그러나 희생은 일차적으로 죽음의 구체적인 내용을 담고 있다. 또한 십자가는 그리스도의 자기희생이다. 심판과 용서는 십자가 사태 그 자체를 드러내기에는 빈약한 용어인 반면, 희생은 죽음 자체에 가장 가까운 용어다. 제의적인 희생도 주로 희생물의 죽음이 그 중요한 내용을 이룬다. 심판은 인간이 마땅히 겪고 짊어져야 할 모습을 드러내고, 용서는 이런 인간을 스스로 짊어지신 하나님의 모습을 더 부각시킨다. 이에 비해 희생은 십자가 사건에서 그리스도께 무엇이 발생했는가를 가장 구체적으로 드러낸다. 그뿐 아니라 희생은 본질적으로 그리스도 자신을 위한 것이 아니라 다른 누군가를 위한다는 것을 전제한다. 만약 희생이 희생물 그 자체의 일과 관련된다면 그것은 "자기충족"(self-fulfillment) 혹은 "자기파괴"(self-destruction)가 되고 말 것이다. 그리스도는 인간을 위해 자신을 희생하셨다. 이 희생 속에서 인간은 자신의 죄, 죽음, 한계 때문에 하나님을 십자가에 못 박는다.

그리스도의 희생은 그의 성육신과 깊은 연관이 있다. 그리스도는 인간으로서, 인간에 의해, 인간의 죽음을 경험한다. 그러나 이 죽음은 단지 죽음으로 끝나지 않는다. 죽음 가운데 또한 승리가 있다. 죽음으로 죽음을 이긴 승리는 죽음에 포함되지만, 그리스도의 죽음은 또한 그의 부활과 연관된다. 희생으로서 그리스도의 죽음은, 인간이 그 인간성으로 하나님을 십자가에 못 박는 것이며, 동시에 그리스도가 인간을 극복하는 것이다. 그는 아담 안에서 하나님을 희생시키며 새로운 아담 안에서 인간을 극복한다. 심판과 용서가 하나님과 인간의 관계를 드러낸다면, 희생과 승리는 그리스도의 인격(persona)을 드러낸다. 그리스도는 인간과 나누면서 인간을 짊어지셨다. 나눔의 희생은 짊어짐의 승리를 포함한다. 인성과 신성이라는 그리스도의 두 본성이 그 죽음에서 깊이 있게 드러난다. 인간으로서 희생은 신적 위격의 거룩한 희생이요, 신적 승리는 모든 인간을 포함하는 인간의 승리다.

십자가의 외적 원리는 그 근원이 인간의 죄, 죽음, 한계인 반면에, 그것의 내적 원리는 이런 인간에 대한 하나님의 모습을 드러낸다. 또한 그리스도의 죽음은 희생이자 승리다. 희생은 그리스도의 죽음 자체에 가장 가까운 개념이다. 심판, 용서, 희생, 이 세 개념이 모두 합쳐질 때 비로소 우리는 "그 자체로서의 십자가"가 가진 본질적인 면에 더 가까이 갈 수 있다. 그러나 동시에 이 세 개념을 다 합한다 해도 인간의 추론과 개념으로 십자가의 신비를 다 드러내기가 얼마나 어려운 일인가를 깨달을 수 있다. 이런 이유로 앞으로 7인의 십자가 사상을 모두 다루고 나면, 비로소 우리는 십자가에 대한 우리 이해가 "그 자체로서의 십자가"에서 출발해야 하는 이유를 더 명백히 알게 될 것이다.

변명. 이 책은 몇 가지 한계가 있다. 다수의 신학적 거장들의 십자가론을 다루고 이를 평가하며 그 배후를 살핀다는 것은 분명히 무모하고 위험한 작업이다. 이런 무모함에 대한 변명으로 유일하게 내세울 것이 있다면, 오래전부터 내가 십자가론에 관심을 가져왔다는 사실이다. 청소년기에 막 접어들던 무렵에 읽었던 톨스토이의 중편 소설 『지옥의 붕괴와 부활』은 내게 십자가에 대한 깊은 생각을 불러일으켰다. 소설의 도입부에는 지옥의 악마 대장이 등장한다. 그는 십자가 사건의 의미를 잘 이해하고 있었고, 십자가 사건이 일어나자마자 이제 자신이 해야 할 역할이 끝났다고 판단한 나머지 지옥의 깊은 심연으로 몸을 피한 채 자고 있었다. 그런데 부하 악마들이 그를 깨우면서 십자가 사건 이후에도 얼마나 할 일이 많은지를 돌아가면서 설명한다. 십자가 사건 이전과 이후에 인간 삶이 실질적으로 바뀐 것이 없단 말인가! 당시 이 책을 읽고서 떠오른 이 심각한 질문 때문에 나는 한동안 정상적인 생활을 할 수 없었다. 기독교 신앙에 많은 회의를 품고 있었던 대학 시절에는 인도의 명상 비법을 접하고서 그 사상이 제시하는 강요하지 않는 자유에 매료되어서 기독교를 떠나기도 했다. 그렇게 10여 년을 비그리스도인으로 살던 어느 날 가변적인 삶의 덧없음에 대한 실망과 영원에 대한 지적 향수로 삶의 방향을 선회하여 신학을 공부하게 되었다. 인식론적 회심(epistemological conversion)으로 시작한 미국에서의 신학 공부는 오히려 수많은 신학적 의문을 불러일으킨 까닭에 시간이 갈수록 더 깊은 고뇌의 수렁에 빠져들기도 했다. 그러다 마침내 루터의 『갈라디아서 강해』를 접하고서 진정한 의미의 회심을 경험하게 되었다. 십자가의 논리가 아닌, 십자가가 율법, 죄, 사망에 대해서 율법, 죄, 사망이 되는 그 자체의 신비로운 참 모습, 곧 "어떻게", "왜"의 논리보다 십자가가 "무엇"인가라는 본질을 드러내는 루터의 심오한 십자가 신학에 깊은 영감을 얻게 되었다. 그 후 「루터의 하나님의 뒷모습 개념과 그의 십자가 사상의 연관성」(Luther's Concept of Posteriora Dei and its Relevance to his Thoughts on the Atonement)이라는 제목의 석사 논문을 쓰게 되었다. 당시 지도 교수인 리엔 밴 다이크(Leanne Van Dyk)가 19세기 십자가 사상에 지대한 영향을 끼쳤던 스코틀랜드 신학자 맥레오드 캠벨의 전문가인 덕분에, 대단히 복잡하고 체계적이며 독창적인 십자가론을 전개한 캠벨의 사상을 접할 수 있었다. 그 후 기독론 중심 신학(Christocentric theology) 정도가 아니라 십자가론 중심 신학(Staurocentric theology)에 가까운 네덜란드 신학자 아브라함 판 드 베이크(Abraham van de Beek)의 기독론을 읽으면서 "그 자체로서의 십자가"라는 개념을 구체화하는 가운데 십자가론에 더 몰두할 수 있게 되었다. 또한 최근 개혁주의 전통의 흐름을 건너뛸 수 없어서 늘 관심을 가져오던 칼뱅의 십자가 사상의 가치와 한계에 대해 몇몇 논문을 발표했고 이 책에 그 부분을 포함시켰다. 따라서 7인의 십자가 사상을 다루면서 "그 자체로서의 십자가"에 더 접근하려는 나의 대담한 기획은 삶과 신학에 대한 아주 오래되고 깊은 고민과 열정의 산물임을 밝혀두고 싶다.

이런 개인적인 배경을 함께 고려하면, 이 책이 채택하고 있는 방법은 여러 명의 신학자에 대한 역사적 연구라기보다는 조직신학적인 의미론적 관심에 더 가깝다. 물론 이 책에서 다루는 신학자들의 고유한 신학적 이해를 개별적·통합적·역사적으로 다룰 능력이 나에게 부족한 것도 사실이다. 그러므로 이 책의 주된 목적은 그들의 신학을 스케치하는 가운데 발견되는 독특한 십자가론 모델을 발견하고 이를 근거로 논의를 더 전개해나가는 것이다. 바꾸어 말하자면 7인의 저작들을 연대순으로 배열하고 그들이 역사적으로 어떤 영향을 미치면서 전개·발전되었는가를 종합적으로 탐구하는 것이 이 책의 주된 내용이나 목적하는 바는 아니다.

특히 엄청난 양의 저작을 남겼고 그것에 대한 역사적·문헌적 연구가 아직도 광범위하게 진행 중인 루터(Luther)나 오리게네스의 십자가론을 다룰 때, 이 책이 역사적 연구가 아니라 조직신학적 연구임을 더욱 강조하고 싶다. 거듭 말하거니와 역사적 연구를 통해서 참다운 루터와 오리게네스를 찾는 일이 이 책의 주된 관심은 아니다. 물론 어떤 신학자도 루터나 오리게네스가 실제로 어떤 맥락에서 자신의 주장을 펼쳤는지, 그들의 어떤 주장이 핵심적인 주장인지를 알기 위해 역사적 연구를 게을리할 수 없다. 분명 이런 연구들이 더 활발해질 때 루터와 오리게네스에 대한 이해가 더 명료해지고 조직신학적 관심과 내용이 더 분명해질 것이다. 하지만 다른 한편으로 조직신학의 관심사가 역사신학적인 정교함을 통해서만 올바르게 형성되는 것이 항상 가능하지도 않고 반드시 필요하지도 않다. 왜냐하면 조직신학은 역사적인 사실과 그 사실을 검토하는 사람, 이 쌍방의 대화에 깊이 관계하기 때문이다. "누가 다루어지는가?"만 중요한 것이 아니라 "누가 다루고 있는가?"도 중요한 주제다. 예를 들어 루터의 신학적 통찰 가운데 루터와 그 시대가 중요하게 여기지 않았던 어떤 신학적 태도나 내용이 오늘을 사는 우리에게는 매우 중요할 수도 있다. 더욱이 조직신학은 심리적·사회적·역사적 요소와 무관하게 형성된 종교적 의미 **그 자체**를 다룰 때, 구체적·역사적 맥락을 극복하는 것을 목표로 하기도 한다.[4] 조직신학의 이런 측면은 이 책의 목적, 곧 그 자체로서의 십자가에 대한 논의와 잘 부합한다. 그 외에도 역사신학적인 연구 방향 그 자체가 조직신학적 관점으로부터 완전히 자유로울 수는 없다. 왜냐하면 어떤 신학자도 순수하게 역사적인 연관성 속에만 놓여 있지 않기 때문이다. 예를 들어 루터와 오리게네스 역시 자기 시대의 급변하는 상황 속에서 살았고, 따라서 진정한 루터와 오리게네스를 발견하려면 메타 역사적(meta-historical) 요소가 개입되어서 여러 요소 가운데 어떤 것을 더 적절히 고려해야 하는지를 결정해야 한다. 루터나 오리게네스가 경험했을 다양한 상황을 고려해 보면, 그 신학적인 입장이나 주장이 당대에 국한되기를 원했다고 보기는 어렵다. 결국, 루터와 오리게네스에 대한 올바른 이해는 결코 역사적 연구를 통해서만 가능한 것이 아니다. 그런 의미에서 이 책은 루터와 오리게네스의 신학 사상 가운데 신학 배경이나 사회 환경, 역사적 맥락보다 그들이 전개한 독특한 십자가론에 더 주목한다.

안셀무스(Anselm)의 경우는 루터와 오리게네스와 조금 다르다. 안셀무스의 십자가론의 중요한 주장 가운데 하나는 오직 이성의 사유만으로(*sola*

---

4. "De systematische theologie heeft te maken met de betekenisinhoud van religieuze voorstellingen. Ze neemt die betekenisinhoud op zich, los van psychische of sociale of historische factoren, die er mogelijkerwijze de oorzaak van zijn"(H. J. Adriaanse 1995: 66).

ratione) 이교도들에게 십자가의 필연성을 설득할 수 있다는 것이다. 이런 주장을 비판적으로 검토하려면 안셀무스의 주장이 당대의 상황과 사회적 맥락의 영향을 받았다는 것을 밝히는 것이 중요하다. 이런 주장을 전개하지 않았던 루터와 오리게네스의 십자가 사상을 다룰 때는 꼭 필요한 경우에만 시대 상황을 역사적으로 고려하겠지만, 그럼에도 논의의 대부분은 신학적 사고와 모델을 찾는 데 주력할 것이다. 위에서 열거한 점 때문에 이 책은 7인의 신학자를 다루면서 역사적 순서로 정렬하지 않고 각 십자가론 모델이 가지는 신학적 색채와 독특함을 근거로 배열하고 있다. "누가 누구에게 영향을 끼쳤는가?" 하는 점은 이 책의 주된 관심사가 아니다.

전망. 이 책에서 밝히고 있는 십자가 사상은 십자가 실재의 지극히 작은 일부일 뿐이다. 따라서 서론을 포함해 총 8장에 걸쳐서 7인의 십자가 사상을 다룬 후, 에필로그인 결론은 아주 간략하게만 다루었다. 십자가에 대한 우리의 고민과 생각과 고백은 열린 채로 계속되어야 한다는 의도에서다. "십자가 그 자체"를 이해하기 위해 앞으로 진행해야 할 많은 과제가 기다리고 있다. 우선 가장 중요하게 그리스도가 십자가에 대해 어떤 견해를 가졌는지를 살펴보아야 한다. 혹자는 예수께서 죽음을 예견했을 뿐 그 의미를 해석하지는 않았다고 주장한다. 그러나 마가복음만 살펴보아도 예수님은 십자가에 대해 다양한 암시와 선포를 하신다. 그리스도께서 이해하신 십자가 신학에 대해서는 『십자가, 그 신비와 역설』(새물결플러스, 2013)에서 이미 논의한 적이 있다.

그 다음으로 다루는 분야는 현대 신학에서의 십자가 이해다. 이 책에서는 현대 신학자 가운데 한 명인 아브라함 판 드 베이크를 다루고 있지만 그의 십자가 사상이 현대의 복잡하고 다양한 현실을 잘 반영하고 있는 것은 아니다. 현대 신학이 추구해온 다양한 신학적 패러다임, 정치사회 신학, 공공 신학, 여성 신학, 과정 신학, 역사적 예수 연구, 해방 신학, 아시아 신학 등의 맥락 속에서 십자가 사상이 어떻게 연관되는지를 살펴보는 것은 가치 있는 일이 될 것이다.

십자가 사상 연구에서 또 하나의 중요한 과제는 십자가 사상을 전개한 인물보다 다양한 주제와 개념 속에서 십자가 사상의 가치와 의미를 살펴보는 일이다. 그 후에 시대별로 십자가 사상을 검토하는 작업이 뒤따라야 한다. 교부 시대, 중세, 종교개혁 시대, 근대, 현대의 십자가 사상을 검토하게 되면 기독교 역사가 그리스도의 죽음을 어떻게 이해해왔는가를 심도 있게 돌아볼 수 있고, 기독교 사상이 앞으로 나아가야 할 십자가 사상의 단초를 발견할 수 있을 것이다. 이런 기초 작업이 어느 정도 이루어지면 비로소 십자가 그 자체에 어렴풋이 접근할 수 있을 것이다.

물론 그 다음의 과제는 그리스도의 본성과 십자가의 연관성, 그리스도의 성육신과 십자가의 연관성, 그리스도의 부활과 십자가의 연관성을 살펴보는 것이다. 이 일을 위해서 나는 이미 그리스도의 본성과 인격에 관한 연구를 시작했고 현재 교부 시대의 기독론과 도교의 연관 관계를 살피고 있는 중이다. 그리고 더 넓게는 십자가와 삼위일체 하나님, 십자가와 인간론, 십자가와 교회, 십자가와 종말론, 십자가와 타종교도 함께 다루어야 할 것이다. 이 모든 일은 몇몇 신학자에 의해 이루어질 수 없거니와 설령 이루어진다고 할지라도 그 결과물은 우리 자신의 것이 아니고 그리스도에게 속한 것이므로, 결국 우리는 십자가 그 자체로 끊임없이 돌아가야 한다. 십자가는 인간 이해에 관한 것이 아니라 그리스도에 관한 것이라는 가장 원초적인 사실 앞에서 우리는 겸허히 우리 사상의 어리석음과 신앙의 유동성을 고백하며 예수께 나아가야 할 것이다. 우리가 십자가를 사로잡는 것이 아니라 우리 주 예수 그리스도께서 십자가를 통해서 우리를 사로잡으셨고 또한 사로잡으실 것이다. 바로 이런 이유로 예수께서 십자가 위에서 마치 벌거벗은 자처럼 자신을 가장 강력하게 드러내셨지만(요 8:28), 동시에 우리도 십자가의 예수께서 다시 오실 그날을 소망하며 종말론적 소망과 기쁨 가운데 오늘을 십자가로 살아가게 된다. 주 예수여 십자가로 찾아오시옵소서!

7인의 십자가 사상

| 1장 |

서론

다양한 십자가론이 갖고 있는 심오함과 풍부함을 깨닫기 위해서는 앞으로 소개할 7개 모델을 반드시 살펴보아야 한다. 또한 이런 다양한 십자가론을 다루면서 십자가 그 자체를 십자가론의 출발과 뿌리로 삼아야 한다는 것을 발견할 수 있을 것이다. 대신론과 "십자가 그 자체"의 가장 중요한 연관성은 대신론이 인간의 참여를 강조하는 십자가론과는 달리 그리스도 중심적 사역을 강조한다는 점이다. 바로 이 점이 십자가 그 자체에 다가가는 과정을 대신론으로 시작하는 이유다. 여기 소개할 7개 모델은 모두 인간 참여보다 그리스도의 사역에 우선적 강조점을 둔다는 점에서 대신론의 가장 중요한 특성을 가졌다고 할 수 있다. 십자가는 인간의 일이 아니라 우선적으로 그리스도의 일이다. 십자가 그 자체의 가장 중요한 특징은 그리스도께서 인간에게 찾아오셔서 자신을 우리와 나누고(sharing aspect), 우리를 짊어지셨다는 점이다. 따라서 그리스도가 십자가의 주체다! 인간은 십자가에서 함께 죽었지만 결코 십자가의 주체가 아니다. 우리는 참여할 뿐이다. 물론 우리의 참여는 일반 윤리가 요구하는 어떤 것보다 더 강렬하지만, 그러나 십자가의 가장 원초적인 실재는 그리스도가 바로 십자가의 주체라는 사실이다. 우리에게는 죽음과, 그 죽음에 우리가 능동적으로 참여해 만들어낼 수 있는 가치를 서로 연결할 수 있는 어떤 직접적인 방법도 없다. 십자가의 죽음과, 그것이 인간을 십자가에 참여하게 하는 데 미칠 수 있는 영향 사이의 간격은 십자가 그 자체와 대신론 사이의 간격보다 넓을 수밖에 없다.

7개 모델을 선정하는 과정에서 가장 중요하게 생각한 점은 일반적 대신이든 그리스도의 대신이든 간에 모두 그 강조점을 우선적으로 대신론에 두고 있다는 것이었다. 그러나 7개 모델에 이런 판단을 적용하는 문제는 그리 쉬운 일이 아니다. 판 드 베이크의 모델은 나눔(sharing)의 측면을 부각시킨 것으로 보고 포함시켰지만 그렇다고 짊어짐(bearing)의 의미가 루터나 안셀무스보다 약화된 것은 아니다. 그는 그리스도의 짊어짐(bearing)과 나눔(sharing)의 의미를 융합시켰고, 이런 점에서 안셀무스나 루터와 구분된다. 오리게네스와 캠벨의 모델은 어떤 의미에서는 대신론이 아니라는 의심이 들 수 있다. 혹자는 그들의 십자가론이 대신론보다 윤리론에 가깝다고 평가하기도 한다. 그러나 이런 식의 이해는 잘못되었다. 이 두 신학자 모두 그리스도의 짊어짐과 대신의 의미를 우선적·근원적으로 강조한다. 오리게네스는 그리스도의 희생을 따르는 인간의 희생이 그리스도 희생의 그림자에 불과하다고 주장했다. 캠벨의 회고적(retrospective)·전향적(prospective)인 십자가의 두 측면에 대한 독창적인 전개는 그리스도의 대신적 회개(vicarious repentance)와, 하나님을 인간에게 드러내는 그리스도의 사역에서 시작한다. 따라서 7개 모델이 가지는 다양성은 그리스도의 주도적인 사역과 인간의 노력 중에서 어떤 것이 우선하느냐의 문제가 아니라, 그리스도가 인간을 짊어지고 자신을 인간과 나눈 일을 어떻게 해석하느냐와 그리스도의 일을 따르려는 인간의 노력을 십자가론의 범주에 어느 정도까지 포함시키는가 하는 데 있다.

7개 모델의 다양성도 충분히 인식될 필요가 있다. 서방 기독교—동방 기독교가 아니라—전통에 있는 사람들은 안셀무스의 십자가론을 기독교 신앙이 합법적으로 채택할 수 있는 유일한 십자가 이해로 간주해왔다.[1] 또한 이런 현상은 한국의 보수적 그리스도인들에게서도 동일하게 발견된다. 그러나 안셀무스의 충족 이론을 십자가론의 가장 바람직한 형태로 받아들이는 것은 하나님의 구원 사역을 상업적·법적 영역으로만 제한하는 위험을 초래할 수 있다. 따라서 대신론에 대한 다양한 견해를 조명함으로써만 대신론의 심오함을 적절하게 평가할 수 있을 것이다. 뿐만 아니라 대신론의 다양함이야말로 왜 이 책이 7개나 되는 많은 모델을 살펴보아야 하는지를 가장 잘 설명해준다.

안셀무스와 루터의 십자가론을 처음에 다루는 이유는 두 모델이 대신론의 가장 전형적인 **대표 주자**이면서도 그 성격이 서로 대비되기 때문이다. 안셀무스의 충족 이론은 하나님과 인간에게 "반드시 그래야만 하는 것"을 근거로 해서 "십자가가 왜 필요한가?"라는 질문에 대한 대답을 찾으려는 "죄-중심적"(sin-oriented) 십자가론이다. 이에 반하여 루터의 십자가 이해는 "십자가가 무엇인가?"(what is the cross?) 혹은 "하나님이 그리스도

---

1. Van de Beek 2002a: 200.

안에서 무엇을 하시는가?"(what does God do in Christ?)에 더 초점을 맞춘 "죽음-중심적인"(death-oriented) 포괄적 견해다. 안셀무스에 의하면 인간의 죄로 초래된 심각한 상황을 하나님이 용서하거나 처벌하지 않는 일은 옳지 않으므로, 하나님 자신이 아니면 누구도 할 수 없지만 그러나 반드시 인간이 해야 할 일을 신-인(the God-man)이신 그리스도가 충족시킨다. 루터의 십자가 이해는 그리스도 자신과 인간을 죽음으로 교환하는 것인데, 이때 그리스도의 죽음은 용서하시는 하나님의 사랑에서 유래한 것으로서 사망에 대한 죽음인 동시에 마귀를 이긴 승리의 죽음이다. 그러나 루터와 안셀무스의 모델은 인간을 너무 수동적으로 만든다는 비판이 대두되었다. 표면적으로는 인간이 그리스도의 일에 의해서 대체되고 배제되는 것으로 보이지만, 실제로 안셀무스는 주저 *Cur Deus Homo*(「인간이 되신 하나님」, 한들 역간)의 제2부 후반에서 그리스도의 죽음이 인간의 모범이 된다고 주장한다. 이는 인간이 수동적이라는 안셀무스의 대신론에 대한 비판이 오해라는 사실을 보여준다.

대신론이 **인간**을 지나치게 수동적으로 이해한다는 비판에 대해서 이책은 상반된 방향의 서로 다른 두 모델을 제시하려고 한다. (1) 인간이 십자가에 참여한다(인간 → 그리스도). (2) 그리스도가 죽음으로 인간에게 참여한다(그리스도 → 인간).

이 책은 오리게네스와 캠벨도 다루는데, 그들의 십자가 이해는 대신론이 어떻게 인간 참여를 포함하는 주장으로 발전되는지를 잘 보여준다. 물론 오리게네스의 "희생" 개념과 캠벨의 "대신적 회개"라는, 대신의 두 측면을 발견할 수 있다는 점에서 대신론의 다양성도 주목할 만하다. 오리게네스와 캠벨은 인간의 십자가 참여를 주장함으로써 인간을 십자가론에 포함시키긴 하지만 그렇다고 해서 인간의 참여를 가장 우선적인 십자가 이해로 전개하지는 않는다. 오리게네스에게 있어 그리스도의 희생은 인간의 희생에서 현실화되는데 이는 인간의 희생이 곧 그리스도의 희생임을 보여준다. 캠벨은 인간이 그리스도와 나눌 때, 그리스도가 전향적으로 일하신다고 주장한다. 따라서 오리게네스나 캠벨에게는 인간 참여 자체가 그리스도의 일인 셈이다. 그럼에도 이 두 모델이 인간이 그리스도의 일을 현실화하는 데 핵심적인 역할을 한다고 주장하는 것은 부인할 수 없다. 순교자의 피가 인간의 죄를 사하는 측면이 있다는 오리게네스의 주장이나, 그리스도의 희생과 우리의 참여가 자연스럽게 연결되어야 한다는 캠벨의 사상은 그리스도를 향한 인간의 행위를 지나치게 강조함으로써 대신론의 범주를 넘어서는 게 아닌가 하는 의문이 든다.

인간을 십자가론의 범주에 포함시키는 또 다른 차원의 십자가 이해는 이레나이우스와 판 드 베이크에게서 발견할 수 있다. 그들이 인간을 포함시킨 방향은 앞서 소개한 오리게네스와 캠벨의 방향과는 정반대다. 여기서는 그리스도가 인간과 자신을 나눔으로써 인간에 참여한다. 이레나이우스에 의하면 그리스도가 모든 것(omnia)을 자신에게 모으고 회복시키려고 인간을 경험하셨다. 총괄갱신(Recapitulation)이라는 그의 사상은 십자가 사상보다 포괄적이지만 그럼에도 십자가 사상을 이해하는 데 있어 핵심적인 개념이다. 그리스도는 만물을 자기에게로 모으셨는데 바로 그 방법으로 스스로 인간의 모든 면을 겪으신 것이다. 따라서 그리스도는 자신을 인간과 나누심으로써 인간을 총괄갱신 하셨다. 판 드 베이크의 견해는 이 점에서 이레나이우스보다 더 명확하다. 그리스도는 죽음의 공동체를 만들어 인간을 짊어지고 자신을 인간과 나누셨다. 그리스도가 인간을 짊어지심은 결코 인간을 배제하는 것이 아니다. 인간과 함께 십자가에서 돌아가셨기 때문이다. 나눔과 짊어짐의 신비스러운 관계가 판 드 베이크의 십자가 사상에서 잘 드러나 있다.

칼뱅의 십자가 사상은 그리스도의 일과 그것에 참여하는 인간의 역할에 관해서 가장 균형 잡힌 대신론의 유형을 보여준다. 그리고 그리스도의 일과 우리의 일 사이에는 엄격한 질서가 존재한다. 그리스도께서 십자가에서 둘로 나뉘지 않은 것처럼, 그리스도의 일과 우리 속에서 행하시는 그리스도의 일은 구분되지만 결코 분리되지 않는다(distinctio sed non separatio). 이 모든 일은 그리스도 자신의 일이다. 우리의 참여는 죄를 사할 수 있는 어떤 가치가 있거나 하나님의 본성으로부터 비롯되는 자연적 귀결이 아니라, 성령을 통해서 그리스도의 십자가가 우리에게 드러나는 **성화**로 이해된다. 이런 균형에도 불구하고 칼뱅의 대신론은 수많은 비판에 직면해 있는 것이 사실이다. 대신론이 인간의 논리 체계에 의존할 때 드러날 수밖에 없는 한계가 칼뱅의 십자가 사상에서 발견되므로 십자가 그 자체와 대신론의 간격이 좀더 선명해진다.

7개의 모델의 공통점과 다양성은, 십자가 그 자체가 대신론과 관계 맺는 방식에 대해 아주 중요한 통찰을 제공한다. 그리스도가 인간을 짊어지셨다는 이해 방식은 7개 모델에서 공통적으로 발견된다. 그렇지만 그리스도가 어떻게 인간을 짊어지셨는가에 대한 심오하고도 구체적인 견해들은 각각의 모델이 사용하고 있는 다양한 개념이 의미하는 바 그대로 존중되어야 한다. 안셀무스의 충족과 보상, 루터의 용서, 교환, 승리, 오리게네스의 희생, 캠벨의 대신적 회개, 이레나이우스의 총괄갱신(recapitulation, 회복과 모음), 판 드 베이크의 나눔, 칼뱅의 심판 개념은 그 자체로 존중받아야 한다. 그러나 이런 다양한 접근법은 단순히 다양성만을 나타내는 것이 아니라 문제점을 드러내기도 한다. 왜냐하면 이들이 십자가를 설명하기 위해 사용했던 다양한 개념들은 더 쉽고 그럴듯한 해석, 체계, 논리 혹은 사회적 이념 속에서 십자가를 해석하려는 시도였기 때문이다. 빚과 지불이라는 안셀무스의 상업적인 충족 개념, 그리스도의 죽음을 마귀의 낚시에 비유한 루터의 이미지, 희생화(victimization)라는 오리게네스의 제의적 개념, 캠벨이 사용한 하나님·그리스도·하나님의 자녀들 사이에 존재하는 내적 유대 관계의 연속성, 영지주의에 대항하기 위해 이레나이우스가 사용한 총괄갱신, 칼뱅이 이해했던 죽음과 심판의 외적인 긴밀성은 그들이 살던 사회적 맥락, 이념, 철학에 다분히 의존한다. 따라서 우리는 7개 모델을 다루면서 그리스도 중심적인 견해가 얼마나 강력하고 핵심적인가와 이를 표현하는 방법이 얼마나 다채로운지만 발견할 수 있는 것이 아니라, "*quid pro quo*"의 논리, 곧 빚과 지불, 죄와 심판, 희생물과 축복, 대신과 이에 따른 혜택 등과 같은 인간의 교환 논리에 그들의 견해가 얼마나 큰 영향을 입었는가도 깨달을 수 있을 것이다. 또한 그들의 견해는 아버지와 아들의 사랑과 같은 유비, 낚시와 같은 비유에도 의존해 있는데, "용서"라는 개념이 "죽음"이라는 실재와 양립할 수 없음은 더 말할 필요도 없으며, 또한 낚시와 바늘의 비유는 너무 피상적이어서 죽음과 속임수를 통한 승리라는 기능적인 면 외에는 어떤 것도 설명할 수 없다. 따라서 모델들이 갖고 있는 이런 한계를 접할 때 비로소 우리는 인간의 논리가 아니라 십자가 그 자체로부터 십자가에 대한 논의를 시작해야 한다는 것을 절감하게 된다.

십자가론의 공통점과 다양성은 넘치는 십자가라는 측면과도 연관된다. 십자가 그 자체는 십자가의 다른 측면을 배제하는 배타적 개념이 아니다. 인간 삶의 일상 속에서도 그리스도와 인간이 함께하는 죽음의 공동체로서, 그 연합함이 흘러넘친다. 그리스도는 인간을 짊어지고 또 자신을 인간과 나눈다. 동시에 우리가 얼마나 그리스도의 죽음을 잘 모방할 수 있는가 하는 우리 능력이나 가능성과는 무관하게, 그리스도의 죽음은 지금 여기에서(*bic et nunc*) 우리와 함께한다. 십자가 그 자체와 넘치는 십자가가 어떻게 연관되는가 하는 점은 십자가 그 자체의 중요한 일면이다. 오리게네스와 캠벨의 견해에서는 바로 이런 점이 더욱 부각될 것이고, 루터와 판드 베이크의 견해에서는 도전을 받게 될 것이다.

앞으로 총 7장에 걸쳐 7개의 모델을 각각 다루려고 한다. 2장에서는 안셀무스의 "3가지 왜?"(three whys), 곧 "왜 신-인인가?"(why the God-man?), "왜 필연인가?"(why necessity?), "왜 죽음인가?"(why death?)를 다루면서 충족, 필연, 보상의 개념에 주목할 것이다. 안셀무스의 사상의 논리적인 흐름과 그 정당성도 다룰 것이다. 3장은 "왜"라는 질문보다는 "무엇"이라는 질문에 대한 대답에 더 어울리는 루터의 십자가 견해를 살펴볼 것인데, 하나님의 용서와 그리스도의 승리라는 루터의 이해 체계를 함께 논하면서 교환의 의미를 주로 다룰 것이다. 4장은 그리스도의 희생(sacrifice)이 무엇인가를 오리게네스를 통해서 탐색하는 가운데 그리스도의 희생, 이를 따르는 인간의 희생, 이 두 희생 간의 관계를 주요 주제로 삼고 그 배후 논리를 함께 다룰 것이다. 5장에서 우리는 캠벨의 "대신적 회개"라는 독특한 개념을 논할 것인데 특별히 하나님, 그리스도, 인간이 가진 내적인 필연성에 주목할 것이다. 캠벨의 잘 알려진 4개의 체계, 곧 회고적인 측면, 전향적인 측면, 하나님을 대신한 인간을 위한 일, 인간을 대신한 하나님의 일 등의 상관관계를 살펴보면서 죽음의 실재성을 그가 어떻게 이해했는지를 질문할 것이다. 6장의 핵심은 이레나이우스의 총괄갱신(recapitulation)과 십자가가 어떤 연관이 있는가 하는 문제와, 그리스도가 인간을 짊어지고 인간과 나누는 것이 그리스도의 성육신과 고난과 어떤 연관이 있느냐 하는 것이다. 7장에서 우리는 판 드 베이크의 십자가 이해에서의 유일한 관심인 죽음과 그 나눔을 다룬다. 여기서는 그리스도의 짊어짐(bearing)과 나눔(sharing)이 불가분의 관계라는 점이 부각될 것이다. 그리고 마지막 장에서는 칼뱅의 십자가론을 "포괄성과 동시성"이라는 주제로 다룰 것이다. 칼뱅의 형벌적 대속론(Penal Substitutionary Theory)은 가장 강력한 대신론의 한 유형인데, 단순히 대속론뿐만 아니라 다른 여러 모티프가 함께 포함된 포괄적인 면을 강조하면서 그 가치를 우선 논할 것이다. 그러나 십자가 사상이 그의 신학의 근간을 이루는 핵심적인 내용임에도 불구하고, 형벌적 대속론을 십자가 사상의 가장 중요한 모델로 축소시켜 이해한 점에 주목해서 그 한계도 지적할 것이다. 곧 칼뱅의 십자가 사상이 대단히 포괄적이지만 몇 가지 동시성을 결여하고 있는 것을 약점으로 다룰 것이다.

십자가는 무엇인가? 죽음을 만날 때 우리는 심판이나 희생처럼 우리가 이해할 수 있는 방식으로 죽음의 근거를 찾는다. 그런데 그 죽음이 많은 인간 중 하나의 평범한 죽음이 아니라 하나님의 아들의 거룩한 희생적 죽음이며, 동시에 이 희생의 본질이 교환이 아니기 때문에 그 죽음을 둘러싸고 발생하는 인간의 메커니즘만으로는 그 의미를 올바로 이해할 수 없다. 다시 말해서 신의 자기희생을 빗델 만한 어떤 사고나 체계도 우리에게서 찾을 수 없으므로 십자가는 인간에게 신비일 수밖에 없다. 여기에 십자가 사상의 긴장 가득한 깊음이 있다. 십자가는 "초월과 역설과 실재와 의미"

가 우리에게 혼재되어 드러나는 신비다. 하지만 한편으로는 그 신비가 기독교 신앙의 가장 심오한 내용이므로 외면할 수 없으며, 다른 한편으로는 그 신비가 인간을 압도하는 까닭에 제대로 다 알 수 없다. 이 양자의 긴장이 이 책을 관통하는 가장 중요한 줄기이며, 십자가 앞에(*coram cruce*) 서 있는 인간의 본질적인 모습이기도 하다.

| 2장 |

안셀무스의 충족

안셀무스의 충족(satisfaction은 보통 "만족"으로 번역되지만, 이 책에서는 저자의 의견
을 반영하여 "충족"으로 옮겼음-편집자 주)은 십자가의 대신(substitution)과 연관된
개념이다. 그리스도는 우리 인간이 할 수 없으나 해야만 하는 것을 충족
시켰다. 안셀무스의 이런 십자가 이해는 신학자와 일반 그리스도인 모두
에게 크게 영향을 미쳤고 또 그만큼 잘 알려졌다. 그러나 안셀무스의 충족
이론을 충분히 이해하기는 그리 쉽지 않다. 왜냐하면 안셀무스의 관심사
가 충족에서 시작되어 그것이 "왜 필연적인가?"(why necessary?)라는 질문
으로 옮겨가버리기 때문이다. 이는 안셀무스의 충족 개념이 "십자가가 무
엇을 충족시키는가?"라는 질문뿐만 아니라 "왜, 어떻게 충족시키는가?"라
는 질문도 포함함을 의미한다.

안셀무스는 「인간이 되신 하나님」(Cur Deus Homo, 직역하면 "왜 신-인인
가?")의 첫 부분에서 "Cur Deus Homo"의 의미를 밝힌다. "질문은 이것이

다. 우리가 믿고 고백하는 바와 같이 하나님은 타자―천사든 사람이든―를 시키거나 단순히 의지만으로도 가능한 일을 어떤 이유로 인간이 되셔서 죽음을 통해 생명을 회복하셨는가?"[1] 안셀무스는 그리스도의 성육신과 십자가가 어떤 논리적 필연성을 갖는지를 묻는다. 이를 더 분석해보면 이 물음은 다음 3개의 질문을 포함한다. (1) 왜 신-인의 죽음이 **필요**한가? (2) 왜 오로지 **신-인**인가? (3) 왜 **죽음**이 아니면 안 되는가? 둘째 질문을 먼저 살펴봄으로써 우리는 안셀무스의 충족론의 핵심을 이해할 수 있다. 지불할 능력이 없음에도 불구하고 그러나 반드시 갚아야 하는 빚을 신-인이 하나님께 치렀다. 셋째 질문은 안셀무스의 "보상"(reward), 하나님의 사랑과 자비, 마귀에 대한 승리, 모범이 되신 그리스도 같은 개념을 통해 답할 수 있다. 그러나 첫째 질문이 안셀무스를 곤혹스럽게 했다. "왜 그리스도의 죽음이 반드시 필요했는가?"에 대한 답을 찾으려고 그는 많은 지면을 할애했다.[2] 안셀무스는 이 질문에 천착해 매우 복잡한 논리를 전개한다. 그의 논의를 따라 우리는 이런 심각한 질문을 할 수 있다. 만약 충족이 필연적인 것이라면 하나님과 인간의 살아 있는 관계는 어떻게 되는가? 충족은 이 관계에서 필연적인가? 이 충족은 실질적이고 인격적인 실재인가 혹은 거기에 개념적이고 비인격적인 면은 없는가? 충족이 필연적이라면 하나님은 그 필연성에 종속되는가?

---

1. *CDH* I,1 (*LCC* 10,101).
2. 안셀무스는 이 첫째 질문을 *CDH* II-5, II-17에서 집중적으로 다루고 있다. 뿐만 아니라 하나님의 명예와 정의가 충족되어야 한다는 것, 세계의 아름다움과 질서가 유지되어야 한다는 것, 그리스도가 자발적으로 죽으셨다는 것 등의 모든 논리가 첫째 질문인 "왜 필요한가?"(why necessary?)와 연관된다. 따라서 안셀무스의 *CDH* 두 권 전체가 "신-인"과 "죽음"이라는 주제보다 그리스도의 죽음의 필연성에 초점을 맞추고 있다고 해도 결코 과장이 아니다.

안셀무스는 앞의 세 질문의 대답을 오직 이성에서만(sola ratione) 찾으려 했지만, 그의 논리는 이미 전제된 많은 형이상학적 가정 위에 서 있었다. 예를 들어 "죄의 본질적 측면이 개인적 죄에 영향을 끼친다", "빚은 소멸될 수 없다", "정의·질서·명예는 다른 도덕적·사회적 가치보다 우선한다", "선한 일에는 반드시 보상이 따라야 한다", "죽음은 죄의 결과다" 같은 전제들은 이성으로 입증할 수 없을 뿐더러 실상은 그가 살던 시대의 철학적·사회적·영적 조류에서 영향 받은 가정일 뿐이다. 그러므로 안셀무스가 남긴 이런 논의의 배경이 무엇인지를 먼저 살펴보는 것이 "오직 이성으로" 십자가의 의미를 논증할 수 있다고 믿었던 안셀무스를 이해하는 데 필수적이다. 그 후에 앞서 제기한 3가지 질문을 다룰 것인데, 둘째 질문(why the God-man?)이 논리의 핵심을 이루고 있으므로 먼저 다루고, 계속해서 첫째(why necessary?)와 셋째 질문(why death?)을 다룰 것이다. 특별히 "오직 이성"을 말하지 않는 다른 신학자를 다룰 때와는 달리, 안셀무스의 논증이 이성에 잘 들어맞는지에 초점을 맞춰서 다룰 것이다. 이런 방식은 십자가론이 이성적으로 타당해야 한다는 그의 논리에 동의해서가 아니라, 안셀무스 본인이 "오직 이성"을 주장하므로 그의 논증이 타당하고 일관성이 있는지를 알아보려는 것이다.

2.1. 시대 배경

안셀무스의 충족 이론을 바르게 이해하기가 어려운 이유 중 하나는 안셀무스에 대한 평가가 극단적 지지자에서 거센 반대자까지 다양하고, 심지어 비슷한 신학적 스펙트럼 내에서도 상당한 이견이 있기 때문이다. 그에 대한 평가가 이렇게 다양한 이유는 일견 안셀무스의 주장이 서로 충돌하는 것처럼 보이기 때문이다. 그의 책은 부분적으로는 매우 경건하고 영적이지만 대부분은 인간 이성을 긍정하고 합리성에 기대어 있다. 그러나 이런 다양성과 모순에도 불구하고 다음의 4가지를 잘 고려하면 안셀무스의 "three whys"를 더 깊이 이해할 수 있을 것이다. (1) 저작 목적, (2) 인생 경험, (3) 철학적 배경, (4) 사회경제적인 배경.

첫째, 「인간이 되신 하나님」의 저술 목적은 그리스도를 전혀 들어본 적이 없는 이에게 기독교적 내용을 배제한 채 오직 이성만을 사용해서 신-인의 필요성을 입증하는 것이다.[3] 그러나 이것은 안셀무스가 왜 하나님이 인간이 되셨는가라는 질문에 대답하기 위해 전적으로 이성에 의존한다는 의미는 아니다. 성부와 성자의 관계, 죄, 마귀, 성자의 인성과 신성 등은 성경 없이 이해할 수 있는 내용이 아니다. 실제로 그의 매우 논쟁적인 글에서조차도 지성(*intellectus*)은 믿음(*fides*)과 양립되어 있다.[4] 따라서 안셀무

---

3. "나는 이 저작의 주제로부터 *CDH*라는 이름을 짓게 되었고 이를 2권의 책으로 나누었다. 제1권은 이성에 반대된다는 이유로 기독교 신앙을 받아들이기를 거부하는 비그리스도인의 반대와 이에 대한 그리스도인의 대답을 포함할 것이다. 그것은—마치 그리스도에 대해서는 아무것도 알려진 것이 없는 것처럼 그리스도를 제외하고 나서—어느 누구도 그리스도 없이는 구원이 불가능하다는 것을 필연적인 추론으로 입증하는 것으로 귀결될 것이다. 같은 방식으로 제2권에서도 마치 어떤 것도 그리스도에 대해서 알려진 것이 없다고 가정하고, 이제 장래에는 육과 영을 가진 전 인간이 축복받은 영원을 즐거워하도록 인간의 본성이 지음 받았다는 것을 제1권과 동일하게 분명한 추론과 진리로 입증할 것이다"(*CDH* Preface). 안셀무스의 저작 동기가 여기에 분명히 명시되어 있다. 안셀무스는 같은 생각을 *Monologion*과 *Proslogion*의 서문에서도 밝히고 있다.
4. "안셀무스가 믿은 것은, 그가 제시한 탐색을 좇아가다 보면 십자가론이 무엇이 의미하고 우리에게 어떤 의미인지를 더 잘 알 수 있다는 것이었다. 이것은 믿음으로부터 이성으로 옮겨간 것이 아니라 덜 완전한 것으로부터 더 완전한 이해와 믿음으로 옮겨간 것을 의미한다"(McIntyre 1954: 42, Campbell 1979: 542으로부터 재인용). "안셀무스가 기독교 신앙의

스가 어떤 목적으로 「인간이 되신 하나님」을 저술했느냐와, 그가 십자가를 어떻게 생각하고 믿었는가를 혼동해서는 안 될 것이다.

둘째, "오직 이성"의 강조가 "믿음"과 항상 조화를 이루는 것처럼은 보이지 않는다. 안셀무스의 신학 속에서 죄, 정의, 하나님의 속성 같은 이성적인 추상 개념과 죄인을 위한 하나님의 구원 사역 같은 인격적·실질적·구체적인 실재는 그의 노력에 비해 만족스러울 정도로 일치하지는 않는다. 영적 세계와 이성적 세계의 공존 현상을 설명하려면 우리는 안셀무스의 인생 여정에서 그의 논리를 도출하는 방식—때로는 "*intellectus*"에서, 때로는 "*fides*"에서—을 고려해야 한다. 안셀무스가 살았던 1033-1109년은 서유럽의 지성사와 교회사에서 가장 중요한 변화 중 하나를 겪은 시기였다. 안셀무스는 가난한 시골을 배경으로 예배하는 삶에 헌신된 베네딕트 수도사들이 기독교의 참 모습을 보여주던 시기에서, 체계적인 지식이 활발하게 나타나 삶과 사상의 모든 영역과 조직에 적용되고 부와 인구가 급격히 팽창하는 시기로 옮겨가던 과도기를 살았다.[5] 다시 말해서 안셀무스는 시대의 격변기를 살고 있었다. 그는 성경적·수도원적 예배를 강조하며 세상과 전투적이던 구시대에 태어나 젊은 시기를 보냈고, 장년기는 여러 학파의 새로운 거장들이 등장해서 풍부한 에너지, 낙관주의, 지적 포괄성을 보여주던 새시대의 여명기를 살았다.[6] 이런 이유로 그가 제시하는 "*intellectus*"와 "*fides*"의 결합이 구시대와 새시대를 함께 살았던 안셀무스의 시대적

총체성을 훼손시키려는 의도가 없었다는 것을 우리가 먼저 분명히 파악하지 못한다면 안셀무스의 이성주의 혹은 비이성주의에 관한 논쟁은 핵심을 비켜간 것이다"(Copleston 1950: 158).
5. Southern 1996: 24.
6. Southern 1996: 26.

배경과 연관된다는 주장은 충분히 설득력이 있다.

셋째, 새시대에 융성했던 지적 낙관주의는 결코 새로운 철학과 사회 이념만을 바탕으로 하지는 않았다. 안셀무스의 사상은 구시대의 플라톤적 실재론에 뿌리를 두었다. 신 존재에 대한 안셀무스의 유명한 존재론적 증명은 형상(eidos)이 존재한다는 것을 전제한다.[7] 원죄가 모든 인간에게 본질로서 존재한다는 것과, 인간 본질을 짊어지고 이룩한 그리스도의 충족의 가치 개념에는 플라톤적 실재론이 스며들어 있다.[8] 더욱이 서양 세계와 안셀무스에게 끼친 로마법의 영향을 결코 간과할 수 없다.

마지막으로, 안셀무스가 살았던 세계는 사회경제적 측면에서도 **새로운** 세계였다. 과거의 이기적인 기사들과는 달리 자기 지역에서 안정과 정의를 원했던 기사가 등장하면서부터 서유럽은 점차적으로 그런 기사들이

---

7. "확실히 그보다 더 위대하다고 생각할 수 없는 그 존재가 마음에만 존재할 수는 없다. 왜냐하면 만약 마음에만 존재한다면 실제로 존재하는 그 존재를 생각할 수 있고, 바로 실제로 존재하는 그 존재가 더 위대한 존재이기 때문이다"(Proslogion 2, OWC 87). "따라서 모든 선한 것은 서로 비교되었을 때 동일하게 선하거나 혹은 동일하게 선하지 않거나 하는 것이 확실하므로, 모든 선한 것은 무엇인가를 통해서 선하다는 것이 필연적이며 따라서 이 무엇은 여러 선한 것의 각각에 있는 동일한 것으로 이해된다. 그렇다면 존재하는 모든 것은 무엇인가를 통해서만 존재한다"(Monologion 1-3, OWC 12-13).

8. 아브라함 판 드 베이크는 안셀무스를 해석할 때 이 점에 주목했다. "왜냐하면 인성은 하나의 통일체다. 사람은 독립적이고 분리되어 있는 각각이 아니라 하나의 뿌리에서 온 동일한 인간이다. 바로 이것이 구속자이신 예수께서 하나님의 새로운 행위로 만들어진 새로운 존재가 아니라 아담의 뿌리로부터 나온 한 명의 인간이 되어야만 했던 이유다. 또한 이것은 왜 실재에 관한 논쟁이 스콜라주의에 그렇게 중요했는지를 분명히 보여준다. 중요한 것은 추상적인 사색이 아니라 화해라는 바로 그 핵심이다. 만약 인간이 진정으로 하나의 통일체가 아니라면 그리스도의 사역은 우리에게 중요한 것으로 간주되지 않았을 것이다. 예수는 각각의 인간을 짊어지신 것이 아니라 인류 그 자체를 짊어지셨다"(Van de Beek 2002a: 207).

더 많은 영향력을 행사하게 되었다.[9] 그들은 자신에게도 적용될 수 있는 법률을 제정했고, 그 법률과 계약을 지키는 것을 명예로운 일로 간주했다. 그리고 기사와 귀족들은 그 대가로 특혜나 불이익이 없는 공정 사회를 만들기 위해 명예와 존경을 요구했다.[10] 결과적으로 안정, 질서, 평안 같은 사회적 안전망과 귀족에 대한 존경과 명예가 서로 교환되었다. 이런 사회 제도는 로마법에 영향을 받았던 사람들의 사고방식과 잘 맞았다. 게다가 개선된 농작법으로 지역 경제에 활력이 생겼고 다시 이것은 상업의 발달과 재화 교환을 촉진시켰다. 이런 경제 성장은 물자 거래의 신뢰도를 더 높였고 질서 개념을 강화시켰다.[11] 더 풍부해진 식량과 함께 도시가 발달하자, 인구밀도가 높은 지역에 거주하면서 특화된 직업을 가지게 된 사람들은 자신들의 목적을 위해 규칙과 질서를 요구했다.[12] 그리고 이런 사회 상황과 맞물려 명예와 안정, 빚과 징벌의 정의로운 교환은 안셀무스의 십자가론의 중요 개념들의 밑그림을 형성했다.

비록 안셀무스가 오로지 이성을 따라 논의를 전개한다고 했지만, 앞서도 살폈듯 그의 십자가론은 시대 상황, 철학, 사회경제적 변화에 영향을 받았다. 앞서의 세 가지 질문도 그가 살았던 시대 상황과 무관하지 않다. 이런 배경을 고려하면 안셀무스가 정의, 질서, 지불, 빚, 명예 같은 가치를 왜 중요하게 여겼는지를 이해할 수 있다. 2장에서는 안셀무스의 논리를 좇아가면서 "three whys"를 우선적으로 다룰 것이다. 그러나 그의 저작

---

9. Bredero 1987: 28, Van de Beek 2002a: 201에서 재인용.
10. Van de Beek 2002a: 201.
11. Bredero 1987: 36, Beek 2002a: 201-202에서 재인용.
12. Van de Beek 2002a: 202.

동기, 인생 여정, 철학적 배경, 사회경제적 상황에 대한 이해가 안셀무스의 논리를 더 쉽게 조명해줄 것이다. 이런 배경을 의식하면서 이제 "왜 신-인인가?", "왜 필연적인가?", "왜 죽음인가?"라는 세 질문을 집중적으로 다루겠다.

2.2. 왜 신-인인가?: 죄와 충족

우리가 안셀무스의 논리를 좇아 "왜 신-인인가"(Why the God-man?)라는 질문에 대한 답을 찾기 위해서는 먼저 그의 죄 개념에서부터 출발해야 한다. 안셀무스는 「인간이 되신 하나님」(CDH I.1-I.10)의 첫 부분에서 종래의 십자가론, 곧 마귀에 대한 승리로 이해되던 그리스도의 죽음을 논한다. 그는 이런 십자가론이 마귀를 중심으로 하기 때문에 받아들일 수 없으며 당연히 십자가론의 초점은 하나님이어야 한다고 주장한다. 그 후에 그는 인간의 죄 문제를 논의한다(CDH I.11-12). 신-인이 행하는 구원 사역이 가장 우선적으로 필요한 이유는 하나님 혹은 그분의 정의나 명예에 있지 않다. 또 법률과 정의 같은 비인격 개념에 있는 것도 아니다. 그것의 우선적 필요는 인간에게 있다. 그런 까닭에 인간의 죄 문제로부터 십자가론을 시작하는 것이 타당하다.[13] 그리고 이런 죄 문제가 「인간이 되신 하나님」의 논리적 전개를 이끄는 기본 원리다. 안셀무스 충족론의 핵심은, 인간이 자기 죄를 스스로 감당하는 데 있어 무능하기 때문에 신-인이 이를 대신 충족시킨다는 것이다. 안셀무스는 죄 문제를 다룬 후에 충족을 위해 신-인의 "대신하

---

13. CDH I.10, II.5 (LCC 10.117, 149-150).

7인의 십자가 사상

는 사역"(substitutionary work)으로 논점을 옮겨간다. 이런 개념을 다루는 순서를 따르다 보면, 그 논의가 처음부터 얼마나 죄 개념에 의존하는지가 명확해질 것이다. 이 단락에서는 안셀무스의 죄 개념을 (1) 죄의 본질, (2) 죄의 무게라는 두 가지 점에 천착해서 다루려고 한다.

2.2.1. 의지, 인간 본질로서의 죄

안셀무스의 죄 개념을 다루는 것은 대단히 어려운 일인데 다음의 두 가지 질문 때문이다. (1) 죄는 존재론적 측면에서 존재하는 것(something)인가 혹은 존재하지 않는 것(nothing)인가? (2) 죄는 본질적(natural)인가 혹은 개인적(personal)인가? 첫째 질문은 죄의 기원과 그리스도의 수태에 연관된 죄가 가진 함의에 관한 것이다. 만약 죄가 존재하는 것이라면 하나님이 죄를 창조하신 것이 되고, 그것이 존재하므로 죄의 책임은 하나님께 전가될 위험이 있다. 뿐만 아니라 그리스도로 수태될 때, 존재로서 그 무엇인 죄를 가진 채 태어날 가능성이 크다. 그러나 만약 죄가 존재하지 않는 비존재라면, 있지도 않은 것이 어떻게 전달될 수 있는가? 둘째 질문은 아담이 범한 최초의 죄로부터 비롯된 원죄와, 그 원죄가 각 개인에게 미치는 영향에 관한 것이다. 개인적 죄는 본질적 죄에 무언가를 더하는 것인가? 혹은 본질적 죄가 개인적 죄를 비롯한 모든 죄를 포함하고 있는 것인가? 만약 죄가 개인적이지 않고 아담으로부터 전달된 본질에 가깝다면 비존재라기보다 존재여야만 한다. 그러므로 그리스도로 수태되었을 때에 본질로서의 죄를 지닌 채 태어났을 가능성이 크다. 그러나 갓 태어난 유아의 죄가 아담의 죄보다 적다는 안셀무스의 주장처럼 만약 죄가 존재의 본질이기보다 개인적이라면, 인간은 아담의 첫 범죄가 전가한 원죄로 서로 묶일 수 없다. 따라서 죄의 무게가 각 개인에 따라서 달라질 가능성이 있다. 그럴 경우에 우리는 또 다른 문제, 곧 아담보다 적은 죄를 지은 인간들을 위해서 왜 그리스도의 죽음 같은 엄청난 대가를 치러야 하는가 하는 문제에 직면한다. 죄를 둘러싼 이런 문제들은, 안셀무스만이 아니라 십자가론을 연구하는 모든 사람에게 난제임이 분명하다. 물론 이 책의 목적은 안셀무스가 전개한 논리의 줄기를 찾는 것이 아니다. 사실 안셀무스는 이런 논리 전개가 이처럼 다양한 문제를 야기한다는 사실을 섬세하게 의식하지는 못했다. 그렇더라도 죄 문제가 가진 이런 복잡성을 잘 이해하는 것이 충족론의 다양한 면을 바르게 파악하는 길이 될 것이다. 일단 그가 이해한 죄 정의를 먼저 언급한 후에, 그의 논리가 가진 변증법적인 전개를 다루고 이와 연관된 몇 가지 점을 지적하면서 죄 개념을 맺고자 한다.

안셀무스에게 있어서 죄는 악한 행동이나 그 행동의 결과로 초래되는 것이 아니다. 차라리 죄는 그릇된 의지(unjust will)에 가깝다.

> 이것으로부터 우리는 그릇됨이 성향의 본질 속에 있는 것이 아니라 그들이 좇아가는 통제되지 않은 이성적인 의지라는 것을 알게 되었다.···그러나 종종 발생하듯이, 죄는 행위가 지나가고 난 후에 제거될 수 있는 것도 아니고, 혹은 그 작용이 남아 있는 동안에 말끔히 지워질 수 있는 것도 아니다. 따라서 지나가는 행위도, 남아 있는 작용도 그 자체로는 죄가 아니다.[14]

죄는 행위를 일으키는 그릇된 의지다. 옳음이란 이성적 본성에만 존재

---

14. *DCV* 4 (*OWC* 363).

하는, 자신의 창조 목적을 위해 보존되는 의지의 반듯함이다.[15] 따라서 그릇된 의지란 목적에 맞지 않거나 일어나지 말아야 할 것에 동의하는 것이다. 왜냐하면 의지가 단순히 그런 성향의 경험 유무에 따라 옳게 되거나 그릇되는 것이 아니기 때문이다.[16] 안셀무스가 보기에는, 전통적으로 죄를 행위로 보는 이유는 죄가 그릇된 의지로 수행되기 때문이다.[17] 하지만 안셀무스에게 있어 죄는 행위로 드러난 결과라기보다 드러나지 않고 숨어 있는 동인(動因)과 유사하다. 사실 그는 여기서 그치지 않고 더 나아간다. 그는 죄가 존재(something)가 아니라 비존재(nothing)라고 주장한다. "볼 수 없음이 그 자체로 존재하지 않듯이, 그릇됨이란 그 자체로는 존재하지 않는다."[18] 그릇됨, 죄, 악은 존재가 아니다. 곧 이것들은 마땅히 있어야 하는 선의 결핍이다.[19] 보지 못하는 것은 보는 것이 존재하는 곳에서 보는 것의 결핍이듯이, 죄와 그릇됨 같은 악은 그 자체로는 존재하지 않는 것이다.[20] 죄를 비존재로 이해하는 이 견해는 하나님이 만물의 창조주이므로 죄로부터 분리되어야 한다는 생각에 뿌리를 두고 있다. "그러나 행위 혹은 말 그 자체를 고려하는 것과, 그것이 올바르게 행해졌는지 아닌지를 고려하는 것은 다르다. 어떤 경우이든 모든 존재는 하나님으로부터 왔고 그릇된 그

---

15. *DCV* 3 (*OWC* 362).
16. *DCV* 4 (*OWC* 362). 이런 이유로 안셀무스는 죄를 욕정(concupiscence)으로 간주하지 않는다고 이해되기도 한다(Eckardt 1992: 111).
17. *DCV* 4 (*OWC* 364).
18. *DCV* 5 (*OWC* 364). "안셀무스에게 죄는 하나님께 마땅히 드려야 하는 것을 드리지 않는 바로 그것이고, 이런 견해는 죄를 일반적으로 결핍(privation), 곧 원래의 옳음이 없는 상태라고 간주하는 학자들에서 나타난다"(Eckardt 1992: 111).
19. *DCV* 5 (*OWC* 365).
20. *DCV* 5 (*OWC* 364).

어떤 것도 하나님으로부터 올 수 없기 때문에, 어떤 존재도 그 자체로는 악하지 않다."[21] 명백히 안셀무스의 의도는 죄의 기원을 하나님께 두지 않으려는 것이다. 이를 정리하자면 죄는 다음의 3가지 속성을 가진다. (1) 죄는 의지다. (2) 죄는 존재의 결핍 곧 비존재다. (3) 어떤 존재도 그 자체로는 악이 아니다. 지금까지의 논지만을 따른다면, 죄 개념은 죄인에게 내재하는 실재가 아니라 개념적 실재 혹은 비실재에 가깝다.

만약 죄가 비존재라서 하나님과 아무 상관이 없다면, 그분은 죄의 책임을 죄인에게 물으실 수 있는가? 안셀무스는 이런 논리가 가진 문제점을 숨기지 않는다. 그는 "만약 죄가 비존재(nothing)라면, 존재하지 않는 것을 가지고 벌할 수는 없는데, 하나님은 왜 죄인을 징벌하시는가?"[22]라고 질문을 던진다. 죄와 죄인의 관계는 무엇인가? 어떤 점에서 볼 수 없는 것과 볼 수 없는 사람이 다른가? 어떤 방법으로 존재하지 않는 죄가 하나님이 징벌하시는 그 무엇이 되는가? 다시 말하면 죄와 죄인은 어떤 연관이 있는가? 이에 대해 안셀무스는 다음과 같이 답했다.

> 하나님은 죄인들을 비존재 때문이 아니라 존재 때문에 올바르게 벌하신다. 왜나하면 하나님은 올바른 의지가 없는 죄인에게도 하나님께 합당한 명예를 요구하시기 때문이다. 그리고 죄인을 의로운 자들과 분리해서 올바른 질서 속에 위치시켜 어떤 것도 그의 왕국에서 잘못된 위치에 놓이지 않도록 하신다.…따라서 의로움의 부재 그 자체는 비존재지만, 하나님이 죄를 징벌하실 때 비존재

---

21. *DCV* 4 (*OWC* 364).
22. *DCV* 6 (*OWC* 365-6).

7인의 십자가 사상

를 징벌하신다고 말할 수는 없다.[23]

여기서 "과연 하나님이 **죄**를 징벌하시는지, **죄인**를 징벌하시는지"가 명확하지는 않다. 또는 "하나님이 그분의 왕국의 **질서**를 따르는지, 하나님께 합당한 **명예**를 요구하시는지"도 명확하지 않다. 죄와 그 징벌을 둘러싸고 4가지 요소 곧 죄, 죄인, 명예, 질서가 뒤섞여 언급된다. 안셀무스는 다른 두 논지를 펼치고 있는 것으로 보인다. (1) 죄는 비존재이지만, 그러나 그릇된 의지를 가진 죄인을 벌하시므로 하나님은 비존재를 벌하시는 것은 아니다. (2) 죄인을 합당한 질서 속에 있는 의로운 자와 분리함으로써 하나님은 죄를 벌하신다. 하나님과 죄인의 인격적 관계는 죄, 질서, 명예 등의 비인격적인 개념과 섞여 있다. 이런 점에서 그리스도가 충족시켜야 하는 것은 죄, 죄인, 질서, 하나님의 명예, 하나님과 인간의 관계 같은 복잡하고 다양한 것이 되어버린다.

안셀무스가 제시하는 죄와 죄인의 관계, 곧 죄가 가진 인격적 측면과 비인격적 측면 사이의 관계는 간단한 주제가 아니다. 그는 비록 죄의 본질을 강조하더라도 결코 죄인의 책임을 등한시하지 않는다. 안셀무스가 원죄와 개인적 죄를 구분하는 것을 보면, 그는 죄, 죄인, 의지, 죄의 본성이 가진 문제의 복잡성을 잘 이해하고 있었다. 한편으로 그는 원죄가 개인적 죄와 다르다고 주장한다.

각 사람에게는 인간으로서의 공통적 본성이 있는 동시에, 각자를 다른 사람과

---

23. *DCV* 6 (*OWC* 366).

구분하는, 이 사람, 저 사람이라고 부를 수 있는 개별성도 있다고 생각해보자. 또한 각자의 죄는 그 본성과 개인에게 존재한다.…사실, 인간의 본성에 녹아 있는 그 죄는 "원천적"이라고 불리며 그것은 "본성적" 죄라고 표현될 수 있다.…그러나 각 개인이 저지르는 죄는 "개인적" 죄라고 불릴 수 있다. 왜냐하면 그것은 개인의 잘못에서 비롯됐기 때문이다.[24]

본성적 죄는 부패된 본질로부터 오지만 개인적 죄는 개인의 잘못으로 활성화된다. 안셀무스는 원죄와 개인적 죄의 구분에서 한걸음 더 나아가, 죄는 아담보다 유아에게 더 적다고 주장한다.[25] 따라서 개인적 죄는 원죄에 더해진 죄다. "한 사람에게 이것보다 더해진 모든 것은 개인적 죄다.…"[26] 결과적으로 우리는 매일 개인적 죄 때문에 점점 더 사악해진다. 우리의 일상적인 삶 속에서 죄는 원죄와 개인적 죄의 복합물인 것처럼 보인다.

다른 한편으로, 안셀무스에 따르면 개인적 죄 그 자체는 원죄의 활성화다. 아담이 죄를 지었을 때 우리 모두는 그 안에서 죄를 지었다. 아직 존재하지도 않는 우리가 죄를 실제로 지었기 때문이 아니라 우리가 아담으로부터 태어났기 때문이다. "우리가 존재하게 되었을 때 죄를 짓게 되는 필연성이 등장하는 이유는 바로 그러하기 때문이다."[27] 인간 본성 전체가 아담과 하와 안에 담겨 있기 때문에, 본성의 어떤 것도 아담과 하와 밖에 존재

---

24. *DCV* 1 (*OWC* 359).
25. *DCV* 22-23(*OWC* 379).
26. *DCV* 27 (*OWC* 386).
27. *DCV* 7 (*OWC* 367).

7인의 십자가 사상

할 수 없기 때문에,[28] 원죄는 다른 어떤 죄보다 더 무겁기 때문에,[29] 우리 개인적 죄는 본성적 죄, 원죄에 포함되는 것처럼 보인다. 안셀무스는 우리의 죄가 발생하는 것은 오로지 원죄 때문이라고 한다.[30] 이런 논의에서 알 수 있는 것은 죄에 대한 논의의 초점이 "의지"로부터 "본성"으로 이행한다는 것이다.

안셀무스의 죄 개념을 더 명확히 이해하기 위해서 몇 가지 점을 지적하고자 한다.

첫째, 만약 안셀무스의 시대적·사회적 배경을 고려하지 않고 신학적 논의만을 살피면 원죄와 개인적 죄의 관계는 일관성을 결여할 수밖에 없다. 개인적 죄가 원죄로 이행되는 것처럼, 원죄도 개인적인 죄로 이행된다는 안셀무스의 주장은 변증법적이다.[31] 그러나 원죄는 원인이고 개인적 죄는 결과라고 주장할 때, 원죄와 개인적 죄가 인과관계 속에 있는 것처럼 보인다.[32] 유아의 상태에 대한 설명이 이 논리를 이해하는 데 도움이 된다. 안셀무스의 주장은 이렇다. 유아는 악한 의지의 측면에서 볼 때는 죄가 없지만, 아이가 어른이 되어가면서 죄를 지을 필연성을 취한다는 점에서 죄가 그들 속에 있다.[33] 다시 말해 유아는 **의지**에 있어서는 죄가 없고 본성에 있어서는 죄인이다. 결론적으로, 원죄와 개인적 죄는 구분되지만 분리되지 않는 의지와 본성의 유기적인 결합이라고 볼 수 있다.

---

28. *DCV* 2 (*OWC* 360).
29. *DCV* 2 (*OWC* 361).
30. *DCV* 1 (*OWC* 359).
31. *DCV* 23 (*OWC* 382).
32. *DCV* 26 (*OWC* 386).
33. *DCV* 7 (*OWC* 367).

둘째, 안셀무스가 「처녀 수태와 원죄」(De Conceptu Virginali et de Originali Peccato)를 쓴 목적을 이해할 필요가 있다. 이 책에서 안셀무스는 어떻게 하나님께서 죄 덩어리인 인간에게서 죄 없는 본성을 취하셨는지를 설명하려고 했다.[34] 유아의 죄가 아담의 죄보다 덜하다는 안셀무스의 논지는 그리스도가 죄 없이 수태된 것을 합리적으로 설명하려는 노력의 일부다. 그리스도에게 원죄가 없다는 안셀무스의 논증은 개인적 죄와 원죄의 관계를 함축적으로 설명한다. 그리스도가 죄 없이 수태되었다는 것을 변증하는 맥락에서 개인적인 죄를 다루기는 하지만, 안셀무스는 개인적 죄보다는 원죄를 더 강조한다. 인간 본성 전체가 아담 안에 있기 때문에 인간의 모든 본성이 악화되고 타락했다.[35] 각 개인에게는 죄가 실제로 진행되지만, 그리스도에게 결핍된 죄의 현실성 그 자체도 아담으로부터 유래된 인간의 죄성이다. 죄인은 죄의 본성, 곧 죄 그 자체에 함몰된다. 이럴 경우에 원죄와 개인적 죄의 관계는 양방적인 것이 아니라 원죄에서 개인적 죄로 향하는 일방적 관계다. 다시 말해 본성적 죄가 개인적 죄에 영향을 받지 않는다는 그런 의미에서 개인적 죄는 본성적인 죄에 기여하지 못한다. 각 개인은 죄의 덩어리(massa peccatrix)의 일부분으로 간주된다.[36] 결국 개인적 죄는 원죄의 반복에 불과하게 된다. 만약 이 논리를 더 밀어붙이게 되면, 의지로서의 죄는 개인적 죄든 원죄든, 비존재가 아니라 본성과 동일한 것이 되어버리고 만다.

셋째, 안셀무스는 죄를 비존재(nothing), 곧 옳은 의지의 결핍으로 이해

---

34. *DCV* 1 (*OWC* 359).
35. *DCV* 2 (*OWC* 360).
36. *CDH* I.5. (*LCC* 10,106), *DCV* 1 (*OWC* 359), Eckardt 1992: 19.

한다. 그러나 죄가 아예 존재하지 않는다고 주장하는 것은 아니다. 이는 죄의 존재를 능동적으로 이해하는 것이 아니라 수동적으로, 곧 "반드시 그래야만 하는 것"의 결핍으로 간주해야 한다는 의미다. 이미 언급했듯이 이것은 하나님이 그릇된 것에 연루될 수 없다는 생각에 근거하고 있고, 변할 수 있고 부패할 수 있는 우연적인 것은 진정한 존재가 될 수가 없다는 그리스 철학을 배경으로 한다.[37]

넷째, 안셀무스의 이런 죄 개념은 필연적으로 여러 문제를 일으킨다. 어떻게 결핍이 본질로 유전될 수 있는가? 죄가 의지이면서 동시에 유전될 수 있는 본질이라면 의지와 본질의 관계는 무엇인가? 또한 이런 죄는 죄인과 어떤 관계가 있는가? 의지가 본성과 다르다는 점을 고려할 경우,[38] 의지에 초점을 맞추면 본성과 다른 죄를 더할 수 있는 죄짓는 개인에게 죄의 근원을 찾을 수 있게 되고, 본성에 초점을 맞추면 죄짓는 개인이 죄의 본성에 함몰되므로 죄인보다는 죄 자체에서 죄의 근원을 찾을 수 있을 것이다.

마지막으로, 안셀무스의 죄 개념이 복잡하기 때문에 충족 개념도 복잡하게 전개된다는 것을 주목할 필요가 있다. 첫 번째 인간은 죄의 값을 치러서 무엇인가를 충족시켜야 하는 의무를 지고 태어난다고 주장한다.[39] 인간을 대신하는 그리스도의 사역은 우선적으로 죄를 대신하는 것이다. 죄를 올바른 의지의 결핍으로 이해한 것은, 왜 그리스도가 "마땅히 그래야만

---

37. Augustine, *Enchiridion* 11-12 (*NPNF1* 3.240), *De Civitate Dei* XI.17, XII.2-3 (*NPNF1* 2.214, 227-228) 참조.
38. "여기서 의지와 본성은 다르다"(*DCV* 11, *OWC* 372).
39. *DCV* 2 (*OWC* 360).

하는" 당위를 충족시켜야만 하는가 하는 질문에 단서를 제공한다. 충족이란 부족한 것을 메우는 것이다. 죄인을 위한 충족과 죄를 위한 충족 사이의 모호함도 개인적 죄와 본성적 죄 사이의 모호함과 연관된다. 더 중요한 것은 본성적 죄에 대한 그의 강조가 충족 이론을 더 적절하게 이해하도록 하는 중요한 단서가 된다는 사실이다. 여기서는 실재론(realism)이 그리스도의 사역을 해석하는 데 중요한 열쇠가 된다. 반듯함, 질서, 하나님의 속성과 같은 비인격적 개념이 핵심적 개념이다. 죄 자체를 위한 충족의 필연성이 개인적인 노력을 압도한다. 이런 측면은 "안셀무스는 죄가 누구 또는 무엇을 대항해서 저질러진 것으로 이해하는가?"라는 문제를 다루면 더 명확해진다. 다음 단락에서는 안셀무스가 왜 죄를 그토록 심각한 것으로 이해했는지를 다룰 것이다.

2.2.2. 하나님 앞에서의 죄

안셀무스에게 있어 죄는 하나님 앞에서의 죄다. 죄는 그것이 우리 안의 사악한 행위이기 때문이 아니라, 하나님을 대항하기 때문에 무겁고 심각하다. 보소(Boso, 「인간이 되신 하나님」에 나오는 논쟁 상대자의 이름-편집자 주)의 논리를 따른다면, 우리는 마땅히 해야 할 것은 하지 않고 하지 말아야 할 것을 하기 때문에 양적으로 이중적인 죄를 범한다.[40] 인간은 죄를 짓지 말아야 한다는 의무, 곧 죄를 짓기 전에 빚지고 있는 것에 대해서도 갚지 않고, 자기 자신의 죄 때문에 빚지고 있는 것도 갚지 않는다.[41] 결국 우리는 **많은** 죄를

---

40. *CDH* I.24 (*LCC* 10.142).
41. *CDH* I.24 (*LCC* 10.142).

짓는다. 그러나 질적으로 죄의 심각성은 우리가 누구 앞에서 죄를 짓는가 하는 문제 때문에 발생한다. 죄는 하나님과 인간 사이에서 발생한 문제다.

이것은 천사와 인간이 하나님께 지고 있는 빚(*debitum*)이다. 그 빚을 갚지 않는 자는 누구든지 죄를 짓고 있는 것이다. 이것은 인간을 마음과 의지에 있어서 올바르게 만드는 의지의 올바름 혹은 반듯함이다(*Haec est iustitia sive rectitudo voluntatis*). 이것은 빚진 우리에게 하나님이 요구하시는 유일하고 전적인 명예다. 왜냐하면 오직 그런 의지만이 행위로 드러났을 때 하나님을 즐겁게(*placita*) 할 수 있지만, 행위로 드러나지 않았을 경우에는 스스로를 즐겁게 할 뿐이며 또 그런 의지가 없이는 어떤 일도 (누군가를) 즐겁게 할 수 없기 때문이다. 이런 명예를 하나님께 드리지 않는 자는 그분께 속한 것을 앗아가는 것이고, 그분을 명예롭게 하지 않는 것이며, 죄를 짓는 것이다. 그뿐 아니라 자신이 훔쳐간 것(*rapuit*)을 갚지 않는 한 그는 죄인으로 남아 있다. 그렇다고 훔쳐간 것을 되돌려주는 것에 그쳐서는 안 된다. 저질러진 죄를 고려해보고 나서, 인간은 앗아간 것보다 더 많은 것을 치러야 한다. 왜냐하면 다른 사람의 건강을 앗아간 경우에, 건강을 빼앗긴 사람이 겪은 고통과 상처에 대한 보상 없이 단지 그 건강만을 되돌려주는 것만으로 충분하지 않기 때문이다. 마찬가지로 다른 사람의 명예를 짓밟은 사람이 그 명예를 앗아간 정도에 따라서 불명예스럽게 된 사람을 즐겁게 할(만족시킬) 일종의 보상을 하지 않고 단지 명예를 돌려주는 것만으로는 충분하지 않다. 재산을 훔친 경우가 아니라면(건강을 해쳤거나 명예를 손상시킨 경우처럼) 불법으로 무언가를 앗아간 사람은, 빼앗긴 사람이 요구하지도 않는 것(요구하는 것보다 더 많은 무엇인가)을 지불해야 한다는 것을 주목해야 한다. 그래서 죄를 짓는 자는 누구든지 그가 앗아간 명예를 하나님께 되돌려드리고 값을 치러야 한다. 이것이 모든 죄인이 하나님께 해야 하는 충족이다(*haec est satisfactio, quam omnis peccator Deo debet facere*).[42]

여기서 우리는 죄의 삼중 의미를 볼 수 있다. (1) 우리는 하나님을 명예롭게 해야 한다. (2) 우리는 우리가 하나님으로부터 훔쳐온 것을 그분께 되돌려드려야 하지만 그렇게 할 수 없다. (3)우리는 하나님을 기쁘시게 하기 위해서 우리가 훔쳐온 것보다 더 많은 값을 치러야 하지만 그렇게 할 수 없다. 우리는 하나님의 명예를 보상함으로써 그분을 즐겁게 하거나 우리가 훔쳐온 것을 되돌려드릴 능력이 없으므로 죄를 지을 뿐만 아니라 계속해서 죄를 짓게 될 것이다. 따라서 인간은 하나님 앞에서 심각한 죄를 짓는다. 안셀무스가 빚, 의지, 정의, 기쁘게 함, 빚을 갚음, 명예, 충족과 같은 많은 용어를 여러 언어 영역에서 빌려오고 심지어 서로 다른 비유를 구별 없이 사용하면서 죄의 의미를 설명하고 있다는 사실은, 하나님 앞에서의 죄의 문제가 얼마나 무거운지, 인간이 죄 문제를 스스로 해결할 수 없다는 사실이 얼마나 심각한지를 드러낸다. 죄의 심각성은 다음의 유명한 구절에서 더욱 절절히 표현되고 있다.

죄가 얼마나 무거운지 당신은 아직 고려하지 못하고 있다.…우리가 하나님의 의지에 대항하는 가장 작은 죄를 짓는다 할지라도 그 죄를 지을 때마다 심각한 죄를 짓는 것이다. 왜냐하면 우리는 하나님의 면전에서 죄를 짓는 것이며, 하나님은 우리에게 죄를 짓지 말도록 항상 명령하시기 때문이다.…이 엄청난 죄 때

---

42. *CDH* I.11 (*LCC* 10.119, Schmitt II.68.14–II.69.2).

문에 하나님이 충족을 요구하시는 것은 명백하다.[43]

죄가 무거운 이유는 무엇보다도 그것을 하나님 앞에서 저지른다는 사실 때문이다. 아무리 작은 죄라고 할지라도 하나님께 저질러진 죄는 용서받을 수 없다. 죄는 하나님과 인간의 관계에 관한 것이다. 우리가 죄를 지을 때, 죄는 우리가 누구이고 하나님이 누구신가를 드러낸다. 죄는 인간과 하나님의 관계를 보여주는 본질적인 실재다. 그리스도가 인간과 하나님을 위한 충족을 둘 다 행해야 하는 이유는 바로 죄의 이 두 측면, 즉 (1) 우리의 죄, (2) 하나님께 저질러진 죄와 연관된다. 우리의 죄는 **하나님께 대항하는 죄**다. 따라서 그리스도의 충족은 우리를 대신해 하나님을 위해 행해져야 한다.

하나님께 대항하는 죄 개념 때문에 안셀무스는 "인간과 관계하시는 하나님은 누구신가?"라는 질문을 필연적으로 다룰 수밖에 없다. 왜냐하면 인간의 죄가 어떤 의미에서 하나님께 영향을 미치는지, 또 하나님은 죄를 어떻게 다루시는지를 이해하지 않고서는, 왜 죄가 그분께 심각한지를 이해할 수 없기 때문이다. 바로 이런 맥락에서 안셀무스는 죄에 대한 논의를 하나님에 대한 논의로 옮겨간다. 안셀무스는 「인간이 되신 하나님」에서도 이런 순서를 따른다. 그는 「인간이 되신 하나님」 I.11에서 먼저 죄를 다루고 바로 다음 장에서 "하나님은 누구시고 무엇을 하시는가?"를 다루고 있다. 보소가 계속해서 제기하는 질문이 문제의 핵심을 드러낸다. 왜 하나님은 그리스도의 충족 없이 순전히 자비로 우리 죄를 용서하지 못하시는가?

---

43. *CDH* 1.21 (*LCC* 10.138-139).

이 질문에 답하려고 안셀무스는 사회경제적인 맥락에서 하나님에 대한 이 해를 밝힌다. 하나님의 왕국에서 그분이 질서 없이(*inordinatum*) 행동하시 는 것은 적절하지 못하다.[44] 만약 죄를 보상하지도 않고 또 죄에 대한 징 벌을 받지도 않는다면, 죄는 어떤 법률에도 종속되지 않는다.[45] 우리의 죄 를 자비로만 용서하신다면, 정의롭지 못한 것이 정의보다 더 자유롭게 되 고 이것은 하나님께 적절치 못함(*inconveniens*)을 불러들이게 된다.[46] 결국 올바른 질서 속에서 이루어져야 하는 하나님의 정의가 그분의 자유, 의지, 자비보다 더 중요한 것이 되어버린다.[47]

죄에 있어서 하나님과 인간의 관계는 실존적이거나 관계적이라기보다 는 본질적이다. 이것은 안셀무스가 죄의 본성적인 면을 더 강조한 것과 잘 들어맞는다. 하나님에 관해서는 어떤 것도 더하거나 빼놓을 수 없다.[48] 죄 가 영향을 미치는 것은 하나님이 아니라 인간과 하나님의 관계 그 자체다. 하나님의 명예와 존엄은 어떤 변화도 겪지 않아야 한다. 그것은 있는 그대 로며, 있어야만 하는 그대로다. 인간의 본성에 종속되는 우리 의지는 하나 님의 의지와 결코 상호 영향을 주고받을 수 없다. 하나님의 의지와 인간의 의지는 그것이 그래야만 하는 그대로 관계한다. 안셀무스는 다음과 같이 말한다.

---

44. *CDH* I.12 (*LCC* 10.120, Schmitt II.69.15).
45. *CDH* I.12 (*LCC* 10.120).
46. *CDH* I.12 (*LCC* 10.120, Schmitt II.69.27-28).
47. *CDH* I.12 (*LCC* 10.121).
48. *CDH* I.15 (*LCC* 10.123).

그것(일반적인 사건이나 사물 혹은 인간)이 당연히 그래야만 하는 것을 원할 때, 하나님을 영예롭게 한다. 하나님께 무엇을 드리기 때문이 아니라 의지를 그분께 복종시켜서 자신의 위치를 우주 속에서 유지하며 또 그것이 그 위치에 있는 한에 있어서 우주의 아름다움을 유지하기 때문이다. 그러나 그것이 그래야만 하는 것을 원하지 않을 때, 그것은 하나님을 불명예스럽게 한다. 왜냐하면 비록 그것이 하나님의 능력과 존엄에 상처를 가할 수는 없다 할지라도, 자신을 하나님의 방향에 따라 드리지 않고 우주 속에 놓여 있는 한, 우주의 질서와 아름다움을 해치기 때문이다.[49]

하나님을 명예롭게 하는 것은 우리가 그분을 위해서 하는 그 무엇이 아니라 피조물의 의지를 포함해서 우주의 질서와 아름다움이 마땅히 그래야만 하는 그대로 존재하는 것이다. 하나님의 명예는 하나님 자신 속에서가 아니라, 우주가 올바른 질서 속에서 합당한 위치에 있는 가운데 그 아름다움을 유지할 때만 지켜진다. 이렇게 되면 죄를 둘러싸고 인간이 맺는 관계는 더 이상 하나님께 짓는 죄라는 인격적인 문제가 아니라, 우주의 질서와 아름다움이라는 비인격적인 개념적 실체와 관련된 문제가 된다.

그럼에도 죄에 대한 안셀무스의 이해를 전적으로 개념적·비인격적·법률적·상업적인 것이라고 단정할 수는 없다. 왜냐하면 궁극적으로 하나님이 하시는 일은 죄 자체보다 죄인을 위한 것이기 때문이다. 안셀무스는 죄인이 빚을 치르든가 또는 하나님으로부터 징벌을 받아야 한다고 주장한다.

---

49. *CDH* I.15 (*LCC* 10.124).

이 충족은 죄인이나 혹은 그를 대신할 누군가가 빚지지 않은 자기 것, 곧 하나님 외에 모든 것을 넘어서는 어떤 것을 하나님께 드려야 하는 그런 것이다.… 따라서 너무나 분명한 불변하는 진리와 명확한 이성은 죄인이 훔쳐온 하나님의 명예를 제자리 곧 하나님께 되돌려드리는 것을 요구한다.[50]

이런 주장에 과연 논리적 일관성이 있는가 하는 질문이 제기된다. 어떻게 안셀무스는 개념적·이성적·상업적 죄 이해를 그가 결코 배제하려고 하지 않았던 죄인의 실존적인 책임과 조화시킬 수 있는가? 왜 자비의 하나님은 자비가 아니라 그분이 지으신 우주의 질서를 따라야만 하는가? 그리스도는 죄, 죄인, 하나님 또는 우주의 질서와 아름다움 가운데 어떤 것을 충족시키는가? 더 근본적으로, 왜 하나님과 인간의 인격적 관계로서의 죄가 정의, 명예, 질서, 사물이 반드시 그래야만 하는 것 같은 비인격적 개념으로 이해·평가·정의되어야 하는가? 이제 안셀무스의 충족의 개념을 살펴보면서 존재론적 관점과 실존적 관점 사이를 오가는 안셀무스의 논리적 행보를 추적해보려 한다.

2.2.3. 충족

하나님께 대항하는 가장 작은 죄라도 우리가 그 값을 충족시킬 수 없기 때문에, 이런 죄의 무게는 신-인에 의한 충족을 필연적으로 요청한다.[51] 곧 죄는 그리스도의 사역에 필연성을 부여한다. 결국 이제 우리는 그리

---

50. *MRH* 139.
51. *CDH* I.21 (*LCC* 10.139).

스도께서 십자가에서 죄 문제를 해결하려고 무엇을 하시는가 하는 문제를 다루어야 한다. 이 질문에 답하다 보면, 처음에 제기된 근원적인 "3가지 왜"(three whys?) 가운데 지금 이 부분에서 다루는 "왜 신-인인가?"(why the God-man?)라는 질문의 답에 도달하게 된다. 앞서 죄 개념을 통해 이미 살펴본 대로 안셀무스의 충족 개념도 죄, 죄인, 하나님, 하나님의 명예와 우주의 질서라는 개념을 포함한다. 따라서 충족의 개념은 감정적·법률적인 개념보다 더 포괄적이다. 충족은 "반드시 그래야만 하는 것"이다. 만약 죄가 올바름의 결핍이라면, 올바름이 있어야 하고 따라서 반드시 보충되어야만 한다. 만약 죄가 하나님의 명예와 우주의 질서의 결핍이라면 그 명예와 질서가 있어야 하고 따라서 반드시 보충되어야만 한다. 만약 죄가 보상의 결핍이라면 그 지불이 있어야 하고 따라서 반드시 치러야만 한다. 죄가 크든 작든 간에, 누군가의 죄가 사해지려면 그것에 대한 보편적인 충족이 있어야 한다.[52]

"신-인이 무엇을 충족시키는가?"라는 질문에 대한 안셀무스의 대답은 3가지 측면이 있다. (1) 인간과 죄인을 위한 충족, (2) 하나님과 인간의 관계를 위한 충족, (3) 하나님의 명예와 우주의 질서를 위한 충족. 물론 이런 충족의 대상들은 서로 연관된다. 인간의 죄 문제는 그리스도가 인간이 되신 가장 구체적인 이유다. 그러나 이 문제는 하나님과 인간의 관계와 결코 무관하지 않다. 안셀무스가 전제하듯이, 지불과 징벌은 최소한 이해 당사자가 당사자 본인이어야 하고 또 그들이 서로 밀접한 관계 속에 있어야 한다. 그러나 안셀무스는 더 나아가 죄 문제를 하나님의 속성과 사물의 본질

---

52. *DCV* 23 (*OWC* 382).

에까지 연관시킨다. 여기서 주목해야 하는 것은 안셀무스가 충족 개념을
사용해서 죄와 신-인의 삼중적인 사역을 풀어헤치고 있지만 사실은 인간
이성·사회 구조·경제 가치 등의 이념을 충족시키려고 한다는 점이다.

이제 안셀무스의 충족의 삼중적인 의미, 곧 신-인 개념이 인간, 하나님
과 인간의 관계, 하나님의 속성 및 우주의 본질을 어떻게 충족시키는지를
차례로 살펴보겠다. 첫째, 그리스도가 하나님이 아니라 인간을 위해서 신-
인이 되셨고, 인간의 문제를 해결하려고 그의 일을 하셨다는 것은 너무도
명백하다. 특히 "why the God-man?", 곧 "왜 신-인만이 이 일을 할 수 있
는가?"라는 질문은 바로 신-인의 일이 인간의 문제를 해결하기 위함이라
는 것을 가장 뚜렷이 드러낸다. 하나님 말고는 어느 누구도 하나님 앞에서
인간이 저지른 죄를 해결할 수 없는데, 동시에 이것은 인간이 저지른 문제
이기 때문에 인간 말고는 어느 누구도 이 문제를 해결해서는 안 된다.[53] 따
라서 하나님이면서 동시에 인간이신 그리스도, 곧 신-인이 이 문제를 충
족할 수 있다. 신-인이 되어야 하는 그리스도의 사역의 최우선적 필연성
은 바로 인간에게 있다. 안셀무스는 다음과 같이 주장했다.

> 이것은 때로는 무엇이 유익한 것인지도 이해하지 못하는 인간, 그가 잃어버린
> 것을 대체할 수 없는 인간을 위해서 행해진 일이다. 그러나 하나님은 어떤 것
> 도 필요하시지 않다. 만약 모든 것이 다 사라진다면 하나님은 그것들을 만드셨
> 던 것처럼 그것들을 다시 대체하실 것이다.[54]

---

53. *CDH* II.6 (*LCC* 10.151).
54. *CDH* 1.21 (*LCC* 10.139).

안셀무스는 「인간의 구원에 대한 명상」(*Meditatio Redemptionis Humanae*)에서 충족의 필연성이 인간에게 있다는 것을 더 명확히 밝히고 있다.

어떤 필연성이 가장 높은 분을 강요해서 자신을 낮추게끔 했는가? 그가 하신 일을 이루기 위해 수고하도록 그분은 강요를 당했는가?…하나님이 하신 그 방법대로 인간의 구원을 보장해야만 하는 이유가 하나님께 있는 것이 아니라, 그분께 그런 충족이 필요한 이유는 바로 인간의 본성 때문이다. 하나님은 그런 고난을 당하실 필요가 없다. 그러나 인간은 하나님의 고난을 통해서 화해될 필요가 있다. 하나님은 성육신을 통해서 자신을 낮추어야 할 필요가 없다. 인간이 하나님의 성육신을 통해서 지옥의 음부로부터 구원받아야 할 필요가 있는 것이다. 신성한 본질은 고난을 당했거나 당할 수도 없고, 그 지위가 낮아지지도 낮아질 수도 없다. 인간의 본성이 이 모든 것을 해야만 한다.[55]

그리스도가 성육신하신 이유는 하나님의 사랑과 자비로 회복되어야만 하는 인간의 상황 때문이다.[56] 따라서 신-인은 인간의 문제를 충족시켜야만 한다. 우리 죄를 위한 충족, 이것은 근본적으로 **우리**로 인해 야기된 **우리 죄**에 관한 것이다. 우리는 우리가 행한 것을 충족시킬 수 없다. 이를 위해 안셀무스는 빚과 지불이라는 용어를 상업적 영역에서 빌려왔다. "충족 없이, 곧 인간이 빚을 스스로 갚지 않고는 하나님은 인간을 죄를 심판하지 않은 상태로 내버려둘 수 없다."[57] 충족은 바로 우리 빚을 갚는 것이다. 우

---

55. *MRH* 139.
56. *CDH* I.3 (*LCC* 10.104).
57. *CDH* I.19 (*LCC* 10.135).

리는 빚을 졌지만 그것을 갚을 수는 없다.

둘째, 충족은 지불이 누구에게 이루어져야 하는가라는 문제와 연관되므로, 그리스도의 충족은 하나님과 인간의 **관계성**으로 확대된다. 하나님께서 죄를, 보상할 수 없는 죄와 죄인에 대한 징벌로 이해하시는 것은 충족이 **지불과 심판**이라는 두 개의 용어와 연관됨을 의미한다. 만약 빚진 자가 빚을 갚을 수 없다면 채권자는 이에 대해 무엇인가를 해야만 한다. 또는 법이 이 문제를 해결해야 한다. 상업적 메타포가 법적 메타포로 연결되는 것은 자연스럽다. 상업적 거래가 거래 당사자 쌍방을 전제하듯이 법적 체계 역시 법과 그 법 아래 있는 자들의 상호 관계를 전제로 한다. 우리가 빚을 갚을 수 없을 때, 하나님은 채무자를 벌해야만 한다. 따라서 신-인은 우리의 지불과 하나님의 심판 둘 다를 충족시킨다. 하나님으로부터 탈취된 명예는 되돌려지거나, 그렇지 않으면 반드시 징벌이 따라야 한다.[58] 어떤 이는 죄의 징벌보다 빚의 지불에 강조점을 더 두는 것으로 이해해서, 안셀무스의 충족론을 형벌적 대속론(penal substitution)의 한 유형으로 이해하면 안 된다고 주장하기도 한다.[59] 그러나 이것은 그를 오해한 것이다. 그는 지불과 징벌 사이에 어떤 것을 선택하는 것이 아니다. 오히려 그리스도의 충족은 우리가 치러야만 하는 채무와 하나님이 행해야만 하는 징벌 모두와 관계한다. 하나님의 입장에서 징벌해야만 하는 것도 다음과 같이 동

---

58. *CDH* I.13 (*LCC* 10.122).

59. "개혁주의자들은 그리스도의 십자가의 고난을 (안셀무스의 *CDH*에서 볼 수 있듯) 무한한 가치의 선물을 하나님의 명예에 자발적으로 바치는 것으로서 이해하는 것이 아니라 인간의 죄로 인한 징벌을 대신 지고 가는 형법적인 것으로 이해했다. 징벌과 충족 사이의 분열 없이 칼뱅은 징벌에 의한 충족을 채택한다"(Strimple 1996: 354).

일하게 강조된다.

죄를 이런 방법으로 사하는 것(자비로 죄를 용서하는 것)은 죄를 벌하지 않는 것
과 마찬가지다. 충족 없이 죄를 올바르게 다루는 방법이란 죄를 벌하는 것이기
때문에 만약 죄를 벌하지 않는다면 그것은 규칙을 위반하는 일이 될 것이다.…
그러나 만약 죄가 그 값이 치러지지도 않고 벌해지지도 않는다면 죄는 법의 지
배하에 있지 않게 된다.[60]

우리는 우리가 하나님으로부터 빼앗아온 것을 되갚을 수 없고, 하나님
은 지불 없이, 또는 징벌 없이 내버려두실 수 없기에 그리스도는 우리 대
신 값을 치르고 하나님의 징벌을 짊어진다. 이렇게 하나님의 징벌에 대
한 그리스도의 충족을 이해하지 못하면 "왜 하나님께서 자비로 죄를 용서
하지 못하시는가", "왜 하나님의 명예가 충족되어야만 하는가"라는 안셀무
스의 논리를 좇아갈 수가 없다. 하지만 우리가 지불과 징벌에 대한 안셀무
스의 논리를 고려하면 그리스도가 충족시키는 것이 바로 하나님과 인간의
관계성임을 알게 된다. 신-인은 우리가 지불해야만 하는 것과 하나님이
벌해야만 하는 것을 모두 충족시킨다. 따라서 신-인은 채무와 채권의 관
계뿐만 아니라 죄와 징벌의 상호적인 관계 속에 있다.

셋째, 충족 개념은 하나님의 본성에까지 확대된다. 우리 죄는 우리가
누구인가뿐만 아니라 하나님이 누구신가도 드러낸다. 죄는 하나님 앞에서
의 죄이므로 죗값의 충족은 하나님에 대한 충족이 되어버린다. 인간의 죗

---

60. *CDH* 1.12 (*LCC* 10.120).

값이 충족되어야만 하는 이유는 인간이 죄를 지었고, 하나님과 인간의 관계가 정의롭게 맺어져야 할 뿐만 아니라 하나님 자신에게 부합하는 본성이 있기 때문이기도 하다. 이런 점을 고려하면 안셀무스의 충족은 "인간을 위한" 신-인의 사역으로부터 "하나님께 행해진" 사역에까지 확장된다. 그리스도의 십자가의 일은 우리에게 구원을 허락하실 뿐만 아니라 하나님을 찬양하고 그분의 명예를 회복하는 것으로 연결된다.[61] 따라서 그리스도는 하나님과 그분의 속성을 충족시킨다. "하나님이 왜 우리 죄를 용서할 수 없는가?"라는 보소의 질문은 이 주제가 그분의 속성과 연관됨을 드러낸다.

> 하나님은 자유로우시므로 어떤 법률과 심판에도 종속되지 않고, 무한히 자비로워서 그보다 더 자비로운 존재를 생각할 수 없으며, 하나님이 원하시는 것 외에는 어떤 것도 올바르고 적합한 일이라고 할 수 없다. 그러나 우리가 다른 사람에게 행한 잘못조차 하나님께 용서를 구하면서, 우리가 자신에게 잘못한 것을 하나님이 용서하실 의향이 없다고 말하는 것은 이상한 것이다.[62]

만약 우리가 다른 사람에게 행한 잘못을 하나님께 용서받는다면 왜 하나님은 우리를 용서할 수 없는가? 안셀무스는 그 답을 하나님의 존엄에서 찾는다. "하나님의 자유와 자비에 대해서 당신이 말한 것은 옳다. 그러나 우리는 하나님의 존엄에 모순되지 않는 방법으로 이 모든 것을 이성으로 해석해야만 한다."[63] 이런 주장 후에 안셀무스는 결론짓기를, 만약 하나

---

61. *CDH* I.10 (LCC 10,117).
62. *CDH* I.12 (LCC 10,121).
63. *CDH* I.12 (LCC 10,121).

님이 정의롭지 못하게 또는 적절한 질서 없이 어떤 일을 처리하는 것이 하나님께 잘 부합하지 않는다면, 자신으로부터 탈취해간 것을 다시 갚지 않는 죄인을 벌하지 않고 용서하는 것은 하나님의 자유, 자비, 의지에 속하는 것이 아니다.[64] 여기서 우리는 신-인의 사역에서 하나님의 본성으로 주제의 초점이 이동하는 데 주목해야 한다. 안셀무스는 왜 하나님의 용서가 그리스도의 죽음을 통해서만 이루어져야 하는가를 논의하지 않는다. 단지 신-인의 죽음의 의미를 하나님에게서 발견할 뿐이다. 말하자면 안셀무스는 논의의 초점을 신-인의 죽음과 용서라는 주제에서 하나님과 용서라는 주제로 옮겨간다. 하나님은 우리의 지불이나 하나님의 심판 없이 용서할 수 없다. 왜냐하면 하나님의 존엄과 정의가 합당한 질서 속에서 유지되어야만 하고, 만약 그렇지 않다면 하나님의 의지, 자유, 자비가 유지될 수 없기 때문이다. 결과적으로 하나님은 하나님과 그 본성 때문에 신-인의 죽음 없이는 우리를 용서할 수 없다. 신-인은 하나님과 그의 명예를 충족시킨다.

그러나 하나님의 명예에 대한 안셀무스의 개념이 무엇인지를 정확히 알기란 쉽지 않다. 안셀무스는 다음과 같이 서로 다른 관점에서 이 문제를 다루기 때문이다. (1) 하나님과 그의 명예, (2) 하나님과 인간.

첫째, 안셀무스는 명예와 존엄이라는 신적인 속성에 대해 사색하고, 우주의 규칙과 질서라는 추상 개념을 도입한다. 혹은 하나님을 정의 개념과 동일시해버린다. "만일 어떤 것도 하나님보다 더 위대하거나 더 선할 수 없다면 최고의 정의는 바로 하나님 자신인데, 사물의 질서에 있어서 하나

---

64. *CDH* I.12 (*LCC* 10,121).

님의 명예보다 더 정의롭게 유지되어야 하는 그 어떤 것도 존재하지 않는다."[65] 그리고 "하나님이 자신의 존엄성의 명예를 유지하는 것보다 더 마땅한 것은 존재하지 않는다."[66] 하나님과 정의는 그분의 존엄 가득한 명예와 창조 질서의 아름다움이 우주 속에서 유지될 때 발견될 수 있다. 이렇게 안셀무스는 하나님과 그분의 본성, 인격적·비인격적 개념을 함께 연결해서 사용한다. 이런 점에서 안셀무스는 플라톤의 실재론의 영향을 받은 것으로 보인다.[67] 안셀무스는 일단 우리가 정의와 질서라는 추상 개념을 마음에 품게 되면 가장 진실하게 존재해야만 하는 것으로 생각한다. 이와 같이 안셀무스에게서 하나님과 그분의 본성이 정확히 구분되는 것은 아니다. 그에게 있어서, 하나님이 창조하신 우주 질서 속에서 하나님과 그분의 정의는 항상 일치해야 한다.

다른 한편으로, 하나님의 명예는 인간과 관련된다. 물론 하나님의 명예로부터 더하고 뺄 수 있는 어떤 것도 없으므로 하나님의 명예는 그 자체로는 변하지 않는다.[68] 그것은 스스로 부패하지 않고 변하지 않는 절대적인 명예다. 그러나 하나님의 명예는 인간에 의해서 유지되고 실행되어야 한다. 안셀무스는 다음과 같이 주장한다.

---

65. *CDH* I.13 (*LCC* 10.122).

66. *CDH* I.13 (*LCC* 10.122).

67. "확실히 그보다 더 위대한 것을 생각할 수 없는 바로 그 가장 위대한 존재는 마음속에만 존재할 수는 없다. 왜냐하면 만약 마음속에만 존재한다면 그것은 실제로 존재하는 것을 생각할 수 있게 되고, 그 실제로 존재하는 것이 (마음속에 존재하는 것보다) 더 위대하기 때문이다"(*Proslogion* 2, *OWC* 87).

68. *CDH* I.15 (*LCC* 10.123).

하나님 자신에 관한 한, 어떤 것도 그분의 명예에 덧붙이거나 뺄 수 없다. 왜냐하면 하나님은 부패하지 않고 절대로 변하지 않는 명예이기 때문이다. 그러나 개개의 피조물이 본성에 의해서든 이성에 의해서든 간에 하나님의 명예에 속해 있을 때, 말하자면 마땅히 정해진 질서를 지킬 때 이것은 하나님께 순종하고 그분을 영화롭게 하는 것이라고 할 수 있고, 특별히 이것은 이해할 수 있는 이성적 피조물에 적용될 수 있다. 마땅히 그래야만 하는 것을 이성적 피조물이 자발적으로 행하게 되었을 때 그 자발적 행함이 하나님을 영화롭게 한다. 이성적 피조물이 하나님께 무엇인가를 드릴 수 있기 때문이 아니라, 하나님의 의지와 인도하심에 자신을 복종시키고 그래서 우주 속에 자신의 위치를 지키며 최선을 다해서 우주의 질서를 유지하도록 노력하기 때문이다. 그러나 마땅히 그래야만 하는 것을 하지 않았을 경우에 그런 행동은…비록 하나님의 능력과 존엄을 훼손하는 것이 아니라고 할지라도 우주의 질서와 아름다움을 방해하므로…하나님의 명예를 더럽힌다.[69]

하나님의 명예는 하나님을 위해서가 아니라 인간의 이성적인 본성을 위해서 필연적이다. 바로 그 본성을 근거로 하여 하나님은 인간이 어떤 빚을 졌는지를 이해할 수 있는 능력을 주셨다. 따라서 하나님이나 그분의 본성이 아니라 마땅히 그래야만 하는 바를 행하는 존재인 인간이 하나님의 명예를 충족시켜야 한다. 결국 하나님이 아니라 인간이 하나님을 충족시켜야만 한다. 하나님께 있어 명예와 정의가 다르지 않고, 동시에 그 명예가 인간에 의해서 유지되는 것이 어떻게 가능한가? 하나님을 진정으로 명예

---

69. *CDH* I.15 (*LCC* 10.123-4).

롭게 하는 자는 누구인가? 하나님인가, 그분의 본성인가, 인간인가?

안셀무스의 충족 이론에서 대단히 흥미로운 것은 그리스도의 사역이 인간의 이성을 충족시켜야 한다고 주장하는 점이다. 이처럼 안셀무스는 인간의 이성을 충족시키려고 노력하기 때문에 그의 저술에는 죄, 죄인, 하나님, 그분의 본성 등이 복잡하게 얽혀 있다. 「인간이 되신 하나님」의 서론에서 안셀무스는 책의 저술 목적을 밝히고 있다. 안셀무스는 설령 그리스도에 관해서 아무것도 알려지지 않았더라도 우리가 그리스도를 믿는 일이 반드시 발생해야만 하는데, 이는 논리적 추론과 진리로 입증할 수 있다고 생각했다.[70] 물론 안셀무스는 믿음이 가진 기독교적 단순성을 받아들였고[71] 인간의 지성이 갖고 있는 한계를 부정하지는 않았다.[72] 안셀무스가 이성과 논리에만 의존한 것은 믿음이 없는 자들에게 십자가를 설명하기 위해서였다.[73] 그러나 인간 이성에 대한 이런 낙관적인 견해는 이성이 우리 믿음을 충족시킬 것이라는 논지를 전개하도록 영향을 끼쳤다.

이런 요구를 하는 자들이 이성을 통해서 믿음에 이르게 되리라고 예상하지 않지만, 그리스도인 "안에 있는 희망의 근거"를 묻는 모든 이를 충족시킬 수 있다

---

70. *CDH* Preface (*LCC* 10,100).

71. *CDH* I.1 (*LCC* 10,101).

72. "그러나 모든 의심을 넘어서 이것이 인정될 때, 우리는 그가(하나님이) 무엇을 말하든지 그것이 확실하다는 것을 의심할 수 없고, 하나님은 거짓을 말할 수 없기 때문에 비록 우리가 이유를 알 수 없다고 할지라도 하나님이 행하신 것은 지혜롭게 이루어져왔다"(*CDH* II.15, *LCC* 10,165).

73. "그러나 믿지 않는 자들에게는 잘못되고 불가능한 기독교 신앙의 이런 면들이 무엇을 근거로 진정으로 참되고 가능한지를, 당신은 내게 입증하기를 요구한다"(*CDH* II.15, *LCC* 10,165).

면 그리스도인이 믿는 것을 이해하고 생각하는 것을 통해서 기쁘게 되기를 희망한다.…질문은 이것이다. 무슨 이유와 필연성 때문에 하나님이 인간이 되셨고…그의 죽음으로 이 세상에 생명을 회복하셨는가?…많은 배운 자가…묻고 대답을 원한다. 그들은 이 질문을 다루기를 원하고 비록 이 질문을 탐색하는 것이 어렵다고 할지라도 이성으로 사유하는 것이 유용하고 아름답기 때문에 설명은 모두에게 알려질 수 있어야 하고 모두에게 호소력이 있어야 한다.[74]

여기서 안셀무스는 비록 인간 이성에 대해 무조건적으로 낙관하지는 않지만, 이성을 통해 신-인의 죽음의 필연성에 의문을 가진 자들을 만족시킬 수 있고 또 그의 추론의 아름다움 때문에 이 설명이 알려질 수 있다고 믿는 듯하다. "*sola ratione*"(오직 이성)라는 문구는 「인간이 되신 하나님」에서 반복적으로 등장한다. "그리스도의 성육신이 인간의 구원을 위해서 필연적이었는가를 오직 이성에 의존해서 질문할 때, 마치 우리는 그리스도와 그분에 대한 믿음이 존재하지 않는 것처럼 그것들을 배제해버린다."[75] 그러나 이미 "2.1. 안셀무스의 시대 배경"에서 다루었듯이, 안셀무스가 의미하는 이성이란 당대의 이데올로기와 사회적 질서를 통해 형성된 역사적으로 제한된 이성이다. 결과적으로 신-인이란 시대와 사회의 구조가 전제된 인간 이성을 충족시키는 것이 되어버린다.

신-인이 무엇을 충족시키는가라는 문제는 왜 신-인이 필연적인가를 명백하게 한다. 죄는 인간과 하나님 모두와 관계있다는 점에서, 신-인만이

---

74. *CDH* I.1 (*LCC* 10.101).
75. *CDH* I.20 (*LCC* 10.138).

하나님과 인간으로서 할 수 있는 일을 한다. 신-인만이 죄, 하나님과 인간의 관계, 하나님과 그분의 속성을 충족시킬 수 있다. 신-인을 제외하고는 어느 누구도 이 엄청난 일을 완수할 수 없다. 또한 **왜 반드시 신-인**이어야만 하는가라는 질문은 **신-인이 무엇을** 해야만 하는가 하는 문제와도 연관된다. 더 엄밀하게 말하자면 신-인이 왜 이 모든 것을 충족시킬 수 있는가를 지적한다. 안셀무스의 충족 이론의 핵심은 다음과 같다.

A: 인간 중에 죄에 대한 값을 하나님께 치를 수 있는 자가 아무도 없다면, 곧 하나님을 제외하고 존재하는 모든 것보다 위대한 자가 없다면 이것은 행해질 수가 없다.

B: 동의한다.

A: 만약 그가 하나님보다 아래에 있는 모든 것을 능가하는 자신의 무엇인가를 하나님께 드리기를 원한다면, 그는 하나님을 제외한 다른 모든 것보다 위대해야 한다.

B: 부인할 수 없다.

A: 그러나 하나님이 아닌 모든 것보다 더 위대한 것은 하나님 자신 말고는 없다.

B: 그것은 사실이다.

A: 따라서 하나님 말고는 이런 조건을 충족시킬 수 있는 자가 없다.

B: 잘 연결되는 논리다.

A: 그러나 인간이 아닌 다른 존재가 충족을 시켜서는 안 된다. 만약 그렇게 되면 인간이 충족시키는 것이 아니기 때문이다.

B: 더 이상 잘 들어맞을 수 없다.

A: 만일 그렇다면 천상의 도시는 인간들 사이에서 완성되어야 하고, 이것은 위

에서 언급한 충족이 이루어지지 않는다면 일어날 수 없다. 하나님 말고는 누구도 이것을 충족시킬 수 없고 또 인간 말고는 누구도 이것을 충족할 필요가 없다. 따라서 신-인이 이것을 충족시키는 것이 필연적이다.[76]

종합하면 왜 신-인이 그의 사역을 해야만 하고 또한 할 수 있는지에 대한 3가지 이유가 여기서 발견된다. (1) 죄의 무게 때문에 인간에게 존재하는 것보다 더 큰 무엇이 지불되어야 한다. (2) 존재하는 것보다 더 큰 무엇을 지불할 수 있는 자는 존재하는 인간보다 위대해야 한다. (3) 인간의 죗값을 인간이 치러야 한다. 처음 2가지 이유는 신-인의 신성의 능력에 관한 것이다. "누가 지불하는 것인가"라는 문제가 "무엇을 지불해야 하는가"라는 문제와 연결되어 있다. 하나님만이 인간보다 위대하고 존재하는 것보다 더 큰 것을 치를 수 있기 때문에 그분만이 합당한 값을 치를 수 있다. 세 번째 이유는 신-인의 인성의 필연성에 대한 설명이다. 인간이 자신의 빚을 지불해야 한다. 왜냐하면 인간이 하나님께 진 빚을 인간이 갚지 않는다면 정의롭지 못하기 때문이다.[77] 따라서 신-인만이 충족시킬 수 있고, 신-인이 충족시켜야만 한다. 여기서 우리는 그리스도의 충족의 사역에 있어서 그리스도의 인격(persona)이 얼마나 중요한 근거인지 알 수 있다.

지금까지 우리는 "왜 신-인인가?"라는 질문을 2가지 측면에서 다루어 왔다. (1) 인간을 위해서, 인간과 하나님의 관계를 위해서, 하나님을 위해서 충족을 이루는 것은 너무 엄청난 일이기 때문에 신-인이 이 일을 해야

---

76. *CDH* II.6 (*LCC* 10.150-151).
77. *CDH* I.24 (*LCC* 10.142).

만 한다. (2) 신-인을 제외하고는 누구도 할 수 없기 때문에 신-인은 이 일을 해야만 한다. 그러므로 신-인의 일과 신-인의 인격은 "왜 신-인인가?"라는 질문에 답을 제공한다. 죄 개념으로부터 안셀무스는 인간과 하나님, 심지어 하나님의 본성 개념까지 충족의 개념을 연장시킨다. 그러나 안셀무스는 하나님의 명예 개념에서 다시 인간에게로 돌아간다. 무엇이 안셀무스로 하여금 하나님과 인간의 관계에서 인간에게로 다시 돌아가게 하는가? 안셀무스가 제시하는 그리스도의 죽음의 의미를 파악하기 위해서, 이런 충족 개념보다 더한 무엇을 우리는 필요로 하는가? 인간이 할 수 없지만 인간이 해야만 하는 것을 신-인이 충족시켰다는 충족 개념은 "왜 그리스도가 우리 가운데 인간으로 와서 십자가에 달려 죽었는가?"에 대한 하나의 대답으로 충분하지 않은가? 그러나 안셀무스는 너무 많은 짐을 짊어지고 있는 듯하다. 인간의 조건, 하나님의 본성, 인간의 이성을 만족시키면서 안셀무스는 충족의 필연성과 하나님의 의지의 문제를 다룬다. 이어지는 단락에서는 "왜 충족이 필연적인가?"(why necessary?)라는 주제를 다룰 것인데 이 문제도 신-인의 이중 본성과 깊은 연관이 있다.

2.3. 왜 필연적인가?

신-인이 인간의 죗값, 하나님과 인간의 관계, 하나님의 속성을 충족시킨다는 것을 주장하고 나서 안셀무스는 심각한 질문에 직면한다. 왜 이런 충족이 필연적인가? 사실 충족의 필연성이 인간에게 적용되는 것은 어렵지 않다. 신-인이 인간의 죗값을 충족해야 하기 때문이다. 그러나 충족이 하나님께도 필연적인가? 만약 하나님은 어떤 것도 필요로 하지 않다면, 왜 신-

인은 우리가 하나님께 빚진 것을 치러야만 하는가? 이것은 하나님을 그 명예가 충족되어야만 하는 필연성으로 제한하는 것은 아닌가? 안셀무스의 충족은 인간에게는 반드시 일어나야만 하는 **필연성**이지만 하나님께는 그 충족이 그분의 **자유의지**와 연관되도록 변화한다. 그렇다면 어떤 방법으로 하나의 동일한 사건이 충족의 서로 다른 두 측면을 가질 수 있는가? 어떻게 인간에게는 필연적인 것이 하나님께는 의지와 연관되는지를 알기 위해서, 먼저 "2.3.1. 의지와 필연성"에서 필연성과 의지의 문제를 다룬 후에, "2.3.2. 신-인의 필연성과 의지"에서는 이 주제가 신-인과 어떤 연관을 가지는지를 다룰 것이다.

2.3.1. 의지와 필연성

안셀무스가 던지는 왜라는 질문이 복잡한 이유는 하나의 사건을 두고 그 이해가 인간과 하나님께 모두 관계하기 때문이다. 따라서 안셀무스가 이 문제를 해석하는 과정에서 인간과 하나님의 본질적인 차이에 의존하는 것은 불가피한 것으로 보인다. 인간을 위한 신-인의 일이 필연적이면서 동시에 하나님의 본성이 자유를 가져야만 하는 것을 조화시키는 것은 쉽지 않다. 질문의 본질은 아주 단순하다. 만약 신-인의 충족이 인간에게 필연적이라면 마찬가지로 하나님께도 필연적인가? 어떤 곳에서 안셀무스는 하나님께도 필연적이라고 주장하는 것으로 보인다. "하나님이 인간의 본성에 대해서 시작한 일을 완성하는 것은 필연적이다."[78] 그러나 안셀무스

---

78. "*Necesse est ergo, ut de humana natura quod incepit perficiat*"(Schmitt II.99.9, *CDH* II.4, *LCC* 10.148).

는 하나님의 필연성으로부터 자유의지로 그의 논의를 바로 옮겨놓는다.

> 만약 누군가가 혜택을 주기를 원하지 않는데도 단지 필연성 때문에 주는 것
> 이라면 그에게 감사할 필요조차 없다. 그러나 그가 억지로 하는 대신에 자선
> 을 베풀어야만 하는 필연성에 자신을 자유롭게 자발적으로 내어놓는다면(*Cum
> vero ipse sponte se necessitati benefaciendi subdit*), 그는 분명히 그 은혜에 대
> 해 감사를 받을 만하다. 이것은 강요 때문에 한 것이 아니라 자유롭게 했기 때
> 문에 필연성이 아니라 은혜라고 불릴 수 있다.[79]

앞의 글은 매우 당혹스러운 표현을 포함하고 있다. 필연성(*necessitas*)이
자발성(*spons*)과 함께 사용될 수 있는가? 만일 하나님께 적용된 필연성이
진정한 의미에서 필연성이 아니라 하나님의 선하신 의지라면, 왜 신-인은
하나님의 명예, 정의, 창조의 의도를 충족시켜야만 하는가? 만일 안셀무스
의 주장처럼, 하나님이 어떤 필연성으로도 제한되시지 않는 분이라는 사
실을 받아들인다면, 충족의 필연성은 하나님의 명예보다 인간의 죄에 국
한시켜야 하는 것 아닌가? 이미 앞에서 신-인의 충족은 하나님과 인간 모
두를 위한 것임을 다루었다. 물론 당연히 하나님을 위한 충족과 인간을 위
한 충족은 서로 다르다. 하나님께 필연적인 것과 인간에게 필연적인 것이
다르기 때문이다. 그러나 우리는 안셀무스가 어떤 점에서 하나님과 인간
의 필연성을 구분하는지를 더 살펴보아야 한다.

첫째, 안셀무스는 인간과 신을 가변과 불변, 질료와 형상, 부패와 영원

---

79. *CDH* II.5 (*LCC* 10.149, Schmitt II.99.24-II.100.5).

으로 구분하는 플라톤적 이원론을 물려받았다. 이 이해를 근거로 안셀무스는 하나님의 필연성을 의지, 진리, 불변성과 연관시킨다.

하나님이 무엇인가를 할 수 없다거나 그것을 필연성 때문이라고 말하는 것은 부적절하다고 이미 언급했다. 오히려 모든 필연성과 불가능은 하나님의 의지에 종속되고 그의 의지는 어떤 필연성이나 불가능에도 종속되지 않는다.…무엇인가를 해야만 하는 필연성이나 무엇인가를 할 수 있느냐 없느냐라는 불가능성이 영향을 끼치는 것이 아니라 오직 하나님의 의지만이 영향을 끼친다. 왜냐하면 하나님 자신이 진리이기 때문에 하나님은 있는 그대로의 진리가 불변하기를 원하시기 때문이다.…예를 들어 하나님이 거짓을 말하지 않고 항상 진리만을 말해야 하는 것이 필연적이라고 할 때, 이것은 하나님이 진리를 유지하는 데 일관성이 있어서 어떤 것도 필연적으로 그분으로 하여금 거짓을 말하도록 할 힘이 없다는 의미다.[80]

여기서 진리와 관련하여, 하나님의 불변성은 필연성이 아니라 그분의 의지로 이해된다. 곧 하나님의 의지는 어떤 필연성으로도 제한되지 않기에 굳이 필연성이라고 말해야 한다면 그 자체로 자유로운 불변성이라는 의미다.[81] 바로 이런 이유로 하나님의 명예, 정의, 창조의 의도는 어떤 강제적 필연성이 아니라 그분의 불변하는 본성적 진리로서 그 질서의 아름다움을 유지하는 필연성이다. 하나님의 필연성이란 다른 존재로부터가 아

---

80. *CDH* II.17 (*LCC* 10.172-3).
81. *CDH* II.16 (*LCC* 10.170).

니라 하나님 자신으로부터 유래하는 불변하는 명예를 유지하는 필연성이다.[82] 하나님께서 우주를 완전하게 하시고 그 안에서 인간과 하나님의 도성을 회복시키는 것은 하나님 본성 자체의 불변성과 긴밀히 연관된다.[83] 일단 하나님이 시작하면, 그분은 **필연성** 때문이 아니라 하나님으로서의 자신의 **본성**으로 그 일을 마쳐야 한다.

둘째, 안셀무스는 선행적인 필연성(*necessitas praecedens*)과 후행적인 필연성(*necessitas sequens*)을 구분한다. 그런데 이 둘의 구분이 무엇을 의미하는지를 파악하는 것은 결코 간단한 문제가 아니다. 다음의 인용문에서 안셀무스는 두 가지 구분된 주장을 하고 있다.

(1) 어떤 존재의 원인이 되는 선행적인 필연성과 그 존재 자체로 만들어지는 후행적인 필연성이 있다. "하늘이 회전해야 하는 것은 필연적이므로 하늘이 회전한다"라고 말하는 것은 선행적이고, 결과를 만들어내는 필연성이다. 그러나 "당신이 말하고 있으므로 당신이 말하는 것은 필연적이다"라고 하는 것, 곧 어떤 것의 결과가 그 자체로 만들어지는 것은 후행적인 필연성이다. 내가 의미하는 것은 당신이 말하고 있는 그 순간에는―무엇인가가 당신을 말하도록 강요하는 것이 아니라―그 어떤 것도 "당신이 말하지 않는다"라는 것을 진리로 만들지 않기 때문이다. 자연의 힘이 하늘을 회전하게 만들지만, 어떤 필연성도 당

---

82. *CDH* II.5 (*LCC* 10.150).

83. "우리는 이 세상의 유형적인 구조가 더 좋은 것으로 새롭게 되어야 하는데, 이는 선택된 자의 수가 완전히 채워지고 축복받은 도성이 완전해지기 전에는 결코 발생할 수 없으며, 또한 이것이 연기될 수도 없다는 것을 믿는다. 따라서 우리는 태초부터 하나님이 이 둘 다(인간과 도성)를 완전케 하려고 의도하셨다는 것을 추론할 수 있다"(*CDH* I.18, *LCC* 10.130).

신을 말하게끔 만들지는 않는다.⋯ (2) 이 후행적인 필연성은 다음과 같이 항상 적용된다. 무엇이 발생했던 간에 발생했어야 하고, 무엇이 발생하든 간에 발생해야 하며, 앞으로도 무엇이 발생할 것이든 간에 필연적으로 발생할 것이다(이것이 아리스토텔레스가 단순 명제·미래 명제를 다룰 때 선택의 가능성을 없애고 필연성 위에 모든 것을 세우는 것으로 보았던 바로 그 필연성이다).[84]

첫 부분에서 안셀무스가 선행적인 필연성과 후행적인 필연성을 구분하려고 사용한 예는 분명하다. 하늘은 하늘 내부에 어떤 의지도 포함되어 있지 않지만, 말하는 것은 말하는 자의 의지가 그 속에 포함되어 있다. 그러나 좀더 세밀하게 살펴보면 그 논리가 결코 성공적인 것만은 아니다. 첫 부분의 마지막 줄에서 언급하듯이, 말하는 데 그 어떤 필연성이 포함된 것은 아니다. 결국 어떤 의미에서 후행적인 필연성이 여전히 필연성인가 하는 점이 명확하지 않다. 두 번째 부분은 더 문제가 된다. 일어날 것은 반드시 일어나야만 한다. 이것은 필연성인가? 혹은 "일어날 것"은 "반드시 일어날 것"과 동어반복은 아닌가? 안셀무스는 「조화에 관하여」(De Concordia)에서 하나님의 선행적인 지식에 대해 말할 때 유사한 논리를 펼친다.

그래서 "만약 하나님이 무엇인가를 미리 아신다면 그것은 반드시 일어난다"라는 논리는, "만약 그것이 일어난다면 그것은 필연적으로 일어난다"라는 논리와 같다. 그러나 이런 종류의 필연성이 미래의 존재나 비존재를 강요하거나 막는 것은 아니다.⋯내가 "만일 어떤 것이 일어날 것이라면 그것은 반드시 일어난

---

84. *CDH* II.17 (*LCC* 10.174-175).

다'라고 말할 때, 그 필연성은 사실로서 어떤 일의 확언을 앞서는 것이 아니라 그것을 뒤따른다.[85]

여기서 우리는 두 가지 다른 진술을 발견한다. (1) 하나님은 "앞으로 일어날 것이 일어날 것이다"라는 것을 미리 아신다. (2) 만약 그것이 일어날 것이라면, 그것은 반드시 일어날 것이다. 이 두 가지 진술은 동일한 진술인가? 첫 번째 진술에서는 하나님의 본성이 중요한 역할을 하고 있지만, 두 번째 진술에서는 미래에 일어날 것이라는 특성이 중요한 내용이다. 안셀무스는 위의 진술을 다음과 같이 결론짓는다. "따라서 앞으로 일어날 모든 것은 그것이 일어나게끔 강요하지 않고 후행적, 곧 사실-후-필연성 (after-the fact-necessity)으로 일어나는 필연성이다."[86]

「인간이 되신 하나님」에서 안셀무스는 후행적 필연성을 아리스토텔레스에게서 빌려왔다고 언급했다. 만약 안셀무스가 자신의 후행적인 필연성 개념이 아리스토텔레스의 「해석에 관하여」(De Interpretatione) 9장에 등장하는 개념을 빌려온 것이라고 말한 것이라면, 몇 가지 문제점이 지적되어야 한다. 안셀무스의 후행적인 필연성 개념은 "사실"(fact)에 관한 개념인데 반해서 아리스토텔레스의 주장은 "사실과 진술(statement)의 관계"에 관한 것이다. 아리스토텔레스는 9장을 다음과 같이 시작한다. "존재하는 것과 존재해온 것에 대해 말하자면, 긍정이나 부정이 참이거나 거짓인 것이 필연적이다."[87] 곧 과거와 현재 **사실**에 대해 하는 진술은 참일 수도 있고 거

---

85. *De Concordia* 2 (*OWC* 437).
86. *De Concordia* 2 (*OWC* 438).
87. *De Interpretatione* 9 (*The Complete Works of Aristotle* 1995: 28).

짓일 수도 있다. 아리스토텔레스는 **진술**에 관해서 다음과 같이 그의 주장을 전개한다.

> 왜냐하면 만일 어떤 것이 흰색이거나 또는 흰색이 아니라는 진술이 참이라면, 그것이 흰색이거나 흰색이 아닌 것은 필연적으로 참이다. 그리고 만약 그것이 흰색이거나 흰색이 아니라면, 이것이 그렇다 혹은 아니다라는 진술은 참이다. 만약 그것이 그렇지 않다면 거짓이고, 만약 그것이 그렇다면 참이다. 그래서 긍정이나 부정이 참이라는 것은 필연적이다. 따라서 존재하거나 발생하거나 앞으로 존재하거나 존재하지 않을 그 어떤 것도 우연히 발생하는 것은 아니다. 모든 것은 필연적으로 일어난다(왜냐하면 긍정하거나 부정하는 자는 참을 말하기 때문이다).[88]

여기서 필연성에 대한 아리스토텔레스의 추론은 사실에 근거하지 않고 진술된 것에 근거한다. 만일 X가 흰색이라고 진술**하는 것**이 참이라면 X는 필연적으로 흰색이다. 필연성은 사실이 아니라 진술에 관한 것이다. 하지만 이에 대한 안셀무스의 *OWC* 번역 주석은 이런 사실을 놓치고 있다.[89] 그러나 아리스토텔레스는 「해석에 관하여」에서 다음과 같이 분명히 진술하고 있다.

---

88. *De Interpretatione* 9 (*The Complete Works of Aristotle* 1995: 29).

89. 보에티우스(Boethius)가 인용한 아리스토텔레스의 *De Interpretatione* Vol. I: 9.31-10.1을 참조하라. Meiser, *PL* 64.333, 대략 다음과 같은 의미다. "따라서 어떤 것이 우연히 존재하거나 앞으로 존재하게 되는 것이 아니라, 혹은 미래에 선택적으로 존재하거나 존재하지 않거나 하는 것이 아니라, 모든 것은 필연적으로 존재하며 이는 선택의 문제가 아니다"(*OWC* 347, 각주 37).

그러나 만일 이것이 불가능하면 어떻게 할 것인가? 왜냐하면 우리는 앞으로 존재할 것이 신중함과 행동 속에서 그 근원을 가진다는 것을 알고 있고, 또한 일반적으로 실제로 항상 존재하지는 않는 것들에 있어서는 존재할 수도 존재하지 않을 수도 있는 가능성이 있음을 알고 있다. 존재할 수 있는 것과 존재하지 않을 수 있는 둘 다의 가능성이 열려 있는데, 결과적으로 존재할 수도 존재하지 않을 수도 있다.…따라서 모든 것이 필연적으로 발생하는 것은 아님이 분명하다. 어떤 것은 우연히 일어날 수도 있고, 이것에 대한 긍정과 부정은 긍정이 참일 수도 있고 부정이 참일 수도 있다.[90]

미래에 존재하거나 존재하지 않을 수 있는 것을 진술할 때, 그것이 필연적이기보다는 선택적이라는 아리스토텔레스의 주장은 명백하다. 하지만 안셀무스는 "그래서 '만약 하나님이 무엇을 미리 아신다면 반드시 일어난다'는 것은 '만약 그것이 일어난다면 필연적으로 일어난다'와 논리적으로 같다"라고 주장했다. 이 주장은 A(그것이 앞으로 일어날 것이다)라는 사실과 B(그것이 그렇다고 말하는 것은 참이다)의 진술을 동일시하는 것이 된다. 만일 우리가 안셀무스의 논리를 좇아가려면 둘 중의 하나가 참이어야 한다. (1) 만일 A와 B가 같은 주장이라면, 후행적인 필연성에 관한 안셀무스의 주장은 사실에 관한 것이 아니라 진술에 관한 것이다. (2) 만일 A와 B가 서로 다른 주장이라고 한다면, 앞으로 일어날 일은 사실로서 필연성을 상실한다. 따라서 안셀무스는 아리스토텔레스의 논리를 오해한 것으로 보인다. 어떤 경우라도 아리스토텔레스의 주장을 진술에 대한 필연성에서 사실에

---

90. *De Interpretatione* 9 (*The Complete Works of Aristotle* 1995: 30).

대한 필연성으로 비약이 가능하다는 것으로 이해해서는 안 된다. 혹은 다루는 바가 하나님의 의지이므로, "앞으로 일어날 것이 필연적으로 일어난다"라는 주장이 사실에 대한 것이라 이해할 수 있다. 그러나 그럴 경우, 모든 논의는 필연성이 아니라 하나님의 속성에 관한 것이 되어버린다.

안셀무스의 주장은 명백한데, 후행적(*sequens*)이라는 용어로 하나님을 어떤 강제적인 필연성에서 자유롭게 하고, 필연성(*necessitas*)이라는 용어로 하나님의 속성이 "반드시 그래야만 하는 것"(what ought to be)과 무관하지 않도록 한 것이다. 또한 신-인의 충족은 반드시 일어나야만 하는 것을 포함한다. 안셀무스에게 하나님은 임의적이지도, 강제되지도 않아야 한다. 하나님의 의지는 그의 질서에 충실한 동시에 자유로운 것이어야 한다. 이런 안셀무스의 노력은 하나님께서 하시는 일도 이성과 질서에 부합해야 한다고 여겼던 당시의 시대적 상황과 무관하지 않다.

2.3.2. 신-인의 필연성과 의지

하나님의 의지로서 그분의 필연성은 신-인의 자유의지와 긴밀히 연관된다. 「인간이 되신 하나님」 II, 17장에서 안셀무스는 3가지 점을 주장한다. ⑴ 하나님의 의지는 그분의 불변성의 본질과 연관이 있다. ⑵ 선행적인 필연성과 후행적인 필연성에는 차이가 있다. ⑶ 이 후행적인 필연성으로서 하나님의 의지는 신-인의 자유의지와 연관이 있다. 2.3.2.에서는 세 번째 주장을 다루고자 한다.

어떤 것이 반드시 일어나야만 하는 것은 바로 이 후행적인 필연성 때문이다. 왜냐하면 그리스도에 관한 예언과 믿음은 참인데, 그것은 필연성이 아니라 자유로운 선택으로 발생할 것이었기 때문이다. 이 필연성으로 그는 인간이 되었고, 이 필연성으로 그가 행했던 것을 행했으며 고난 당했던 것을 고난 당했다. 이 필연성으로 그는 원했던 것을 원했다. 이런 것들은 일어날 것이었기 때문에 필연적이었다.…그리고 만약 당신이 그가 행했고 고난 당했던 모든 것의 진정한 필연성을 알기를 원한다면, 바로 그가 원했기 때문에 모든 것이 필연적으로 일어났다는 것을 이해해야만 한다. 어떤 필연성도 그의 의지를 앞서지 못한다. 따라서 만약 이런 것들이 단지 그가 원했기 때문에 일어난 것이라면 반대로 그가 원하지 않았으면 일어나지 않았을 수도 있었다. 그래서 어느 누구도 그의 목숨을 그로부터 앗아갈 수가 없고, 단지 그 자신이 그것을 내려놓으며, 또한 그 자신이 다시 가져갈 수도 있다. 왜냐하면 그가 항상 말하듯이 그는 자기 생명을 버릴 권세도 있고 얻을 권세도 있기 때문이다.[91]

여기서 필연성(*necessitas*)과 자발성(*spons*)이, 자기의 의지로 필연적으로 자신의 사역을 행하고 고난을 당한 신-인에게서 서로서로 만나고 있다. 하나님을 충족시켜야 하는 필연성은 선행적이지 않고 후행적·결과적 필연성이다. 왜냐하면 신-인의 자유의지로 이루어졌기 때문이다. 어느 누구도 그리스도의 목숨을 취할 수 없고 다만 그리스도가 자발적으로 그것을 내려놓았기 때문이다.[92] 신-인의 충족은 필연적으로 일어났다. 왜냐하면 신-인이 그것을 원했기 때문이다.

안셀무스가 전개한 "앞으로 일어날 것이므로 필연적이다"라는 논리를

---

91. *CDH* II.17 (*LCC* 10.175).
92. 요 10:18. 안셀무스는 이 구절을 *CDH* I.10, II.11, II.17에서 인용하고 있다.

좇아가는 것과, 그 논리가 어떻게 신-인과 연관되는지를 이해하는 것은 여전히 어려운 문제다. 특히 이 문제는 성부 하나님을 충족시키는 성자와 관계되므로 더욱 그렇다. 만약 그리스도가 성부 하나님을 충족시키는 것이라면, 충족의 필연성은 성부에게 속하고 그리스도는 그 자신의 의지에 따라서 충족의 필연성을 좇는 것인가? 어떻게 하나님의 후행적인 필연성이 그리스도의 의지로 보완될 수 있는가? 요한복음 6:38-39에서 "내가 하늘로부터 내려온 것은 내 뜻을 행하려 함이 아니요 나를 보내신 이의 뜻을 행하려 함이니라"를 인용한 후에, 보소는 그리스도의 자유의지의 진정한 가치를 의심한다. "이 본문에 따르면 그리스도는 자기 의지가 아니라 순종해야 하는 강요에 의해 죽음을 견디는 것처럼 보인다."[93]

안셀무스는 보소의 이 의문에 다음과 같이 대답한다. (1) 그것은 단순한 순종이 아니라 정의를 지키는 순종이다. (2) 삼위 하나님은 그리스도의 순종에서 함께 일한다. (3) 그리스도는 인간을 회복시키려는 성부의 의지를 수행한다. (4) 성부는 그리스도의 죽음을 능동적 선호 때문에 원했던 것이 아니라, 성자의 죽음과 같은 위대한 일을 행하지 않고서는 인간이 회복되는 것을 원하지 않으셨기 때문이다.[94] 순종이란 본질상 순종하는 자의 의지를 전제로 한다. 왜냐하면 순종하는 자의 의지가 없다면 순종을 하는 자와 받는 자는 아무 연관이 없기 때문이다. 그러나 안셀무스는 순종에 대한 이런 일반적인 개념을 넘어선다. 그리스도의 의지는 성부의 의지에서 나온다. 그리스도는 자유의지로 스스로 죽었다. 그리고 자유의지 자

---

93. *CDH* I.8 (*LCC* 10.111).
94. *CDH* I.9-10 (*LCC* 10.113-115).

체가 삼위 하나님 안에서 성부의 의지다. 안셀무스 자신의 표현을 따르자면, "실제로 성부는 성자에게 선한 의지를 주었기 때문에—그럼에도 그 의지는 자유로운 의지인데(타자에 의해서 주어졌다고 하더라도)—아들은 이런 의지를 아버지의 명령으로 받아들였다고 말할 수 있다."[95] 하나님과 그 명예를 그리스도가 충족시키는 것은 하나님 외부에서 비롯된 강제적 필연성 때문이 아니라 삼위의 내부에서 나오는 자유로운 의지의 필연성 때문이다. 하나님의 정의와 명예는 그분의 의지로 변함 없이 수행되어야 하는데, 그것은 신-인이 자유롭게 드린 순종 속에서 이루어진다. 하나님의 의지는 하나님에게서 나오므로 자유로운 의지다. 동시에 하나님의 의지는 하나님 속에서, 신-인 속에서, 그분의 불변하는 명예와 정의에 충실하므로 필연적이다.

결국 충족의 필연성을 하나님과 관련짓자면, 그것은 불변하시는 하나님의 속성 때문에 필연적이고 또 이 필연성은 하나님 밖에서 주어지는 것이 아니라 성부와 성자의 의지, 곧 삼위 하나님의 내재적 의지이므로 자발적이다. 하지만 이렇게 충족의 필연성을 삼위 하나님과 연관 짓는 안셀무스의 논리는 성부와 성자의 관계, 성자의 인성과 신성이라는 더 어려운 문제에 봉착하게 된다. 성자의 두 본성에 관한 안셀무스의 관점은 명백하다. 한편으로, 안셀무스는 성자의 한 인격이 두 본성을 가진다는 칼케돈의 공식을 잘 따른다. "사실 하나님은 신성과 인성이 하나가 되는 그런 방식으로 성육신한 것이 아니라, 신적이자 인적인 하나의 인격과 같은 방식으로

---

95. *MRH* 141.

성육신하셨다."[96] 곧 인성과 신성의 연합은 본성의 수준에서의 연합이 아니라 인격의 수준에서의 연합이다. 사실 성자의 한 인격 안에서의 신성과 인성의 연합이 없다면 안셀무스의 모든 충족 논리는 다 무너져버릴 수 있다. 신-인은 인간이 해야만 하는 것을 인간으로서, 인간이 할 수 없는 것을 하나님으로서 충족시킨다.

그러나 다른 한편으로 안셀무스의 논리를 따라가다 보면, 다음 인용문에서처럼 그는 성자의 두 본성이 서로 분리되는 것처럼 진술한다.

> 사실 그 명예는 삼위 하나님 전체에 속한다. 그러므로 성자 자신이 하나님이고 또 그분의 아들이기 때문에, 성자가 성부와 성령에게 그것을 드렸을 때, 그 자신의 명예를 위해서 자신을 자신에게 드렸다. 곧 그는 인성을 신성, 곧 자신이 세 인격 가운데 한 인격인 신성에게 드렸다. 그러나 우리가 말하고자 하는 것을 더 분명히 하려고 동일한 진리를 계속 말하는 것이지만, (그 언어의) 용법이 그런 것처럼, 성자는 자유롭게 자신을 성부께 드렸다고 말할 수 있다. 우리가 가장 용이하게 표현할 수 있는 것이 바로 이런 방법인데, 그것은 인간으로서 성자가 자신을 드린 신성 전체는 한 인격과 관련지어서 이해될 수 있기 때문이고, 또한 성자가 우리를 위해서 성부에게 이런 방법으로 간청했을 때, 우리가 성부와 성자의 이름을 들으면 마음으로부터 말할 수 없는 감사를 느끼기 때문이다.[97]

여기서 안셀무스가 주장하는 논지는 무엇인가? "실제로는 성자의 인성

---

96. On the Incarnation of the Word 9 (OWC 250).
97. CDH II.18 (LCC 10.179).

이 성자의 신성에게 드린 것인데, 우리가 더 쉽게 이해하기 위해서 성자가 성부에게 자신을 드렸다고 하자"라는 주장을 그가 하고 있는 것인가? 만일 그럴 경우, 안셀무스는 성자의 신성과 삼위 하나님과의 연합을 유지할 수는 있지만 성자의 인격 안에서의 신성과 인성의 연합을 더 이상 유지할 수 없게 된다. 성자의 인성과 신성의 분리는 다른 곳에서도 발견된다.

> 인간이 되신 그분은 인류를 위해서 하나님과 인간 사이를 중재해야만 했고, 비록 신성이 아니라 인성이 신에게 이런 간청을 한 것이지만, 한 인간이 다른 인간에게 간청하는 것보다 아들이 아버지에게 간청하는 것이 더 적절하다고 여기는 것이 사람의 마음이다.[98]

더욱이 그리스도의 신성과 인성을 안셀무스가 얼마나 분리하는가 하는 문제는, 그것을 하나님의 의지 문제와 관련해서 살펴보면 더 뚜렷해진다. 안셀무스는 성부의 의지와 성자의 의지가 그 신성 안에서 동일하다고 본다. "그리스도는 자기 뜻대로 하려고 온 것이 아니라 아버지의 뜻을 행하려고 오셨다. 왜냐하면 그의 정의로운 의지는 인성이 아니라 그의 신성으로부터 왔기 때문이다."[99] 한편으로 그리스도의 인성이 신성에게 자신을 바쳤다는 의미는 그리스도의 인성이 인류를, 신성이 삼위일체를 드러낸다는 실재론적 관점으로 이해될 수도 있다. 그러나 다른 한편으로, 이는 안셀무스의 여러 논리와 주장이 서로 잘 부합되지 않는다는 것을 나타내기

---

98. *On the Incarnation of the Word* 10 (OWC 251).
99. *CDH* I.9 (LCC 10,114).

도 한다. 첫째, 신성은 제 역할을 하는데 인성에 문제가 생기게 된다. 만약 하나님의 뜻이 강제가 아니고 필연적이라는 점이 오로지 그리스도의 신성에만 관련된다면, 신-인이 인간으로 충족해야 하는 것은 강제적인 것이 되어버리거나 혹은 필연적이지 않은 것이 되어버릴 것이다. 왜냐하면 신-인의 인성은 신-인의 자유의지를 결여하기 때문이다. 이것은 안셀무스의 충족 논리 중 "왜 필연적인가?"(why necessary?)에서 전개한 논리—임의적이지 않으면서 필연적이고, 동시에 강제적이지 않으면서 자유의지에 따른 필연성을 갖는다는—를 근원적으로 붕괴시켜버린다. 만약 신-인의 인성이 자유의지를 근거로 한 필연성과 무관하다면, 신-인은 죽지 않을 수 있거나 강제로 죽은 것이 될 것이다. 그렇다면 결국 신-인의 충족은 인간이 할 수 없는 것을 신성이, 인간이 해야만 하는 것을 인성이 충족하는 것을 의미하는데 (1) 인간이 할 수 없는 것은 신-인의 신성으로 필연적이며 자유롭게 충족되는 반면에 (2) 인간이 해야만 하는 것은 신-인의 인성으로 강제적으로 충족되거나 충족되지 않을 수도 있다.

둘째, 인성은 제 역할을 하는데 신성에 문제가 생기게 된다. 만약 신-인의 인성만이 신-인의 신성에 간청할 수 있는 것이라면, 인간이 해야만 하는 것에 대해서는 신-인의 인성이 충실하게 그 충족의 사역을 하는 반면에, 인간으로서 할 수 없는 것을 신-인이 대신해야 하는 그 사역은 신성이 충분히 대신하지 않는 것이 되어버린다. 왜냐하면 신-인의 신성은 인간을 위해서 간청하는 것이 아니라 간청을 받고 있기 때문이다. 안셀무스의 충족의 논리를 충실히 따르려면 신-인의 신성은 신-인의 인성이 하는 것을 단순히 받고 있는 것이 아니라, 인간이 할 수 없는 것을 충족시켜야만 한다.

앞서 인용된 두 구절은 안셀무스의 논리적 흐름에서 아주 중요한 다른 단서를 제공한다. 삼위일체의 신비를 해석하는 데 있어서, "우리가 원하는 것을 더 쉽게 말하기 위해서"(*Ut...apertius loquamur quod volumus*)라는 동기가 인간의 이성과 논리를 따지는 안셀무스의 충족론의 필연성을 설명하는 배경이 되고 있다. 그러나 이런 편의성은 왜 충족이 필연적인가를 논리적·합리적으로 설명하려는 그의 의도와 잘 부합하지 않는다. 그뿐 아니라 삼위일체와 성자의 두 본성의 신비를 해석하면서 우리 마음에 호소하는 것이 경건한 시도이긴 하지만(*immensa in cordibus pietas sentitur*), 신-인이 왜 반드시 충족시켜야만 했는지를 설명하는 안셀무스 자신의 논리에 아무런 도움이 되지 못한다. 신-인은 인간의 한계를 충족시키고, 인간을 용서하고 사랑하는 하나님의 의지를 실현하기 위해서 돌아가셨다. 그리고 그 일은 **우리**가 그 필연성을 발견하고 깨달을 수 있기 때문이 아니라, 아버지의 뜻을 따르는 아들에게서 **하나님**이 그것을 원하시기 때문에 필연적이다. 하나님이 반드시 해야만 하는 것과 하나님이 하시기를 원하는 것 사이에는 아무런 차이가 없다. 왜냐하면 하나님이 그것을 하시기를 원하시기 때문이다.[100] 인간의 언어로 이보다 더 잘 논리적으로 구성된 이론을 펼친다 해도, 그것은 인간의 이성조차 충족시키기 어렵다. 왜냐하면 삼위일체의 내적 관계와 신-인의 신성과 인성의 관계를 논리적으로 추론하는 것은 인간의 영역을 넘어서기 때문이다. 따라서 필연성과 자유의지의 개념은 삼위일체와 신-인의 두 본성에는 적절하지 못한 개념이다. 그러나 우리는 종종 삼위일체와 그리스도의 십자가의 신비를 우리 자신의 이성이나 사회

---

100. "따라서 주께서 죽음을 견디시기를 원했을 때 그는 했던 것을 했어야만 했다. 왜냐하면 그가 원했던 것은 행해야만 했지만 강요로 행해진 것은 아니기 때문이다"(*CDH* II.18, *LCC* 10.179).

적인 체계 속으로 축소시키려는 유혹을 받는다.

2.4. 왜 죽음인가?: 충족보다 더한 그 무엇

안셀무스는 신-인이 충족시켜야만 한다고 주장한다. 이번 2.4.에서는 왜
죽음을 통해서 신-인 충족시켜야만 하는지를 다루고자 한다. 신-인의 사
역과 신-인의 죽음 사이의 직접적인 연관성은 다음 문장에서 잘 드러난다.

> 죄로 인해서 하나님으로부터 자신을 가능한 한 완전히 빼앗아온 자가 할 수 있
> 는 모든 방법으로 자신을 드림으로써 보상하는 것이 올바르지 않은가?…그러
> 나 하나님의 명예를 위해서 인간이 할 수 있는 어떤 것도, 강요가 아니라 자발
> 적으로 죽는 것보다 더 처절할 수는 없다. 하나님의 명예를 위해서 인간이 죽음
> 으로 자신을 포기했을 때보다도 인간이 더 충분히 할 수 있는 것은 없다.[101]

여기서 죽음은 하나님께 돌려드리는 명예의 가장 극단적인 **방법**으로
이해된다. 하지만 죽음과 충족 사이의 연결은 질적이라기보다 양적인 측
면에 그친다. 죽음 자체의 의미나 가치는 중요하게 인식되지 않는다. 단지
죽음은 충족을 타당하게 하는 방법 가운데 가장 올바른 방법일 뿐이다.

안셀무스는 그리스도의 구체적인 사역으로서의 죽음을 비교적 간단하
게 다룬다. 「인간이 되신 하나님」 후반부에서 보소는 다음과 같은 질문을
던진다. "질문의 핵심은 이것이다. 다른 방법으로도 인간을 구원할 수 있는

---

101. *CDH* II.11 (*LCC* 10.161).

데 왜 하필 죽음으로 인간을 구원하려고 하나님은 인간이 되셨는가?"[102] 이에 대한 안셀무스의 대답은 다음의 3가지 측면에서 살펴보아야 한다. (1) 모범으로서의 죽음, (2) 하나님의 사랑과 자비로서의 죽음, (3) 마귀에 대한 승리로서의 죽음.

첫째, 안셀무스에 따르면 신-인은 겪어야 할 시련이 두려워 정의와 하나님께 진 빚에서 도망가지 말아야 함을 인간에게 가르치기 위해 **모범을** 보여주었다.[103] 이 모범은 자발적인 행함이므로 우리에게 더 충격적이다. 안셀무스는 다음과 같이 주장한다.

> 그(신-인)를 제외하고는, 누구도 언젠가 잃어버릴 수밖에 없는 것 말고 인간에게 영원히 속한 것을 하나님께 드렸거나, 빚지고 있지 않는 것을 지불한 적이 없다. 그러나 이 사람(신-인)은 그가 필연적으로 잃어버려야 하는 것이 아닌 것을 아버지께 자발적으로 드렸다.… 따라서 우리 각자가 하나님께 자신을 망설이지 말고 드려야만 할 정도로 그는 우리에게 충격적인 모범을 보여주었다.[104]

자발적인 죽음은 충격적인 모범이 되었다. 유사한 주장이 「인간 구원에 대한 명상」에서도 발견되는데, 여기서도 우리가 반드시 겪어야만 하는 죽음 때문에 하나님의 정의를 떠나지는 말아야 한다는 모범을 보여주기 위해서 그리스도는 자신을 희생했다고 주장한다.[105] 이렇게 안셀무스는 죽

---

102. *CDH* II.18 (*LCC* 10.176).
103. *CDH* II.18 (*LCC* 10.177).
104. *CDH* II.18 (*LCC* 10.177).
105. *MRH* 140.

음의 구체적인 이유를 자발성과 하나님의 정의에 국한시키고 있다. 죽음의 실질적인 의미, 곧 심판이나 희생으로서의 죽음은 심각하게 고려되지 않는다. 따라서 안셀무스는 "왜 죽음?"을 고려할 때 "왜 십자가?"라는 문제에 초점을 맞추지 않는다.

안셀무스는 보상(*praemium*) 개념도 모범과 연결시키고 있다. 필연성에 의한 것과 자유의지에 따른 것의 차이를 설명하려고 결혼과 독신을 예로 든 후에, 안셀무스는 신-인이 자발적으로 자신을 희생했기 때문에 신-인에게 하나님이 보상해야 한다고 주장한다. 자신의 처녀성을 지킨 자가 하나님께 드린 자발적인 선물에 대한 보상을 기대하듯이 그리스도도 하나님께 드린 자발적인 선물에 대한 보상을 받아야만 한다.[106] 그러나 신-인은 자신을 위해서 필요한 것이 없으므로 하나님은 그 보상을 우리에게 주신다.

> 그가 죽음의 열매와 보상을 누군가에게 주어야 하는데, 그들의 구원을 위해서 자신이 인간이 되었고…죽음으로써 정의를 위해서 죽는 모범을 그들에게 보여준 바로 그런 자들보다도 더 적합한 자들이 또 있겠는가? 만약 그들이 신-인의 공적을 함께 공유하지 않는다면, 그들이 신인을 닮는다는 것이 아무 소용이 없을 것이다. 혹은 빚과 그 자신의 충만함의 넘치는 것을 물려받을 상속자로서 그의 형제와 친척보다도 누가 더 적합할 것인가?[107]

여기서 우리는 안셀무스의 보상 개념을 주목할 필요가 있다. 신-인은

---

106. *CDH* II.18 (*LCC* 10.178).
107. *CDH* II.19 (*LCC* 10.180, Schmitt II.130.33).

"반드시 해야만 하는 것"을 충족시키는 것보다 **더 많은 것**을 하고 있고, 그 더 많은 것은 자신의 충만함으로부터 온다. 십자가에서 그리스도의 하신 일은 모두를 위해서 일회적으로 "반드시 해야만 하는 것"으로부터 우리 일상의 삶을 위해서 "지금 하고 있는 것"으로 흘러넘친다.[108] 그뿐 아니라 이 흘러넘치는 은혜는 하나님으로부터 주어지는데, 그분은 받는 자가 아니라 주는 자로서 이 보상을 작동시키고 따라서 우리는 신-인 안에서 이 은혜와 보상을 즐겁고 자발적으로 공유한다. 우리 일상 속에서 이루어나가야만 하는 도덕적이고 영적인 진보 그 자체가 십자가로부터 흘러넘치는 하나님의 보상이다. 비록 안셀무스의 통전적인 십자가론이 제대로 인식되고 있지는 못하지만, 안셀무스의 십자가론에서 본질적인 것과 실존적인 것 사이에 균열은 없다. 그러나 안셀무스 시대의 사회적인 구조로부터 도출된 법적이고 상업적인 개념, 곧 빚, 지불, 심판, 질서, 명예, 필연성 등이 어떻게 충족보다 더 많은 것인 모범과 보상 개념과 일관성을 가질 수 있는지는 여전히 의문이다. 다시 말하면, 만약 그리스도의 죽음이 충족보다 더 많은 그 무엇이라면 그것은 "왜 반드시"의 필연성을 넘어선다. 그리스도는 그의 죽음으로써 인간과 하나님을 필연적으로 충족시켜야만 한다. 그러나 우리가 그리스도의 모범을 공유함으로써, 하나님이 보상을 주심으로써 그리스도가 모범이 된다면, 그리스도는 반드시 해야만 하는 그 무엇을 넘어서버린다. 결국 반드시 해야만 한다는 "why necessary?"에 대한 안셀무스의 모든 논리는 흔들리게 된다. 신-인의 죽음은 필요한 것보다 더 많은

---

108. 안셀무스가 사용하고 있는 흘러넘침의 개념이 내가 사용하고 있는 것과 다를지도 모른다. 하지만 나는 안셀무스의 이 부분으로부터 "흘러넘침"(overflow)의 개념을 빌려왔음을 밝혀 둔다.

것을 하고 있다.

둘째, 안셀무스의 십자가론에서 하나님의 사랑과 자비의 모티프가 무시되지 않아야 한다. 물론 안셀무스의 충족론의 논리 전개 속에서 하나님의 사랑이라는 동기가 핵심적인 개념으로 작동하고 있는 것은 아니다. 그러나 충족과 필연의 개념을 넘어서는 그 무엇으로서의 하나님의 사랑이 언급되고 있다. 「인간 구원에 대한 명상」에서 안셀무스는, 신-인이 우리를 위해 고난 당하신 십자가 앞에 우리가 고통을 느껴야 하는지 하는 의문을 제기한 다음, 하나님의 사랑의 방에 담겨 있는 구원의 기쁨으로 옮겨가고 있다.

> 오, 주님 당신이 나를 만드셨기 때문에 나의 전 존재가 당신에게 빚졌습니다. 당신이 나를 구속하셨으므로 나의 전 존재가 당신에게 빚졌습니다. 당신의 약속이 너무 위대해…나는 당신께 기도합니다. 오, 주님 내가 지식으로 맛본 것을 사랑으로 맛보게 하소서.…오, 주여 나의 전 존재를 당신의 사랑으로 이끄소서.…나를 당신의 사랑의 방 안으로 받아주소서.…나의 영혼을 받아주소서. 당신의 자비가 내 영혼을 만족시키시고, 당신의 사랑이 내 영혼을 살찌우시고, 당신의 사랑이 내 영혼을 채우소서. 당신의 사랑이 나의 전 존재를 사로잡으소서.[109]

하나님의 사랑은, 왜 그리스도의 죽음이 반드시 일어나야만 하는가 하는 안셀무스의 추론을 넘어선다. 충족이라는 개념으로 "왜"(why)에 답하

---

109. *MRH* 144.

기 위해서 치열하게 논리를 전개해온 안셀무스는 여기서 신-인이 "무엇"(what)을 했는가를 외치고 있다. 만약 사랑과 자비가 필연성으로부터 온다면 그것은 더 이상 사랑이 아닐 것이다. 「인간이 되신 하나님」의 마지막 부분에서 안셀무스는 하나님의 정의와 인간의 죄 때문에 그분의 사랑이 사라져버린 것이 아닌가를 질문하고 있다. 그런 후에 하나님의 자비는 최고의 정의와 조화를 이룬다고 주장하면서 정의와 사랑을 함께 놓는다.[110] 안셀무스는 기독교 신앙을 다음과 같이 선포하면서 20장을 끝맺는다.

> 왜냐하면 사실 성부께서 죄인들에게…"나의 독생자를 받아라. 너를 위해서 그를 주노라"라고 말하는 것과, 성자 자신이 "나를 취하라. 그 구원을 받아라"라고 말하는 것보다 더 큰 자비를 상상할 수 없다. 왜냐하면 이것은 그들이 우리를 부르고 기독교 신앙으로 이끌려고 할 때 말할 수 있는 것이기 때문이다. 모든 빚보다도 더 가치 있는 것을 그에게 치러야만 하는 바로 그분이 모든 빚을 탕감해주는 것보다 더 정의로운 일이 있겠는가?[111]

신-인의 충족은 사랑과 자비를 근거로 하고 있기 때문에 정의롭다. 여기서 안셀무스의 정의 개념은 충족의 필연성을 초월해서 더 높은 곳, 곧 사랑에 도달한다. 안셀무스에게조차도 하나님의 사랑은 사랑이어야만 하기 때문에 사랑이 아니라, 아무런 이유가 없이도 우리를 사랑하시기 때문에 사랑이다.

---

110. *CDH* II.20 (*LCC* 10,181).
111. *CDH* II.20 (*LCC* 10,181-182).

셋째, 신-인의 충족은 마귀의 일과 무관하지 않다. 신-인은 마귀를 물리쳤고, 마귀에 대한 승리 그 자체가 하나님의 정의다. 안셀무스가 보여준 충족의 주된 관심은 누가 죄와 죄인을 심판할 권리를 가지고 있는가 하는 문제다. 많은 초기 기독교 교부가 가졌던 생각, 곧 마귀가 하나님과 맞먹는 상대가 된다는 생각을 안셀무스는 거부했다. 마귀는 죄를 심판할 권리가 없고 따라서 신-인을 희생물로 취할 수 없다. 안셀무스는 이런 희생 이론(ransom theory)을 거듭 비판한다.

> 그러나 마귀와 인간은 하나님께 속할 뿐이고 어느 누구도 하나님의 권능의 외부에 존재하지 않는다.…그러나 마귀가 인간을 심판할 권리를 가질 수 없었다. 반대로 그렇게 되면 정의롭지 못한 것이 될 것이다. 왜냐하면 마귀는 정의로운 사랑(amore iustitiae)이 아니라 사악한 동기로 그것을 하도록 이끌렸기 때문이다.[112]

안셀무스는 마귀의 지위를 하나님께 대항하는 대적자에서, 하나님의 심판의 대상으로 낮춰버린다. 또한 그는 마귀를 이기는 것이 인간의 몫이라고 주장한다.

---

112. *CDH* I.7 (*LCC* 10.108). 같은 주장이 *MRH*에서도 발견된다. "마귀가 하나님이나 인간에 대항해서 자기 주장을 하기 때문에, 하나님이 성육신이라는 방법으로 인간을 위하는 것은 마귀를 대항하는 것이고, 마귀는 하나님의 정의로 인간에 대해서 가졌던 권력을 잃어버리는 것인가? 결코 그렇지 않다. 하나님은 마귀를 심판하는 것을 제외하고는 어떤 것도 마귀에게 빚지고 있지 않았다"(*MRH* 138).

인간이 마귀에게 정복당하도록 허락함으로써 하나님에게서 훔쳐온 것을 인간이 마귀를 정복함으로써 하나님께 다시 되돌려드리지 않는다면, 인간이 그의 죄에 상응하는 보상을 하고 있는지 아닌지를 엄밀하게 판단해보라. 인간이 정복당했다는 바로 그 사실에 근거하면 마귀는 하나님께 속한 것을 훔쳤고 그분은 그것을 잃어버렸지만, 인간이 (마귀를) 정복한다는 사실에 근거하면 마귀는 잃어버리고 하나님은 다시 찾는다.[113]

비록 마귀가 하나님께 속한 것을 훔쳐오긴 했지만, 정복자와 피정복자의 관계는 마귀와 하나님이 아니라 인간과 마귀로 설명되고 있다. 비록 인간이 마귀에게 정복당함으로써 하나님을 불명예스럽게 했지만, 이제 인간이 마귀를 정복함으로써 그분을 다시 명예롭게 해야 한다.[114] 인간이 이 일을 해야 하지만 그러나 인간은 아담의 타락 때문에 그것을 할 수 없다. 따라서 참 사람이신 신-인이 마귀에 대항해서 승리해야만 한다. 하나님의 명예와 정의를 충족시키는 신-인의 일은 마귀에 대해서 승리하는 것과 연관이 있다. 안셀무스의 십자가론에서 승리의 모티프(Victory Motif)는 충족론으로 교체되는 것이 아니라 충족론을 보완하고 있다.[115] 다만 그의 주장

---

113. *CDH* I.23 (*LCC* 10,141).

114. *CDH* I.22 (*LCC* 10,140).

115. 구스타프 아울렌은 안셀무스의 십자가론에서 승리의 모티프가 등장하는 것이 단순히 우연일 뿐이고 안셀무스의 사유 구조에 중요한 역할을 하는 것은 아니라고 주장한다(Aulén 1969: 89). 일반적으로는 아울렌의 주장이 타당하다. 그러나 승리의 모티프는 인간이 할 수 없는 일을 신-인이 대신하는 일이 얼마나 필연적인가를 설명하는 추론의 중요한 부분이기도 하다. 따라서 안셀무스에게서 승리의 모티프가 발견될 수 없거나 아무런 논점도 가지지 못하는 것이 아니라 충족론의 체계 속에서 재해석되고 있다고 할 수 있다.

7인의 십자가 사상

이 교부들의 논지와 다른 것은, 교부들은 하나님과 마귀의 관계에 주목했다면 안셀무스는 인간과 마귀의 관계로 마귀를 낮추고 있다는 점이다. 그러나 기본적으로는 충족론이든 승리론이든 간에 신-인이 인간의 싸움을 대신하고 있는 대신론(Substitutionary Theory)의 골격을 벗어나지 않는다.

안셀무스의 십자가론은 죄, 죄인, 하나님의 명예, 반드시 그래야만 하는 것의 질서 등을 신-인이 충족하는 것에 대한 존재론적 관심에 우선적으로 초점을 맞추고 있다. 그 다음으로 이 이론은 우리에게 보인 신-인의 모범, 하나님의 사랑, 그리스도 안에서의 자비, 마귀에 대한 승리 같은 주제에 대한 실존적인 관심으로 이동하고 있다. 한편으로 안셀무스의 추론은 도덕적 모범론과 승리의 모티프를 포함한다고 할 수 있다. 다른 한편으로 "왜 하나님이 인간이 되셨는가?"라는 추론에 관해 안셀무스는 믿는 자들과 믿지 않는 자들을 구분하고 있다. 「인간이 되신 하나님」에서 안셀무스는 충족과 필연성을 다루기 전에 그리스도의 죽음에 대한 믿는 자들의 이해를 설명한다.

> 우리 예상을 넘어서 놀랍게 우리를 회복시켰다는 바로 그 점에서, 그리스도는 우리를 향한 사랑과 자비를 보여주셨다.…마귀가 인간을 유혹해서 과실을 따먹게 하고 인간을 정복했을 때, 이제 반대로 인간이 나무 위에서 고난을 짊어지는 것으로 마귀를 정복하는 것은 당연하다. 그 외에도 다른 많은 것을 조심스럽게 고려했을 때, 우리는 말로 표현할 수 없는 구원의 아름다움과, 그 구원이 이루어졌음을 깨달을 수 있다.[116]

---

116. *CDH* I,3 (LCC 10,104-105).

이렇게 믿는 자들에게는 구원의 신비스러운 아름다움을 함께 나눌 수 있다. 그러나 보소의 질문에 대답하면서, 안셀무스는 하나님에 의해서 이루어진 구원의 표현할 수 없는 아름다움이, 진리를 타당하게 추론하는 것 없이는 믿지 않는 자들에게 그것이 왜 반드시 일어나야만 하는가 하는 필연성을 확신시키기에는 부족하다는 것을 인정한다.[117] 충족 개념과 신-인의 사역의 필연성을 설명하면서 안셀무스는 기독교의 순수함과 정결함을 비웃는 비그리스도인들을 향해 기독교 진리를 방어하려는 열정으로 뜨겁게 불타올랐다.[118] 하나님의 사랑과 자비, 마귀를 향한 대신적인 승리는 필연성에 관한 우리의 예상과 추론을 넘어선다. 안셀무스는 「인간이 되신 하나님」을 겸허하게 끝맺는다. "비록 내가 할 수 있는 방법보다 더 나은 방법이 있을 수 있고, 나 자신 혹은 인간이 이해할 수 있는 것보다 더 훌륭한 추론이 있을 수 있다고 할지라도 나는 당신의 질문에 최소한 미약하게나마 답했다."[119] 안셀무스에게서조차 그리스도의 십자가의 죽음은 죄, 죄인들, 하나님의 명예, 반드시 그래야만 하는 것의 질서보다 더한 그 무엇인 것 같다.

그러나 죽음의 가치에 대한 매우 중요한 질문이 아직 남아 있다. 어떻게 죽음이 하나님의 명예와, 반드시 그래야만 하는 것의 질서를 충족시킬 수 있는가? 어떻게 빚과 지불의 가치가 죽음의 가치와 동일할 수 있는가? 안셀무스의 추론에 근거한 사랑과 충족 둘 다, "왜 죽음을 통해서만 가능한가?", "왜 죽음이 아니고 다른 방법으로는 안 되는가?"라는 질문에 대해

---

117. *CDH* I.4 (*LCC* 10.105).
118. *CDH* I.3 (*LCC* 10.104).
119. *CDH* II.19 (*LCC* 10.181).

서 우리를 충분히 납득시키지 못한다. 달리 말하자면 신-인의 죽음은 인간의 죽음의 본질적인 한계를 통해서가 아니라 인간의 죄를 통해서 해석되었다. 결국 안셀무스에게 결여되어 있는 것은 그리스도의 죽음과 인간의 죽음의 직접적 연관이다. 이 문제에 관해서는 차후에 에필로그에서 간략하게 다룰 것이다. 안셀무스의 십자가론은 "왜 죽음?"(why death?)이라는 문제보다 더 크고 총체적이기는 하지만, 그의 충족 이론은 "왜 죽음?"이라는 문제를 다루는 데 국한된 것으로 보인다.

2.5. 결론

안셀무스의 충족 개념은 "왜 신-인이 반드시 죽어야 하는가?"라는 문제에 초점을 맞추고 있다. 그는 "왜 신-인이?", "왜 반드시?", "왜 죽음이?"에 천착한다. 이미 보았듯 여기서는 두 가지 중요한 개념, 곧 충족과 필연성이 그의 추론의 전 과정에 결정적 역할을 한다. "신-인이 **반드시** 그래야만 하는 것을 **충족**시켜야만 한다." 여기서 우리는 안셀무스의 의도를 잘 이해해야 한다. 믿는 자들에게 그리스도의 죽음은 우리가 이성의 사유만으로 이해할 수 있는 것보다 더한 무엇이지만, 비그리스도인에게는 오직 이성으로(sola ratione) 그리스도의 죽음이 파악될 수 있다. 하지만 안셀무스가 인간 이성에 지나치게 의존하고 있다고 평가하는 것도 맞는 말이다. 더욱이 안셀무스의 논증은 인간 이성에 대한 의존만큼이나 당대의 사회적·법률적 체계에 뿌리를 두고 있다.

안셀무스의 십자가론에서 몇 가지를 비판적으로 고려해볼 수 있다. 첫째, 신-인의 대신적인 사역의 진정한 가치는 인간 문제의 절대성, 곧 죄와 관련지어서 고려되어야 한다. 우선적으로 십자가는 우리가 풀 수 없는 것에 대한 예수님의 사역이다. 안셀무스의 십자가론은 대신론의 가장 중요한 측면 가운데 하나에 충실하다. 그러나 대신론의 다른 측면, 곧 그리스도께서 인간을 포함하셨다는 것은 안셀무스의 십자가론에서는 구체적으로 등장하지 않는다. 둘째, 안셀무스는 "왜 죽음?"(why death?)이라는 문제를 "왜 신-인?"(why the God-man?)과 "왜 반드시?"(why necessary?)라는 문제보다 덜 비중 있게 다루었다. 그러나 십자가는 우선적으로 죽음에 관한 것이다. 셋째, 충족과 필연성의 모든 논지는 환원적(reductionistic)이다. 그리스도의 죽음은 죄와 심판, 빚과 지불의 균등함을 넘어선다. 상업적이고 법적인 용어들이 편리하게 사용될 수도 있다. 하지만 죄와 심판 사이, 빚과지불 사이, 충족과 그리스도의 죽음 사이에는 많은 전환이 수행되어야 한다. 더욱이 안셀무스는 이 모든 전환이 필연적이라는 것을 입증할 수 있다고 기대했다. 그러나 안셀무스가 충족과 필연성에 관한 논의들을 통해서인간의 죄로부터 그리스도의 충족으로 전환해나가면서, 그의 개념들은 종종 일관성을 잃어버리고 있다. 본성적 죄와 개인적인 죄, 필연성과 의지, 그리스도의 인성과 신성, 필연성과 충족이라는 두 마리 토끼를 잡으려 하면서, 안셀무스는 십자가의 의미가 관계해야만 하는 목표점, 곧 **죽음의 실재** 그 자체를 놓쳐버렸다. 넷째, 그리스도의 죽음이 누구를 위한 것인가혹은 무엇을 위한 것인가 하는 문제가 안셀무스에게는 명확하지 않다. 그리스도의 죽음이 인격적인 것과 비인격적인 내용을 함께 가지고 있기 때문이다. 예컨대 그의 논지에는 죄, 죄인들, 하나님의 명예와 정의, 세계의질서와 아름다움 등이 다 포함된다. 그러나 성경은 이 문제에 관해서 아주분명한 입장을 취한다. 그리스도는 일차적으로 **우리를** 위해서 돌아가셨다.

마지막으로, 안셀무스의 개념에서 하나님과 인간의 관계를 윤리적이고 영적인 문제로 다루는 부분을 분명히 찾을 수 있기는 하지만, 그러나 여전히 그런 개념이 십자가론에서 어떤 위치를 차지하는가 하는 문제는 명확하지 않다. 이 문제에 관한 안셀무스의 초점은 인간이 따라야만 하는 모범으로서 **십자가의 흘러넘치는 희생적인 가치**다. 안셀무스는 이 개념을 가지고 "인간이 신-인의 충족에 자신의 공적으로 참여하는 것"으로까지 확대하고 있는 것으로는 보이지 않는다.[120] 안셀무스에게서 그리스도의 죽음으로 인한 그의 사역은 대신적인 충족에서 도덕적인 모범과 마귀에 대한 승리로 흘러넘치고 있다. 비록 안셀무스가 이 양자가 어떻게 연결되고 조화되는지에 대해서 구체적·논리적으로 설명하는 데 실패했다고 하더라도, 안셀무스는 바로 이런 점에서 십자가의 본질적인 면과 윤리적인 면이 조화를 이루어야 한다는 것을 지적하는 셈이다.

---

120. "그러나 1세기 전에 알브레히트 리츨(Albrecht Ritschl)은…*CDH*에서 안셀무스가 충족 개념으로부터 미묘하지만 의미 있게 공적이라는 다른 개념으로 옮겨가고 있음을 알아차렸다"(Root 1987: 227, 각주 25).

| 3장 |

루터의 교환[1]

루터의 십자가 이해는 십자가에서 무엇이 발생했는가 하는 문제에 충실
하려는 시도다. 십자가를 통해 하나님이 그리스도 안에서 우리를 용서하
시고, 그리스도는 그 자신을 교환하고 인간과 연합함으로써 "죽음에 대한
죽음"(death to death), "죄에 대한 죄"(sin to sin)가 되었고, 그 결과로 인간의
참혹함을 정복했다. 루터의 일차적인 관심은 "왜 십자가가 필요했는가?",
그리고 그 필연성 때문에 "십자가가 어떻게 작용했는가?"라는 문제에 있

---

1. 루터의 십자가 사상을 이해하는 데 있어서 맞닥뜨리는 어려움 가운데 하나는, 실로 방대하고
   다양한 저작 중 십자가 사상과 관계있는 저작으로 그 범위를 좁히는 문제다. 루터의 십자가 사
   상의 특징을 발견하는 데에 초점을 맞춰 이 책을 저술하려고 나는 다음과 같은 루터의 저작에
   집중했다. 『갈라디아서 강해』(LW 26-27), 『히브리서 강해』(LCC 16), "하이델베르크 논쟁"(LW
   31), 『그리스도의 수난에 대한 명상』(LW 42), 『이사야서 강해』(LW 16-17), 『설교집』(Complete
   Sermons of Martin Luther)에 있는 여러 설교들, 『창세기 강해』(LW 1-8), 『요한복음 강해』
   (LW 22-24), 『로마서 강해』(LW 25), 『탁상 담화』.

지 않았다. 실제로 루터는 우리의 지성에 의존해 하나님께서 십자가에서 자신을 드러내신 것보다 그분을 더 알려고 하지 말아야 한다고 반복적으로 주장했다. 십자가의 심오함은 십자가의 전제나 결과에 있는 것이 아니라 십자가의 실질적인 내용에 있다. 그리스도는 십자가에서 인간을 위해서 죽으셨다. 루터에게 십자가의 본질은, 우리가 스스로를 짊어질 수 없기에 그리스도 안에서 하나님이 자신을 우리와 교환·연합하시어 우리의 비참함을 십자가 위에서 짊어지시고 나누셨다는 것이다. 그리스도께서 우리를 위해서 죄에 대한 죄, 죽음에 대한 죽음, 마귀에 대한 마귀가 되셨다는 생각은 루터의 십자가론의 핵심이다. 하지만 왜 그런 일이 일어나야만 했는가 하는 문제는 그의 주된 관심사가 아니었다.

십자가에서 무엇이 발생했는가에 집중하는 것이, "십자가를 어떻게 이해하는가?"라는 방법론적 체계를 배제한다는 의미는 결코 아니다. 루터는 그리스도의 죽음이 어떻게 우리의 죽음에 영향을 끼치는가를 설명하는 데 있어서 교환이라는 개념을 사용했다. 십자가 사상의 역사에서 교환 개념은 루터 혼자서 사용한 고유 개념은 아니다. 개념으로써뿐만 아니라 "교환", "놀라운 교환" 같은 표현이 디오그네투스에게 보낸 서신($\ddot{\omega}$ $\tau \tilde{\eta} \varsigma$ $\gamma \lambda \upsilon \kappa \epsilon \acute{\iota} \alpha \varsigma$ $\acute{\alpha} \nu \tau \alpha \lambda \lambda \alpha \gamma \tilde{\eta} \varsigma$),[2] 아우구스티누스(Augustine, *Qualia commercia*)[3]와 아말라리우스(Amalarius, *admirabile commercium*)[4]에서도 등장한다. 그러나 각각의 경우에 서로 교환되는 상대방이 누구인가 혹은 무엇인가 하는 문제는 간단치 않다. 그것은 누가 이 개념을 주장하는가, 어떤 맥락에서 주장하는가에 따

---

2. *Apostolic Fathers* Vol. II: 370.
3. *MPL* 38.496.
4. *MPL* 105.1223A.

라 의미가 달라진다. 일견, 교환은 그리스도의 생명과 우리의 죽음이 서로 교환되는 것으로 보이고, 이것은 희생 개념보다는 승리 개념과 더 잘 부합한다. 루터가 승리 모티프를 포함하고 있다는 점에서 그에게도 이것은 부인할 수 없는 사실이다. 이런 점에서 교환 개념은 그리스도 죽음의 대신적인 면과 잘 연관되지 않는다고 할 수도 있다. 교환의 단순한 논리에서 그리스도는 주는 자, 우리는 받는 자다. 그러나 루터에게 교환이란 십자가를 단순히 승리로 이해하는 것보다 훨씬 더 복잡하다. 왜냐하면 우리와 그리스도가 교환된다는 것은 그리스도께서 우리 인간과 **나누면서**(sharing) 인간을 위해서 짊어지는 것을 의미하기 때문이다. 그리스도께서 죽음에 대한 죽음, 죄에 대한 죄, 마귀에 대한 마귀일 때, 그 자신을 인간과 교환하고 나눈다. 그리스도의 생명과 우리의 죽음이 교환되는 것에 앞서, 그리스도의 죽음과 우리의 죽음이라는 더 근본적인 교환이 발생한다. 그리스도는 죽음에 대한 죽음이다. 여기서 우리는 루터의 십자가 이해가 대신론과 연관성이 있음을 이해하게 된다. 따라서 십자가에서 발생하는 교환은 두 가지 측면에서 중요하다. (1) 그리스도의 죽음과 우리의 죽음의 교환, (2) 그리스도의 생명과 우리의 죽음의 교환. 그리스도는 자기 자신을 우리와 나누어 포기하심으로써 우리를 짊어지셨다. 인간의 비참함을 나누며 자신을 포기하심으로써 그리스도는 우리를 짊어지시고 우리에게 생명을 주신다. 더 나아가 루터는 그리스도의 "죽음에 대한 죽음"이 하나님의 심판이라기보다 용서로 이해한다. 결국 루터의 십자가 이해는 동기, 내용, 결과라는 용어로 고려될 수 있다. 엄밀한 의미에서 교환 그 자체는 십자가의 내용을 드러낸다기보다 십자가의 방법론적 체계에 더 가깝다. 어떤 것을 교환하고 또 교환되는지가 바로 십자가의 내용이다. 이런 점에서 십자가의 구체적 내용을 알아간다는 것은 십자가의 전제와 결과를 이해하는 것을 포함한다. 다시 말하면 십자가에서 그리스도께서 무엇을 짊어지셨는가라는 주제는 왜 짊어지셨는가, 어떻게 짊어지셨는가라는 주제와 결코 무관하지 않다. 루터에게, 그리스도가 인간과 나누고 인간을 짊어지셨음을 의미하는 대신은 하나님의 용서에 기초하고 있고 승리를 이끌어낸다. 루터의 십자가론을 살펴보는 이번 장에서는 3가지 주제, 즉 용서, 교환, 승리를 중심으로, 루터의 십자가 사상에서 죽음에 대한 죽음으로서 그리스도의 죽음이 얼마나 중추적인 십자가의 내용인가를 다룰 것이다.

3.1. 하나님의 용서

루터의 십자가 사상을 체계화하는 것은 이 책의 의도와 범위를 넘어서는 것이지만, 나는 먼저 루터의 용서 개념으로부터 시작하려고 한다. 왜냐하면 용서는 "왜 십자가가 필요한가?"에 대한 대답의 단서가 되고, 교환은 "십자가가 무엇인가?", 승리는 "십자가가 어떻게 작용하는가?"라는 문제에 대한 단서가 되기 때문이다. 그러나 루터는 안셀무스가 했던 방식과 같이 "왜 십자가가 필연적인가?"라는 질문에 대한 대답을 추구하지는 않았다. 루터는 십자가 앞에서 인간의 한계를 인정했다. 다른 한편으로 안셀무스에게서처럼 루터에게도, 십자가는 하나님이 누구신가라는 문제와 분리될 수 없는 주제다. 루터에 의하면 하나님은 십자가 사건을 통해서 행동하신다. 다음과 같은 5가지 점이 루터의 십자가 사상을 이해하는 데 중요하다. (1) 십자가의 신비(*mysterium crucis*), (2) 자비의 하나님, (3) 우리 죄를 도말하시는 하나님, (4) 십자가 사건에서 성부와 그리스도의 긴밀한 관계, (5)

우리를 위하여. 이 다섯 가지 점을 차례로 살펴볼 것이다.

루터는 인간의 제한적인 지성으로 십자가의 진정한 실재를 파악할 수 없음을 인정한다. 『창세기 강해』에서 그리스도의 수난과 이삭의 번민을 비교하면서, 루터는 그리스도의 고난이 우리에게 완전히 이해될 수 없음을 주장한다.[5] 십자가를 이해하는 일은 오로지 하나님께서 주시는 영감으로, 곧 심오한 명상을 통해서 추구될 수 있다. 루터는 『그리스도의 수난에 대한 명상』에서 다음과 같이 쓰고 있다.

그리스도 수난의 진정한 사역은 인간을 그리스도에게 맞추게 해서, 그리스도께서 우리 죄 때문에 그 몸과 영혼이 불쌍하게 고문당한 것처럼 인간의 양심도 죄로 인해서 고문당하게 하는 것이다. 이것은 많은 말을 필요로 하지 않는다. 죄에 대한 심오한 반성과 경악이 필요할 뿐이다.…당신은 그리스도 수난에 대한 명상으로 인해서 더욱더 끔찍한 공포에 빠져야 한다.…죽음의 침상에 누워 기다리는 것은 참으로 끔찍한 일이기 때문에 당신은 마음을 부드럽게 해달라고, 그리스도의 수난이 어떤 유익이 있는가를 곰곰이 생각할 수 있게 해달라고 기도해야만 한다. 하나님이 우리 마음에 통찰력을 허락하지 않으시면 우리 자신이 그리스도의 수난을 철저히 명상하는 것은 불가능하다. 이것을 완성하기 위해서 당신 자신의 의지로 영감을 얻는다면, 어떤 명상도 어떤 교리도 당신에게 주어지지 않을 것이다.[6]

---

5. *LW* 5.177.
6. *LW* 42.10-11.

우리는 십자가의 신비를 이해하기 위해서 기도해야 하고, 하나님의 영감에 의존하면서 계속해서 명상해야 한다. 십자가의 진정한 의미를 파악하기 어렵다는 것을 루터는 잘 알고 있다. 그래서 그는 "왜 그리스도가 십자가에서 죽어야 했는가?"라는 문제보다 "무엇이 십자가에서 일어났는가?"라는 질문에 초점을 맞춘다. 이 세상 지혜와 이성으로는 왜 하나님이 그리스도 안에서 죽어야 했는가를 이해할 수 없다.[7] 그리스도께서 십자가에서 단번에 이 세상의 지혜를 던져버리셨다는 것을 우리는 성령의 은총으로 믿는다.

그렇다고 루터가 십자가의 뿌리가 되는 근원을 완전히 무시했다는 의미는 아니다. 비록 루터가 "왜 십자가에서 반드시 죽어야만 했는가?"라는 질문에 답하기 위해 어떤 체계나 유형을 발전시켰는지 우리가 잘 알지 못한다고 할지라도, 루터는 자신 이전의 신학자들에게서 십자가에 대한 여러 관점을 빌려온 것으로 보인다. 예컨대 값을 지불함과 충족 개념이 루터에게서도 발견된다. "따라서 우리 죄책은 그리스도에게 떨어졌는데, 그리스도는 죄책으로 인한 벌금을 치렀고 우리를 충족시켰다."[8] 『이사야서 강의』에서도 루터는 한 인간이 죄를 짓고 다른 사람이 벌금을 낸다고 주장했다. 성금요일 설교에서 루터는 상업적 용어를 사용하고 있다.

그리스도께서 하늘의 아버지께 순종하고 우리에게 은택을 주기 위해서 어떻게 고난을 당하셨는가를 고려하는 것, 성경이 성취되었다는 것, 그것이 수난의 영

---

7. *LW* 23,377.
8. *LW* 25,515.

7인의 십자가 사상

속적인 중요성이다. 그리스도께서 구원의 **진정한 대가**로 우리를 구속하셨다는 것을 고려하는 것은 유익하다.…그리스도께서 우리 **죄를 위해서 치르신 대가**, 곧 은이나 상품이 아니라 바로 그의 몸과 생명, 우리 죄를 위해 바로 자기 자신을 값으로 치르셨다는 것을 고려하는 것도 유익하다.…우리는 이런 점들을 깊이 고려해야 하고 그래서 구원의 위대함, 곧 지불된 금액과 순교뿐만 아니라 우리를 향한 사랑과 선한 의지를 알아볼 수 있어야 한다. 우리를 얼마나 깊이 염려하고 있는지, 그의 엄청난 **사랑과 연민**의 마음이 어떻게 우리를 위해 자기 자신을 주신 동기로 작용했는지 알아야 한다(저자 강조).[9]

여기서 루터는 값을 지불함과 대가와 같은 상업적인 용어를 사용하고 있다. 그러나 심지어 이런 용어를 사용하고 있음에도, 루터는 "왜 죽음?"이라는 문제를 설명하기 위해 어떤 논리를 정교하게 전개하는 데 관심을 두고 있지 않다. 더욱이 루터는 그리스도의 십자가의 뿌리가 되는 원인, 곧 사랑과 연민에 주의를 기울인다. 루터는 충족이라는 표현을 사용할 때도 많은 다른 용어를 함께 사용한다. 이를테면 "…죗값의 충족, 죄 용서, 화해, 그리스도의 영원한 구원을 다룰 때, 당신은 자신의 마음을 사색의 잘못으로부터 철저히 벗어나도록 해야만 한다."[10] 따라서 우리는 루터의 값을 지불함과 충족의 개념이 "왜 십자가?"라는 질문에 대한 대답과 같은 역할을 한다고 선불리 결론 내리지 말아야 한다. 차라리 루터의 이런 표현들은 십자가에 대한 그의 생각에 있어서 단순히 그가 전통적인 용어를 끌어들이

---

9. 『설교집』 5권 472-473.
10. *LW* 26.30.

고 있다는 사실을 나타낼 뿐이다.

우리 죄를 용서하시는 하나님의 자비하심에 대한 루터의 강조는 우리를 "왜 십자가?"에 대한 더 깊은 생각으로 이끈다. 우리가 다룰 두 번째 지점은, 그리스도 안에서 인간을 짊어지신 자비로운 아버지로서의 하나님과 연관된다. 루터는 이렇게 말한다.

> 그리스도를 통해서 하나님은 그의 호의와 자비를 우리에게 공표하신다. 우리는 그리스도 안에서 하나님이 진노한 감독이나 심판자가 아니라 축복하시는 자, 곧 우리를 율법, 죄, 죽음, 모든 악에서 구원하시고 그리스도를 통해서 의와 영생을 주시는 은혜롭고 친절한 아버지임을 깨닫는다. 이것이 하나님에 대한 확실한 지식이며 진정한 신적 확신이다. 그리고 이것은 우리를 속이는 것이 아니라 아주 구체적인 형태로 하나님을 그려내는 것이며, 이것 없이는 하나님은 존재하지 않는다.…이런 방법으로 죄를 용서하시고 우리를 의롭다 하시는 친절한 하나님은 다른 어떤 곳에서도 발견되지 않는다.[11]

하나님은 진노한 심판자가 아니라 은혜로운 아버지이시다. 왜냐하면 그리스도 안에서 우리의 죄를 용서하시기 때문이다. 루터는 『갈라디아서 강해』에서 기독교의 의미를 2단계로 요약한다. (1) 우리는 먼저 율법을 통해서 죄인이라는 것을 깨닫는다. (2) 하나님은 우리를 구원하기 위해서, 우리를 위해 십자가에서 죽으신 자신의 독생자를 보내셨다.[12] 루터는 계속해

---

11. *LW* 26,396.
12. *LW* 26,126.

서 이렇게 말한다.

> 하나님은 자신이 자비로운 아버지라는 것을 말씀으로 우리에게 나타내셨다.
> 우리의 공적이 없이—왜냐하면 결국에 우리는 어떤 공적도 만들어낼 수 없기
> 때문에—하나님은 그리스도 때문에 우리에게 죄 용서, 의, 영생을 주시기를 원
> 하신다.[13]

기독교 진리의 이 단순함이 루터의 저술에서 반복적으로 강조되고 있
다. 우리는 죄인이지만, 아버지는 그리스도 안에서 용서자이시다. 이 자비
로운 하나님은 우리를 심판하실 수 없고 우리를 용서하실 뿐이다. 루터는
대속적인 심판이라는 형벌적 대속론의 개념을 결코 강조하지 않는다. 루
터가 어떻게 하나님의 심판 개념을 교환 논리 속에서만 수용하는지는, 『이
사야서 강해』에서 그가 이사야 53:5의 "그가 징계를 받음으로"라는 구절을
해석하는 부분에 잘 나타나 있다. 이 구절은 대속적인 심판의 개념이 가장
생생하게 드러난 성경적 근거라고 알려져왔다. 그러나 심지어 이 구절을
강의하면서도, 루터는 그리스도께서 우리를 짊어지셨다는 것과 하나님이
진노의 하나님이 아니라는 것을 강조한다.[14]

평화의 질책(*Disciplina pacis*).[15] 베드로는 이 구절(벧전 2:24)을 다루고 있다.

---

13. *LW* 26,126-127.
14. *LW* 17,222-224.
15. *WA* 31-2,435,1. 루터는 라틴어 성경을 그대로 사용하고 있는데, 라틴어로 *disciplina*는 심판
이라는 의미가 거의 없고 훈련과 가르침에 가까운 표현인데 반해서, 히브리어 מוּסָר는 욥기와

그리스도는 심판자나 진노한 하나님이라기보다 우리 죄를 짊어지시는 중보자 시다. 그리스도를 끔찍한 심판자로 만들어버리고 성자들을 중재자로 삼는 교황주의자를 멀리하라!…그리스도라는 이름은 가장 유쾌한 이름이다. **평화의 질책 혹은 심판**, 곧 그의 질책은 우리의 양심에 평화를 가져오는 치료다. 그리스도 이전에는 오직 혼란만이 있었다. 그러나 그는 우리의 평화를 위해서 질책을 받으셨다. 놀라운 교환(*mirabilem mutacionem*)에 주목하라. 한 사람이 죄를 짓고 다른 사람이 죄책을 대신 치른다. 한 사람이 평화를 받으실 분이지만 다른 사람이 그 평화를 소유한다.[16]

여기서 루터는 진노한 하나님이 아닌 중보자로서의 그리스도의 역할을 강조하고, 질책이라는 용어는 성경 구절의 질책을 인용해서 반복하는 수준에 그친다. 이 본문 속에서는 대신론의 심판 개념이 전개되고 있다는 어떤 힌트도 없다. 교환이라는 패러다임 속에서 심판이 언급되고 있을 뿐이다. 또 다른 예는 갈라디아서 3:13의 "우리의 저주가 되시고"에 대한 강의다. 역시 루터는 이 구절을 대속적인 심판의 용어로 해석하기보다 우리 죄를 짊어지신 것으로 해석한다. 그리고 그 모든 강조점은 "우리를 위하여"에 맞추어진다.[17]

잠언, 예레미야서에서 훈련이나 가르침이라는 의미로 광범위하게 사용되지만, 이사야 26:16과 53:5에서는 심판의 의미가 완전히 배제된 것은 아닌 것 같다. 이런 의미를 올바로 반영하기 위해 나는 훈련이나 가르침보다 강하지만 심판의 의미보다 약한 "질책"이라는 용어를 사용했다.

16. *LW* 17.224-225, *WA* 31-2.435.11.
17. *LW* 26.277.

요약하면, 우리 죄는 그리스도 자신의 죄가 되었음에 틀림없다. 만약 그렇지 않다면 우리는 영원히 멸망할 것이다. 악한 소피스트들(로마가톨릭의 스콜라주의자들)은 바울과 선지자들이 우리에게 물려주신 그리스도에 대한 이 지식을 희미하게 만들어버렸다.…그러나 "짊어진다"(bear)는 말은 무슨 의미인가? 소피스트들은 "심판받는 것"이라고 해석한다. 그렇다고 치자. 그러나 왜 그리스도께서 심판받는가? 그가 죄를 지었고 죄를 짊어지기 때문이 아닌가?…따라서 그리스도는 십자가에서 죽었을 뿐 아니라, 신적 사랑으로 죄가 그리스도 위에 짐 지워졌다. 죄가 그 위에 짐 지워졌을 때, 율법이 와서 말하기를 "모든 죄인을 죽게 하라! 따라서 만약 그리스도가 죄책이 있고 심판을 짊어지겠다고 대답한다면, 그리스도 당신은 죄와 저주를 짊어져야 한다"라고 했다. 그리하여 바울은 그리스도를 모세 율법의 일반적인 법에 올바로 적용한다. "나무에 달린 자마다 저주를 받을지어다." 그리스도는 나무에 달렸다. 따라서 그리스도는 하나님의 저주다.[18]

이렇게 루터는 "예수는 하나님께 심판을 받았다"라는 생각에 만족하지 않는다는 것을 아주 구체적으로 표현하고 있다. 그리고 심판보다는 예수가 우리 죄를 짊어지셨다고 이해한다. 따라서 루터는 "저주"라는 것이 율법의 일반적 맥락에서 이해되어야 한다고 제시한다.

바로 이것이 우리를 세 번째 지점으로 인도한다. 하나님의 용서는 죄를 심판함으로써보다는 죄를 도말하심으로써 이루어진다. 루터는 죄 용서를 여러 다른 용어로 표현한다. 우리 죄를 심판하시기보다 치워버리고(take

---

18. *LW* 26.278-279.

away)[19] 지워버리고(blot out)[20] 경감시키고(remit) 덮으시고(cover)[21] 제거하시고(eliminate)[22] 삭제하시고(remove)[23] 깨끗게 하시고(purge)[24] 용서하시고(pardon)[25] 취소하시고(cancel)[26] 해방시키시고(free) 달래시고(expiate)[27] 청소하시고(wipe out)[28] 지우시고(delete)[29] 폐지하시고(abolish)[30] 정복하시고(conquer)[31] 씻으시고(cleanse)[32] 파괴하셨다(destroy).[33] 자비로운 하나님은 우리가 율법에게 압제당하고 율법의 저주 아래 있다는 것을 아시기 때문에, 자기 아들을 보내시어 그의 위에 인류의 모든 죄를 쌓아 올려서 이 세상을 모든 죄로부터 깨끗케 하시고 죽음과 모든 악으로부터 해방시키셨다. 하나님은 죄가 더 이상 남아 있다는 것을 우리로 알지 못하게 하셨다.[34] 죄와 심판이라는 등식보다 더한 용서의 본질이 이 모든 표현 속에 공통적으

---

19. *LW* 25.102.

20. *LW* 24.402, 『설교집』 2.1권 357.

21. *LW* 23.318.

22. *LW* 22.178.

23. *LW* 22.383, 26.32 (*toluntur WA* 40.83.26-27).

24. *LCC* 16.33.

25. *LW* 1.259, 22.382.

26. *LW* 22.382.

27. *LW* 24.325.

28. *LW* 24.395.

29. *LW* 22.383.

30. *LW* 22.382, 26.41 (*abolevit peccatum, WA* 40.96.16).

31. *LW* 24.108.

32. *LW* 26.280 (*Hoc facto totus mundus purgatus et expiatus ab omnibus peccatis, WA* 40.438.13-14).

33. *LW* 22.166. 이렇게 다채로운 표현들은 『요한복음 설교』 『로마서 강해』 『갈라디아서 강해』만 참고하더라도 발견할 수 있다.

34. *LW* 26.280.

로 나타난다. 하나님은 죄에 따른 필연적인 심판을 법률적으로 계산하신 것이 아니라 하나님 자신을, 하나님 자신의 아들을 포기하심으로써 행하셨다.

혹자는 루터가 하나님의 진노라는 표현을 자주 사용하고 있기 때문에, 하나님이 우리 죄 때문에 그리스도를 심판하셨다는 개념도 루터의 십자가 이해라고 주장할 것이다. 그러나 루터는 우리의 죄를 과장하고 또 하나님의 진노를 측정할 수 없을 정도로 부풀리는 사탄의 공격에 잘 대비해야 한다고 경고한다.[35] 그리스도의 십자가를 믿는 자로서 우리가 하나님의 진노와 용서를 혼동하게 되는 것은 바로 사탄의 활동 때문이다. 이 지점에서 하나님의 진노가 어떻게 극복되고, 그 진노가 어디에 있으며, 그분의 진노를 누가 받는가라는 문제에 깊이 주목해야 한다. 하나님의 진노는 마귀 아래 있는 이 세상에, 그리스도의 십자가와 하나님의 용서에 대한 믿음이 없는 자에게 실제로 나타난다. 반면에, 자신의 행위가 아니라 그리스도의 십자가로 하나님의 자녀가 되었다는 것을 믿는 자에게는 그분의 진노는 소멸된다. 루터는 이렇게 설명한다.

그리스도와 하나님이 없는 인간은 도대체 무엇인가? 만약 하나님이 그에게 없다면 그는 마귀의 소유물이요, 모든 진노와 비참함에 종속되고, 그의 몸과 영혼은 지옥 불에 던져질 운명이 될 것이다. 요한복음 3:18에 의하면 "그를 믿는 자는 심판을 받지 아니하는 것이요 믿지 아니하는 자는…벌써 심판을 받은 것이니라"라고 한다. 믿지 않는 자에게는 아버지의 저주가 그 위에 있다. 제3의 가능성은 없다. 아버지는 당신에게 진노하든가 은혜롭든가 둘 중 하나다. 하나님이

---

35. *LW* 3.214.

든지 아니면 마귀든지 둘 중 하나가 우리와 함께 살고, 그리스도가 자신을 우리에게 나타내시든지 아니면 우리가 철저하게 장님이 되든지 둘 중 하나다.[36]

이렇게 이원론적 구조 속에서, 루터는 믿지 않는 자에게 내리는 하나님의 무자비한 진노라는 현실과 믿는 자를 향한 그분의 자비로운 용서를 비교하고 있다. 말하자면 하나님의 진노는 그분의 용서를 받아들이는 자들에게는 향하지 않는다. 세상과 인간의 모든 죄를 향한 하나님의 진노는 십자가를 통한 그분의 용서로 제거되었다. 하나님의 진노는 그리스도의 대속적인 심판을 요구하지 않는다.

하나님 아버지와 아들의 긴밀한 관계도 루터 신학의 가장 중요한 특징 중 하나다. 루터가 하나님의 용서라는 사상을 더 강화할 수 있었던 것도 바로 이 4번째 지점인 성부와 성자의 긴밀한 관계 때문이다. 하나님이 세상을 저주하기 위해 아들을 보내신 것이 아니라는 요한복음 3:17을 해석하면서, 루터는 이렇게 주장한다.

"세상을 심판하기 위해서가 아니라." 이 말씀은 우리가 만들어낸 것이 아니라 분명히 그리스도께서 말씀하신 것이다. 왜냐하면 그리스도는 세상을 심판하기 위해서가 아니라 구원하기 위해서, 세상이 심판으로부터 벗어나게 하기 위해서 오셨기 때문이다. "왜냐하면 세상은 나를 가졌고 나는 세상의 하나님이다. 그리고 하나님의 아들을 가진 자, 그리스도를 믿는 자는 심판받을 수 없다. 아버지께서 아들을 통해서 심판을 폐지하셨기 때문이다." 그렇지 않다면 사랑받

---

36. *LW* 24.164.

는 아들이 저주받아야 하는데 이것은 불가능하다. 그러므로 그리스도가 어디에 계시든지 우리도 그곳에 있고, 또한 저주받을 수 없다. 나는 그리스도를 믿는다. 따라서 심판받을 수 없다.…세상은 유전과 같은 타락인 원죄와 모세의 율법으로 이미 심판을 받았다. 왜냐하면 세상은 마귀에게 유혹을 받기 때문이다. 모세의 율법과 우리의 양심과 마음이 이미 그런 심판을 선포한다. 로마서 1:32에서, 우리는 양심이 우리를 고소하고 저주하기 때문에 결과적으로 심판자가 더 이상 필요하지 않다는 것을 알 수 있다. 항상 세상은 심판과 죽음으로 가득차 있다. 사랑받을 자격이 없다. 따라서 더 이상 심판받을 필요가 없다. 그러나 지금 우리의 생각(그리스도를 심판자로 여기는 생각, 특히 당시 로마가톨릭의 율법주의적 생각)이 죽음에 처해져야 한다는 것을 우리로 알게 하기 위해 하나님의 아들이 이 세상에 보내졌다.[37]

루터의 생각으로는 그리스도가 하나님께 심판받는다는 것은 불가능했다. 그리스도는 하나님의 사랑받는 아들이기 때문이다. 세상은 이미 심판 아래 있었고, 하나님의 사랑받는 아들이 이 세상에 온 이유는 세상을 심판하기 위해서가 아니라 구원하기 위해서다. 흥미롭게도 하나님이 아들을 심판할 수 없다는 것이 하나님과 아들의 관계인데, 그것은 우리와 하나님의 관계에까지 확장된다. 그리스도가 계신 곳에 우리도 있고 따라서 우리도 심판받을 수 없다. 하나님이 그리스도를 너무 사랑하시고 또한 그리스도를 따르는 자들을 너무도 사랑하셔서, 그리스도 안에서 우리 죄를 용서하신다. 하나님의 진노와 심판은 이미 세상에, 우리 양심에, 마귀에게 있고

---

37. *LW* 22.376.

또 그분의 용서를 받아들이지 않는 자들에게 계속될 것이다. 그러나 하나님께서 그리스도를 따르는 자들에게서 진노와 심판을 거두셨다는 사실은 진정한 위로가 아닐 수 없다. 그러므로 그리스도의 죽음은 하나님의 심판을 포함하는 행위일 수 없다. 정반대로 그리스도의 죽음을 통해서 하나님은 심판을 거두셨다.

마지막으로, "왜 십자가가 필요한가?"라는 질문은 인간의 비참한 실재와 관계된다. 하나님은 인간이 심각하고 총체적인 비참함 속에 있기 때문에 인간을 용서하셨다. 루터가 인간의 비참함을 그 자체로서 숙고할 때, 십자가의 뿌리가 되는 원인에 대한 루터의 이해는 법적인 체계를 넘어서게 된다. 만약 루터가 인간의 비참함의 근원을 죄에서만 찾았더라면 그도 죄와 죄의 책임을 연결 짓기 위해서 법적·상업적·제의적 논리에 의존했을 것이다. 그리스도께서 십자가에서 인간을 짊어지신 것이 루터에게는 하나님의 진노의 감정을 위해서도 아니고, 하나님과 인간이 객관적인 거래를 성사시켜야 하기 때문도 아니며, 오로지 인간이 총체적인 비참함 속에 있기 때문이다. 실제로 인간이 총체적인 위기 속에 있다는 것 외에, 십자가 사건이 발생해야만 하는 또 다른 이유가 있을 수 있는가? 그리스도는 우리가 죄와 죽음 속에 있기 때문에 우리를 위해 오신다. 기독교의 가장 주된 핵심은 하나님이 우리를 죄, 죽음, 지옥, 모든 다른 역경으로부터 건지시기 위해 그리스도를 우리에게 보내셨다는 것이다.[38] 그리스도의 어

---

38. *LW* 22.401. 그리스도께서 십자가의 죽음으로 땅의 모든 것과 하늘의 모든 것을 화해시켰기 때문에(엡 1:7-10; 골 1:15-20), 십자가는 인간만이 아니라 우주를 위한 것이다. 그러나 성경이 가장 우선적으로 계시하는 하나님의 일은 인간과의 인격적인 관계이므로, 인간을 위한 그리스도의 십자가를 가장 우선적으로 설정할 수 있다.

깨 위에는 인류의 악, 율법, 죄, 죽음, 마귀, 하나님의 진노가 놓여 있다.[39] 루터는 이렇게 주장한다.

이것은 그리스도의 고난의 목적을 설명하고 있다. 자신과 자신의 죄 때문이 아니라 우리의 죄와 슬픔 때문이다. 그는 우리가 당해야 할 고난을 짊어지셨다.… "우리의", "우리를", "우리를 위해" 같은 말은 금빛 글자로 표기되어야 한다.[40]

본질과 실존을 파고드는 비참함 속에 우리 모두가 놓여 있기 때문에, 그리스도는 우리를 위해서 계신다. 그리스도의 십자가의 무게는 인간이 처한 비참함의 깊이에 대한 표현이다. 루터에게 십자가의 필연성은 아주 분명하다. 인간이 얼마나 비참한가를 잘 아시는 자비로우신 하나님께서 그 아들의 십자가 죽음을 통해서 우리 비참함을 도말하시고 용서하셨다. 루터가, 반드시 그래야만 하는 올바른 순서 속에서 개념적인 실재에 초점을 맞추기보다, 하나님이 누구시고 인간이 누구인가라는 가장 실질적인 실재를 강조했다는 것은 "왜 루터의 십자가 사상이 '왜 십자가인가?'보다 '무엇이 십자가인가?'에 초점을 맞추고 있는가?"를 이해하는 데 중요한 단서를 제공한다.

---

39. *LW* 26,160. 형벌적 대속론에는 간접적인 유형과 직접적인 유형이 있다. 루터의 견해는 하나님의 심판이 믿지 않는 자에게 행사되고 믿는 자는 용서받는다는 것이므로 간접적인 형벌적 대속론에 가깝다. 이와 비교해서 칼뱅은 직접적인 형벌적 대속론을 포함한다. 이 점은 8장, 칼뱅의 십자가론을 다룰 때 상술될 것이다.

40. *LW* 17,221, Siggins 1970: 110.

3.2. 교환

일단 우리가 하나님의 용서를 십자가의 뿌리라고 이해하게 되면, 우리는 용서와 죽음의 관계에 대해서 곤혹스러운 문제에 직면하게 된다. 왜 하나 님은 다른 방법이 아니라 오직 죽음으로 용서하셔야 하는가? 하나님이 인 간의 죄와 비참함을 도말하시기를 원하신다면 왜 그것이 하필이면 자기 아들의 죽음을 통해서 가능한가? 대신론이 십자가의 "왜"와 "어떻게"라는 질문과 결코 무관할 수는 없다는 사실이 종종 전제된다. 법정은 우리에게 죄와 연관된 체계를 세우도록 요구하고, 상업적인 정의는 우리에게 빚과 값의 지불 사이에 적절한 교환을 추구하도록 요청하며, 희생 제의는 진노 한 신적 존재를 달래기 위한 희생물을 준비하도록 강요한다. 그렇다면 용 서란 인간의 한계를 위한 대속적인 죽음으로 보완되어야 하는가? 만약 용 서가 일종의 대속적 행위로 보완되어야 한다면, 그런 용서를 여전히 용서 라고 할 수 있는가? 또는 일종의 교환에 가까운가?

루터의 교환 개념은 위에서 지적한 여러 질문에 직접적인 대답을 주지 못할 수도 있다. 왜냐하면 루터의 관심은 이 용어와 죽음 사이의 논리적인 연관성에 있지 않기 때문이다. 오히려 루터는 그리스도의 죽음을 죽음과 삶 사이의 역설로 보았다. 그리스도는 죽었다. 그러나 그의 죽음은 죽음에 대한 죽음이기 때문에 생명이다. 따라서 의심할 바 없이 그리스도와 인간 사이에서, 교환은 여러 다른 얼굴을 가지고 있다. 그것은 2개의 평등한 집 단의 쌍방 간의 교환이라기보다는 그리스도께서 인간으로 자신을 교환하 심으로써 주체로서 참여하신 일방적 자기희생이었다. 루터의 교환 개념을 이해하기 위해서는 시간이나 논리적인 순서가 아닌, 한 사건의 여러 다른 측면으로서 몇 가지 단계를 함께 고려해야 한다. (1) 그리스도는 자신을 인간과 나누면서 우리가 된다(He is us). (2) 그리스도의 죽음은 우리의 죽음과 교환되었다. (3) 그리스도는 우리를 그 자신과 연합시켰다. (4) 그리스도의 생명은 우리와 교환되었다. 그리스도의 죽음과 우리의 죽음 사이의 교환은 하나님이 우리를 용서하시는 방식이 오로지 그리스도의 죽음만을 수반하는 것처럼 보이게 한다. 루터의 교환 개념의 다른 측면들을 좇아가면서 여기서 나는 다음과 같은 4가지 점을 다루고자 한다. (1) 그리스도는 우리다. (2) 그리스도의 나눔과 짊어짐에 있어서의 교환. (3) 이원론적 세계에서의 교환. (4) 그리스도와 연합으로서의 교환.

3.2.1. 그리스도는 우리다!

루터는 십자가에서의 그리스도의 역할에 대해 여러 이미지를 사용한다. 십자가에서 실제로 무엇이 발생했는가에 대한 가장 흔한 표현 중 하나는 그리스도께서 중보자와 대제사장으로서 일하셨다는 것이다. "그러므로 그리스도는 번민, 죄, 죽음 속에 있는 자들을 사랑하시고, 우리를 위해 자신을 주실 정도로 사랑하시며, 우리의 대제사장, 곧 하나님과 비참한 죄인들 사이의 중보자로 자신을 세우신다."[41] 가장 엄밀한 용어로 표현하자면 그리스도는 고통을 주는 자가 아니라 중보자이시다.[42] 루터는 그의 저작 전반에 걸쳐 중보자와 대제사장 개념을 반복적으로 사용하고 있다. 히브리서 9장을 본문으로 한 사순절 설교에서, 루터는 그리스도를 진정한 영적 제

---

41. *LW* 26.178-179. "그는 육과 피를 취하시어 고소당한 자들에게 그 자신을 귀속시키시고 따라서 자신을 하나님과 인간 사이에 중보자로 세우셨다"(*LW* 26.289).
42. *LW* 26.38.

사장이라고 부르면서 세상의 모든 대제사장과 구분한다.[43] 이렇게 볼 때 하나님과 인간 사이의 화해를 위한 대제사장으로서 그리스도를 이해하는 것은 십자가에 대한 루터의 강조점 중 하나라고 할 수 있다.[44] 그러나 루터는 심지어 중보자 개념도 그리스도께서 인간을 짊어지셨다는, 짊어짐 (bearing)의 넓은 의미 속에서 사용하고 있다.

> 그렇다. 온전히 죄 없는 인격(Person)이신 그리스도께서 성부에 의해 대제사장과 구속자와 노예로 당신에게 주어졌다는 것을 믿을 때만 당신은 그리스도를 가진다. 그는 죄 없음과 거룩함을 벗어버리고, 그것을 당신의 죄 많은 인격에 입혀서 당신의 죄, 죽음, 저주를 짊어지셨다. 그는 율법의 저주로부터 당신을 자유롭게 하려고 당신을 위한 희생과 저주가 되었다.[45]

여기서 하나님은 그리스도 사역의 수동적인 수용자가 아니다. 하나님은 인간의 죄를 짊어지게 하려고 대제사장을 보내셨다. 대제사장으로서의 그리스도의 일은 구원자로서의 그의 일과 크게 다르지 않다. 루터는 『갈라디아서 강해』에서 중보자와 대제사장을 반복해 사용하면서, "우리는 바로 이 성육신한 하나님 외에 다른 하나님을 주목하지 말아야 한다"라는 주장과 함께 그 호칭들을 사용하기를 주저하지 않는다.[46] 루터는 중보자와 대

---

43. 『설교집』 4.1권 163-168.

44. "그리스도의 피는 하나님께 영원히 받아들여질 수 있는, 우리를 위한 용서를 이루셨다. 하나님은 그리스도의 피의 능력이 지속되고 우리를 위한 그의 은총의 중재가 영원한 한, 우리의 죄를 용서하실 것이다"(『설교집』 4.1권 165).

45. LW 26.288.

46. LW 26.28-29.

제사장 개념이 주요 주제인 『히브리서 강해』에서 다음과 같이 주장하고 있다.

따라서 이 죄들은 그 자신의 것이다. 왜냐하면 그는 이것을 다른 사람들로부터 가져와서 다른 사람들을 위해 지고 가기 때문이다.…그러므로 이 구절에서 사도는 그리스도께서 십자가에서 우리를 위해 부르짖었을 때, 바로 그 화해의 일을 통해서 모든 인간의 가치가 뒤바뀌고, 그리스도의 제사장직이 완전함의 최고점에 달했다는 것을 말하고 있다.…왜냐하면 아벨의 피는 진노와 복수를 부르짖었지만 그리스도의 피는 용서와 자비를 부르짖기 때문이다.[47]

루터는 그리스도의 십자가의 일을 보호자이신 하나님의 돌보심과 연결시킨다. 이사야 27:2에 대해서 루터는 "하나님께서 우리를 돌보신다는 것은, 심각한 문제에 직면한 우리 양심이 그리스도의 나타나심으로 인해서 힘을 얻는다는 것 말고는 다른 어떤 것도 아니다"라고 언급한다.[48] 그리스도의 일을 대제사장이신 그의 능력으로 해석하면서조차, 루터의 강조점은 그리스도께서 우리 죄를 짊어지신 것, 희생 대상이 아니라 주체로서 인간을 사랑하고 돌보시는 하나님의 주도권에 맞추어져 있다. 루터에게 그리스도가 중보자로서 하신 일은 하나님을 위한 그리스도의 일이며, 하나님과 인간의 화해라기보다 그분이 그리스도 안에서 우리를 죄와 비참함으로부터 해방하시는 자비로운 일에 관한 것이다. 하나님은 우리를 위해 그

---

47. *LCC* 16,102-103.
48. *LCC* 16,103.

리스도가 한 희생의 가치를 측정할 수 없게 만드셨고, 우리 비참함을 짊어지게 하려고 그리스도를 중보자로 세우셨다. "하나님은 진정한 하나님이요 진정한 인간이신 자를 중보자로 세우심으로써 (인간의 일에) 개입하셨다."[49] 결국 우리는 루터가 사용한 중보자, 대제사장의 개념을 그리스도 안에서의 하나님의 일, 그리스도께서 우리를 짊어지시는 일이라는 더 큰 틀에서 이해할 필요가 있다. 십자가에서 일어난 일은 하나님께서 그리스도 안에서 우리를 위해 행하신 것이다. 루터가 중보자와 대제사장 개념을 하나님의 주도권과 그리스도의 짊어짐 속에서 이해하고 있다는 것은, 십자가에서 실제로 일어난 것이 무엇인가에 대한 루터의 핵심적인 생각을 더 알아볼 필요가 있음을 보여준다.

하나님의 용서가 그리스도께서 인간의 비참함을 짊어진다는 것의 핵심이므로, 루터에게 용서란 법률적 범주를 넘어선다. 그리고 그런 넓은 범주에서 용서와 죄는 상호 작용한다. 결국 이제 우리는 "짊어짐"의 개념이 무엇인지를 심각하게 고려해야만 한다. 루터의 십자가 이해는 "그리스도는 십자가에서 무엇인가?"(What is Christ on the cross?)라는 문제의 본질로 파고든다. 이것은 십자가의 논리에 대한 인간의 필사적인 탐구의 한계를 넘어선다. 루터의 짊어짐의 사상은 인간을 대속적으로 짊어진다는 일반적인 사상보다 훨씬 더 본질적이다. 그리스도는 우리가 되기(to be us) 위해 자신을 인간과 나눈다. 그리스도는 죄, 죽음, 마귀, 지옥, 율법, 하나님의 진노다. 그리스도는 우리 비참함이기 때문에 우리를 짊어지신다. 『갈라디아서 강해』 3:13에서 루터는 그리스도께서 우리를 위해서 저주가 되셨다는

---

49. 『설교집』 2.1권 341.

말씀의 의미를 명확히 한다. 루터는 자신의 해석을 펼치기 전에 먼저, 흔히 저지르는 잘못을 지적한다. "아마도 다음과 같은 것이 경험자들에게 인상 깊었던 것 같다. 그들은 소피스트들이 미묘할 뿐만 아니라 경건한 말투로 그리스도의 명예를 변호하는 척하면서, 그리스도가 저주라는 사악한 가정을 하지 않도록 열정적으로 훈계한다고 생각한다."[50] 그러나 이런 변호는 루터에게는 완전히 잘못된 것이다. 왜냐하면 만약 그리스도께서 죄인이고 저주라는 것을 부인한다면 우리는 그리스도께서 고난을 당하셨고 십자가에서 죽으셨다는 것을 부인하는 것이 되기 때문이다.[51] 루터는 이렇게 주장한다.

이것이 우리 신학이다. 그리고 나는 율법에 눈멀었을 뿐만 아니라 귀 막혔고 율법으로부터 해방되었고 율법에 대해 죽었다는 것을 언급할 때, 이것은 이성에 맞지 않고 불합리한 역설이다.…"나는 내가 죄를 지었다는 것을 인정한다. 그러나 내 죄는(저주받은 죄인으로서의 나) 그리스도 안에 있다(저주하는 죄로서의 그리스도). 이 저주하는 죄는 저주받은 죄보다 더 강하다. 왜냐하면 그것은 의롭게 하는 은총, 의, 생명, 구원이기 때문이다." 그리고 내가 죽음의 공포를 느낄 때, 나는 "죽음아, 너는 나에게 아무것도 아니다. 왜냐하면 나는 너를 죽이고 나의 죽음을 죽이는 다른 죽음을 가졌기 때문이다"라고 말한다.…" 따라서 나를 묶는 죽음은 이제 자기 자신을 묶는다. 나를 죽이는 죽음은 이제 죽음, 곧 생명 그 자체로 죽음을 죽인다. 그러므로 사실 그리스도는 오직 자유, 의, 생명, 영

---

50. *LW* 26,277.
51. *LW* 26,278. Cha 2001: 46.

원한 생명이지만, 그리스도는 율법, 죄, 죽음에 대비되는 나의 율법, 나의 죄, 나의 죽음이라는 가장 매력적인 이름으로 불린다. 그러므로 그리스도는 율법과 저주로부터 나를 구원하고 의롭다 하고 살아 있게 하려고 율법에 대한 율법(lex legi), 죄에 대한 죄(peccatum peccato), 죽음에 대한 죽음(mors morti)이 되셨다. 그리고 그리스도는 둘 다이다. 율법인 반면에 자유이고, 죄인 반면에 의이며, 죽음인 반면에 생명이다.[52]

그리스도는 내 율법, 내 죄, 내 죽음이다. 그리스도가 율법, 죄, 죽음에 대해 죽었을 때 우리도 그것들에 대해 죽었다는 것은 심오한 역설이다. 그러나 더 심오한 역설은 그리스도가 우리라는(Christ is us) 데 있다. 성령은 그리스도가 죄를 지었다고 증거한다. "이 시편들에서 성령은 그리스도의 인격에게 말하고, 분명한 말로 그가 죄를 지었다고 혹은 그가 죄를 가졌다고 증언한다."[53] 루터에 의하면 그리스도의 대신적 죽음의 진정한 본질은, 그리스도가 내 죄, 죽음, 마귀, 율법이 되셨다는 사실로부터 시작된다. 그리스도가 정말로 죽음이라는 바로 그 이유로 그의 죽음은 우리의 죽음에 대한 죽음이다. 모든 세상이 죄로 오염되었고 동시에 우리는 너무 나약해서 죄를 제거할 수 없으며 따라서 죄를 극복할 수 없지만, 하나님은 용서하시기 위해 그 죄를 어린 양의 어깨 위에 올려놓으셨다.[54] 루터는 그리스도의 짊어짐의 의미를 아래와 같이 선명하게 그리고 있다.

---

52. *LW* 26.161-163, *WA* 40.278.23.
53. *LW* 26.279.
54. *LW* 22.163, 165.

7인의 십자가 사상

하나님의 아들이 내 종이 되시고 자신을 낮추시고 내 비참함과 죄, 온 세상 죄와 죽음으로 자신을 괴롭게 하신다는 것보다 더 놀라운 일이 있겠는가! 그는 내게 말한다. "너는 더 이상 죄인이 아니다. 바로 내가 죄인이다. 나는 너의 대신자(substitute)다. 너는 죄를 짓지 않았다. 내가 지었다. 온 세상이 죄 안에 있다. 그러나 너는 죄 안에 있지 않다. 내가 죄 안에 있다. 너의 모든 죄는 너에게가 아니라 나에게 지워졌다."[55]

그리스도는 바로 그 죄인(the Sinner)이요 바로 그 죽음(the Death)이다. 기독교의 숭고한 진리는 그리스도께서 우리의 죄와 죽음을 대신하시는 것이 우리가 예상하는 방법으로 이루어진 것이 아니라, 하나님이 우리의 비참함과 한계와 죄와 죽음이 되심으로써 이루어졌다는 데 있다. 그리스도는 우리 중 한 명이 되심으로써 인간을 짊어지신 것이 아니라 인간의 비참함, 심지어 죽음까지 짊어지셨다. 루터는 그리스도의 성육신의 진정한 실재성을 결코 가볍게 이해하지 않는다. "34년간의 삶 속에서 그리스도는 우리와 먹고 마셨다. 그는 분노하기도 하고 슬퍼하기도 했으며 기도하기도 하고 울기도 했다."[56] 그러나 루터의 관심은 "그리스도는 십자가에서 무엇인가" 하는 실재성보다 더한 그 무엇이었다. 그리스도는 단순히 비참하게 된 것이 아니라 비참함 그 자체였다. 한 명의 죄인이나 저주받은 자가 아니라 죄 그 자체, 저주 그 자체였다.[57] 루터가 그리스도께서 인간의 비참함을 짊어지셨다는 것에 주목했기 때문에 하나님의 용서는 법률적인 틀을

---

55. *LW* 22.166-167.
56. *LW* 22.113.
57. *LW* 26.288.

넘어선다. 하나님이 우리 죄를 용서하셨다는 것은 그리스도께서 죄, 죽음, 마귀일 때 인간의 비참함을 돌보게 하시는 하나님의 자비를 뜻한다.

3.2.2. 나눔과 짊어짐을 통한 교환

루터에 따르면, 그리스도가 우리이기 때문에 그는 우리와 나누고 또 우리를 짊어지신다. 교환의 실질적인 내용이 삶과 죽음의 기계적인 거래의 용어로 해석되어서는 곤란하다. 루터의 교환 개념과 다른 사상가의 교환 개념을 비교해보면, 루터에게 그리스도가 실제로 우리라는(Christ is actually us) 사상이 얼마나 중요한가를 알 수 있다. 교환 개념은 십자가론의 가장 오래된 개념 중 하나다. 여기서 우리가 주목해야 하는 것은 교환이라는 표현의 정확한 사용뿐만 아니라 교환 개념의 실질적인 내용이다. "무엇이 무엇으로 교환되었는가?" 2세기 문서인 「디오그네투스에게 보낸 서신」은 다음과 같이 적고 있다.

하나님은 그 자신 위에 우리 죄악의 짐을 지셨고, 자신의 아들을 우리를 위한 대속물, 죄인들을 위한 거룩한 자, 사악한 자들을 위한 흠 없는 자, 불의한 자들을 위한 의로운 자, 부패한 자들을 위한 부패하지 않는 자, 죽을 수밖에 없는 자들을 위한 불멸의 아들로 주셨다. 그의 의로움 외에 어떤 다른 것이 우리 죄를 덮을 수 있단 말인가? 하나님의 독생자 외에 어떤 다른 자가 사악하고 비신앙적인 우리를 의롭게 할 수 있단 말인가? 오, 달콤한 교환이여![58]

---

58. *ANF* 1.28.

중요하게도 여기서는 그리스도가 가진 것과 우리가 가지지 못한 것 사이의 교환이 강조되고 있다. 모든 예상을 넘어서는 혜택이 우리에게 주어진다. 그리스도의 불멸과 부패하지 않는 것이 우리의 필멸과 부패한 것과 교환된다. 그리스도의 죽음과 우리 죽음, 그리스도의 생명과 우리 죽음 사이에 2회적인 교환이 아니라, 그리스도의 생명과 우리 죽음 사이에 1회적 교환이 이루어지는 것이다. 아우구스티누스도 신약의 교훈에 관한 설교에서 교환에 대한 흥미로운 생각을 이렇게 전개한다.

한마디로 그는 죽었다. 왜냐하면 그의 죽음으로 그가 죽음을 죽이는 것이 타당했기 때문이다. 하나님이 죽었고 그래서 천상의 계약에 의해서 인간이 죽지 않도록 하나의 교환이 일어났다. 왜냐하면 그리스도는 하나님이지만, 그는 자신이 하나님이라는 본성에서 죽은 것이 아니다. 동일한 한 사람인 그리스도는 하나님이요 인간이다. 하나님과 인간은 한 분 그리스도다.…그가 하나님이시고 또한 인간이신 한, 그의 것으로 우리가 살아가는 것을 그가 기꺼이 원하며 그는 우리 것 안에서 죽었다. 그는 어떤 것도 자신의 것으로 소유하지 않았고 그럼으로써 그는 죽을 수 있었다. 우리는 우리를 살릴 수 있는 어떤 것도 가지지 못했다.…그래서 그는 그의 것 속에 죽음을 가지고 있지 않았고, 우리는 우리 것 속에 생명을 가지지 못했다. 그러나 우리는 그의 것으로부터 생명을 가졌고 그는 우리의 것으로부터 죽음을 가졌다. 이 얼마나 놀라운 교환인가! 그가 준 것을 바로 우리가 받지 않았는가! 교환하는 인간은 재화의 교환을 위해 상업적 상호 관계 속으로 들어간다. 고대의 상거래에는 오직 교환만 있지 않았던가. 그가 가진 것을 주는 자는 그가 가지지 않은 것을 받는다.…그러나 어느 누구도

죽음을 받기 위해서 생명을 주지는 않는다.[59]

그리스도의 생명과 우리의 죽음의 교환을 상업적 교환의 틀 속에서 이해한 아우구스티누스의 비유가 우리에게 제시하는 바는, 그리스도께서 우리의 죽음을 받기 위해 생명을 주셨다는 점이다. 그리스도께서 인간의 필멸성을 짊어지셨다는 것은 분명히 지적된다. 우리가 이 주장을 극단적으로 이해하면, 그리스도의 생명과 우리 죽음 사이에, 그리스도의 신성과 우리 인성 사이에 기계적인 교환이 일어난 것으로 귀결되고, 그렇게 되면 그리스도께서 우리와 나누셨다는 나눔(sharing)의 면을 잃게 된다.[60] 결국 아우구스티누스에게 중요한 것은 그리스도께서 가진 것과 우리가 가진 것 사이의 교환이다. 강조점은 그리스도의 신적 본성과 인간의 인간적 본성에 있다. 그리스도는 주는 자이고 우리는 받는 자다.[61]

그러나 루터의 교환 개념은 기계적·추상적이라기보다 실존적·관계적이다. 그리스도는 인간의 비참함을 짊어지고 자기 자신과 교환하려고 자신

---

59. XXX.5 (*NPNF1* 6.351).
60. 아말라리우스도 유사한 생각을 펼쳤다. "…오, 놀라운 교환이여! 우리가 교환을 말할 때 이것은 어떤 자는 받고, 다른 자는 준다는 것을 나타낸다. 그리스도는 그의 신성을 주었고 우리 인성을 받았다"(…*O admirabile commercium. Quando dicit, commercium, ostendi aliud dari, et aliud accipi. Dedit Christus suam deitatem, et accepit nostram humanitatem* [*MPL* 105.1223A, Cha 2001: 43으로부터 재인용]).
61. "놀라운 교환"이라는 구절은 하나님이 그리스도 안에서 우리를 위해 하신 일에 대한 일종의 감탄사처럼 사용되었다. "오 진정으로 놀라운 교환이여! 그 자신을 우리를 위한 평화로, 인간을 위해 하나님이, 피조물을 위해 창조주가, 죄인들을 위해서 의인이 교환되었다"(*O vere admirabile commercium! Tradidit se rex pro servo, Deus pro homine, creator pro creatura, innocens pro nocente*[*MPL* 184.651B, Cha 2001: 43으로부터 재인용]).

을 우리와 나눈다. 루터는 그리스도께서 "무엇을 주느냐"보다 "무엇이냐"를 힘주어 강조한다. 우리와 나누고 우리를 짊어짐으로써 그리스도는 우리와 교환되셨다. 그리스도는 우리의 비참함에 깊이 개입한다. 그리고 그 자신과 우리가 교환되는 방법으로 우리의 비참함을 짊어지신다. 루터에게는 그리스도가 인간을 짊어지셨다는 것이, 자신의 신성한 능력을 나눔으로써 시작하는 것이 아니라 약하고 비참하고 한계 지워진 인간과 나눔으로써 시작한다. 우리와 그리스도의 교환은 그리스도께서 우리와 나누시는 자비로운 관계다. 바로 여기서 루터의 대신 사상이 분명히 드러난다.

당연히 "그리스도의 십자가"는 그리스도가 자기 어깨에 짊어지고 그곳에 못 박힌 나무를 의미하지는 않는다. 일반적으로 십자가는 모든 신자의 고난이 그리스도의 고난이 되는 그 신자의 고난을 의미한다. 이 십자가를 만지는 모든 자는 하나님의 눈동자를 만진다(슥 2:8). 우리의 경험이 가르치듯이 머리는 몸의 다른 부분보다 더 민감하고 감각에 있어서 더 예민하다. 작은 발가락이나 몸의 다른 부분이 다치면 얼굴이 즉각적으로 그것을 느낀다. 코는 숨을 쉬며 눈은 빛을 발한다. 같은 방법으로 그리스도는 우리의 역경을 자신의 것으로 만드신다. 그래서 그의 몸인 우리가 고통 당하면, 그는 그 악한 것들이 자신의 것인 양 고난 당한다.[62]

그리스도께서 우리의 비참함을 얼마나 강렬하게 나누고 거기에 연루되었는가라는 루터의 관심은, 그가 스가랴 2:8의 "하나님의 눈동자"를 인

---

62. *LW* 27.134.

용한 것에서 찾아볼 수 있다. 그리스도는 우리이고 우리의 비참함이기 때문에 우리가 고난 당할 때 그리스도께서 고난 당하신다. 그리스도의 죽음과 우리 죽음의 교환을 위한 그리스도의 나눔(sharing)은, 이제 명백히 그리스도의 생명과 우리 죽음의 교환을 위한 짊어짐(bearing)으로 나아간다. 루터는 이렇게 쓴다.

> 그러나 그는 우리의 평화를 위해 채찍질당하셨다. 이 놀라운 교환을 주목하라. 한 사람이 죄를 지었고 다른 사람이 죗값을 치른다. 한 사람이 평화에 합당한 일을 하고 다른 사람이 그것을 가진다. 채찍질당해야 하는 자가 평화를 가지고 평화를 가지기에 합당한 자가 채찍질당한다.[63]

여기서 루터의 교환 개념이 대신 개념과 크게 다르지 않음이 드러난다. 인간과 그리스도의 교환은 그리스도가 가진 것과 우리가 가지지 못한 것 사이의 기계적인 교환이 아니라, 진정으로 대가를 치른 그리스도의 희생이다. 결국 교환이라는 것은 그리스도께서 우리의 약함, 비참함, 죄, 죽음을 나누고 짊어지기 위해 바로 그 약함, 비참함, 죄, 죽음이 되신 사건이다.

3.2.3. 이원론적 세상에서의 교환

인간이 짊어질 수 없는 것을 그리스도께서 짊어지셨다는 것이 우리가 받는 것의 또 다른 측면이다. 하나님의 용서와 그리스도의 짊어짐의 의도와 목적은 인간의 비참함을 씻으시고 영원한 파괴와 죽음과의 교환으로 불멸

---

63. *LW* 17.224-225.

의 생명을 주시는 것이다.[64] 루터에게, 죽음에서 생명으로의 극적인 전환은 천상과 지상 세계라는 이원론에 기초하고 있다. 루터는 다음과 같이 두 세계를 비교한다.

이것이 우리 신학이다. 그리고 이것으로 우리는 두 종류의 의, 곧 능동적·수동적 의라는 세계의 선명한 구분을 가르쳐 도덕과 신앙, 행위와 은총, 세속 사회와 종교가 혼동되지 않도록 한다. 두 세계 다 필요하다. 그러나 이 두 세계는 자체적인 영역 안에 제한되어야 한다. 그리스도의 의는 새 사람에게, 율법의 의는 혈육으로 난 옛 사람에게 적용되어야 한다.…우리는 두 세계, 즉 천상의 세계와 지상의 세계를 설정한다. 그리고 이 세계 속에 서로 구분되고 분리되는 두 종류의 의를 위치시킨다.…그렇다면 우리는 이런 의를 획득하기 위해서 어떤 것도 할 필요가 없단 말인가? 나는 답한다. 전혀 없다![65]

두 개의 큰 세계가 능동적 의와 수동적 의, 믿음과 행위, 율법과 그리스도 사이에 관계한다. 루터는 다른 많은 요소도 이 이원론적 세계에 포함시킨다. (1) 하나님, 그리스도, 은총, 영적 희생, 선물, 칭의자, 생명, 복음, 천상에서의 용서. (2) 죄, 마귀, 율법, 양심, 물질적 희생, 하나님의 진노, 죽음, 심판자, 이 땅에서의 심판. 하나님의 왕국과 마귀의 왕국 사이에는 어떤 중간 지대도 없다.[66] 『창세기 강해』에서 루터는 로마가톨릭이 행위에 의존하는 것과 순전한 말씀을 증거하는 것을 서로 비교하고 있다.

---

64. 『설교집』 2.1권 358-359.
65. *LW* 26.7-8.
66. *LW* 3.49.

우리는 집의 머리 되는 분과 동시에 우리의 적을 인정할 수 없다. 왜냐하면 그리스도와 사탄은 동일한 시간에 동일한 집을 다스릴 수 없기 때문이다.…그러나 화려한 것들을 추가적으로 갖는 것은 교회가 아니다. 비록 복음을 구실로 세례를 행하고 있다고 할지라도 그들은 헛되이 갖는 것이다. 왜냐하면 그리스도와 벨리알(타락한 천사)은 일치를 이룰 수 없기 때문이다. 침대는 좁다. 결과적으로 그리스도와 벨리알 가운데 한 명은 침대로부터 떨어져야 하고 짧은 담요로는 둘 다를 덮을 수 없다.…적대자들이 함께 공존할 수 없기 때문에 그들은 서로를 제거한다.[67]

이 두 세계의 관계는 투쟁으로 묘사된다. 한 편이 다른 편을 제거한다. 영원한 전쟁이 마귀와 하나님 사이에서 일어났다.[68] 하나님의 왕국은 그리스도에게서 드러났다. 우리는 세계의 정의를 그리스도, 그분의 왕국, 은총, 죄 용서, 위로, 구원, 영생으로 가지지만 세상의 왕국은 죄, 죽음, 마귀, 신성모독, 절망, 영원한 죽음을 가진다.[69] 하나님의 심판과 세상의 심판은 각각의 왕자로 한 쌍을 이루어 서로를 반대하고 충돌한다.[70]

인간의 문제의 깊은 뿌리는 이 두 세상이 서로 분리되었다는 데 있다. 우리는 우리 자신의 행위로 이 두 세상을 가로지를 수가 없다. 우리가 두 세상 사이에 교환을 만들 수 없으므로 그리스도께서 자신을 우리와 교환하신다. 우리가 가진 모든 것은 믿음, 곧 그리스도가 이 두 세상을 교환시키기

---

67. *LW* 5.246.
68. *LW* 5.251.
69. *LW* 26.42.
70. *LW* 24.350.

7인의 십자가 사상

위한 세상 그 자체라는 믿음, 그리고 이 두 세상을 교환시키기 위해 우리가
이 둘 사이를 가로지를 수 없다는 믿음이다. 루터는 이렇게 설명한다.

그리스도가 그의 몸을 죽음에 내어주고 그의 피를 우리를 위해 흘리셨다는 메
시지가 어디서 선포되든 간에, 이 메시지가 마음에 들어와 믿어지고 유지된 곳
어디에서든지, 우리는 그리스도의 몸을 먹고 그의 피를 마신다.…또한 그는 그
리스도를 먹고 마신다. 이 말씀은 어떤 보충도 필요 없다. 행위를 위한 어떤 자리
도 없다. 십자가에서 흘려진 그의 피는 나의 행위가 아니다.…만약 누군가가 이
두 문장을 조화시킬 수만 있다면 나는 그것을 기꺼이 보려 한다. 나 자신은 그렇
게 할 수가 없다. 한편으로 십자가에 달리신 그리스도의 몸과 흘려진 피가 죄와
죽음으로부터 구원한다. 다른 한편으로 나는 내 구원을 위해 추가적으로 무엇인
가를 해야 한다.…어떻게 이 두 개의 문장이 서로 조화될 수 있겠는가?[71]

루터에 의하면 그리스도의 행위와 우리의 행위 사이에는 어떤 빈틈도
없다. 그들은 서로 충돌할 뿐이다. 심지어 루터는 이보다 더 나아간다. 만
약 우리가 그리스도로부터 분리된다면 우리 자신의 지혜, 행위, 의는 어리
석은 것이 되고 죄를 두 번 짓는 것이 된다. 왜냐하면 우리 자신의 행위가
최선에 이를 때도 심지어 그것은 최악이기 때문이다.[72] 세상은 모든 지혜와
의와 능력을 가지고도 마귀의 왕국이며, 오직 하나님만이 그분의 아들을
통해서 세상으로부터 우리를 구원할 수 있다.[73]

---

71. *LW* 23.135.
72. *LW* 26.40.
73. *LW* 26.41.

그리스도는 이 세상에 오셨다. 하나님은 그리스도 안에서 이 세상 그 자체가 되셨다. 두 세계의 충돌의 실재는 궁극적으로 이원론적일 수가 없다. 왜냐하면 축복이 저주 아래에, 의가 죄의 자의식 아래에, 생명이 죽음 아래에, 위로가 역경 아래에, 그리스도 안에서 하나님이 마귀 아래에 숨어 계시기 때문이다.[74] 그리스도 안에서 하나님을 제외하고는 어느 누구도 이 두 세계를 넘나들 수 없다. 그리스도는 두 세계 간의 전쟁에서 승리를 거두기 위해 우리와 그 자신을 교환하셨다.

3.2.4. 연합으로서의 교환

그리스도께서 자신을 우리와 교환하신 것은, 저주가 아니라 우리를 자기 자신과 연합시키신 것이다. 그리스도께서는 자신을 우리와 교환하심으로써 우리를 자기와 연합시키신다. 대신론이 여전히 문제가 많은 것으로 여겨지는 이유는, 인간이 너무 수동적인 역할을 하므로 인간과 하나님의 살아 있는 관계가 약화된다는 점이었다. 루터가 말하는 그리스도의 "대신적인 교환"(Substitutionary Exchange)은 하나님의 권능과 인간의 비참함 간의 비인격적 교환이 아니다. 오히려 그리스도 안에서 하나님은, 그리스도의 교환 속에서 인격적으로 자신을 우리와 세계로 던지신다. 그리스도는 자기 자신을 우리와 연합시키신 하나님의 아들이시기 때문이다. 성부 하나님과 그 아들의 연합은 그리스도와 그의 백성들 간의 연합을 지탱한다. 하나님 아버지의 의지는 진실로 이 모든 연합을 주도한다. 『창세기 강해』에서 루터는 야곱의 사다리와의 연관성을 다음과 같이 밝힌다.

---

74. *LW* 4.7.

첫 번째 연합은 아버지와 아들의 신성의 연합이다. 둘째는 그리스도의 신성과 인성의 연합이다. 셋째는 교회와 그리스도의 연합이다.[75]

비록 앞에서 우선적으로 강조된 것은 세 종류의 결속으로서 그리스도의 신성과 인성의 연합이긴 하지만, 여전히 우리는 하나님과 인간의 연합을 위한 그리스도 안에서의 하나님의 일에 대해 큰 그림의 단초를 발견할 수 있다. 심지어 루터는 그리스도 안에서 하나님 외에는 다른 하나님이 없다고 주장할 정도로 성부와 성자의 결속을 강하게 강조한다.[76] 그러나 루터가 성부 하나님과 그리스도의 연합을 강조하고 있는 것인지, 아니면 그

---

75. *LW* 5.223.
76. "예수 그리스도는 만군의 여호와이시며 다른 하나님은 없다"(*LW* 5.50). "만약 당신이 그런 그리스도를 받아들인다면, 따라서 그리스도를 떠올릴 수 있다면 당신은 분명히 진짜 하나님, 참된 하나님을 받아들이고 떠올리는 것이다. 왜냐하면 다른 하나님은 없기 때문이다"(*LW* 23.124). "칭의 교리를 고려할 때마다 당신은 바로 이 사람 예수 그리스도 외에는 다른 하나님이 없다는 것을 알아야만 한다"(*LW* 26.29). "이것이 하나님과 그 진정한 지식이요 참된 신적 확신이다. 그리고 이 지식과 확신은 우리를 속이는 것이 아니라 하나님 그 자신을 구체적인 형태로 묘사하는데, 그 구체적인 형태 이외의 하나님은 없다"(*LW* 26.396). "이것은 명확하다. 그리스도를 모르는 자는 고난 속에 감추어진 하나님을 알지 못한다"(*LW* 31.53). "우리는 그리스도 외에 다른 하나님에 대해서 생각하지 말아야 한다. 그리스도의 입을 통해서 말하지 않는 하나님은 하나님이 아니다"(*CCEL* 루터의 『탁상 담화』 191). 물론 사용된 문맥에 따라 위의 문장들의 "하나님"이 의미하는 바가 다 다를 것이다. 몰트만은 루터에게 있어서 하나님을 정의 내리기가 어렵다고 진술한다. "십자가 사건을 하나님의 사건으로 이해하면 할수록 하나님에 대한 단순한 개념은 점점 더 어려워진다"(Moltmann 1974: 204). 몰트만은 하나님에 대한 루터의 이해를 3가지 범주로 해석한다. (1) 하나님의 본성, (2) 하나님의 아들의 인격, (3) 성부와 성령의 인격(Moltmann 1974: 235). 알트하우스(Althaus)는 하나님의 고난을 성부의 고난으로 해석하지 않도록 경고한다(Althaus 1996: 197). 루터가 하나님을 그리스도와 연결시킬 때 그 하나님이 어떤 의미였는지는 모호하다. 그러나 확실한 것은, 하나님과 삼위 사이의 구별되는 인격의 연합에 대해 루터가 전통적 이해보다 훨씬 더 강한 방점을 둔다는 점이다(Lohse 1999: 210).

리스도의 신성을 강조한 것인지 때때로 분명하지 않을 때가 있다. 그럼에도 루터가 말하는 하나님은 그리스도가 우리와 연합하신 것에 깊이 개입하신다. 루터는 "그는 예수 그리스도로 불린다. 만군의 주 그 외에는 다른 어떤 하나님도 없다(Er heist Jesu Christ, der HERR Zebaoth, und ist kein ander Gott)"를 찬송가로부터 인용하면서 이렇게 결론짓는다. "어떤 저주나 진노도 믿는 자에게 떨어지지 않으며, 믿는 자는 성부 하나님의 선한 뜻을 즐기면 된다."[77] 그리스도 외에는 어떤 하나님도 존재하지 않기 때문에, 우리는 우리의 한계를 그리스도의 어깨에 지우신 자비하신 하나님의 의지를 기뻐한다. 그리스도는 하나님의 뜻에 따라서 우리를 자신과 교환하셨다.

> 왜냐하면 만약 그리스도 안에 있는 믿는 자의 마음이 그리스도를 고소한다면, 그는 즉시 마귀로부터 돌아서서…이렇게 말할 것이다. "그리스도는 나를 위해 모든 것을 충분히 다 하셨다. 그는 의롭다. 그는 나의 변호자다. 그는 나를 위해 죽었다. 그는 그의 의를 나의 의로, 나의 죄를 그의 죄로 만들었다.…나의 죄는 그리스도를 삼킬 수 없다. 나의 죄는 측량할 수 없는 그의 의미 속에 깊이 삼켜졌다. 왜냐하면 그는 영원히 축복하시는 하나님 자신이기 때문이다." 따라서 우리는 "하나님은 우리 마음보다 더 크시다"(요일 3:20)라고 말할 수 있다. 변호자는 고소자보다 측량할 수 없을 정도로 위대하시다. 나의 변호자는 하나님이시다.[78]

그리스도의 의와 우리 죄의 교환은 하나님이신 우리 변호자에 의해 이

---

77. *LW* 5,50.
78. *LW* 25,188.

루어졌다. 하나님은 이 세상에 그리스도를 보내시어 그를 통해서 죄와 죽음과 마귀를 굴복시켰고, 하나님의 영 안에서 그분은 우리를 비추어 믿음을 갖도록 하셨으며, 그리스도가 들려졌을 때 그는 아버지의 뜻을 따르면서 우리를 자신과 교환하셨다.[79]

그리스도이신 이 하나님이 바로 교환으로 인해서 우리와 연합하셨다. 루터에게 그리스도의 교환은 인간 실재의 총체성을 의미한다. 곧 이것은 법률적·상업적 틀에서는 명확하게 드러나지 않을 수도 있다. 그렇지만 그리스도와 우리의 교환을 신부와 신랑의 관계로 비유한 것은, 루터의 교환 개념이 얼마나 강렬하고 인격적이며 총체적인가를 잘 나타낸다. 『그리스도인의 자유』에서 루터는 믿음의 능력과 혜택에 대해 설명한 후 다음과 같이 말한다.

믿음의 이해할 수 없는 혜택은 신부가 신랑에 연합되는 것처럼, 믿음이 영혼(인간)을 그리스도와 연합되게 한다는 것이다. 사도가 가르친 대로 이 신비에 의해서 그리스도와 영혼은 하나의 육체가 된다(엡 5:31-32). 그리고 만약 그들이 하나의 육체라면, 그들 사이에 참 결혼이 존재한다면, 선한 것이나 악한 것 모두를 그들이 함께 공유한다는 것을 의미한다.…우리가 이것을 비교해보면 측정 불가능한 혜택을 깨달을 수 있다. 그리스도는 은총, 생명, 구원으로 가득 차 있다. 영혼(인간)은 죄, 죽음, 저주로 가득 차 있다. 믿음이 그들 사이에 있게 되면 죄, 죽음, 저주가 그리스도의 것이 되고 은총, 생명, 구원이 영혼(인간)의 것이 된다. 왜냐하면 그리스도는 신랑이고, 신부의 것을 자신에게 지우고, 그의 것을 신부에게 주기 때문이다. 만약 그가 신부에게 몸과 그 자신을 줄 수 있다

---

79. *LW* 23.377, 요 8:26-30.

면 어떻게 그 모든 것을 주지 않을 수 있겠는가! 여기서 우리는 친교(교환)뿐만 아니라 축복받은 투쟁, 승리, 구원의 가장 즐거운 비전을 가질 수 있다.[80]

그리스도의 모든 것은 추상적이고 비인격적인 방법으로가 아니라 결혼이라는 강력한 결속을 통해 우리에게 주어졌다. 그리스도의 은총, 생명, 구원이 우리의 죄, 죽음, 저주와 교환됨으로써 그리스도와 우리는 하나의 육체가 되었다. 그리스도께서 우리에게 속한 모든 것을 짊어지셨을 때, 그리스도에 속한 모든 것은, 심지어 그 자신조차도 우리 것이 되었다. 이런 의미에서 루터의 교환은 하나님과 우리의 연합과 다르지 않다. 그리스도는 인간과 나누고 인간을 짊어지심으로써 자신의 희생 안에서, **하나님과** 그것을 믿는 믿음으로, 자신을 **우리와** 교환하셨다.

하나님과 우리의 연합이라는 개념으로 본 십자가에 대한 루터의 이해는 죄 용서라는 한정된 율법적인 접근을 넘어선다. 그리스도는 우리와 결혼하심으로써 우리의 모든 실재와 그 자신을 교환하셨으므로 하나님의 용서는 인간의 모든 실재에 영향을 끼친다. 인간의 비참함에 대한 루터의 깊은 이해는 하나님과 인간의 총체적인 연합이라는 이해를 불러왔다. 단 하나의 틀로서는 십자가에서 인간의 총체적인 실재에 어떤 일이 일어났는지를 설명할 수 없다. 우리를 용서하시고 모든 비참함으로부터 우리를 구원하시기 위해, 자비로운 하나님은 그리스도를 이 세상으로 보내셔서 우리 비참함을 나누고 짊어지게 하셨으며, 그 자신을 우리와 교환되게 하시어

---

80. *LW* 31.351, Lohse 1999: 226으로부터 재인용. 여기서 로제는 자신의 번역을 채택하고 있는데, 인용된 마지막 문장에 "친교"(communion) 대신에 "행복한 교환"(happy exchange)이라는 표현을 사용하고 있다.

우리가 하나님과 연합되게 하셨다.

그리스도께서 인간을 짊어지신 것은 인간의 비참함을 물리치고 동시에 새로운 삶을 주시는 것을 지향하고 있다. 루터에게 그리스도는 우리 인성을 나누신 우리 자신이며, 그 자신을 우리와 연합시킴으로써 인간의 비참함을 짊어지셨다. 그러나 죽음이 십자가에 대한 루터의 견해의 끝은 아니다. 그리스도는 자기 생명을 포기하심으로써 그의 생명을 우리에게 주셨다. 그리스도의 교환의 최종적인 모습은 죽음을 이기신 그리스도의 승리와 연결된다. 그리스도의 죽음은 죽음에 대한 죽음이기에 생명으로 귀결된다.

3.3. 역설적 승리

루터에 따르면 그리스도께서 교환을 통해 우리에게 주신 것은 마귀와 인간의 비참함에 대한 대신적 승리로 귀결된다. 교환은 그리스도께서 자신을 우리와 나눔으로 시작해서, 그리스도의 짊어짐으로 전개되었고, 우리를 자신에게로 연합하는 것을 포함했다. 그리스도께서 죄와 마귀에게 이기신 승리는 이런 점에서 대신적이다.

> 그리스도는 승리가 이루어졌고 모든 위험과 근심이 사라졌다고 말씀하신다.…
> 우리는 다른 사람들을 말과 모범으로 격려해서 그리스도께서 우리를 위해 이루시고, 우리에게 주신 승리에 대해 생각하도록 만들어야 한다. 이 승리자는 모든 것을 이루셨다. 그가 행하신 것에 우리가 덧붙일 것은 아무것도 없다.[81]

---

81. *LW* 24.421-422.

그리스도께서 이루신 승리는 우리를 위한 것이고 또 우리에게 주신 것이다. 거기에 우리가 첨가할 것은 아무것도 없다. 그리스도의 승리는 우리의 승리다. 그러나 루터의 글에서 그리스도의 대신으로부터 승리로의 전환을 이해하는 것은 쉽지 않다. 한편으로는 그리스도가 인간과 나누고 짊어지시는 그 자체가 승리이지만, 다른 한편으로는 그리스도의 승리는 그리스도의 신성과 그의 부활과 긴밀히 연결된 것으로 보이기 때문이다. 따라서 여기서는 루터의 승리 개념을 다음과 같이 다루겠다. (1) 대신적인 승리, (2) 그리스도의 신성과 부활과의 연관성 속에서의 승리, (3) 역설적인 승리.

3.3.1. 대신적 승리

루터의 많은 글에서 그리스도가 인간을 짊어지신 것은 인간의 비참함을 이기신 승리로 묘사된다. 그리스도 홀로 죄, 죽음, 마귀에 대해 승리하셨다.[82] 루터는 이렇게 쓴다.

> 당신이 만약 죄, 죽음, 저주의 폐지를 믿는다면 그것은 그리스도가 스스로 그것을 정복하시고 이기셨기에 폐지된 것이다.…사실 더 이상 죄, 죽음, 마귀는 존재하지 않는다. 그리스도는 이 모든 것을 정복하고 폐지하셨다.[83]

위의 인용문으로만 본다면, 그리스도의 대신과 그리스도의 승리 사이

---

82. *LW* 26,224.
83. *LW* 26,284-285.

에는 어떤 차이도 없다. 하나님의 뜻은 우리 죄를 저주하는 것이 아니라 우리에게 영원한 생명을 주시는 것이다.[84] 루터의 1533년 성금요일 설교와 1532년 부활절 전에 행한 설교를 비교한다면 흥미로운 점을 발견할 수 있다. 성금요일 설교에서 루터는 이렇게 말한다.

뱀의 머리가 뭉개졌을 때 모든 것이 끝이 났다. 단번에 모든 귀찮은 것이 정리되었다! 그리스도가 뱀의 머리를 산산조각 냈으므로 마귀와 그의 능력과 힘은 마침내 소멸되었다. 마귀는 우리를 향해 여전히 마귀로 남아 있다. 그러나 마귀의 머리는 부서졌고, 그리스도는 마귀의 힘을 제거하셨으며, 마귀의 죽음, 죄, 지옥의 영역을 파괴하셨다.[85]

또 부활절 전야 설교에서는 이렇게 말했다.

광야에서 독사에게 물린 데서 회복되려고 놋뱀을 올려다보았던 유대인들처럼, 십자가에 달리신 그리스도를 올려다보는 자, 곧 그를 믿는 자는 누구든지 마귀가 문 것과 독으로부터 회복되고 영원한 생명을 가질 것이다. 이것을 듣는 자는 누구든지, 지옥으로 내려가서 마귀를 결박하신 그리스도께서 마귀와 지옥을 정복하신 주님이라는 점을 분명히 이해해야 한다.[86]

위의 두 인용문을 비교하면, 루터는 그리스도께서 십자가에서 하신 것

---

84. 『설교집』 2.1권 353.
85. 『설교집』 5권 470.
86. 『설교집』 5권 479-480.

과 지옥으로 내려가셔서 하신 일을 구분하지 않는다. 영생은 십자가 위에서 이미 주어졌다. 그리스도의 고통이 나의 위로요, 그의 상처가 나의 치료이고, 그의 심판받음이 나의 구원이며, 그의 죽음이 나의 생명이기 때문에 죄와 죽음으로부터의 구원은 이미 십자가에서 이루어진 것으로 본다.[87] 그리스도의 죽음은 죄에 대한 죄, 죽음에 대한 죽음이기 때문이다. 죽음은 우리를 향해 어떤 것도 주장할 수 없다. 우리는 죽음에 대한 죽음, 죄에 대한 죄, 곧 생명을 가지고 있기 때문이다. "따라서 죽음은 죽음을 죽였다. 그러나 이 죽음을 죽인 죽음은 생명 그 자체다."[88] 율법으로 사는 것은 죽는 것이요 율법에 대해 죽는 것은 하나님께 산 것이다.[89] 그리스도의 육체 안에 있는 또 다른 죄가 세상의 죄를 없애고, 그리스도의 죽음 그 자체가 죽음과 이 세상의 죄에 대한 승리다.[90]

3.3.2. 신성과 부활의 승리

다른 한편으로, 루터의 승리 개념에서 그리스도의 신성과 부활이 결정적인 역할을 하기 때문에, 루터의 승리 개념을 십자가론의 범주에서 다루는 것은 그리 간단한 문제가 아니다. 이 경우에 루터가 말하는 승리의 동기는 십자가론의 범주를 벗어난다. 물론 루터도 오랜 전통을 가진 낚시 비유를 차용해서 승리의 동기와 연결시킨다. 그리스도의 인성이 미끼가 되어서 마귀를 낚아 올리면 그리스도의 신성이 마귀를 잡아버린다. 이 대목에서

---

87. 『설교집』 5권 474.
88. *LW* 26.156.
89. *LW* 26.159.
90. *LW* 26.159.

루터가 비록 "왜 십자가가 필연적인가?"보다 "십자가는 무엇인가?"에 초점을 맞추었다고 할지라도, "어떻게 십자가가 작용하는가?"라는 "how"의 문제에 있어서 교부들의 논리를 빌려온 것을 우리는 알 수 있다. 그리스도의 인성과 신성의 중요성을 전개한 『요한복음 설교』에서 루터는 그리스도의 신성의 일에 대해 이렇게 설교한다.

요약하면, 첫째 우리는 세상의 하나님(고후 4:4)이요 왕(요 16:11)인 마귀, 곧 죄와 죽음으로부터 우리를 구원하신 구세주를 반드시 가져야 한다. 이것은 그리스도가 진실로 영원한 하나님이시요, 그 안에서 모든 믿는 자가 그로 말미암아 의롭게 되고 구원받는다는 것을 보여준다.…만약 하나님의 아들로서 그가 우리를 구원하고 죄로부터 깨끗케 하기 위해 피를 흘린다면, 만약 우리가 이것을 믿고서, 마귀가 우리를 죄로 위협하고 역경에 빠뜨리기 원할 때마다 마귀의 코 아래에 그 피를 문지른다면 곧 우리는 마귀를 무찌르게 될 것이다. 마귀는 물러나서 우리를 괴롭히는 것을 멈춰야만 할 것이다. 그리스도의 신성이 낚시 바늘 미끼 아래에 감추어져 있었다. 그리스도께서 죽고 장사되자 마귀가 턱을 열고 그것을 덥석 물어 삼켰다. 그러나 그 바늘이 마귀의 배를 찢어서 마귀는 그것을 더는 가지고 있을 수 없었고 토해내야 했다.[91]

계속해서 루터는 두 번째 지점인 그리스도의 인성에 관한 요약을 언급하는데, 이를 더는 십자가와 연결시키지 않는다. 다시 말하자면, 십자가를 통한 그리스도의 승리는 그 신성의 능력에 국한된다는 의미이기도 하다.

---

91. *LW* 22.24.

루터는 『창세기 강해』에서 이 점을 더 명백하게 한다.

따라서 어부가 미끼로 물고기를 속이고 성부께서 이것을 그리스도에게 적용하는 것은 비이성적이지 않다. 그리스도는 이 세상에 육을 입고 오셔서 물속에 낚시 바늘처럼 던져졌다. 마귀는 그리스도를 덥석 물었다가 하나님에 의해 갑자기 물 밖으로 끌어올려져 마른 땅 위에 내동댕이쳐졌다. 이것은 그리스도께서 영원하고 정복될 수 없는 능력으로 덮인 자신의 약한 인성을 보여주셨다는 것을 의미한다. 그런 다음에 마귀는 그의 신성의 낚시 바늘로 꼼짝 못하게 되었고, 죽음과 지옥 같은 그의 힘뿐만 아니라 모든 능력이 골로새서 2:15에서처럼 정복되었다. "그는 권력자와 권능을 무장해제해서 그 안에서 그들을 정복하시어 공공연히 드러나는 표본으로 삼으셨다." 그러나 사탄은 자신이 속았다고 불평할 수도 있다. 왜냐하면 그는 한 인간을 죽였다고 생각했지만 실은 그 자신이 그리스도에 의해서(마귀가 한 인간이라고 생각했던 그리스도에 의해서) 덫에 걸려서 속임수로 죽임을 당했기 때문이다. 그러나 놀라운 하나님의 계획으로 (마귀가 인간을 속였을 때 행했던) 동일한 일이 마귀에게 일어났다. "교활한 것은 교활한 것을 속일 수 있다."[92]

루터가 지적했듯이,[93] 위와 같은 십자가 이해는 닛사의 그레고리우스

---

92. *LW* 5.150-151.
93. 루터는 『히브리서 강해』에서 이런 종류의 승리 개념이 그레고리우스 1세에게서 발견된다고 지적하고 있다(*LCC* 16.59-60).

(Gregory of Nyssa),[94] 교황 그레고리우스 1세(Gregory the Great),[95] 다마스쿠스의 요한(John of Damascus)[96] 같은 교부들에게서 발견된다. 한편 그레고리우스 1세와 루터는 둘 다 이 비유의 성경적인 근거를 욥기에서 찾고 있다.[97] 승리의 동기에 여러 다른 형태가 있기는 하지만, 공통적인 것은 그리스도의 인성이 물고기 곧 마귀를 유혹하고 속이는 미끼의 역할을 한다는 것이고, 그리스도의 신성이 물고기를 잡는 낚시 바늘과 같다는 점이다. 따라서 이런 비유에서는 그리스도의 인성과 신성이 너무 날카롭게 비교되므로 그것이 과연 그리스도의 십자가의 진정한 가치를 올바로 나타내는가 하는 문제를 일으킨다. 만약 우리가 이런 방향으로 더 나아가게 되면, 그

---

94. "우리를 위한 대속물은 그것을 요구하는 마귀에 의해서 쉽게 받아들여졌고, 우리 본성의 장막 아래 신성이 감추어져 있었으며, 탐욕스러운 물고기와 상대하는 신성의 낚시 바늘은 육의 미끼 때문에 삼켜졌고 따라서 생명은 사망의 집에 소개되었다…"(*The Great Catechism* 24, *NPNF2* 5.494).

95. "인류를 구원하려고 오셨을 때 우리 주님은 마귀를 죽이려고 자신을 일종의 낚시 바늘로 만들었다. 왜냐하면 베헤못(욥 40:15-24에 등장하는 거대한 짐승, 한글 성경은 하마로 번역)이 마치 그리스도가 자신의 먹이라도 된다는 듯이 몸을 잡아먹기 위해서…따라서 마귀는 그리스도의 성육신의 '낚시'에 잡혔다. 왜냐하면 마귀가 그리스도의 몸을 먹이로 잡아먹었지만 그리스도의 신성이 날카로운 바늘로 마귀를 찔렀기 때문이다"(*Morals on the Book of Job* 33.7, *LF* 31.569).

96. "하나님은 주님의 피가 폭군에게 제공되는 일을 금하셨다. 죽음이 다가왔고 미끼가 신성의 뾰족한 낚시 바늘에 고정되자 마귀는 그리스도의 몸을 꿀꺽 삼켰고 죄 없는 자, '생명을 주는 몸'(life-giving body)을 맛본 자는 멸망해버렸으며, 마귀가 예전에 삼켰던 모든 것을 다 토해내게 되었다"(*Exposition of the Orthodox Faith* III.27, *NPNF2* 9.72, *NPNF2* 5.494 fn. 5).

97. "나는 욥기에 있는 유사한 이야기, 곧 구부러진 낚시 바늘과 지렁이 미끼 이야기를 즐긴다. 물고기가 와서 지렁이를 잡아먹고 그 턱으로 낚시 바늘을 채갈 때, 낚시꾼은 그것을 물로부터 끌어 올린다. 우리 주 하나님도 마귀를 그렇게 다루신다. 하나님은 세상에 그의 아들을 낚시로 보내셨고, 그 바늘 위에 아들의 인성을 지렁이 미끼로 놓으셨으며, 그런 후에 마귀가 와서 그리스도를 채가서 그 철로 만든 바늘을 물었을 때, 인성을 입고 있는 그리스도의 신성이 마귀를 땅으로 내동댕이쳤다. 이것이 거룩한 지혜(*sapientia divina*)다"(*CCEL* 『탁상 담화』 197).

리스도의 인성이 지나치게 수동적이어서 그리스도의 나눔과 젊어짐이 승리와 아무런 연관성을 가질 수 없게 된다. 다마스쿠스의 요한은 그리스도의 인성이 미끼이고 그의 신성이 낚시 바늘이라는 구분을 하고 나서 즉시 두 본성의 연합을 강조한다.[98] 닛사의 그레고리우스는 그리스도의 인성을 십자가의 사실로, 그리스도의 신성을 십자가의 방법으로 구분한다.[99] 그러나 루터는 이 문제에서만큼은 그리스도의 인성과 신성이 서로 다르게 행한 역할을 선명하게 구분한다.

그리스도의 인성이 아니라 신성 때문에, 신성이 가진 왕의 권세가 바로 그 사람 그리스도에게 주어졌다. 그의 인성의 도움 없이 신성 홀로 만물을 창조하셨다. 인성이 죄와 죽음을 정복한 것이 아니라 지렁이 아래 숨겨진 낚시 바늘과 같은 신성이, 지렁이를 먹으려고 했던 마귀를 정복하고 잡아먹었다. 인성은 그 자체로는 어떤 것도 이루지 못했을 것이다. 인성과 연합한 신성 홀로, 그리고 신성 때문에 인성이 함께 이 일을 이루었다.[100]

---

98. "따라서 비록 그리스도가 인간으로 죽었고, 그의 거룩한 영이 그의 흠 없는 몸으로부터 분리된다고 할지라도, 그의 신성 역시 그의 영혼과 몸에서 분리되지 않는 채로 남아 있었다. 그리고 하나의 인격은 두 개의 인격으로 나누어지지 않았다"(*Exposition of the Orthodox Faith* III.27, *NPNF2* 9.72).

99. "···표현된 말과 행해진 행동은 인간이지만 감추어진 것이 그의 신성을 드러낼 때, 존재하는 모든 것은 그리스도의 인성과 신성이 완전히 함께한다는 것을 나타낸다. 따라서 앞으로 다룰 남은 것만이 아니라 바로 지금 이 구절에서 우리는 오직 하나의 본성만 고려하고 다른 본성을 간과하는 것이 아니라, 죽음의 사실로서 인성적 특징을 고려해야 하고, 죽음의 방법으로서 신성을 발견하기를 열망해야 한다"(*The Great Catechism* 32, *NPNF2* 5.500).

100. *LW* 26.267.

위의 글에서처럼 만약 루터가 죄와 죽음을 이기신 승리가 오직 그리스도의 신성 때문이라고 주장한다면, 루터의 승리 개념은 그리스도의 대신적인 죽음의 범주를 넘어서버린다. 하나님이신 그리스도는 죽을 수 없기 때문이다.[101] 결과적으로 루터의 십자가론은 승리의 동기와 전혀 무관하거나, 구태여 승리의 동기를 십자가론에 연결 지으려면 그의 부활과 관련해서만 가능해질 것이다. 그러나 그리스도의 인성과 신성을 지나치게 구분한다는 비판을 루터 신학의 일반적인 경향으로 간주하는 것은 곤란하다. 그리스도의 두 본성의 연합에 대한 루터의 강조는 알렉산드리아학파의 기독론에 가깝다.[102] 루터는 한 인격 안에서 두 본성의 연합을 세우기 위해서 속성교류(*communicatio idiomatum*)와, 마리아를 하나님을 낳은 자(*theotokos*)로 보는 사상을 받아들인다.[103] 사실상 그리스도의 두 본성의 연합은 루터의 십자가 사상 전반에 펼쳐져 있다.[104] 그러나 승리의 동기에

---

101. "사막에서 놋뱀이 들려진 것처럼 사람의 아들이 들려졌다. 이것은 그리스도의 인성에만 적용되어야 한다. 왜냐하면 하나님은 고통을 당할 수도 없고 십자가에서 죽을 수도 없기 때문이다"(*LW* 22.361).

102. "그의 신학을 고찰해보면 루터는 신-인의 인격의 연합을 강조하기 때문에 전체적으로 알렉산드리아학파에 속한다"(Lohse 1999: 228).

103. "이것으로부터 우리는 '속성교류', 곧 두 본성의 속성이 한 인격에 속한다는 사실을 배운다…"(*LW* 22.361). "분리주의적인 정신을 가진 자는 이것과 충돌할 것이고 따라서 이렇게 말할 것이다. '오, 하나님은 십자가에서 죽을 수 없다!' 동시에 사람이자 하나님이신 이 한 인격(인간)이 십자가에서 돌아가셨다고 그 분리주의자에게 말하라. 하나님은 이것을 조화시킬 수 있기 때문에 우리도 이것을 조화시켜야만 하고, 마리아가 그의 인성에서 그리스도의 어머니일 뿐만 아니라 하나님의 아들의 어머니라는 것을 또한 천명해야 한다"(*LW* 22.362).

104. "확실히 그리스도는 그의 인성에 따라서 십자가에서 죽었다. 그리고 그의 신성으로 하늘과 땅을 창조하셨다. 그러나 이 한 인격(인간)이 하나님이자 사람이기 때문에 하나님의 아들이 하늘과 땅의 창조주요, 하나님의 아들이 십자가에서 죽었다고 우리가 말하는 것은 적절하다"(*LW* 22.362).

관한 한, 이 점은 여전히 문제점으로 남아 있다고 보는 것이 루터에 대한 올바른 이해일 것이다.

그리스도의 인성과 신성에 대한 다른 강조가 루터에게서 발견된다. 한편으로 루터는 십자가에서의 그리스도의 인성을 결코 평가절하하지 않았다. 『요한복음 설교』에서 루터는 이렇게 썼다.

> 그렇다면 그리스도는 우리와 아무 공통점이 없다. 결국 우리는 그에게서 아무 위로도 받을 수 없다.…그는 우리의 형제다. 우리는 그의 몸, 육, 그의 살과 뼈 중 살과 뼈다. 그의 인성에 따라서 그리스도, 곧 우리 구세주는 처녀 마리아의 몸으로부터 정말로 자연적으로 나신 열매다.[105]

그리스도의 인성 없이는 우리에게 어떤 위로도 없으며, 그럴 경우 그는 우리 구세주가 될 수 없었을 것이다. 부활절 전야 설교에서 그리스도께서 지옥으로 내려가셔서 마귀를 결박하셨다는 것을 설교했을 때, 루터는 그리스도의 두 본성의 연합을 강조했다. 전 인격, 곧 예수 그리스도, 진정한 하나님의 아들이자 참 사람, 마리아에게서 나신 자, 한 인격 속에 있는 동일한 하나님과 인간이 지옥으로 내려가셨다.[106] 사실 그리스도께서 자신을 인간과 나누고 인간을 짊어지셨다는 루터 사상의 전부는 그리스도의 인성 없이는 시작될 수 없다. 왜냐하면 율법과 죄 아래에 있는 사람이 되신 바로 그 이유로 인해 그리스도는 우리를 구원하시기 때문이다. 율법과의 투

---

105. *LW* 22.23.
106. 『설교집』 5권 480.

쟁 속에서 그리스도는 율법으로부터 가장 무시무시한 폭정을 당하셨고, 우리 모두의 죄를 짊어진 참 죄인으로서 십자가에 죽으셨다.[107] 다른 한편으로 그리스도의 승리의 동기에 대한 생각을 전개할 때, 루터는 우리가 이미 살핀 것처럼 그리스도의 인성보다 신성에 더 우위를 둔다. 『탁상 담화』에서 루터는 그리스도의 신성을 은총과 양심의 평화, 죄 용서, 생명, 죄, 죽음, 마귀에 대한 승리와 연결 짓는다. 루터는 그리스도의 인성을 우리를 위한 위로와 주로 연계한다.[108]

그리스도의 인성과 신성에 대해 루터가 보인 이런 강조점의 차이는 이제 다루게 될 두 번째 초점, 즉 그리스도의 부활과 승리의 연관성으로 우리를 인도한다. 우리의 죄, 죽음, 마귀를 이기신 그리스도의 승리는 그의 죽음 때문인가, 부활 때문인가? 미끼와 낚시 바늘로 빗댄 그리스도의 괴이한 이미지에 관해서 그레고리우스 1세를 인용한 후, 루터는 『히브리서 강의』에서 그리스도의 신성이 그의 죽음과 연합된다고 지적한다. "왜냐하면 그리스도는 그의 육이 불멸의 신성과 연합되어서 죽음으로 죽음을 극복한다."[109] 계속해서 루터는 이렇게 주장한다. "왜냐하면 그리스도를 믿고 의지하는 모든 사람이 십자가를 통해서 율법과 죄, 죽음과 지옥, 마귀, 세상과 육을 정복했기 때문에, 사도 바울은 놀라운 기쁨으로 그리스도의 부활을 모든 곳에서 설교한다." 여기서 드러난 그리스도의 십자가와 부활의 연

---

107. *LW* 26.372-3. 다시 강조하지만 비록 루터가 그리스도의 인성을 율법, 죄, 죽음을 겪는 것과 연계시키고, 그리스도의 신성을 그들을 정복하는 것과 연결시키지만, 여기서도 루터는 "신적·인간적 인격 속에" "그리스도는 진정한 하나님이요 인간이다"라고 언급한다.

108. *CCEL* 『탁상 담화』 182-240 (*Of Jesus Christ*).

109. *LCC* 16.60-61.

속성에도 불구하고, 루터가 승리의 동기를 그리스도의 부활과 얼마나 긴밀히 연결시키는가에 대해서 우리는 질문을 제기해야 한다. 『갈라디아서 강해』 앞부분에서 루터는 이렇게 말한다.

처음부터 바울은 히브리서에서 펼쳐 보이려는 모든 주제를 다 드러낸다. 바울은 우리의 칭의를 위해서 다시 살아나신 그리스도의 부활을 언급한다(롬 4:25). 그리스도의 승리는 율법, 죄, 우리의 육체, 세상, 마귀, 죽음, 지옥, 모든 악에 대한 승리다. 그리고 그리스도 자신의 것인 승리를 우리에게 주셨다.…죽은 자들로부터 아버지가 일으키신 그리스도는 그들에 대한 승리요, 그는 우리의 의로움이다.[110]

여기서 그리스도의 부활이 승리로 그려졌다는 것은 부인할 수 없는 사실이다. 다른 지면에서 루터는 그리스도의 고난과 승리를 구분 짓는다. 그리스도는 인간의 비참함을 짊어진 채 십자가에서 저주받고 버림받았고, 마귀, 죄, 죽음, 지옥을 발아래 밟고서 부활을 통해 승리를 쟁취하셨다.[111] 또 다른 곳에서 루터는 우리 죄를 위한 그리스도의 사역을 십자가에, 우리 생명과 의를 위한 그리스도의 사역을 부활에 연결 짓는다.[112] 죄는 그리스도 위에 머무를 수 없다. 그의 부활이 죄를 삼켜버렸기 때문이다.[113]

---

110. *LW* 26.21-22.
111. 『설교집』 2.1권 355.
112. *LW* 25.284, *LW* 42.13.
113. *LW* 42.12.

3.3.3. 역설적 승리

결국 우리의 죄, 죽음, 마귀를 이기신 그리스도의 승리 사상이 십자가 사상의 범주 안에 머물러 있는가 아닌가 하는 질문은 우리를 루터의 십자가 신학(*theologia crucis*)으로 이끈다. 그리스도께서 우리 인성을 나누고 짊어지셨다는 것과 우리에게 승리를 주셨다는 것이 십자가에서 이루어진 하나의 동일한 사건이라는 연속성은, 십자가의 역설적인 실재의 관점에서 파악되어야 한다. 그리스도의 약함, 고난, 죽음 그 자체가 세상을 이기신 그리스도의 승리의 진정한 모습이다. 그러나 인간의 문제를 극복하신 그리스도의 승리가 인간에게도 마귀에서도 드러나지 않았다. 왜냐하면 우리는 십자가를 우리가 예상하는 승리로 간주하지 않기 때문이다. "부활 전에 이것은 드러나고 확인되지 않은 상태로 그리스도의 육체 속에 감추어져 있었다."[114] 십자가에서 이루신 그리스도의 승리는 오직 믿음으로만 이해될 수 있는 역설적인 실재다. 루터는 이렇게 쓴다.

> 행운을 가져오는 이 교환을 통해 그리스도는 자신 위에 죄 많은 인간인 우리를 짊어지셨고, 그의 죄 없는 승리의 인간을 우리에게 주셨다. 그리스도를 옷 입어서 우리는 율법의 저주에서 해방되었다. 왜냐하면 그리스도 자신이 우리 대신 저주가 되었고 또 다음과 같이 말씀하셨기 때문이다. "나는 내 인성과 신성의 인격으로 축복받았으며 다른 어떤 것도 필요로 하지 않는다. 그러나 나는 나자신을 비운다(빌 2:7). 나는 너의 옷과 가면을 입을 것이다. 그리고 이렇게 함으로써 나는 일하고 너를 죽음에서 구원하려고 죽임을 당할 것이다." 그러므로

---

114. *LW* 25.148.

우리의 가면 안에서 그가 세상의 죄를 짊어지고 있을 때, 그는 잡히셨고 고난 당하셨고 십자가에서 죽임을 당하셨다. 우리 대신 그가 저주가 되셨다. 그러나 그는 신의 영원한 인격이므로 죽음이 그를 잡는 것은 불가능했다. 그러므로 그는 죽음에서 삼일 째에 일어나서 영원히 살고 계신다. 죄, 죽음, 우리의 가면은 그에게서 더 이상 발견될 수 없다. 오직 순전한 의, 생명, 영원한 축복만이 있을 뿐이다. 우리는 이 이미지를 보고서 확실한 믿음으로 그것을 붙잡아야 한다. 이렇게 하는 자는 그가 아무리 큰 죄인이라도 무죄하게 되고 그리스도의 승리를 가진다. 그러나 이것은 사랑하는 의지만으로는 이해될 수 없다. 오로지 믿음으로 조명된 이성만이 파악할 수 있다. 그러므로 우리는 오로지 믿음으로 의롭게 된다. 왜냐하면 믿음만이 그리스도의 승리를 붙잡을 수 있기 때문이다.[115]

십자가의 역설적인 실재는 그리스도의 인격 속에 있는 그의 인성과 신성의 연합에 있으며, 우리가 그것을 어떻게 파악하는가 하는 데에 있다. 그의 인격의 연합 속에서 그리스도는 세상으로부터 고난 당하셨고 그것을 이기셨다. 신성과 인성이라는 극도로 다른 두 본성이 바로 이 한 인격 안에서 함께한다는 것은 깊은 역설이다.[116] 그리고 이제 이 문제, 곧 그리스도가 세상을 짊어지고 이겼다는 것은 비록 그리스도의 승리가 전적으로 확실하고 어떤 결함이 십자가의 사실 자체에 있는 것이 아니라 우리의 믿음에 있다고 할지라도, 우리가 그리스도의 고난과 승리를 어떻게 바라보는가 하는 문제를 포함한다.[117] 고난과 죽음의 모든 종류를 경험하시는 그리스도

---

115. *LW* 26,284.
116. *LW* 26,280-281.
117. *LW* 26,285.

의 인성의 가면 안에 순전한 의, 생명의 의, 그리스도의 승리가 있다. 죽음의 가면 안에 생명이 있다. 그리스도의 승리의 실재는 "만약 당신이 죄, 죽음, 저주가 폐지되었다고 믿는다면 그것들은 폐지된 것이다"라고 할 정도까지, 어떻게 우리가 이 실재를 받아들이는가라는 믿음에 달려 있다.[118] 루터의 "하이델베르크 논쟁"(Heidelberg Disputation)에서 읽을 수 있듯이, 그리스도의 십자가에서 드러난 하나님의 실재는 인간 한계의 실재와 서로 섞여 있다.

결론 20

보여지고 드러난 하나님을, 고난과 십자가를 통해서 이해하는 자는 신학자라고 불릴 자격이 있다.

입증

하나님의 "뒷모습"과 그분의 보일 수 있는 것은 보이지 않는 것, 곧 그의 인성, 약함, 어리석음과 대치되어 놓여 있다. 고린도전서 1:25에서 사도는 그것들을 하나님의 약함과 어리석음이라 했다. 인간은 행위로 하나님에 대한 지식을 잘못 사용하므로, 그분은 고난 속에서 그 자신이 알려지기를 원하셨고 보이는 것들에 관한 지혜로 보이지 않는 것들에 관한 지혜를 저주하시기를 원하셨다. 그럼으로써 하나님의 작품 속에 드러난 그분께 영광을 돌리지 않았던 사람들은 고난 속에 감추어진 그분께 영광을 돌려야만 한다.···만약 어느 누구도 겸비함과 십자가의 수치 속에 드러난 하나님을 알아보지 못한다면, 그의 영광과 위엄

---

118. *LW* 26,284. 루터는 믿음 자체가 죄의 충족이라고까지 주장한다. "왜냐하면 자기의 피로 그리스도는 죄, 죽음, 지옥에 대한 충족을 이루셨기 때문이다. 그리고 그를 믿는 자는 누구든지 죄의 충족과 지불을 행하게 되는 것이다···"(*LW* 22,392).

속에 드러난 하나님을 알아보는 것은 충분하지도 않고 아무 소용도 없다.[119]

십자가에서 드러난 하나님의 실재는 그분이 알려지시기를 원하셨던 바로 그것이다. 일차적인 역설은 하나님이 스스로 십자가에서 자신을 드러내시기를 원하신 동시에, 그분은 인간과 다르므로 고난, 바로 그곳에 숨어 계신다는 데 있다.[120] 하나님은 이 역설 속에서 인간을 공격한다. "이 구절은 하나님께서 인간을 시험함으로써 인내 속에서 인정받게 하려고 왜 인간에게 역경을 주셨는지를 아름답게 묘사한다."[121] 우리를 시험하실 때 하나님은 심지어 우리와 운동 경기를 하신다.

> 마귀는 모순을 기대한다.…그러나 우리 그리스도인은 이런 문제를, 하나님을 존중하는 동시에 두려워하면서 생각하고 말할 수 있어야 한다. 그래서 우리는 사태가 서로 모순될 때, 하나님의 본성이 사태를 모순되게 만드신다고 인식해야 한다.…그리스도인은 죽음을 만날 때 하나님께 이렇게 말한다. "이것은 죽음이 아니라 생명입니다. 당신은 아버지가 아들과 함께 노는 것처럼 나와 놀고 계십니다. 당신은 한 가지를 말하지만 마음에는 다른 것을 생각하고 계십니다." 이것은 우리를 위한 유익한 거짓말이다. 만약 우리가 이것이 하나님으로부터 온 것임을 배울 수 있다면 이 얼마나 행운인가! 하나님은 우리를 떠보시며 이상한 일을 제안하신다. 그래서 하나님은 자신의 일을 하신다. 우리의 역경을 통해서 하나님은 자신의 놀이와 우리의 구원을 추구하신다. 하나님은 아브라

---

119. *LW* 31.52-53.
120. *LW* 22.155.
121. *LW* 25.291.

함에게 이렇게 말씀하신다. "네 아들을 죽여라!" 어떻게? 놀이와 분장과 웃음으로! 이것은 분명히 행복하고 즐거운 놀이다![122]

하나님의 공격, 우리와 행하시는 그분의 놀이는 속임이 아니다. 오히려 모순적인 것들을 행하시는 하나님의 본성 안에서 그분의 자녀들을 돌보시는 즐겁고 행복한 아버지의 관심이다. 죽음이 삶이다! 그리스도께서 죽음으로 죽음을 정복하셨던 역설은 그 자체가 우리를 사랑하시는 하나님의 본성에 뿌리를 두고 있다.

더 나아가 하나님의 이런 실재는 인간의 실재와도 연관된다.

그러므로 만약 우리가 최소한 성급함의 원인을 죄라고 한다면, 십자가와 맞서게 되는 삐뚤어짐도 죄이다. 왜냐하면 십자가는 우리가 가지고 있는 모든 것을 죽였지만, 우리 죄는 그 자신을 유지하고 우리를 사로잡기를 원하기 때문이다. 따라서 선하신 하나님은 우리를 의롭다고 하시며 영적인 선물을 주신 후, 우리가 무지 속에서 영원한 죽음을 죽지 않는다면 신속하게 우리에게 시련을 주시고 우리를 시험하셔서, 무신론적인 우리 본성이 이런 죄들 위로 덮치지 않도록 하신다.[123]

오직 십자가 위에서만 드러난 하나님의 실재의 역설은 이제 하나님과 인간의 관계가 가진 또 다른 역설이 된다. 하나님은 우리의 한계를 파괴하

---

122. *LW* 4.131.
123. *LW* 25.292.

기 위해 십자가에서 자신을 드러내신다. 그러나 우리 본성의 경향이 우리 자신의 의에 의존하므로, 하나님의 실재는 이 무신론적인 인간 본성을 공격한다. 하나님께서 그리스도의 약함, 고난, 죽음 그 자체에서 자신을 드러내신 것 자체가 인간을 공격하는데, 이것은 그분이 인간과 반대이시기 때문이다. 하나님은 우리를 구원하기 위해 자신을 주셨지만, 우리는 우리 자신을 의롭게 만드는 데 있어서 결코 자기 길을 포기하지 않는다. 십자가는 인간과 하나님의 이런 역설을 드러낸다. 하나님은 인간과 다르고, 이 차이가 인간을 공격한다. 여기에 이중적인 역설이 있다. 한편으로 하나님은 우리가 기대하는 것과 반대인 십자가에서 자신을 드러내시기를 원하신다. 다른 한편으로 우리는 우리 자신의 일을 통해 하나님을 보려 하고, 십자가 위의 하나님을 하나님으로 보려 하지 않는다. 루터는 "하이델베르크 논쟁"에서 이렇게 주장한다.

> 그리스도를 모르는 자는 고난 속에 숨겨진 하나님을 알지 못함이 분명하다. 그러므로 그는 고난보다는 행위를, 십자가보다는 영광을, 약함보다는 강함을, 어리숙한 것보다는 세상의 지혜를, 일반적으로 표현하자면 악하게 보이는 것보다는 선하게 보이는 것을 선호한다. 이들이 바로 사도가 언급한 "그리스도의 십자가의 원수"(빌 3:18)다. 그들은 십자가와 고난을 싫어하고 행위와 행위의 영광을 사랑한다. 따라서 그들은 십자가의 선한 것을 악하다고 하고 악한 것을 선하다고 부른다.[124]

---

124. *LW* 31.53.

하나님은 그리스도의 고난과 죽음을 믿는 사람들에게 십자가를 통해 자기를 드러내셨고, 동시에 자신의 영광과 행위 속에서 그분을 보기를 원하는 자들에게는 자신을 감추셨다. 그리스도께서 우리가 되신 것 곧 죄, 사망, 마귀가 되기 위해 인간을 나누고 짊어지신 것의 심오함은, 하나님의 "이상한 일"로 "적절한 일"을 완성하시려는 열망에서 비롯된다.[125] 그리스도 안에서 하나님은 죄로 죄를, 죽음으로 죽음을, 마귀로 마귀를 파괴하셨다. 인간은 너무 한계가 많다 보니 죽음을 죽음으로만 파악한다. 그러나 그리스도께서 고난과 죽음을 나누신 그 자체가 생명이다. 왜냐하면 그의 죽음은 세상의 죽음을 파괴하기 때문이다. 하나님이 그 자신을 우리와 관계시키는 길은 인간이 예상하는 길과 반대다. 결국 하나님의 길은 우리 한계를 공격하기 때문에 우리는 그리스도의 부활을 보고 나서야 하나님을 하나님으로 깨닫게 된다.

그리스도는 인간의 비참함을 짊어지고 그것을 물리치셨다. 그러나 그리스도의 십자가가 세상을 이기신 승리를 포함하고 있다는 루터의 주장이 어떤 의미인지는 정확히 알기 어렵다. 그 승리가 실제로 십자가에서 일어난 것인지 혹은 부활에서 일어난 것인지, 그것이 그리스도의 신성에 의해서 촉발되는지 혹은 인성이 관여하는지 하는 질문은 하나님을 하나님의 본성 자체로 이해하려는 시도 속에서는 제기되지 말아야 한다. 차라리 그런 질문은 우리가 누구이고 하나님과 인간의 관계가 어떻게 되는지와 결정적으로 연관된다. 하나님의 은총 속에서 그분에 대한 지식은 그리스도 한 분만이 드러내시는 기술이자 지혜다. 문제는 그리스도 안에서 드러난

---

125. *LCC* 16,60.

이런 지혜가 성령의 일을 통해서 믿음 안에서, 믿음과 함께 주어진 십자가에 대한 지식이라는 점이다. 이 지식 없이는 우리는 생명, 죄 용서, 마귀를 이긴 승리를 볼 수 없다. 이것은 마귀가 그리스도의 인성 속에 숨어 계시는 하나님을 볼 수 없는 것과 마찬가지다. 따라서 십자가의 실재는 하나님의 실재, 우리의 참 모습, 하나님과 인간 사이의 관계의 실재를 드러낸다. "어떻게, 언제, 그리스도의 어떤 본성이 승리를 일으키는가?"라는 질문은 순전히 우리 인간의 사색일 뿐이다. 그리스도의 십자가와 부활을 시간적인 순서 속에 위치시키고자 하는 우리의 경향, 곧 그리스도의 신성과 인성 가운데 각각의 역할을 분담시키려는 경향은, 하나님이 그리스도 안에서 십자가에서 공격하려고 하는 바로 그 인간성의 표현이다.

3.4. 결론

루터는 "십자가가 왜 필연적인가?"보다는 "십자가에서 무엇이 일어났는가?"에 일차적인 관심을 보인다. 자비로운 아버지로서 하나님은 총체적 비참함 속에 있는 인간을 용서하셨다. 십자가가 왜 필요한가를 알아보기 위해 루터는 하나님이 누구시고 인간이 누구인가에 대한 본질적인 실재를 지적하는 것보다 더 나아가지는 않는다. 그리스도와 인간의 교환 개념은 십자가에서 무엇이 일어났는가에 대한 루터의 생각을 이해하는 데 중요하다. 그 초점은 그리스도의 나눔으로부터 세상을 이긴 승리까지 이어진다. (1) 그리스도는 우리다. (2) 그리스도의 죽음은 우리의 죽음과 교환되었다. (3) 그리스도의 생명은 우리와 교환되었다. (4) 그리스도는 세상을 이기셨다. 이 이중적인 교환을 눈여겨볼 필요가 있다. 그리스도는 우리의 죄와 죽음과 마귀로서(그리스도가 마귀가 됨으로써라기보다) 우리를 위해 죽었다. 자신을 인간과 나눔으로써 인간을 짊어지신 것이다. 신비스러운 역설은 그리스도의 나눔과 짊어짐 속에 있다. 그리스도가 죽음일 때, 그는 생명이다. 이 역설 속에는 많은 다른 요소가 포함되어 있다. 분명히 이런 역설은 루터의 십자가론이 일관성을 상실한 듯이 보이게 한다. 루터가 십자가의 신비를 상술한 것처럼 우리는 그저 십자가의 심오함 앞에 서 있을 뿐이다. 그럼에도 우리는 다음과 같은 다섯 가지 점을 강조할 수 있다.

첫째, 삶과 죽음의 교환은 기계적인 교환으로 이해되어서는 안 된다. 교환은 그리스도께서 우리이심에서 시작해서, 우리를 그 자신에게로 연합시키는 것으로 진행된다. 심지어 그리스도가 죽음이고 우리를 그의 죽음과 삶에 연합시키기까지 교환하는 자, 곧 그리스도는 교환되는 자에 깊이 연루되어 있다. 둘째, 그리스도를 미끼와 낚시에 비유하는, 기이한 가공의 이미지는 십자가의 심오함을 훼손시킨다. 그 이미지는 너무 기계적이고 피상적이며 이원론적이어서 그리스도와 마귀 사이에, 기능적인 현상을 넘어서는 십자가의 신비스러운 심오함을 표현하지 못한다. 루터가 이 이미지를 사용했을 때, 그리스도의 인성, 죽음, 십자가라는 한 측면과, 그리스도의 신성, 생명, 부활이라는 다른 측면 간의 구분이 너무 지나치다 보니 십자가가 더 이상 역설로 남아 있을 수 없게 된다. 셋째, 루터의 십자가론에서 인간의 포함 여부가 문제가 된다. 성경은 그리스도께서 십자가에서 돌아가셨을 때, 우리도 그리스도 안에서 함께 죽었다고 선포한다(롬 6:5-11; 고후 5:14; 갈 2:19-20). 십자가로 세워진 새로운 공동체는 "함께 죽는 죽음의 공동체"다. 인간은 그리스도의 나눔과 짊어짐에서 배제되지 않는다. 그리스도의 대신은, 일반적인 대신 개념과는 상당히 다른 "내포적 대신"(inclusive substitution)이다. 그러나 "그리스도만이 죄인이요 우리는 아니다"라는 루터의 주장에서, 교환 개념은 포함하는 것보다 배제하는 대신에 가까워 보인다. 결국 십자가에서 그리스도는 우리이지만 우리는 십자가로부터 배제된 듯이 보인다. 비록 그리스도와 우리 죽음이 교환되는 데서 그 교환이 시작되긴 하지만, 교환 논리는 내포적 대신 원리에 본질적으로 잘 맞지 않는다. 이런 이유로 위에서 언급된 첫 번째 점이 중요하다. 그리스도와 인간의 연합의 깊은 차원과 연관해서 생각해보면, 루터의 교환 개념은 그리스도와 인간의 기계적인 교환으로 오해되지 말아야 한다. 그리스도는 우리이고, 우리 안에 있다. 그러나 이 교환은 그리스도의 신적인 능력이 인간 외부로부터 투입되는 것에 가까워 보인다. "네 모든 죄는 내 위에 있고, 네 위에 있지 않다."[126] 넷째, 루터에게서 하나님과 그리스도의 연합을 통한 하나님의 주도권, 죽음 그 자체에 대한 강한 강조, 인간의 비참함과 한계에 대한 총괄적인 개념 등이 발견된다는 점은 아무리 강조해도 모자란다. 이 모든 점은 대신론에서 가장 중요하게 다루어져야 한다. 루터가 반복해서 강조했다시피, 십자가는 그리스도 안에서 **하나님**의 일이고, 그리스도의 **죽음**이며, **인간의 총체적인 문제를 위한** 그리스도의 죽음이다. 그것은 죄뿐만이 아니라 죽음과 세상의 가치를 위한 것이다. 그리스도 안에서 하나님은 우리를 용서하시고 우리 고난을 나누고 짊어지면서 하나님 자신을 희생하시며 우리에게 생명을 주신다. 마지막으로, 루터가 십자가에서 하나님의 주도권을 강하게 강조했기 때문에 십자가의 윤리적인 면이 문제로 남는다. 루터는 그리스도를 선물로 여기는 것과 모범으로 여기

---

126. *LW* 22.167.

는 것 사이를 너무 강하게 구분한다. 이 책이 포함하고 있는 강조점 가운데 하나는, 십자가 대신론을 십자가 모범론과 모순되는 것으로 이해하지 않는 것이다. 왜냐하면 십자가는 우리의 비참함을 짊어지신 바로 그 동일한 그리스도께서 우리의 일상으로 흘러넘치시어, 우리가 그리스도 안에서 그의 죽음을 나누며 살게 하시기 때문이다. 이 모든 것은 본질적으로 인간론이 아니라 기독론이다.

| 4장 |

오리게네스의 희생

비록 십자가 사상을 체계화하기에는 오리게네스의 신학이 너무 복잡하기는 하지만, "희생"은 그의 십자가 사상의 중요 주제다.[1] 오리게네스는 그

---

1. "오리게네스 연구자들이 항상 직면하는 문제는 그의 신학적인 견해가 정확하게 무엇인지를 결정하기 어렵다는 것이다"(Heine 1989: 19, FC 89.19). 이 책에서 하이네(Ronald E. Heine)는 오리게네스를 연구하는 자의 어려움을 3가지로 요약하고 있다. (1) 엄청나게 많은 양의 저작, (2) 오리게네스 자신의 신학과, 후에 오리게네스를 따르는 자들이 발전시킨 오리게네스주의 사이의 차이, (3) 현재 많이 남아 있지 않은 그리스어 원문의 저작들. 따라서 하이네는 현재 남아 있는 그리스어 저작물에 초점을 맞춘다. 「요한복음 주석」(Commentary on the Gospel of John), 「마태복음 주석」(Commentary on the Gospel of Matthew), 「켈수스 논박」(Contra Celsum), 「제일원리에 대한 소논문」(Treatise on the First Principle), 「예레미야서 설교집」(Homilies on Jeremiah), 「순교 권고」(Exhortation to Martyrdom), 「기도에 대한 소논문」(Treatise on Prayer), 「유월절에 대한 소논문」(Treatise on the Passover). 데일리는 오리게네스가 "희생"이라는 용어를 얼마나 많이 사용했는가를 세어본 후 이 용어가 「유월절에 대한 소논문」을 포함하지 않고도 그리스어 원문으로 남아 있는 자료 속에서만 약 550차례 등장한다고 주장했다. 라틴어 번역으로 남아 있는 것을 제외하고, 그리스어 원문으로 남은 오리게네스의 저작만으로도 그의 사상에서 희생 개념의 중요성을 잘 보여줄 수 있다는 데일리의 주장에 나

리스도를 "어린 양", "대제사장", "보배로운 피"와 동일시하면서, 그리스도의 일을 주로 희생 이미지와 연결시킨다. 특별히 우리는 "어린 양", 즉 고난받는 어린 양, 유월절 어린 양, 하나님의 어린 양이라는 용어에 주목할 필요가 있다. 그리스도는 살해당한 죄 없는 어린 양이시고, 우리 결함을 짊어지고 세상의 죄를 씻으며 세상을 악의 세력으로부터 해방시키려고 유월절 어린 양과 하나님의 어린 양이 되셨다. 한편으로 오리게네스의 주된 강조점은 그리스도의 다양한 희생적인 일 가운데 그의 죽음에 있다. 그리스도의 죽음은 살해당한 고난의 어린 양과 연관된 중요한 개념이다. 또한 유월절을 고난이 아니라 그리스도 그 자신으로 해석하고, 또 하나님의 어린 양의 깊은 의미를 풀어놓을 때, 오리게네스는 그리스도의 죽음 개념에 집중한다. 다른 한편으로 오리게네스는 어린 양 개념을 다양하게 사용하고 있는데, 이것은 단순히 어린 양이 보여줄 수 있는 이미지보다 더 깊고 넓은 의미를 가져다준다. 종종 그가 어린 양의 세 의미를 모두 함께 사용할 때, 그의 희생 개념은 다른 관점과 총체적이고도 포괄적으로 결합된다. 가장 포괄적인 사용은 죄, 죽음, 마귀에 대한 승리와 연결해서 어린 양의 이미지를 사용할 때다. 그 자신을 십자가에서 희생물로 내어놓으신 하나님의 어린 양은 우리 죄를 없이하시고 악의 세력으로부터 우리를 자유롭게 하신다. 심지어 희생은 상업적인 값의 지불과 교환, 우리 약함을 나누시고 우리에게 큰 위로를 주시는 그리스도 안에서의 하나님의 사랑과 연민으로 이해되기도 한다. 이런 의미에서 오리게네스의 희생 개념은 인간 문화 속에 다양하게 자리 잡아왔던 제의적인 희생 제도가 가진 희생화

도 동의한다(Daly 1972: 126).

(victimization)의 잔혹한 개념을 극복하고 있다.

오리게네스는 그리스도의 희생을 우리의 희생과 연결 짓는다. "우리 각자는 아버지의 집에서 자기 자신의 어린 양을 희생으로 바친다. 어떤 자는 법률을 어기고 어린 양을 전혀 바치지 않는 반면에, 다른 자는 희생제물을 바치고 올바로 요리하며 뼈를 꺾지 않으면서 하나님의 명령을 철저히 지킨다"라고 오리게네스는 주장한다.[2] 그리스도는 유월절의 어린 양이지만, 우리는 그를 올바로 희생시켜야 한다.[3] 4.2.에서는 우리 인간의 희생을 다룰 것이다. 오리게네스에게 있어 그리스도인의 삶의 모든 과정은 아버지께로 올라가는 것을 추구하는 것인데, 이것은 도덕적인 진보, 곧 우리 자신의 십자가를 지고 더 이상 죄를 짓지 않으며 완벽하게 되는 것, 심지어 순교로 다른 사람들을 구원하는 것을 포함한다. 만약 우리의 희생이 이렇게 확장된다면 당연히 그리스도의 희생과 우리 희생의 관계에 대한 심각한 질문이 대두된다. 오리게네스는 어떤 측면에서 유월절이 그리스도 자신인 동시에 우리가 그리스도의 희생 속에서 아버지께로 올라감을 의미한다고 주장하는 것인가? 이런 어려운 질문에 대한 답을 오리게네스에게서 찾으려는 노력으로 다음과 같은 세 단계 논의가 4.3.에서 다루어질 것이다. (1) 우리의 희생은 그리스도의 그림자다. (2) 하나님은 인간과 본질적으로 다르다. (3) 그리스도의 희생은 우리의 희생과 융합되지만 본질적으로 다르다.

십자가를 희생으로 해석하는 것은 희생의 제의적인 틀과 피할 수 없이

---

2. 「요한복음 주석」 10.13 (*ANF* 9.390-391).
3. 「유월절에 대한 소논문」 13 (*ACW* 54.34).

맞닿아 있다. 기독교의 하나님은 많은 문화적인 맥락에서 발전되어 온 신적 존재, 곧 자신에게 희생물을 바치기를 요구하는 그런 존재인가? 어떤 의미에서는 그리스도의 희생을 이해할 때도, 인간의 문화 속에서 행해진 일반적인 제의적 희생이 바로 희생물의 대속적인 죽음을 드러낸다는 사실을 결코 무시할 수 없다. 그러나 다른 의미에서 그리스도의 희생은 자신을 희생하고 아버지의 뜻을 따랐다는 점에서 일반적인 제의적 희생과는 근본적으로 다르다. 오리게네스를 다루는 이번 장에서는 그의 희생 개념과 제의적인 희생 개념 사이의 연속성과 불연속성을 함께 논의할 것이다.

4.1. 그리스도의 희생

다른 신학적 거장들의 십자가 이론처럼, 십자가에 대한 오리게네스의 견해도 하나의 이론이나 유형으로 지나치게 단순화되어서는 안 된다. 오리게네스의 견해 안에는 승리의 모티프, 하나님의 지식, 인간을 다시 사들인다는 상업적인 주제, 교환의 주제, 도덕적 모범론 등이 함께 발견된다. 그러나 이 모든 주제 중 가장 두드러지고 핵심적인 십자가 이해는 희생 개념이라고 주장할 수 있다. 그는 십자가의 의미를 다루면서, 하나님의 어린양, 대제사장, 보배로운 피라는 표현을 사용하여 희생의 이미지를 강조한다. 이런 표현들은 심지어 그리스도를 대신해서 사용되기도 한다. 흥미롭게도 오리게네스는 「요한복음 주석」에서 하나님의 어린 양이 가장 흔하게 사용되는 요한계시록의 여러 구절을 인용하고, 대제사장이라는 용어에 초점을 맞추면서 히브리서로 옮겨간다. 오리게네스는 인간에 대한 그의 계층적인 이해를 이스라엘의 12지파와 연결한 다음 제사장직을 그 첫 번째에 올려놓는다. 또한 그는 이렇게 주장한다. "따라서 우리는 인간이 아론의 반차에 따라 제사장이 될 수 있고, 멜기세덱은 오직 그리스도에게만 해당된다고 말할 수 있다."[4] 여기서 주목할 것은 오리게네스가 그리스도의 제사장직과 우리의 제사장직의 차이뿐만 아니라 연속성을, 그리고 더 큰 십자가 사상의 틀을 조명하고 있다는 점이다. 오리게네스는 제사장이라는 용어를 그리스도와 그를 따르는 자들 모두에게 적용한다. 더욱이 그는 복음의 범주를 정의하면서, 하나님의 어린 양으로서의 그리스도의 제사장직을 강조한다.

> …모든 새로운 성경은 복음이다. "세상 죄를 지고 가는 하나님의 어린 양을 보라"라는 첫 구절만 복음인 것이 아니다. 그리스도를 찬양하는 많은 다른 구절도 포함하고 있다.…복음서는 이제 4권이다. 말하자면 이 네 권은 교회의 믿음의 요소들이고, 그 요소들로부터 그리스도 안에서 하나님과 화해한 세상이 함께 모여 있다. 바울이 말했듯이 "하나님은 세상을 자신과 화해시키면서 그리스도 안에 계셨다." 예수님은 바로 그 세상 죄를 짊어지셨다. 왜냐하면 "보라 세상 죄를 지고 가는 하나님의 어린 양이로다"라는 말씀은 교회의 세계로부터 기록되기 때문이다.[5]

여기서 오리게네스는 "그리스도께서 하나님의 어린 양으로서 죄를 지고 가시면서 세상과 화해하신 것"으로 복음을 요약하고 정의했다. 그는 복

---

4. 「요한복음 주석」 1.3 (*ANF* 9.298).
5. 「요한복음 주석」 1.4-6 (*ANF* 9.299).

음을 "어린 양인 그리스도의 메시지를 위한 새로운 성경"으로 규정했다. 또한 오리게네스의 저작에서 "세상 죄를 지고 가는 하나님의 어린 양"이라는 표현은 "그리스도의 일"과 동의어가 된다.

오리게네스의 언어에서 희생의 이미지는 결코 그의 저작에 등장하는 인물에만 국한되지 않는다. 그리스도는 인간뿐만 아니라 이성을 가진 모든 피조물을 위해서 단번에 바쳐진 희생으로 자신을 바치신 위대한 대제사장이시다.[6] 오리게네스는 그리스도의 희생을 다음과 같은 다섯 종류의 어린 양과 연결 짓는다. (1) 이사야 53장의 고난 당하는 어린 양, (2) 예레미야 11장의 순한 어린 양, (3) 유월절의 어린 양, (4) 요한복음 1:29의 하나님의 어린 양, (5) 출애굽기 29장의 상번제로 바쳐지는 어린 양. 오리게네스는 이것들의 이미지를 분리해서 다루지 않고 동일한 맥락에서 함께 사용한다. 오리게네스는 「요한복음 주석」과 「유월절에 대한 소논문」에서 유월절을 해석하면서, 갑자기 요한복음 1:29의 하나님의 어린 양을 집어넣고 있다.[7] 이렇게 다섯 이미지를 함께 사용한다는 사실 자체가 오리게네스에게 있어서 희생이 십자가 이해의 핵심임을 의미한다. 동시에 이 다섯 종류의 어린 양의 다채로운 이미지는 희생의 일반적 개념이 드러낼 수 있는 제한적인 경계를 훨씬 넘어선다. 따라서 한편으로 우리는 오리게네스가 이 어린 양의 이미지들로 표현하고자 하는 것에 주의를 기울여야 한다. 다른 한편으로 우리는 오리게네스의 희생 개념이 그리스도의 승리와 연결되고 또 대제사장의 사랑에 넘치는 위로를 포함한다는 것도 주목해야 한다. 희

---

6. 「요한복음 주석」 1.40 (*ANF* 9.318).
7. Daly 1992: 13 (*ACW* 54.13).

생의 이미지와 다른 십자가 주제들과의 긴밀한 관계는 오리게네스로 하여금 제의적인 희생화의 한계와 틀을 넘어설 수 있게 만든다. 이 단락에서는 먼저 세 종류의 어린 양에 초점을 맞추면서 어린 양 그리스도의 희생의 이미지의 다양성을 다룰 것이다. 그리고 계속해서 이들 이미지가 포함하고 있는 다른 주제들도 함께 다룰 것이다.

오리게네스의 십자가 사상의 핵심은, 그리스도가 이사야 53장의 고난당하는 어린 양으로 희생당하셨다는 점이다. 「요한복음 주석」의 시작 부분에서 오리게네스는 그리스도의 명칭을 다루면서 이렇게 주장한다.

> 비록 그리스도의 아버지께서 그리스도가 하신 것을 "위대한 일"이라고 부르셨지만, 그리스도가 흠 없는 양이나 어린 양으로 불린 것과 비교하면 그리스도께서 종이 된 것은 결코 위대한 일이 아니다. 하나님의 어린 양은 세상 죄를 지기 위해서 도살당하는 죄 없는 양같이 되었다.[8]

여기서 오리게네스는 하나님의 어린 양과 이사야서의 고난 당하는 어린 양을 직접적으로 연결시킨다. 고난 당하는 어린 양으로서의 이미지는 「유월절에 대한 소논문」에서도 발견된다.

> 이것들을 위해 구원은 흠 없는 어린 양과 같은 그리스도의 피로 발생했다(사 53:7, 비교. 레 23:12). 기록되기를, 어린 양처럼 그는 도살당했고, 털 깎는 자 앞에 잠잠한 양같이 입을 열지 않았다.…따라서 그의 죽음이 발생한 것은 죄 때

---

8. 「요한복음 주석」 1.37 (*ANF* 9.316).

문이 아니라 그 자신이 우리 죄를 짊어지고 우리를 위해 고난 당했으며, 그의 상처로 우리가 나음을 입었기 때문이다.[9]

심지어 주된 논의가 그리스도와 유월절에 관한 것임에도 불구하고, 여기서 그리스도는 고난 당하는 어린 양으로 묘사되고 있다. 그리스도께서 인간의 죄를 짊어지신 것은 고난 당하는 어린 양으로서 가장 중요한 일이었다. 또한 오리게네스는 그리스도의 죽음을 예레미야 11:19에 나오는, 도살장에 끌려가는 순한 어린 양으로 이해한다.[10] 그리스도의 죽음이 희생으로 이해되는 이유는 무엇보다도 그리스도께서 살육당하는 어린 양이기 때문이다. 그리스도는 비록 죄가 없었지만 죽음에 이르기까지 순종하고, 그 피로 구원을 이루기 위해 심지어 십자가의 죽음에 이른 고난 당하는 종이다.[11] 고난 당하는 어린 양 개념에서 가장 중요한 것은, 그것이 제의적인 풍습의 희생이든 그리스도의 희생이든 간에, 희생 개념이 그리스도의 대속적인 죽음에 가장 잘 연결된다는 점이다.

다음으로 오리게네스의 희생 개념에서 중요한 점은, 오리게네스가 그리스도를 유월절의 어린 양으로 이해하고 있다는 점이다. 사실 이것은 십자가와 유월절의 직접적인 연관성에 대한 어원적인 문제를 오리게네스가 수정하려고 했기 때문에 문제가 된 주제다. 오리게네스는 이렇게 썼다.

아마도 주 안에서의 형제들 대다수는 유월절(πάσχα)이라는 단어가 주님의 고

---

9. 「유월절에 대한 소논문」 41 (*ACW* 54.50).
10. 「요한복음 주석」 1.23 (*ANF* 9.309), 「유월절에 대한 소논문」 48 (*ACW* 54.55).
11. 「요한복음 주석」 1.37 (*ANF* 9.316).

난(παθος)으로부터 왔다고 생각할 것이다. 그러나 히브리어로 이 축제의 진정한 이름은 πάσχα가 아니라 פסח 세 글자와, 지금 우리가 가지고 있는 것보다 훨씬 더 강한 기음(rough breathing)으로 되어 있으며 "지나가는 것"(passage, διάβασις)을 의미하는 어휘가 이 축제의 이름을 형성하고 있다.[12]

오리게네스에 따르면 유월절을 그리스도의 수난으로 번역하는 것은 잘못이다. 그리스도는 율법과 선지자의 예언을 이루기 위해서 왔으며, 우리에게 진정한 유월절이 무엇인지, 곧 이집트로부터 진정으로 "지나감"이 무엇인지를 보여준다.[13] 유월절과 십자가의 진정한 연관성은 그리스도에게 있다. 왜냐하면 그리스도 자신이 희생되셨기 때문이다. "유월절의 원형은 그리스도의 수난이 아니다. 유월절은 우리를 위해서 자신을 희생하신 그리스도의 모형이 되었다."[14] 그리스도는 유월절 어린 양이다.[15] 오리게네스는 「요한복음 주석」에서 "십자가에서의 그리스도의 희생"과 "그리스도 희생의 원형으로서의 유월절"의 관계에 대해 씨름한다. 그는 고린도전서 5:7의 "우리의 유월절 양 곧 그리스도께서 희생되셨다"에 나오는 "우리의"라는 단어에 대해서 고민하면서 다음과 같은 2가지 해석을 내놓는다. (1) 그리스도는 우리를 위해서 희생되셨다. (2) 실제로 그리스도의 희생인 모든 희생은 다가오는 때에 이루어질 완성을 기다린다.[16] 우리는 다음

---

12. 「유월절에 대한 소논문」 1 (*ACW* 54.27).
13. 「유월절에 대한 소논문」 4 (*ACW* 54.29).
14. 「유월절에 대한 소논문」 13 (*ACW* 54.34).
15. 「유월절에 대한 소논문」 33 (*ACW* 54.45).
16. 「요한복음 주석」 10.11 (*ANF* 9.388).

단락에서 이 두 번째 해석을 다룰 것이다. 첫째 해석에서 오리게네스는 성찬, 그리스도의 희생, 유월절을 함께 묶는다. 그리고 유월절 어린 양의 피는 영적으로 해석되어서 그리스도의 희생이라는 의미로 이해되어야 한다고 주장한다.

> 다른 한편으로 우리는 다음과 같이 말해야 한다. 만약 말씀이 육신이 되었고, 주님께서 "만약 사람의 아들의 몸을 먹고 그의 피를 마시지 않는다면 너희 안에 생명이 없다.…나의 육은 진짜 고기이며 나의 피는 진짜 음료수다. 나의 육을 먹고 나의 피를 마시는 자는 내 안에 거하고 나는 그 안에 있다"라고 말씀하셨다면, 여기 언급된 육은 세상 죄를 지고 가는 어린 양이고, 피는 문설주에 발렸으며, 집의 방은 우리가 유월절을 먹는 공간이다.[17]

여기서 그리스도가 유월절 어린 양이라는 것은 그리스도께서 성찬을 세우신 것과 유월절 절기 모두에서 발견된다. 유대인들이 유월절 음식을 먹는 것처럼 우리가 그리스도의 몸을 먹고 그 피를 마시는 것은 바로 그리스도께서 유월절 어린 양이기 때문이다. 유월절 어린 양의 피는 그리스도의 십자가 희생의 피와 유비적 관계에 있다고 이해된다.

유월절 어린 양으로서 그리스도의 희생의 일은 2가지 측면을 가진다. 먼저 오리게네스는 그리스도의 희생을 "정화"로 해석한다. 하나님의 유월절과 유대인의 유월절을 구분하면서, 오리게네스는 유대인의 유월절 풍습을 정화로 해석한다. 이때 정화란 자신을 깨끗하게 하기 위해 유월절에 예

---

17. 「요한복음 주석」 10.13 (*ANF* 9.390).

루살렘에 올라갔던 유대인들이 유월절의 주를 못 박았다는 역설을 드러내며, 바로 그 십자가 때문에 그들은 진정한 유월절 기간 동안 깨끗함을 얻는다. 오리게네스는 이렇게 지적한다.

> 그러나 진정한 정화는 유월절 전이 아니라 유월절 기간 동안에 이루어지는데, 그 기간에 예수는 하나님의 어린 양으로서 자신을 정화하려는 자들을 위해 돌아가셨고 세상의 죄를 짊어지셨다.…그들은 자신을 정화해서 그리스도 곧 유월절 어린 양이 희생당할 때, 옛 누룩이나 사악한 누룩이 아니라 오직 진정과 진실의 누룩 없는 빵으로 그 축제를 기념한다.[18]

그리스도께서는 우리의 죄를 십자가에서 짊어지심으로써 그 죄를 깨끗케 하셨다. 그리스도의 피로 우리 죄가 정화된다는 것은 히브리서 9:22의 "사실, 율법 앞에서 거의 모든 것이 피로 정화되는데 피 흘림이 없이는 죄용서도 없다"라는 구절에서 알 수 있듯이, 그리스도의 희생이 구약에 뿌리를 두고 있다는 견해에 아주 중요한 요소가 된다. 그러나 오리게네스가 십자가의 정화의 이미지를 위해 유월절을 연결 짓는다는 점은 문제가 된다. 유월절 어린 양의 피는, 유대 문화의 맥락에서는 죄의 정화라기보다는 악으로부터의 해방에 더 가깝기 때문이다. 오리게네스는 우슬초 묶음으로 유월절 의례를 수행하는 것이 바로 그리스도의 유월절을 실현하는 것이라고 하면서, 우슬초 묶음을 사용했음을 정화로 해석한다.[19] 사실 요한복음의

---

18. 「요한복음 주석」 28.237, 242 (*FC* 89.340).
19. 「유월절에 대한 소논문」 47 (*ACW* 54.54).

저자도 유월절의 우슬초 묶음(출 12:22)이 십자가의 그리스도의 고난의 우슬초(요 19:29)와 관련됨을 암시한다. 그러나 근본적으로 유월절은 유대인의 죄로 인해서 발생한 사건이 아니라 바로 왕의 죄 때문에 발생했다. 유월절 어린 양의 피는 죄의 정화가 될 수 없고—바로 왕의 죄가 정화될 수 없기 때문에—하나님의 심판이 지나갔음을 의미할 뿐이다. 이런 의미에서, 오리게네스는 유월절 어린 양의 두 번째 이미지 즉 세상의 권세에 대한 그리스도의 승리를 제시하는데, 이에 관해 다음과 같이 쓰고 있다.

> 왜냐하면 그리스도는 우리를 이집트와 그 지도자들로부터 진정으로 해방시켰고, 이집트의 지도자들을 모든 사람이 볼 수 있는 본보기로 십자가에 못 박았으며, 십자가에서 그들을 이기고 승리하셨다(비교. 골 2:14-15).…그들은 그리스도 예수이신 참 어린 양에 의해서 현시대의 어둔 세상의 지배자로부터 해방되었다. 그리스도께서 어둠의 세력인 이집트, 난봉꾼인 바로 왕의 세력으로부터 히브리인들을 구원하셨을 때, 이집트에서 도살당한 어린 양은 그리스도의 진정한 모형이다.[20]

여기서 그리스도의 죽음은 유대인들을 이집트로부터 해방시킨 어린 양의 능력으로 묘사된다. 그리스도는 이집트와 그 지도자들로부터 우리를 해방시키셨다. 또한 십자가에서 승리하심으로써 그들을 모두에게 드러나는 실례로 삼아서 십자가에 못 박으셨다.

그리스도와 어린 양이 서로 연결되는 희생의 이미지는 요한복음 1:29

---

20. 「유월절에 대한 소논문」 46, 49 (ACW 54.54, 56).

에 등장하는 하나님의 어린 양을 오리게네스가 해석할 때 더 복잡해진다. 「요한복음 주석」 6장에서 오리게네스는 하나님의 어린 양이라는 표현을 다루는 데만 7절을 할애한다. 먼저 오리게네스는 어린 양을, 출애굽기 29:38-44에 설명된 상번제의 어린 양과 하나님의 어린 양과 연결한다. 그러나 그가 어떤 의미에서 매일 드리는 상번제와의 연관성을 발견했는지는 명확하지 않다. 그리스도 자신이 매일매일이라는 지속성과 연관된 듯이 보인다. "그러나 점점 더 성숙해가는 말씀, 상징적으로 어린 양이라고 불리는 말씀, (우리) 영혼이 조명을 받자마자 바쳐지는 말씀을 제외하고, 그 어떤 지속적인 희생이 정신의 세계 속에 있는 이성적 인간에게 가능할 것인가?"[21] 또한 오리게네스는 마치 아침과 저녁에 서로 다른 상번제를 드리는 것처럼, 하나는 그리스도의 희생이고 다른 하나는 그리스도의 성육신을 기대함에 따라서 우리가 그리스도에게로 가까이 가는 것이라고 언급한다. 우리는 성찬을 한 종류, 곧 그리스도에 관한 담화로 시작해서 다른 많은 유용한 것으로 우리 담화를 옮겨간다. 그러다가 그리스도의 나타나심의 육적 형상에 도달할 때 우리는 밤에 이른다.[22] 계속해서 오리게네스는 이렇게 주장한다.

> 살육당한 어린 양은 온 세상의 정화가 되었다. 그리스도는 아버지의 인간 사랑으로 이 정화 행위를 하려고, 우리를 지배하고 죄에게 내어준 자로부터 자신이 흘린 피의 능력으로 우리를 되사고 죽음에 자신을 내어주었다. 이 어린 양

---

21. 「요한복음 주석」 6.33 (*ANF* 9.376).
22. 「요한복음 주석」 6.34 (*ANF* 9.377).

을 살육자에게 내어준 자는, 그가 말씀하신 대로 인간 속에 계신 하나님(God in man)이요 위대한 대제사장이셨다. "어느 누구도 나의 생명을 앗아갈 자가 없고 나는 스스로 내 생명을 내려놓는다. 나는 내려놓을 권세도 있고 다시 취할 권세도 있다."[23]

이 짧은 문구에는 다양한 신학적 의미가 함축되어 있다. 살육당한 자인 동시에 대제사장이신 그리스도는 아버지의 뜻에 따라 자신을 죽음에 내어주었다. 그리스도는 인간 속에 성육신하신 하나님이다. 희생적인 정화, 상업적인 거래, 승리의 주제가 모두 그리스도의 일로서 함께 엮여 있다. 이어지는 절에서 오리게네스는 요한복음 1:29의 말씀 속에 있는 3개의 구, "어린 양", "하나님의", "세상 죄를 지고 가는"을 계속 발전시킨다. 어린 양은 희생적 죽음과 분명히 연관된다. 오리게네스는 "하나님의 어린양"을 아버지의 뜻을 따르는 그리스도의 성육신과 연계시킨다. 그리스도는 죄인들을 위해 아들을 포기하신 아버지의 뜻을 완성하시고 세상을 하나님께 화해시킨 인간 속의 하나님이므로 하나님의 어린 양이다.[24] "세상 죄를 지고 가신 어린 양"은 일반적으로 죄와 죽음을 이기신 승리로, 인간을 비참함에서 해방시키는 일로 해석된다. 그리스도는 세상 죄를 지고 가면서, 가난한 자와 어려움에 처한 자들을 제외하고, 권력자와 권세를 자신으로부터 떼어내셨으며 중상하는 자들을 비천하게 만드셨다.[25]

십자가의 희생의 이미지는 그리스도를 어린 양에 비유한 오리게네스에

---

23. 「요한복음 주석」 6.35 (*ANF* 9.377).
24. 「요한복음 주석」 6.37 (*ANF* 9.379).
25. 「요한복음 주석」 6.37 (*ANF* 9.378).

게서 잘 나타난다. 이사야서의 고난 당하는 어린 양, 유월절의 어린 양, 하나님의 어린 양 같은 이미지가 중요한 까닭은 그리스도의 희생적인 "죽음"이 오리게네스의 십자가론의 핵심이기 때문이다. 십자가에서 자신을 내어주심으로써 그리스도는 인간의 약함을 짊어지시고, 그 피로 모든 것을 깨끗케 하셨으며, 세상의 적대적인 세력과 최후의 적인 죽음을 죽이셨다.[26] 중요한 것은 인간의 죄, 비참함, 죽음을 위한 그리스도의 죽음과 피다.

오리게네스에 있어 그리스도의 희생적인 죽음은 십자가 사상의 핵심이며 그것은 희생의 제의적 측면을 넘어선다. 십자가는 그리스도께서 희생물로 바쳐진 것이 아니라, 세상을 구하기 위한 하나님의 어린 양으로서 그 자신이 자발적으로 자신을 희생하셨다는 점에서 "희생화"와 구분되어야 한다. 어린 양의 다양한 이미지는 우리로 하여금 오리게네스의 십자가론의 포괄적이고 총체적 측면을 연구하도록 이끈다. 오리게네스는 이렇게 쓴다.

전 우주의 멸망을 막기 위해 죽어야 하는 사람, 자기 책임을 다함으로써 온 세상을 깨끗케 하는 그런 사람 이야기를 결코 다른 데서는 들어본 적이 없다. 하나님을 제외하고는, 예수만이 전 우주를 위해서 죄의 무게를 십자가에서 짊어지셨고 놀라운 권능으로 그것을 감당하셨기 때문에, 어떤 다른 이야기도 있을 수 없다. 사실 선지자 이사야가 말한 것처럼 우리 약함을 어떻게 짊어지는지를 아는 자는 그리스도뿐이다. "그는 상처를 입으셨고 우리 약함을 어떻게 짊어질지를 아신다."[27]

---

26. 「유월절에 대한 소논문」 47 (ACW 54.54).
27. 「요한복음 주석」 28.163-164 (FC 89.326).

여기서 십자가 위의 그리스도의 희생은 우리 죄의 대속적인 짊어짐으로 묘사되고 있다. 그리스도의 죽음은 자신이 죄를 지었기 때문이 아니라, 우리의 죄를 짊어지고 우리를 위해서 고난 당하셨기 때문에 발생했다.[28] 그리스도만이 우리 자신이 짊어질 수 없는 죄를 짊어지신다. 그리스도만이 우리의 약함을 어떻게 짊어지는지를 아셨으며, 우리 스스로는 깨끗케 할 수 없는 우리 죄를 정화시키셔야 했다. 그리스도의 희생은 그의 짊어짐의 일부분이다. 그리스도가 하신 일의 고유함은 희생물로서 바쳐진 희생에 있지 않고, 하나님으로서의 그의 능력에서 발견되기 때문이다. 하나님이 아니고는 어느 누구도 전 우주를 깨끗케 하고 모든 우주의 짐을 짊어질 수가 없다. 그리스도는 "바쳐진 희생물"이 아니라 "자기희생의 주는 자"이시다.

오리게네스의 희생 개념과 제의적인 희생 개념을 흥미롭게 비교할 수 있는 또 다른 길은, 오리게네스가 십자가를 넘치는 애정으로 묘사하고 있음을 발견하는 것이다. 그리스도는 놀라운 위로, 연민, 쉼을 주시고 우리 약함과 결핍을 자신과 나누신다. 한 기도문에서 오리게네스는 "모든 아픈 성자들과 함께 그리스도도 아프고, 간힌 자, 헐벗은 자, 낯선 자, 배고프고 목마른 자와도 함께하신다"라고 고백한다.[29] 「창세기 설교」에서 노아의 이름을 "쉼"과 "의로움"으로 해석하면서 그리스도의 예표로 설명했을 때, 그는 다음과 같은 성경의 세 구절을 십자가의 의미를 밝히는 구절로 생각했다. 창세기 5:29에서 하나님의 심판과 저주, 갈라디아서 3:13에서 율법의

---

28. 「유월절에 대한 소논문」 41 (ACW 54.50).
29. 「기도」 11.2 (ACW 19.44).

저주를 그리스도께서 대신하신 것, 요한복음 1:29에서 하나님의 어린 양이 바로 그 부분이다. 그런 다음에 오리게네스는 계속해서 이렇게 쓴다. "당신은 인간에게 진정한 쉼을 주시고 주 하나님의 저주로부터 땅을 해방시키신 그리스도를 발견할 것이다."[30] 더욱이 오리게네스는 「요한복음 주석」의 첫머리에서, 그리스도에 대한 많은 명칭 중 위로자(paraclete)를 선호한다고 언급하고 있다. 그리스도가 우리의 약함과 함께하는 위로자, 화해, 대속물이시고, 결과적으로 자신을 희생물로 바치는 위대한 대제사장이시라는 점은 놀랍다.[31] 그리스도는 그의 희생을 통해 우리의 죄를 짊어지고 정화하신다. 동시에 그는 그의 희생을 통해 마귀로부터 자유를, 죄로부터 용서를, 우리 비참함에 위대한 위로를 주신다.

그렇다면 어떤 점에서 오리게네스는 대속적인 희생으로 살육당한 어린 양의 희생 이미지를 강조하는 동시에 제의적인 희생물 개념을 넘어설 수 있었는가? 오리게네스는 십자가의 진정한 깊이를 파악하기 위해 엄격한 논리를 추구하지는 않는다. 오리게네스는 어린 양의 일을 수동적으로는 대속적 고난으로, 능동적으로는 정복하는 권능으로 이해하면서도, 어떤 복잡한 논리나 양자 사이에 이어지는 연관성을 세우지 않는다. 오리게네스의 희생 개념에서 중요한 것은 그리스도가 우리를 위해 자신을 희생하셨다는 데 있지, 왜 그리고 어떻게 그리스도께서 죽으셨는가 하는 논리를 드러내는 데 있지 않았다. 사실 몇 군데에서 오리게네스도 상업적인 구입의 개념을 사용한다. "모든 노예가 그들을 사들인 돈의 총액만큼 그 산

---

30. 「창세기 설교」 2 (FC 71.79).
31. 「요한복음 주석」 1.40 (ANF 9.318).

자에게 빚지고 있는 것처럼, 우리는 자신의 피로 우리를 사신 그리스도에게 빚졌다."[32] 또한 오리게네스는 그리스도가 죽음에 자신을 내어주었고 우리를 자신의 피로 샀다고 주장한다.[33] 그러나 이런 표현은 엄밀한 의미에서 결코 상업적 대속론과 유사하지 않다. 차라리 희생적인 측면, 승리의 주제, 죄 용서, 상업적인 주제들이 어떤 특정한 논리적 연관성 없이 함께 뒤섞여 등장한다고 보아야 할 것이다. 물론 일종의 상업적인 거래가 그리스도의 피와 세속적인 가치들 사이에서 발생하는 것처럼 보인다. 상업적인 거래와 유사하게, 그리스도의 희생도 그리스도의 피와 우리 생명이 교환되는 것으로 묘사된다. "한 인간에게는 자기 생명과 교환하기 위해 내놓을 만한 귀한 것이 없다. 그러나 우리가 그 피 값으로 산 바 되었으므로, 하나님은 '그리스도 예수의 존귀한 피'로 우리 모두의 생명을 교환해주셨다."[34] 희생 이미지들이 오리게네스의 십자가 사상의 핵심이기는 하지만, 그것이 십자가 논리를 세우는 역할을 하지는 않는다. 우리가 다섯 종류의 어린 양을 언급했듯이, 오리게네스는 그 이미지를 성경에서 골라내어 그리스도의 대속적 죽음과 연결하고 있다. 이것은 우리에게 여러 가지 중요한 통찰을 제공한다. 그리스도의 죽음을 희생으로 이해하는 것은 십자가가 가진 성경적인 모습에 충실하다. 동시에 그리스도 희생의 성경적 이미지는 희생 제의의 인간 풍습과 아주 다르다. 이 성경적 이미지는 그리스도의 신성, 자기희생, 성육신한 하나님의 사랑과 위로의 일과 연관된다.

이 단락에서 우리는 오리게네스의 희생 이미지들이 얼마나 중추적인

---

32. 「기도」 28.3, 「순교 권고」 12.50 (*ACW* 19.107, 153, 195).
33. 「요한복음 주석」 6.35 (*ANF* 9.377). 참조. 「마태복음 주석」 12.40 (*ANF* 9.471).
34. 「마태복음 주석」 12.28 (*ANF* 9.465).

개념인지를 논의했다. 그리고 이 이미지들이 얼마나 다양하고 포괄적으로 오리게네스의 십자가 사상의 큰 틀을 형성하는지도 다루었다. 그리스도에게는 고난 당하는 어린 양으로서의 "죽음"이 결정적으로 중요하다. 십자가에서 살육을 당하심으로써 그리스도는 세상을 위해 자신을 희생하셨다. 그런 십자가 위에서의 그리스도의 일은 살육당한 희생물이 수행할 수 있는 것보다 훨씬 더 심오하다. 그리스도는 온 세상을 깨끗케 하셨고, 그 피로 세상의 권력을 파괴하셨으며, 모든 것을 평화롭게 하셨을 뿐만 아니라,[35] 인간의 약함과 비참함에 대해 공감하면서 그의 수난으로 가난하고 어려운 자를 구원하셨다.[36] 그뿐 아니라 그리스도가 전 우주의 죄의 무게를 홀로 담당하셨으므로 그 희생은 인간의 결핍을 대신 젊어지신다. 오리게네스의 희생 개념이 우리의 희생 개념과 어떻게 연관되는가를 이해하게 되면 그 다양성과 총체성은 더 두드러지게 된다. 그리스도는 자신을 희생물로 바침으로써 우리에게 죄 용서를 가져다주셨고, 죄와 죽음으로부터의 자유를 주셨다. 또한 우리가 희생할 때 그리스도는 우리 안에서 계속해서 희생하신다.

4.2. 우리의 희생

오리게네스는 그리스도의 희생이 대속적이지만 또한 그리스도를 따르는 자들로서 우리도 희생해야 한다고 주장한다. 앞에서 다룬 고린도전서 5:7

---

35. 「유월절에 대한 소논문」 47 (ACW 54.54).
36. 「요한복음 주석」 6.37 (ANF 9.378).

의 "우리의 유월절 양 곧 그리스도께서 희생되셨느니라"의 해석에서, 오리게네스는 그리스도의 희생과 우리가 그 희생을 실현하는 것 중에서 후자, 다시 말해 그리스도를 따르는 자들의 계속 진행되는 과정을 강조했다.[37] 그는 이렇게 주장한다. "우리 각 사람은 우리 아버지 집에서 어린 양을 바친다. 어떤 자는 율법을 어기지만, 다른 자는 그의 희생물을 바치며 그것을 올바르게 요리하고 그 뼈를 꺾지 않으면서 율법을 온전히 지킨다."[38] 참으로 우리에게는 어린 양을 바치고 올바르게 요리하는 것이 필수적이다.[39] 그리스도는 유월절의 참 어린 양이시지만 우리는 그를 올바르게 희생해야 한다. 결국 우리는 오리게네스가 어떤 의미로 "우리의 희생"을 이야기하는지 살펴보아야 한다.

오리게네스가 말하는 우리의 희생은, 우리가 아버지께로 올라가는 모든 과정이며, 그리스도는 그 길로 올라가는 수단을 우리에게 제공한다.[40] 우리의 전체 삶을 통해 점진적인 진보를 이루어내야 할 필요성을 강조한 것은 오리게네스 신학의 중요한 특징 가운데 하나다. 물론 믿는 자로서 하나님께 나아가기 위해 우리는 모든 노력을 다해야 한다. 그러나 "우리가 어디까지 올라갈 수 있는가?" 하는 질문과 "우리 희생의 진정한 실행자는 누구인가?" 하는 질문이 제기될 수 있다. 오리게네스가 말하는 아버지께로 올라가는 그리스도인의 삶의 모든 과정은 도덕적인 진보, 우리가 십자가를 지는 것, 죄를 더 이상 짓지 않는 것, 완전해지는 것, 심지어 순교로 다

---

37. 「요한복음 주석」 10.11-14 (*ANF* 9.387-391).
38. 「요한복음 주석」 10.13 (*ANF* 9.390-391).
39. 「유월절에 대한 소논문」 13 (*ACW* 54.34).
40. 「유월절에 관한 소논문」 48 (*ACW* 54.55).

른 사람들을 구원하는 것까지 포함한다. 우리의 희생이란 이런 각 단계의 전 과정을 포함한다. 그리고 우리 자신의 순교의 피가 그 정점을 이룬다.

먼저 우리의 희생은 그리스도의 모범을 따라가는 동안 나타나는 우리의 도덕적·영적인 면과 관계한다. 오리게네스는 「제일원리에 대한 소논문」에서 이렇게 쓴다.

> 항상 그렇듯이 이런 이유로 그리스도는 심지어 죄를 도무지 알기 전에, 선을 선택하기 전에, 의를 사랑하고 악을 미워하기 전에, 따라서 하나님이 그리스도를 기뻐하심의 기름으로 안수하기 전에 모든 믿는 자에게 모범으로 제시된다. 또한 모든 사람은 죄를 지은 후에 죄의 얼룩을 깨끗케 하기 위해 그리스도를 모범으로 삼아 삶의 여정의 인도자로 삼으며, 아마도 이런 수단으로 덕의 각 단계에 진입해서 가능한 한 그리스도를 모방하며 성경 말씀을 따라 그의 신성한 본성의 참여자가 되어야만 한다. "그리스도를 믿는 자라고 말하는 자는 그리스도가 걸어가신 대로 걸어가야 한다."[41]

결국 그리스도를 모방하는 것은 우리 자신의 죄를 깨끗케 하고 신성한 본성에 참여하는 것이다. 그리스도는 우리에게 도덕적인 모범과 수단을 제공하는 인도자로 제시된다. 그리스도는 우리 자신이 짊어질 수 없는 것을 짊어지신다기보다 우리가 어떻게 그를 따를 것인가를 보여주신다. 말씀과 행동으로 우리를 가르치신 그리스도를 따르면서, 우리는 우리 십자가를 진다. 오리게네스는 이렇게 말한다.

---

41. 「제일원리에 관한 소논문」 4.1.31 (ANF 4.378).

그리스도인으로서의 삶을 받아들였을 때 행한 약속으로 우리는 하나님과 언약을 맺음을 알아야만 한다. 하나님과 맺은 이 약속 중에는 성경 말씀대로 복음에 정해진 삶의 모든 패턴을 준수해야 한다는 약속이 있다. "만약 누구든지 나를 따르려면 자기 자신을 부인하고 자기 십자가를 지고 나를 따르라."…그러나 우리가 방금 인용한 마태복음뿐만 아니라, 누가복음이나 마가복음도 우리가 자신을 부인하고 십자가를 따르며 예수를 좇아야 한다고 가르친다.[42]

십자가를 지는 자기 희생은 우리 삶의 모든 패턴에서 드러나야 한다. 우리는 신성한 것들로 점차 나아가고 있으므로 우리의 모든 삶과 행동은 하나님께 전적으로 바쳐져야 한다.[43] 오리게네스는 우리의 모든 생각, 목적, 말, 행위가 하나님에 관한 간증, 그리스도 안에 있는 간증이 되도록 하라고 요청한다. 왜냐하면 완전한 인간은 모든 죄로부터 자신을 절제하고 자기 십자가를 짊어짐으로써 그리스도와 함께 십자가에 못 박혀야 하기 때문이다.[44] 행악하는 마귀의 자식에서 죄를 짓지 않는 하나님의 자녀로의 전환은, 우리가 누구의 자녀인지 나타내기 위해 반드시 행해야 하는 열매다.[45] 비록 오리게네스는 인간이 하나님과 동일본질이라는 헤라클레온(Heracleon)의 견해를 거부하지만,[46] 하나님처럼 도덕적으로 완전하게 되는 것이 우리에게 불가능한 것만은 아닌 것처럼 묘사한다. 우리는 모든 힘을 다해 자신

---

42. 「순교 권고」 12 (*ACW* 19.152).
43. 「요한복음 주석」 1.4 (*ANF* 9.298).
44. 「마태복음 주석」 12.24 (*ANF* 9.464).
45. 「요한복음 주석」 20.105-106 (*FC* 89.228).
46. 「요한복음 주석」 13.149 (*FC* 89.99).

에게서 도망해 "신들"(gods)이 되기 위해 달려가야 한다.[47] "형상"과 "모양"을 구분한 「제일원리에 대한 소논문」에서 오리게네스는 이렇게 쓴다.

모양에 대한 언급이 없이 "하나님이 자신의 형상으로 인간을 창조했다"는 표현은 인간 창조 시에 그분의 형상의 존엄을 받지만 모양의 완성은 그것이 이루어질 때까지 유보된다는 의미인데, 곧 인간은 하나님을 닮아가기 위해 최선을 다하는 실행 속에서 그 완성을 이루게 된다. 온전함에 대한 가능성은 하나님의 형상을 통해서 최초에 주어졌지만, 그분의 모양을 온전히 완성하는 것은 행위로 그 정점에 이른다.[48]

위에서 인용한 오리게네스의 글은, 만물 안에서 만물로 그 온전함을 이루시는 하나님의 일의 완성을 종말론적인 시각에서 보고 또 그런 맥락으로 쓴 단락이다. 그렇지만 이 종말론적 과정인 각 사람의 온전함이 이 땅에서 가능하다는 의미인지, 그리스도의 재림 때 가능하다는 의미인지는 명확하지 않다. 확실한 것은 각 개인이 온전해야 하며, 각자가 하나님의 형상을 얻도록 스스로 노력을 기울여야 한다는 점이다.[49]

마지막으로, 오리게네스의 희생 개념은 순교에서 절정을 이룬다. 「순교 권고」에서 오리게네스는 성자의 희생이 우리의 죄를 용서한다고 명백하게 말한다. 우리가 세례와 죄 용서를 위해 성령을 두 번 받을 수는 없지만, 순

---

47. 「요한복음 주석」 20.266 (FC 89.261).
48. 「제일원리에 대한 소논문」 3.6.1 (ANF 4.344).
49. "하나님이 '만물 안에서 만물을'(all in all) 충만하게 하신다는 표현은 그분이 각 사람 속에서 만물이라는 의미로 이해된다"(「제일원리에 대한 소논문」 3.6.3, ANF 4.345).

교의 세례는 다시 받을 수 있다.[50] 오리게네스는 계속해서 이렇게 쓴다.

> 우리 주님이 받아들이신 순교의 세례는 세상 죄를 대신한다. 그래서 우리가 그
> 것을 받을 때, 그것은 많은 사람을 대신한다. 모세의 율법을 따라 제단에서 보
> 조자 노릇을 했던 자들이 염소와 소의 피로 죄 용서를 얻었던 것처럼, 예수를
> 전하다 참수를 당한 그리스도인들도 하늘의 제단에서 헛되이 보조하고 있는
> 것이 아니라, 기도하는 자들에게 죄 용서를 얻게 한다.[51]

구약의 희생, 그리스도의 희생, 성도의 희생은 모두 서로서로 연결된
다. 그리스도가 순교 곧 십자가로 우리를 구원하시듯이, 순교자도 순교로
다른 자들을 구원할 수 있다. 구약의 희생제, 그리스도의 희생, 순교자들
의 희생, 이 세 종류의 희생은 모두 피와 세례의 이미지 속에서 죄 용서라
는 본질을 공유한다. 오리게네스는 심지어 「예레미야서 설교」에서 "태어
난"(begotten)이라는 단어를 그리스도와 우리 모두에 대해 사용하면서 인
간의 행위를 강조한다. "…그리고 구세주는 아버지에게서 항상 나신 자요,
유사하게 당신이 양자의 영을 받으면 하나님은 우리 각자의 행위와 (하나
님께서 우리의 행위를) 살펴보신 바에 따라서 당신을 낳는다."[52]

여기서 우리는 심각한 질문에 직면한다. 만약 예수께서 우리를 자신
의 보배로운 피로 산 것처럼 성도가 순교의 피로 다른 자들의 죄를 무를
수 있다면, 그리스도와 우리의 희생 사이에는 어떤 질적 차이도 없단 말인

---

50. 「순교 권고」 30 (*ACW* 19.171).
51. 「순교 권고」 30 (*ACW* 19.171).
52. 「예레미야서 설교」 9.5 (*FC* 97.93).

가?[53] 물론 오리게네스는 우리의 희생이 성령의 불로 이루어진다는 것을 받아들인다. "우리는 구세주의 몸을 요리하는 것이 아니라 불로, 곧 거룩한 성령으로 요리함으로써 그것에 참여하라고 명령받았다."[54] 이미 더 나은 삶으로 방향을 전환한 자들이 그리스도께 가는 길로 함께 걸을 수 있는 것은 오로지 성령의 활동 때문이다.[55] 따라서 아버지께로 올라가는 모든 과정은 믿는 자가 그리스도를 따르면서 성화되는 과정으로 이해될 수도 있다. 그러나 오리게네스가 인간 희생의 능동적인 가치를 얼마나 적극적으로 이해했는가 하는 쟁점은 더 정밀한 신학적 논의를 필요로 한다. 그리스도와 순교자의 희생을 유비적으로 다루는 것을 보면, 오리게네스는 인간 노력의 필연성을 일반적 차원보다 더 심각하게 이해했던 것 같다. 다음 단락에서는 그리스도의 희생과 우리의 희생의 관계를 다룰 것이다. 구체적으로 이 논의는 그리스도의 대속이 이 일에 참여하는 우리의 일과 어떻게 서로 작용하는가 하는 질문에 신학적인 뉘앙스를 제공할 것이다.

4.3. 그리스도와 우리의 희생

오직 그리스도만이 우리의 결핍을 짊어지신다는 오리게네스의 생각이, 순교자의 희생의 피가 다른 사람의 죄를 무를 수 있다는 견해와 충돌한다는 점은 부인할 수 없다. 그리스도의 희생과 우리의 희생 사이의 본질적 차이는 대신론의 중요한 특징이기도 하다. 그러나 오리게네스에게는 이 본질적

---

53. 「순교 권고」 50 (*ACW* 19.195).
54. 「유월절에 관한 소논문」 28 (*ACW* 54.42).
55. 「제일원리에 대한 소논문」 1.3.5 (*ANF* 4.253).

차이가, 순교자의 피로 인간의 죄가 사해질 수 있다는 가능성 때문에 심각하게 훼손된다. 단순하면서도 극단적으로 말하자면, 만약 그리스도의 희생이 단번에 이루어지는 것이라면 우리의 희생은 다른 사람을 살릴 수 있는 희생으로 간주되지 말아야 한다. 그렇다면 오리게네스는 그리스도의 희생과 우리의 희생을 그냥 무작정 나열한 것에 불과한가? 그리스도의 희생과 우리의 희생이 가진 관계는 오리게네스 신학의 어려운 주제 중 하나다. 왜냐하면 그것들이 모순된다기보다는 서로 다른 결을 가졌기 때문이다. 그리스도의 희생은 모든 것을 아우르며 시간을 초월하는 **그늘**이며 우리는 그 아래 살고 있다. 그리스도의 희생은 시간 속의 그늘, 혹은 **그림자**로서 유대인의 희생과 우리의 희생 사이에 있다. 우리의 희생은 도덕적·영적 진보로서 다른 사람들을 구원하는 요소를 가지고 있다. 이렇게 복잡한 결들을 고려한다면, 그리스도의 희생과 우리의 희생의 연속성 때문에 반드시 십자가의 대신의 성격이 사라진다는 의미는 아님을 깨달을 수 있다. 왜냐하면 그리스도의 희생을 실현하는 우리 희생과, 구원의 일로서의 우리 일을 구별할 수 있기 때문이다. 따라서 우리는 오리게네스가 말하는 그리스도의 희생과 인간의 관계가 가진 이중적인 면을 주목해야 한다. (1) 그리스도의 희생만이 세상을 구원하는 유일한 희생이다. (2) 그리스도의 희생은 장차 다가올 것에 대한 그림자로서 우리 자신의 희생 속에서 희생하고 있다. 이번 단락에서는 우리의 희생 안에서의 그리스도의 희생, 오리게네스의 희생의 이중적 개념의 뿌리가 되는 하나님과 인간의 본질적인 차이, 그리스도의 희생과 우리의 희생의 통합과 차이를 다룰 것이다.

7인의 십자가 사상

4.3.1. 그림자인 우리의 희생

오리게네스가 말하려는 바는, 우리의 희생은 우리 자신의 것이 아니라 그리스도의 희생이라는 것이다. 그리스도는 단번에 자신을 희생하셨고, 동시에 그는 우리 안에서 희생하고 계신다. 이런 개념은 그리스도를 그림자에 비유한 오리게네스의 유비와 일맥상통한다. 그는 그리스도와 그를 따르는 자들의 차이를 「제일원리에 대한 소논문」에서 설명하고 있다. 예레미야 4:20을 인용하면서 오리게네스는 그리스도를 그림자에 비유한다. "그의 그림자 아래서 우리는 여러 나라들 가운데 살아갈 것이다." 또 이렇게도 진술한다.

> 우리 몸의 그림자가 우리 몸과 분리될 수 없는 것처럼, 그림자가 몸의 움직임과 몸짓을 따라할 수밖에 없는 것처럼, 예레미야가 말한 그리스도의 영혼과 거기 속해 있는 일이 분리될 수 없고, 그 움직임과 의지로 모든 것이 실행된다는 것을 나는 지적했다. 예레미야는 이것을 그리스도 주의 그림자라고 불렀고, 우리는 그 그림자 아래서 많은 나라 가운데 살아가도록 되어 있다.[56]

우리는 그리스도의 그림자 아래서 살아간다. 오리게네스는 "그림자"라는 의미를 밝히려고 다른 여러 성경 본문을 언급한다. 우리를 향한 책망은 안수받은 자들에 대한 책망일 것이다(시 89:51). 우리의 삶은 그리스도와 함께 하나님 안에 감추어져 있다(골 3:3). 가장 높은 자의 권능이 우리를 덮으실 것이다(눅 1:35). 유대 제사장들은 하늘에 속한 것의 모형과 그림자를 제

---

56. 「제일원리에 대한 소논문」 2.6.7 (*ANF* 4.284).

공한다(히 8:5). 이 땅에서 우리 삶은 오직 그림자일 뿐이다(욥 8:9).[57] 오리게네스는 우리 삶이 그리스도 안에 숨겨져 있음을 곰곰이 생각하면서 그 진정한 의미가 인간의 이해를 넘어선다고 인정한다. 그럼에도 오리게네스는 "그리스도의 그림자"라는 표현에서 그리스도와 그 그림자의 신비한 관계를 드러내려고 했던 것이 분명하다. 그리스도의 그림자는 그 자신은 아니지만, 그리스도와 분리될 수 없다. 그리스도와 그 그림자 사이의 본질적인 차이가 먼저 눈에 띈다. 동시에 그림자가 원래 물체를 따라하듯이, 우리의 몸짓과 움직임은 그리스도를 반복하는 것에 불과하다.

또한 오리게네스는 그림자를 각자가 그리스도께 받는 몫의 차이로 이해한다. 우리는 똑같은 그림자를 받지 않는다. 그림자를 전혀 못 받는 것, 긴 그림자를 받는 것, 짧은 그림자를 받는 것 같은 일은 하나님의 섭리로 주어진다.[58] 몫이라는 개념도 그림자와 비슷하다. "그리스도는 자신에게 있는 몫을 모든 이성적인 피조물에게 보이지 않게 옮기신다. 우리 각자는 그리스도를 얼마나 사랑하는가에 정비례하게 그 몫을 획득한다."[59] 또한 그리스도의 그림자는 우리가 그것을 얼마나 실현하느냐에 따라서 달라진다.

오리게네스의 그림자 개념에서 가장 중요한 점은, 그리스도의 일이 완전히 다 드러나지 않았으며 장차 다가오는 때에 점진적으로 나타나는 과정이라는 점이다. 오리게네스는 이렇게 쓴다.

그러나 아들 자신, 영광을 받으신 하나님, 말씀은 아직 오시지 않았다. 그는 그

---

57. 「제일원리에 대한 소논문」 2.6.6 (ANF 4.284).
58. 「기도」 17 (ACW 19.62-63).
59. 「제일원리에 대한 소논문」 2.6.3 (ANF 4.282).

의 신성을 받아들이는 하나님의 사람들이 자신들의 몫으로 반드시 해야 하는 준비를 기다린다. 또한 우리가 기억해야 할 것은, 율법이 장차 올 좋은 것들의 그림자를 담고 있는 것처럼, 복음은 그리스도의 신비의 그림자를 우리에게 가르친다는 점이다.[60]

복음은 우리에게 그리스도를 가르친다. 그러나 그리스도께서 우리의 준비를 기다리고 계시므로 복음은 여전히 그리스도의 신비의 그림자다. 그리스도의 오심과 우리의 준비 사이의 흥미로운 개념은 주목할 가치가 있다. 그리스도를 따르는 자들은 그리스도의 오심을 완전히 드러난 그림자로 만드는 것도 아니고, 그리스도 자신을 드러내는 것도 아니다. 이것은 거꾸로 말하자면, 하나님의 사람들이 자신들의 몫으로 해야 하는 것은 결코 자기 것이 아니라 그리스도의 오심이라는 의미다. 그리스도를 따르는 자들이 자기 몫을 잘 해낼 때 그리스도는 그 가면을 점점 벗는다. 이런 의미에서 그리스도는 아직 완전히 오신 것이 아니다. 그리스도의 희생은 장차 다가올 세대에서 우리의 희생으로 이뤄지고 밝혀져야 한다. 바로 이런 의미에서만 우리의 희생은 그리스도의 그림자를 점차적으로 이루어가는 것이다.

때가 무르익을 때까지, 곧 우리가 하나님의 아들의 완전한 표준을 받아들일 수 있는 그때까지, 하늘에 속한 것들의 그림자는 이 땅에서 유대인들에게 존재했으며, 유대인들은 진실된 율법 아래서 개인 교사와 통치자에게 먼저 훈련받아 왔다. 이것은 신비 속에 감추어졌던 그 지혜가 더 분명히 드러난 일이다.…그러

---

60. 「요한복음 주석」 1.9 (*ANF* 9.301).

나 비록 이 땅의 특정 지역에서 행해지던 예배가 하늘에 속한 것들의 모형과 그림자이기를 희망했다 하더라도, 누군가가 그런 상상의 바다를 다니는 것은 헛되며, 그 희생제물의 양이 의미가 충만하리라고 생각하는 것도 헛되다.…비록 유월절과 여러 축제일을 다가올 시대의 관점에서 살펴본다고 할지라도, 여전히 우리는 우리 유월절, 곧 그리스도 자신이 어떻게 지금 드려지고 있으며, 앞으로도 계속 드려져야 할 것인가를 물어야 한다.[61]

다 이루어지는 시간이 도래하여 우리가 **그리스도의 완전의 표준**을 받을 수 있는 때까지 그리스도의 그림자는 계속해서 드러나야 한다. 우리의 유월절인 그리스도는 희생되어야 했으며, 지금도 계속해서 희생되어야 한다. 여기서 우리는 그리스도의 희생이 우리의 희생으로 시간 속에서 계속 드려지고 있다는 사상을 발견할 수 있다. 그리스도의 희생과 우리의 희생 중 특별한 모순을 발견하기는 어렵다. 그리스도에게 발생한 영적인 율법의 희생은, 선과 악을 구분하기 위해 자신들의 감각을 훈련해온 완전한 인간들과 다르지 않다.[62]

로버트 데일리(Robert J. Daly)는 "오리게네스의 초점이 하늘의 희생에 맞추어져 있으며, 우리의 희생은 다만 그것의 '모형과 그림자'(히 8:5)다"라고 주장한다.[63] 그러나 십자가 위에서 단번에 행해진 희생과 그 희생의 종말론적 완성 사이에서 오리게네스가 어디에 강조점을 두었는지를 구분하는 문제는 단순하지 않다. 왜냐하면 오리게네스는 그리스도의 희생과 우

---

61. 「요한복음 주석」 10.12 (*ANF* 9.389).
62. 「요한복음 주석」 6.32 (*ANF* 9.376).
63. Daly 1989: 152.

리의 희생을 구분하지 않기 때문이다. 예를 들어 마태복음 16:24의 우리가 "자기 십자가를 지는" 것에 관한 그리스도의 가르침을 해석하면서, 오리게네스는 모든 사상과 목적과 말씀과 행동이 자기를 부인하는 것이어야 하고, 그리스도에 관한 것과 그리스도 안에 있는 것을 증거하는 것이어야 한다고 주장한다.[64] 그러나 오리게네스는 우리 자신의 희생에 생각을 고정시키지는 않는다. 오히려 갈라디아서 2:20의 "내가 사는 것이 아니요 오직 내 안에 그리스도께서 사시는 것이라"를 인용하면서, 아래와 같이 우리의 희생 자체가 그리스도의 희생이라고 주장한다.

더욱이 자신을 부인하라는 말씀에 관해서는, 자신을 부인했던 바울의 다음과 같은 말씀이 적절한 것 같다. "내가 살지만, 그리스도가 내 안에 산다", "내가 살지만 그러나 내가 아니다"라는 표현은 의, 지혜, 성화, 우리의 평화, 곧 그 안에서 모든 일을 하시는 하나님의 평화로서 살기 위해서 자신의 삶을 내려놓고 그리스도를 취한, 자신을 부인하는 목소리다. 더 나아가 많은 종류의 죽음이 있지만, 하나님의 아들이 나무에 달려 십자가에 죽으셔서 죄로 죽은 우리 모두가 십자가에 죽게 된 죽음이 있다. 그 외에는 어떤 길도 없다는 이 모든 사실을 주목하라.…그리스도와 함께 십자가에 죽은 우리 각자는 권력자와 능력자들을 떼어놓고, 그들에게 분명히 알게 하여 십자가 위에서 그들을 이기고 승리한다. 혹은 그리스도가 그들 안에서 이 모든 것을 하신다(μᾶλλον δὲ Χριστὸς ἐν αὐτοῖς ταῦτα ποίει, *vel Christus potius haec facit in illis*).[65]

---

64. 「마태복음 주석」 12.24 (*ANF* 9.464).
65. 「마태복음 주석」 12.25 (*ANF* 9.464, *MPG* 13.1040C, 1039C).

위의 인용문에서 오리게네스는 그리스도 안에서의 우리의 자기부인과 우리 안에서의 그리스도의 희생 사이에 연속성을 펼쳐 보이기를 원했다는 것이 명확하다. 우리가 자기 십자가를 져야 하는 이유는 바로 그리스도께서 우리 안에 의와 성화로서 사시기 때문이다. 내가 살지만 내가 사는 것이 아니요, 그리스도께서 내 안에 사시므로 우리의 희생은 우리 것이 아니라 그리스도의 것이 된다.

우리의 희생은 그리스도의 희생의 그림자요 진정한 사태가 아니므로 그리스도의 희생과 본질에서는 다르지만, 동시에 그림자라서 그리스도의 희생에서 뗄래야 뗄 수 없다. 우리의 움직임과 몸짓은 그리스도의 움직임의 반영에 불과하다. 그러나 그리스도의 그림자는 아직 모두 다 밝혀지지 않았다. 그것은 앞으로 오는 세월에 다 드러날 것으로 예상되는 하늘의 실재의 신비다. 그리스도의 그림자가 차지하는 부분은, 하나님이 그리스도의 몫을 나누어주시는 각기 다른 수용자에 따라서 달라진다. 따라서 그리스도는 우리가 하나님의 아들의 완전한 표준을 받아서 권력자들을 떼어낼 때까지, 우리의 희생 안에서 자신을 희생하신다. 그리스도는 모두를 위해 자신을 단번에 희생하셨고, 동시에 우리 안에서 일어나야 하는 희생의 완성을 기다리고 계신다.

4.3.2. 희생의 본질적 차이

어떤 의미에서 그리스도의 희생이 우리의 희생과 조화될 수 있는가? 오리게네스는 하나님의 일이 인간의 일과 전적으로 다르지 않은 차원을 가진다고 여기므로 이 질문은 자명하지 않다. 예를 들어 오리게네스는 하나님의 섭리와 인간의 자유의지의 관계로 갈등한다. 「제일원리에 대한 소논문」 3권에서 오리게네스는 첫째 장 전체를 이 문제에 할애한다.[66] 오리게 네스는 성경의 수많은 본문을 인용하며 자유의지의 존재를 구체적으로 설명한다.[67] 오리게네스는 만약 우리에게 자유의지가 없다면 불순종의 책임을 물을 수 없다고 주장한다. 바로는 자유의지에 대한 중요한 실례다. 긍정적으로 하나님은 피조물이 회심해서 그분의 교훈과 권면을 따를 때까지 오랫동안 참고 기다리신다.[68] 어떤 의미에서는 우리가 의지를 사용하는 동안 하나님은 교사로, 보조자로, 조력자로 남아 계시는 것 같다. "운동선수가 달리는 것이 그리스도 예수 안에서 하나님의 강력한 부르심의 상을 얻을 수 있는 것은 아니다. 왜냐하면 이것은 하나님의 도우심으로 이루어지기 때문이다.'[69] 다른 의미에서는 비록 선원들이 배를 구하려고 한 것이 무효인 것은 아니지만, 선원들이 배를 구했을 때 모든 것을 하나님께 돌리는 것처럼, 비록 하나님이 하신 일이 우리가 하는 일과 무한히 다르지만 그렇다고 우리가 자유의지로 하는 일과 전혀 무관한 것도 아니다.[70] 오리게네스는 하나님의 섭리와 인간의 자유의지가 결코 모순되지 않으며, 그것은 다음과 같은 세 가지 점을 피해야 한다고 결론짓는다. (1) 하나님의 선-지식 없이 우리 자신만의 힘, (2) 인간의 기여 없이 하나님 자신만의 선-지식, (3) 효과적으로 포함된 인간의 의지 없이 하나님만의 의지.[71] 그러나 「제일원리에 대한 소논문」의 이렇게 긴 첫 장에서 오리게네스가 하나님

---

66. 「제일원리에 대한 소논문」 3.1.1-22 (*ANF* 4.302-328).
67. 「제일원리에 대한 소논문」 3.1.6 (*ANF* 4.306).
68. 「제일원리에 대한 소논문」 3.1.13-15 (*ANF* 4.314-316).
69. 「제일원리에 대한 소논문」 3.1.18 (*ANF* 4.322).
70. 「제일원리에 대한 소논문」 3.1.18 (*ANF* 4.322).
71. 「제일원리에 대한 소논문」 3.1.22 (*ANF* 4.328).

의 섭리와 자유의지를 어떻게 조화시키는지는 명확하지 않다. 그는 양쪽의 관점을 쭉 열거한 후에 어느 한쪽으로 치우치지 말 것을 경고한다. 「기도」에서도 오리게네스는 동일한 주제를 다룬다. 인간 행동의 문제로 인간이 자유롭지 못하다고 생각하는 것은 불가능하다고 진술한 후, 오리게네스는 하나님의 선-지식이 모든 것을 일어나도록 하는 것은 아니지만, 그분의 선-지식의 결과로 모든 인간의 행위는 우주가 존재하는 데 필수적인 "전체 섭리"에 결부되어야 한다고 주장한다.[72]

하나님과 인간의 조화라는 주제를 놓고 볼 때, 오리게네스 사상의 더 깊은 뿌리는 하나님과 인간의 본질적인 차이에 대한 이해에 있다. 오리게네스에 따르면 하나님은 이해될 수도 측정될 수도 없으므로, 그분의 본성은 어떤 인간의 이해력으로도 파악되거나 보여질 수 없다. 오리게네스는 이렇게 주장한다.

그러므로 하나님은 육체나 육체 안에 존재하는 자로 간주될 수 없고, 어떤 것과도 섞일 수 없는 지적 본성, 그 안에 어떤 다른 첨가물도 없는 섞이지 않은 존재로 이해되어야 한다. 그래서 하나님은 그보다 더 큰 자나 작은 자가 있을 수 없으며, 모든 부분 속에 있는 단순함(Μονάς), 말하자면 일자('Ενάς)이시다. 그리고 모든 인간의 지성과 마음은 하나님의 지성과 마음에 뿌리를 두고 있다. 하나님의 정신은 어떤 물리적 공간이나, 감각할 수 있는 위대함이나, 어떤 육적인 형태나 색깔, 혹은 육과 물질의 속성인 요소들의 부속물이 결코 아니다.[73]

---

72. 「기도」 6.3 (ACW 19.33).
73. 「제일원리에 대한 소논문」 1.1.6 (ANF 4.243).

하나님의 본질은 다른 모든 피조물의 본질인 시간과 공간의 물리적 연장의 복합물이 아니다. 하나님은 다른 모든 존재가 그분으로부터 생겨나는 단 하나의 유일한 근원이시다. 우리는 하나님을 그 자체로 바라볼 수 없다. 우리는 그분이 하신 일의 아름다움과 그분이 만드신 피조물의 아름다움을 통해서 하나님을 안다.[74] 오리게네스에 따르면, 하나님이 물리적인 공간 속에 있다는 주장은 그분이 육체적인 몸을 가지고 있다는 주장이 되어버리고, 결국 하나님이 보여질 수 있고 물질을 가지고 있으며 소멸할 수 있다는 결론으로 이어져버린다.[75] 덧붙여 「요한복음 주석」에서 오리게네스는 하나님이 육이라는 주장이 얼마나 어리석은지를 밝히면서, 하나님은 변동, 변화, 이동하지 않음을 강조했다.[76] 하나님의 진정한 본질을 우연이 아니라 부동의 동자(unmoved mover)로 이해하는 것은 분명히 그리스 철학의 영향이다. 하나님은 그분이 만드신 피조물을 움직이게 할 수 있지만, 하나님 자신은 움직임을 당하지 않고 시공에 의한 변화를 겪지 않는다.

하나님의 본질은 시간과 연결되어 있다. 삼위일체 안에서 성령도 동일한 신성을 가진다는 사상을 전개하면서 오리게네스는 하나님과 시간의 관계에 대한 그의 생각을 피력했다. 오리게네스는 이렇게 주장했다.

만약 이런 경우라면 성령이 항상 성령인 경우를 제외하고는, 성령은 변함없는 성부와 성자와 함께 삼위일체의 연합 속에서 결코 이해될 수 없을 것이다. "항상" "있었다" 혹은 시간을 가리키는 용어들을 사용할 때 우리는 그 용어들을 절

---

74. 「제일원리에 대한 소논문」 1.1.6 (*ANF* 4.243).
75. 「기도」 23.3 (*ACW* 19.78).
76. 「요한복음 주석」 13.127 (*FC* 89.94).

대적으로가 아니라 적절한 허용과 함께 받아들여야 한다. 왜냐하면 이 용어의 중요성은 시간과 연결되어 있으며, 좀더 확장해서 말하자면 우리가 언급하는 대상은 시간 속에 존재하는 것으로서 말해지는 반면에, 이들 용어들은 본질적으로 유한한 인간 이해의 모든 개념을 넘어서기 때문이다.[77]

오리게네스는 "항상"과 같은 표현이 시간에 대한 우리의 유한한 이해의 일부분이라고 주장한다. 따라서 하나님께서 시간 속에 자리하셨다는 것을 절대적인 것으로 간주해서는 곤란하다. 시간 속의 하나님 개념은 우리에게 알려진 것의 일부일 뿐이다. 더욱이 시간과 연관된 하나님의 초월성은 영원한 지적 존재에게도 다 알려질 수 없는 것이다. "유한한 지적인 존재뿐만 아니라 심지어 영원한 지적인 존재에게도 이해를 넘어서는 것은 삼위일체뿐이다."[78] 하나님은 만물 안의 만물이시고, 만물 안의 만물일 것이고, 마지막이 처음으로 회복된다.[79] 시간에 대한 우리의 관점으로 보면, 하나님은 수세기 동안 참으시고 시대와 시대에 걸쳐서 피조물의 불순종을 견뎌내신다.[80] 하나님께서 시간 속에 자리하심은 그분 자신의 본성이 아니라 제한적인 방식으로 우리에게 알려지신 것으로 간주되어야 한다.

하나님의 피조물들은 그 존재에 있어서 그분과 선명하게 비교된다. 피조물의 속성은 우발적인 존재로서 시공 안에 자리하고 있으며, 시공이 없

---

77. 「제일원리에 대한 소논문」 1.3.4 (*ANF* 4.253).
78. 「제일원리에 대한 소논문」 4.1.28 (*ANF* 4.377).
79. 「제일원리에 대한 소논문」 3.3 (*ANF* 4.345).
80. Van de Beek 1998b: 249.

이는 피조물은 결코 발견될 수 없다.[81] 오리게네스는 이렇게 주장한다.

> 이성적인 존재의 수, 혹은 육적인 물질의 측정인 모든 피조물은 숫자와 측정 안에 있기 때문에 하나님과 구분된다. 지적 본성은 구체적인 것들(bodies) 속에서 표현되는 것이 필수적이므로, 그리고 그 본성은 그것이 창조된 바로 그 조건에 따라 변화하고 변경될 수 있으므로 (존재하지 않았던 것들이 존재하기 시작하는 것이 바로 변화할 수 있는 본성의 상태이므로) 본질로서가 아니라 우연으로서 선하거나 악하게 된다.[82]

피조물의 본질은 바로 변화다. 존재들이 어떤 시공간 안에서 존재하기 시작했다는 사실 그 자체로, 그리고 시공간에 의해서 그들은 움직임을 가지게 되고 서로 달라진다. 결국 피조물은 그의 속성을 본질로서가 아니라 우연으로 가지게 된다. 오리게네스는 살아 있는 존재가 활동하지 않거나 움직이지 않을 수 없다고 말한다. 그들은 모든 종류의 움직임과 영원한 활동과 의지 속에서 존재 가치를 가진다.[83] 우연적 존재의 다양성이란 존재의 바로 그 본질로부터 발생된다. 따라서 그가 하나님과 하나가 될 때, 그분을 향해서 완전해질 것을 요청받는다.[84] 그러나 현재로서는 피조물이 끊임없이 변한다는 것은 피조물이 그래야만 하는 것이고, 그것 없이는 도덕적·영

---

81. 「제일원리에 대한 소논문」 4.1.34 (*ANF* 4.380).
82. 「제일원리에 대한 소논문」 4.1.35 (*ANF* 4.380).
83. 「제일원리에 대한 소논문」 2.11.1 (*ANF* 4.296).
84. "성부가 아들과 하나이듯이 모두가 하나 되는 완성으로 향해서 달려가기 시작했을 때, 모두 하나라면 다양성이 더 이상 존재하지 않을 것이라는 것은 이성적으로 추론될 수 있다"(「제일원리에 대한 소논문」 3.6.4, *ANF* 4.346).

적 발전을 이룰 수 없다. 덧붙여 인간의 변화성이란, 인간이 성부와 그 아
들에게 얼마나 가까이 접근해 있는가 하는 정도에 따라서 인간을 4단계로
나눈 것과도 연관된다.[85]

시간과 관련하여 인간이 누구인가라는 문제는 오리게네스도 다루기
힘든 문제였다. 「기도」에서 주기도문의 "오늘"의 의미를 해석하면서, 오리
게네스는 "(시간의 다른 표준들이) 무엇을 의미하는지는 그것을 정하신 하나
님만이 아신다"라고 주장했다.[86] 히브리서 13:8의 "예수 그리스도는 어제
나 오늘이나 영원토록 동일하시니라"를 인용하면서, 오리게네스는 "하나
님께는 모든 시간이 마치 우리에게 하루와 같은 의미를 가진다는 것은 별
로 놀라운 일이 아니다"라고 진술했다.[87] 그럼에도 오리게네스는 인간과
관련해서 시간이라는 문제를 풀 수 있기를 희망했다. 오리게네스는 이렇
게 쓴다.

만약 지금 세대 이후에 계속 이어지는 세대가 있다면 어떻게 세대의 끝이 있
는 동시에, 어떻게 그 속에서 예수께서 단번에 우리 죄를 무너뜨리려고 나타나
셨는지에 관해서, 사도 바울의 두 본문을 나란히 놓고 보았을 때 나는 종종 당
혹감을 느낀다. 그 본문들은 다음과 같다. "이제 자기를 단번에 제물로 드려 죄
를 없이 하시려고 세상 끝에 나타나셨느니라"(히 9:26). "이는 그리스도 예수 안
에서 우리에게 자비하심으로써 그 은혜의 지극히 풍성함을 오는 여러 세대에
나타내려 하심이라"(엡 2:7). 엄청난 주제들이 포함된 이 문제에 직면해서 내 의

---

85. 「요한복음 주석」 2.3 (*ANF* 9.324).
86. 「기도」 27.14 (*ACW* 19.103).
87. 「기도」 27.13 (*ACW* 19.103).

견은 세상의 끝이 마지막 달에 이루어지고 그 이후에는 또 다른 달이 시작되어서, 아마도 많은 세대가 수많은 해로 이루어져 있듯이 지금 이 세대에서 완성되고 이후에는 앞으로 다가올 세대가 다시 시작되어 다음 세대가 처음이 될 것이라는 것이다. 하나님이 자비 가운데 은총의 풍요를 보이시는 것은 바로 다가오는 세대에 이루어질 것이다. 성령을 거스르고 모독하는 죄에 깊이 빠졌던 자는 이 세대 동안에 그리고 다가올 세대의 시작부터 끝까지 죄의 지배 아래 있을 것이고, 그 이후에는 구원을 얻게 될 것인데, 어떤 방법으로 구원받을지는 도저히 설명할 수 없다.[88]

그리스도는 단번에 죄를 무너뜨리려고 나타나셨다. 동시에 하나님은 다가올 세대에 자기 은총의 부요함을 보여주실 것이다. 오리게네스는 이 두 가지, 곧 세대의 끝과 다가올 세대에 관해서 당혹감을 감추지 못했다. 하나님은 세상의 끝과 다가올 세상 양쪽에서 일하시며, 인간은 장차 하나님의 일이 단번에 또한 동시에 일어날지를 알지 못한다. 오리게네스가 고백한 대로, 우리는 인간에게만 적용되는 시간과 관련해서, 하나님의 일의 신비를 설명할 수 없을지도 모른다. 그리스도의 단회적인 희생과 다가올 세대에 일어나는 우리의 희생의 모순은, 하나님과 인간 사이의 본질적인 차이 때문에 별다른 의미가 없는 것으로 보인다.

4.3.3. 희생의 통합과 구분

그리스도의 희생은 우리의 희생과 모순적이라기보다 통합적이다. 하지만

---

88. 「기도」 27.15 (*ACW* 19.104).

그리스도의 희생과 우리의 희생이 통합되어 있다는 것을, 서로 다른 이 희생이 조화로운 상호성을 가진다는 의미로 이해해서는 안 된다. 그리스도의 희생은 희생의 본 모습과 근원이고, 우리의 희생은 그리스도의 그림자다. 그림자는 원래의 모습을 변경할 수 없지만, 원래의 모습은 자신이 투영된 그림자를 바꿀 수 있다. 그리스도와 그 그림자의 불가분의 관계는 결코 상호 관계를 의미하지 않는다. 심지어 가장 높은 도덕적·영적 수준의 인간의 희생도 그리스도의 희생과 비교하면 본질적인 차이를 보인다. 오리게네스는 이렇게 주장한다.

> 이런 방법, 곧 불에 달구어진 철처럼 말씀과 지혜로 하나님 안에서 영속적으로 단련되어온 사람은 그가 행하고 느끼고 경험하는 모든 것에서 끊임없이 달구어지면서 하나님의 말씀과 하나 되고 변경될 수 없음을 소유하고 있는 한, 변경될 수 없는 것, 움직여질 수 없는 것으로 불릴 수 있다.…그들은 향유의 향기 속에서 달려왔다고 말할 수 있는 자들이다. 그리고 그는 향유를 담는 그릇인데, 그 향유가 뿜는 향기는 모든 선지자와 사도들이 그 향기에 참여하는 자가 되게 할 만하다. 향유의 본질이 그 향기와 다르듯이 그리스도는 그를 따르는 자들과 다르다. 향유를 담고 있는 그릇 자체는 어떤 역겨운 향기도 받아들일 수 없다.…그리스도를 따르는 자들은 그 용기에 얼마나 가까운가 하는 정도에 따라서 그 향기의 참여자와 수용자가 될 것이다.[89]

여기서 우리는 하나님과 인간의 통합과 차이를 읽을 수 있다. 우리는 그

---

89. 「제일원리에 대한 소논문」 2.6.6 (*ANF* 4.283-284).

리스도를 따르는 자들로서 하나님의 말씀에 연합되므로 변화될 수 없는 속성을 가질 수 있다. 그러나 우리는 향유나 그 향유를 담고 있는 그릇이 아니라 향유의 향기일 뿐이다. 따라서 그리스도와 그를 따르는 자들은 다를 수밖에 없다. 그리스도에 참여하는 자의 향기가 얼마나 가치 있는가 하는 문제는 누가 그 향기를 만들어내는가 하는 문제와 상호 교환될 수 없다. 생명에 참여함으로써 생명이라고 불리는 자가 생명 그 자체가 되는 것은 불가능하다.[90] 로고스의 가장 높은 완성에 이를 때조차 우리는 십자가에 절대적으로 의존하고 있음을 잊어서는 안 된다. 오리게네스는 이렇게 말한다.

> 요한의 비전에서 흰 말을 탄 하나님의 말씀은 벌거벗은 것이 아니었다. 병사들이 옆구리를 찔렀을 때, 육을 가지고 죽은 말씀은 그의 피가 땅 위에 쏟아졌다는 사실에 둘러싸여 피 묻은 옷을 입고 있었다. 그 수난에서 로고스의 최고의 완성에 이르러야 하는 것이 우리 운명이라면 우리는 어떤 기억도 잃어버리지 말아야 하며, 말씀이 우리 몸에 머물기 때문에 우리가 받아들여졌다는 사실도 잊지 말아야 한다.[91]

이 땅에 피를 쏟은 그리스도의 수난은 만일 우리가 로고스의 최고의 완성이 이르게 된다면 우리 몫일 수 있다. 그러나 우리의 수난은 우리 자신의 것이 아니라 우리 몸에 거하시는 그리스도의 것이다. 중요한 것은 심지어 우리가 지식의 가장 높은 수준에 이를지라도, 그리스도께서 우리 안에서 일

---

90. 「요한복음 주석」 2.4 (ANF 9.326).
91. 「요한복음 주석」 2.4 (ANF 9.327).

하신다는 것을 앎으로써 우리가 받아들여졌다는 것이다. 같은 책에서 오리게네스는 십자가에서의 그리스도의 일과 그것을 따르는 우리의 일을 선명하게 구분한다. "우리는 먼저 어린 양이신 그리스도께 혜택을 받아서 일단 우리 죄를 제거해야 하고, 그 다음에 우리가 깨끗하게 되었을 때 그의 육, 곧 진정한 음식을 먹게 된다."[92] 죄로부터 깨끗케 될 뿐만 아니라 더욱 자라려면 우리는 여전히 그의 음식을 먹을 필요가 있다. "그리스도의 여러 측면"을 우리 안에서 계속되는 그리스도의 일로 부르면서, 오리게네스는 하나님의 독생자만이 우리가 그분께로 올라가는 여러 단계의 전체라고 주장한다.[93]

요약하면, 오리게네스에게 있어서 그리스도의 희생과 우리의 희생에는 두 가지 측면이 있다. 그리스도의 희생은 우리의 희생과 통합되고 연속되는 동시에 본질적 차이를 가진다. 왜 우리가 계속 진보해야 하는가 하는 이유는, 우리가 스스로 진보를 이룰 수 있기 때문이라기보다 우리의 본질이 시간 속에서 움직이고 변화하기 때문이다. 하나님과 인간의 존재론적인 차이는, 그리스도의 희생과 우리의 희생을 오리게네스가 잘 융합하고 있는 것과 연관된다. 우리가 자신을 희생하는 것은 우리 자신의 행위가 아니라 그리스도의 희생을 반영하는 그리스도의 그림자요 몫이다. 한편으로는 오리게네스가 우리의 희생을 너무 높이 평가하고 있음도 비판적으로 고려해야 한다. 우리는 완전해야 하고 아버지께로 올라가야만 한다. 우리의 희생과 순교자의 피가 다른 사람의 죄를 무르고 구원할 수 있을 정도까지 이르도록 요청받는다. 그리스도를 하나님의 진정한 능력으로 고백하는 자들은 그리스도

---

92. 「요한복음 주석」 19.39 (*FC* 89.176).
93. 「요한복음 주석」 19.38 (*FC* 89.176).

7인의 십자가 사상

께서 만물의 능력이 되시는 한, 그리스도와 몫을 나눈다고 오리게네스는 믿는다.[94] 다른 한편으로는, 그림자가 그 본체와 본질에서 다르고, 물질로서 유향 자체가 그 향기와 구분되어야 하듯이, 그리스도와 거기에 참여하는 자는 분명히 구분되어야 한다. 그리스도의 희생은 우리의 희생이 그것을 재현하고, 그 향기를 만들기 위해서 담아야 할 진정한 본질이다. 그리스도는 자신을 단번에 희생하셨으며, 우리가 자신 안에서 그 희생을 반영할 때 또한 그는 우리 안에서 자신을 희생하고 계신다.

4.4. 결론: 희생물이 아니라 희생

오리게네스의 희생 개념이 그의 십자가론에서 얼마나 핵심적인 사상인가는 하는 점은, 그리스도와 여러 종류의 어린 양 이미지를 비유한 것과 "피", "대제사장", "깨끗케 함과 정화" 같은 여러 표현에서 살펴볼 수 있었다. 그리스도는 고난 당하는 어린 양, 유월절의 어린 양, 우리의 결핍을 짊어지고 죄를 깨끗케 하며 세상의 권세 잡은 자들을 물리치는 어린 양이시다. 그러나 그리스도의 피는 제의적인 희생물(victim)의 범주를 넘어선다. 하나님의 어린 양은 세상의 권력을 파괴하고 우리에게 엄청난 위로를 주신다. 그리스도는 위로자, 대속물, 달래는 희생물(propitiation), 우리 약함과 함께 하시는 분이시다.[95] 더구나, 단번에 모두를 위해 희생(sacrifice)하신 그리스도의 희생은,[96] 모든 믿는 개인이 죄에서 해방될 때까지 우리의 희생 안에

---

94. 「요한복음 주석」 1.38 (*ANF* 9.317).
95. 「요한복음 주석」 1.40 (*ANF* 9.318).
96. 「요한복음 주석」 1.40 (*ANF* 9.318).

서 지금도 계속되고 있다.[97] 그리스도의 몸과 그림자를 받으면서 우리는 아버지께로 올라가야 한다. 그런데 여기서 오리게네스의 희생 개념에 관해 심각한 문제에 직면한다. 만약 그리스도가 희생제물이 아니라면, 그리스도가 어떤 의미에서 여전히 희생적 성격을 지닌다는 것인가? 이번 결론에서 나는 희생의 제의적인 개념과 오리게네스의 희생 개념 사이의 연속성과 불연속성을 함께 다루고, 다음으로 오리게네스의 희생 개념의 진정한 의미를 파헤쳐볼 것이다.

제의적인 희생 풍습은 희생제물을 신적 존재에게 바치는 "희생화"라는 골격을 가지며, 그 속에서 신적 존재는 자신을 달래줄 인간의 제물을 요구하고 그것에 대한 응답으로 인간의 죄를 벌하지 않거나 제물을 바치는 자에게 복을 주는 진노한 존재로 묘사되고 있다.[98] 이 희생 제도에는 다음과 같은 3개의 서로 다른 집단이 관계한다. (1) 희생제물, (2) 희생제물을 바치는 인간, (3) 희생제물을 받는 신적 존재. 이 제의적인 희생 제도의 틀에는 몇 가지 측면이 명백히 설정되어 있다. 희생제물은 그것을 드리는 자와 결코 동일할 수 없다. 신적 존재는 희생제물을 드리는 존재가 결코 될 수 없

---

97. 「요한복음 주석」 1.37 (*ANF* 9.317).

98. 예를 들어 한국의 심청전은 희생제물의 이야기다. 심청은 눈먼 아버지를 위해 공양미 삼백 석에 자신을 어부에게 파는데, 어부는 진노한 바다를 달래줄 희생제물을 찾고 있었다. 심청이 바다에 던져지자, 진노한 바다의 신은 만족하고 어부들은 고기잡이를 계속할 수 있게 된다. 구약의 요나 이야기도, 본질적인 이야기 구도가 희생제물을 바다에 바친다는 점에서 심청 이야기와 다르지 않다. 삿 11:29-40에서 입다가 딸을 바치는 이야기도 근본적으로는 제의적인 희생제물의 틀을 벗어나지 않는다. 어떤 구체적인 이유도 없이, 입다의 서원 후 하나님은 입다와 그를 따르는 자들에게 암몬 족속과의 싸움에서 이기는 승리를 주셨고 입다는 딸을 희생제물로 바친다. 제의적인 희생 제도에서 한 가지는 분명하다. 우리에게 벌이나 상을 줄 수 있는 초월적인 존재를 달래려면 희생제물을 바쳐야 한다는 것이다.

다. 신적 존재는 희생제물을 바치는 자들을 벌하지 않는다. 희생 제사의 수혜자는 희생제물을 바치는 자와 동일한 자여야 한다. 이런 제의적인 희생 제도에 비추어서 그리스도의 십자가를 생각해보면, 십자가 희생의 기본적인 틀은 창조주 하나님에 대해서 잔혹하고 폭력적인 이미지를 환기시키며, 따라서 현대의 그리스도인들은 이것을 도저히 받아들일 수 없어 곤혹스러워 한다. 르네 지라르(René Girard)는 피의 제사를 받아들이는 신적 존재라는 개념이 현대인들에게 거의 실재성이 없기 때문에, 대부분의 현대 이론가들에게 희생 제의의 전적인 구성은 상상력의 영역으로 추방되었다고 주장한다.[99] 미하엘 벨커(Michael Welker)도 희생 제도의 메커니즘을 지적한다. 희생 제도는 "하나님은 항상 보상을 요구한다. 궁극적으로 희생 제도는 무자비하고 앙심을 품은 하나님을 가라앉히고 달래기 위해서, 곧 보상에 관심이 있는 신적 존재를 만족시키기 위해서 희생제물을 필요로 한다"라는 오해를 종종 초래한다.[100] 벨커는 십자가론에 대한 잘못된 이해, 즉 하나님이 복수와 보상을 위한 신적 요구를 충족시키기 위해서 예수를 희생물로 계획했다는 해석을 거부해야 한다고 지적한다.[101]

오리게네스에게서 하나님의 진노와 분노, 그분께 바쳐진 그리스도의 희생, 달래는 희생(propitiation) 개념이 종종 발견된다. 「요한복음 주석」에서 오리게네스는 "그리고 그는 피가 뿌려진 옷을 차려입었는데 그의 이름은 하나님의 말씀으로 불린다.…그의 입으로는 날카로운 검이 나오고…그는 전능하신 하나님의 맹렬한 진노를 포도 짜는 틀을 밟듯이 짓

---

99. Girard 1979: 6.
100. Welker 2000: 109.
101. Welker 2000: 109.

밟았다"라고 쓰고 있다.[102] 같은 주석에서 오리게네스는 그리스도의 희생을, 세상 죄를 없애려고 하나님께 바쳐진 것으로 정의한다.[103] 달래는 희생(propitiation)이라는 용어도 여러 군데서 발견된다.[104] 그러나 「요한복음 주석」에서 알 수 있듯이 propitiation은 그리스어 ἱλαστήριον의 라틴어 번역 propitiatio로부터 왔다.[105] 분명히 라틴어 번역어 propitiatio는 그리스어 ἱλαστήριον과 동일한 뜻이 아니다. 오리게네스의 경우에도 이것은 사실이다. 오리게네스의 ἱλαστήριον 개념은 두 가지 점에서 propitiatio

---

102. 「요한복음 주석」 2.4 (ANF 9.325).
103. "오직 이 방법으로 멜기세덱의 반차를 좇아서 영원히 대제사장이 되신 자, 세상의 죄를 지고 가는 하나님의 어린 양, 불경한 자가 아니라 경건한 대제사장에 의해서 하나님께 희생제물로 바쳐진 자에 관한 말씀을 우리는 유지할 수 있을 것이다"(「요한복음 주석」 19.120, FC 89.195). 바로 앞에서 오리게네스는 엡 5:2, "희생물로 하나님께 바쳐졌다"를 언급하고 있다 (「요한복음 주석」 19.119, FC 89.195).
104. 「요한복음 주석」 1.22-23, 1.38, 6.37-38 (ANF 9.308-309, 317, 378, 380).
105. 롬 3:25의 ἱλαστήριον과 요일 4:10의 ἱλασμὸν에 대한 올바른 번역이 무엇인지에 대한 논쟁이 계속되고 있다. 폴 피데스(Paul Fiddes)에 의하면, 하나님이 주어일 경우에는 이 단어가 expiation으로 번역될 수 있다(Fiddes 1989: 68-74). 그러나 하나님이 목적어가 되면 이 용어는 propitiation에 가까운 것으로 보인다. 피데스는 propitiation보다 expiation을 선호했다. "이스라엘과 초기 기독교의 개념에 따르면, 희생제는 인간이 하나님께 행하는 어떤 것(propitiation)이 아니라 하나님이 인간을 위해서 행하는 것(expiation)이었다(Fiddes 1989: 68-71). 레온 모리스(Leon Morris)는 피데스와 다른 견해를 보여준다. 모리스는 propitiation이 진노를 가라앉힌다는 인격적인 용어인데 반해서, expiation은 죄나 범죄를 무른다는 비인격적인 용어라고 주장한다(Morris 1983: 151). 모리스는 하나님의 진노가 구약과 신약에서 등장하는 신 관념 가운데 하나며, 그리스도는 우리 죄로 인해 촉발된 하나님의 진노를 되돌리는 희생을 드렸다고 보면서 propitiation이라는 번역을 선호한다(Morris 1983: 176). 한편으로는 롬 3:25의 "하나님이 그리스도의 피에 의한 대속의 희생으로 그리스도를 세우셨으며"에서 알 수 있듯이, 하나님이 그리스도의 희생의 주체라는 것이 바울의 견해다. 다른 한편으로 바울은 하나님의 진노 개념을 수용하는 듯하다. "훨씬 더 확실하게, 이제 우리는 그의 피로 의롭게 되었고 우리는 하나님의 진노로부터 그리스도를 통해서 구원받았다"(롬 5:9).

와 다르다. 첫째, 하나님은 ἱλαστήριον을 바쳐져야 하는 대상이라기보다 ἱλαστήριον을 작용시키고 우리에게 주시는 주체에 가깝다. 오리게네스는 이렇게 말한다.

그러나 그리스도께서 인간의 본성을 변호하면서 그것을 대속하실 때, 우리 가 언급하고 있는 이름, 즉 위로자, 달래는 것(propitiation), 대속(atonement) 중 어떤 것도 우리를 아버지께 나타내는 것을 잘 표현하지 못한다. 그는 요한 의 서신에서 위로자라는 이름을 가진다.…또한 동일한 서신에서 우리 죄를 위 한 대속(ἱλασμός)이라고도 불렸다. 비슷하게 로마서에서 그리스도는 달래는 것 (propitiation)으로 불렸다.…그러나 우리의 약함을 종결짓고 믿는 자의 영혼 위 로 흐르며 예수에 의해서 운용되는 하나님의 능력이 없다면, 어떻게 그리스도 가 위로자, 대속, 달래는 것이 될 수 있었겠는가![106]

여기서 오리게네스는 ἱλαστήριον이라는 용어를 사용함에 있어 받는 자로서의 하나님보다는, ἱλαστήριον을 주도하는 그분의 능력을 강조하고 있다. 그리스도는 ἱλαστήριον 안에서 하나님의 능력을 운용한다. 하나님 의 의지와 신실함에 관한 한, 성부와 성자 간의 연합도 주목받을 만하다. 오리게네스는 이렇게 쓴다.

이제 이 이미지는 아버지와 아들의 본성과 본질의 연합을 함축한다. 왜냐하면 만약 아들이 비슷한 방법으로 아버지가 행하시는 모든 것을 행한다면, 아버지

---

106. 「요한복음 주석」 1.38 (ANF 9.317, MPG 14.89A).

와 비슷한 모든 것을 하는 아들의 미덕 속에, 아버지로부터 나셨고 마음으로부터 나오는 아버지의 의지적 행동과 같은, 아들에게 형성된 아버지의 이미지가 있기 때문이다.…의지적 행동이 어떤 다른 부분에서 잘린 것도 아니고 그것에서 분리되거나 나눠진 것도 아니다. 이해로부터 곧바로 나오는 것처럼 어떤 형식을 좇아서 아버지는 아들을 나게 하셨을 것이다.[107]

성자 하나님은 하나님의 본질적 존재다. 하나님이 의지이듯이 아들도 하나님의 의지다.[108] 그리스도는 죄인들을 위해 자신을 내어주신 아버지의 의지를 완성한다.[109] 그리스도께서 자신 속에 만물의 모든 이해를 포함하고 있는 것은 바로 아버지의 의지에 따른 것이다.[110] 그리스도의 죽음은 하나님의 계획과 섭리에 의한 것이어서 "하나님은 그리스도 안에서 세상을 그 자신과 화해시킨다."[111] 성부 하나님은 그리스도 안에서 세상을 자신과 화해시키므로 그리스도의 희생이 성부 하나님께 바쳐진 것으로 보기는 어렵다. 오리게네스에게, 하나님은 그리스도 안에서 ἱλαστήριον을 실행하신 주체이시다.

둘째로, 하나님은 자신을 위해서가 아니라 그분의 피조물을 위해서 ἱλαστήριον을 실행하셨다. 하나님이 그리스도의 희생을 결정적으로 필요로 하는 자들을 너무도 사랑하셨기 때문에 그리스도는 자신을 희생시켰

---

107. 「제일원리에 대한 소논문」 1.2.6 (*ANF* 4.248).
108. Van de Beek 1998b: 246.
109. 「요한복음 주석」 6.37 (*ANF* 9.379).
110. 「요한복음 주석」 1.27 (*ANF* 9.313).
111. 「요한복음 주석」 6.37 (*ANF* 9.379).

다. 오리게네스는 "이제 하나님은 하나이고 순수하다. 그러나 하나님이 그리스도를 ἱλαστήριον으로 세우셨고 모든 창조물의 첫 열매가 되게 하셨으므로 우리 구세주는 많은 것, 아마도 모든 것이 되었다. 구원의 가능성에 관한 한, 피조물 전체가 그리스도를 필요로 한다"라고 주장한다.[112] 하나님은 그리스도를 하나님 자신을 위해서가 아니라 피조물을 위해서 세우셨다. 오리게네스는 인간이 그리스도를 떠나서 스스로의 능력으로 죄와 죽음을 결코 극복할 수 없다고 믿었다. 인간이 아니라 그리스도께서 자신을 희생제물로 내어주셨다. 더욱이 그리스도 안에서 하나님은 우리의 희생의 실행자이시다. 오리게네스가 "완전해진 자들, 곧 더 이상 죄를 짓지 않는 자들은 그리스도 안에서 산다"라고 주장했을 때,[113] 인간이 도덕적·영적으로 완전할 수 있다는 가능성은 그가 스스로 죄와 죽음으로부터 자유롭게 될 수 있다는 의미가 결코 아니다. 오히려 반대로, 우리의 행위는 우리를 위해 자신을 바치신 그리스도의 그림자다. 그리스도의 희생은 하나님을 위한 것이 아니라 피조물을 위한 것이며, 그 희생이 없이는 우리가 만들어야 하는 진보는 획득될 수 없다. 하나님의 일이 우리의 희생 속에서 진행되므로, 놀라운 승리와 위로를 우리에게 주시는 하나님은 인간과 심오한 관계가 있다. 궁극적으로는, 그리스도께서 하나님으로서 인간 안에서 사랑을 따라서 자발적으로 자신을 희생하셨으므로, 오리게네스에 의하면, 그리스도의 희생은 희생화가 될 수 없다.

---

112. 「요한복음 주석」 1.22 (*ANF* 9.308).
113. 「요한복음 주석」 20.232 (*FC* 89.255).

이 살육당한 어린 양은 어떤 감추어진 이유들 때문에 온 세상의 정화가 되어 왔고, 그것을 위해 인간을 사랑하시는 아버지를 따라서 그는 죽음에 자신을 내어주었다.…그리고 어린 양을 살육하는 자에게로 인도했던 그분은, 다음의 말씀에서처럼, 인간 안에 계신 하나님, 위대한 대제사장이시다. "어느 누구도 나의 생명을 나로부터 앗아갈 자가 없고 나는 내 생명을 스스로 내려놓는다"(요 10:18).[114]

그리스도는 하나님에 의해 강요되고 의도된 희생제물이 아니다. 반대로 그리스도는 인간을 짊어지기 위해 자신을 희생하기까지 하나님의 사랑과 의지를 자발적으로 실현하는 인간 속의 하나님이시다. 오리게네스에게는, "그리스도가 누구를 위해 자신을 희생했는가?"라는 질문이 "누구에게 그리스도의 희생물이 바쳐졌는가?"라는 질문보다 훨씬 더 또렷하다. 그리스도의 자기희생적 사랑은 제의적 희생의 개념과는 근본적으로 다르다.

이제 우리는 최종적인 질문을 다루어야 한다. 만약 그리스도의 희생이 희생화와 많은 면에서 다르다면, 어떤 의미에서 오리게네스의 희생 개념은 희생적인 성격을 여전히 가지는가? 여기서 나는 3가지 점을 간략하게 다룰 것이다.

첫째, 제의적 희생 제도의 기본적인 틀이 통째로 무시되지는 말아야 한다. 기본적인 골격은 보편적인 인간이 가장 이해하기 쉬운 내용을 가지고 있다. 신적 존재는 제물을 받고 그 제물을 바치는 자에게 축복과 용서를 준다. 동물, 심지어 인간을 바치는 희생화는 제의적 희생 제도의 가장

---

114. 「요한복음 주석」 6.35 (*ANF* 9.377).

흔한 유형이다. 이런 이유로 제의적 희생제는 신비스러운 것이 아니라 자연스러운 것이다. 우리가 무언가를 다른 사람에게 바치면 그 대가로 우리는 다른 것을 얻는다. 신적 존재가 우리가 바치는 제물을 받으면 그 신적 존재는 우리에게 용서와 축복을 준다. 이렇게 쉽게 이해할 수 있는 틀에서 희생제물이 하는 역할을 주목해야 한다. 희생제물은 반드시 죽어야 하고, 그 제물을 바치는 자들의 **죄와 죽음**을 짊어져야 한다. 이런 이유로 제의적 희생의 틀은 이미 그 자체로 대속적이다. 희생물로 바쳐진 동물이나 사람들은 그 희생제물을 바친 자들을 구한다. 그들이 우리의 위치에 있다. 그들의 희생이 다른 사람들의 비참함과 고난, 심지어 죽음까지 짊어진다. 오리게네스는 그리스도가 비록 죄가 없지만 살육당한 고난의 어린 양이라는 점을 반복적으로 강조한다. 비록 제의적 희생이 제물을 바치는 자와 받는 자 간에 일종의 거래가 이루어진다는 논리에 근거하고 있음에도 불구하고, 그리스도의 희생에서 궁극적으로 중요한 것은 대속적인 측면이다. 그리스도는 우리를 위해 십자가에서 죽으셨다. 충족, 교환, 회개, 총괄갱신, 나눔 같은 개념이 십자가를 해석하는 데 있어서 어떤 **다른 가치**에 의존하고 그것들을 먼저 드러내는 데 반해서, 희생 개념은 그리스도의 죽음, 곧 **희생의 심각함**을 가장 분명하면서도 직접적으로 나타낸다. 하나님은 인간에게 단순히 구원을 제공하는 자가 아니라 인간을 짊어지기 위해서 그리스도라는 희생을 치르신다. 그리스도는 **죽었기** 때문에 어린 양이다. 대속적 측면은 희생의 틀에서 대단히 중요하다. 만약 희생물이 자신을 위해서 희생한다면 그것은 희생이 될 수 없을 것이다. 희생이란 본질상 자기파괴나 자기성취가 될 수 없다. 희생은 타자를 위한 희생이라는 조건 하에서만 희생일 수 있다. 그리스도의 희생은 그리스도의 죽음을 넘어선다. 그리스도가 치른 죽음이라는 엄청난 값은 인간에게, 심지어 모든 피조물에게 영향을 준다. 죽음에 이르기까지 영향을 받음으로써 그리스도는 우리에게 영향을 끼친다. 오리게네스의 십자가론도 이런 측면을 가지고 있다. 오리게네스에 있어서 그리스도의 희생은 우리의 죄를 짊어지시고 깨끗케 하시고 소멸시키는 목적과, 우리에게 엄청난 위로를 주시기 위함이었다. 그리스도는 **우리를 위해서** 희생하신다.

둘째, 그리스도의 희생은 자기희생이기 때문에 제의적 희생과 결정적으로 다르다. 인간은 이 희생을 바치는 자들이 아니다. **그리스도께서 희생하셨다.** 이런 의미에서 십자가는 제의적 희생과는 정반대다. 그리스도의 희생에서는 희생물이 바로 희생물을 바친 자다. 이렇게 십자가는 인간의 논리적 틀과 본질적으로 다르기 때문에, 우리는 제의적 희생의 풍습을 그리스도의 희생에 적용할 수가 없다. 제의적 희생에서 신적 존재는 어떤 것도 잃지 않지만, 그리스도의 희생에서 우리 하나님은 우리를 짊어지기 위해 그리스도를 희생시킨다. 제의적 희생은 우리의 논리 체계에 잘 들어맞는 것만큼이나, 십자가의 심오함과는 크게 어긋난다. 하나님은 우리에게 영향을 주려고 자신이 영향을 받으셨다. 오리게네스에게 있어서 그리스도의 성육신의 움직임은 대단히 중요하다. 어린 양으로서 살육당한 그리스도는 인간 속에서의 하나님이다.[115] 하나님은 그리스도 안에서 자신을 세상과 화해시킨다.[116] 스스로를 희생시키려는 하나님의 의지는 그리스도의 희생에서 신비스럽게 드러난다. 하나님은 그리스도 안에서 희생을 받는

---

115. 「요한복음 주석」 6.35 (*ANF* 9.377).
116. 「유월절에 대한 소논문」 48 (*ACW* 54.55).

자라기보다 스스로 희생을 주는 자이시다.

마지막으로, 그리스도의 희생과 우리의 희생 사이의 관계가 언급되어야 한다. 오리게네스에게 있어서 그리스도는 **우리의 희생 속에서** 우리를 위해 자신을 희생하셨다. 오리게네스의 희생 개념은 그리스도와 그 그림자 간의 간격을 메운다. 그리스도는 우리를 위해 시간의 한계를 넘어서서 자신을 희생하신다. 동시에 그의 희생은 우리가 시간 속에서 그리스도를 따르려고 할 때, 아직도 진행되고 있다. 어떤 학자는 오리게네스에게서 도덕적 모범론만 발견하고 그것을 확대시킨다.[117] 그러나 오리게네스의 희생 개념은 도덕적 모범론이 결코 옮길 수 없는 아주 중요한 가치를 드러낸다. 그리스도의 십자가가 우리가 따라야 하는 모범이라는 주장은, 죽음이 그 자체로는 도덕적 가치가 될 수도 없고 되지도 말아야 하므로 논리적으로 타당하지 않다. 그리스도가 우리를 위해 희생하셨다는 것을 받아들이고 난 후에야 비로소 우리는 그 희생을 모범으로 삼을 수 있다. 역설적으로, 만약 십자가가 도덕적인 가치만을 가진다면 십자가는 어떤 도덕적인 가치도 가질 수 없다. 죽음은 그 자체로는 도덕적인 가치가 될 수 없다. "희생"이란 그리스도께서 자기 자신을 주시는 일이다. 그런 이후에야 비로소 그 희생은 우리가 따라가야 할 모범이 될 수 있다. 희생 개념은 그리스도 죽음의 대속적인 면과 그를 따르는 자들의 희생적인 면을 동시에 가진다. 십

---

117. "오리게네스에게 칭의란 실제로 의롭게 되는 것이다. 말씀의 성육신, 그리스도의 모범과 가르침, 그의 성육신과 자발적인 죽음을 통해 보여진 사랑, 그가 교회를 통해서 사람들의 마음에 계속해서 끼친 영향, 이런 것들은 이 결과를 일으키는 데 도움이 된다.…오리게네스에 따르면, 그리스도의 일의 어떤 부분이라도 우리를 용서하는 데에 이르게 하는 것은 그것이 인간으로 하여금 회개하게 하고 실제로 의롭게 되는 것을 돕기 때문이다"(Rashdall 1925: 273, 275).

자가는 그리스도께서 대속적이고 승리를 가져오는 희생을 어떻게 이루셨는가, 우리는 어떤 방법으로 그리스도를 좇아야 하느냐 하는 문제를 모두 드러내는데, 바로 이것이 오리게네스의 희생 개념의 핵심적인 내용이다. 그럼에도 만약 다음과 같은 두 가지 측면을 고려한다면, 지금 다루고 있는 주제인 오리게네스의 희생 개념은 여전히 어려운 문제를 야기한다. 한편으로 우리의 피가 다른 사람들의 죄를 사할 정도로 우리의 희생의 가치가 너무 높게 설정되어 있다. 만약 우리가 이런 방향으로 치닫는다면 우리는 수많은 그리스도 중 하나가 될 것이고, 그렇게 된다면 그리스도와 우리 사이의 본질적인 차이가 상실될 것이다. 다른 한편으로 오리게네스는 그리스도가 우리의 희생 속에서 자신을 희생하신다고 주장한다. 우리의 희생은 우리 자신의 것이 아니고 그리스도의 것이다. 우리의 희생은 그리스도의 희생을 반영하는 그림자이며 우리 자신으로부터가 아니라 그리스도로부터 오는 향기에 불과하다.

7인의 십자가 사상

5장

캠벨의 회개[1]

캠벨은 십자가를 대신적 회개(vicarious repentance)로 이해했다. 그리스도는 하나님 편에서는 우리 죄로 인한 그분의 고난과 슬픔을 나타내고, 우리 편에서는 완전한 회개를 나타낸다. 그리스도는 인간이 마땅히 해야만 하는 것으로 요구된 슬픔과 회개와 동등하게, 우리 죄를 진실로 올바르게 고백한다. 우리가 죄를 완전하게 회개할 수 없으므로, 그리스도는 대제사장으로서 우리 죄를 깨끗케 하면서 우리를 대신하는 회개 속에서 하나님의 용

---

1. 맥레오드 캠벨은 『속죄의 본질』(*Nature of the Atonement*)이라는 저술로 19세기의 가장 위대한 스코틀랜드의 신학자 중 한 명으로 꼽힌다. 그의 십자가론을 이해하기 위해서는 이 책을 참고하는 것으로 충분하다. 여기서 사용한 판본은 1856년에 영어로 출판된 것을 1996년에 서문을 붙여 재편집한 것이다. 이 책의 본문은 19세기 중반의 영어를 그대로 유지하며 대단히 복잡한 문체를 사용하고 있어서 현대인에게 적합한 표현으로 옮기는 데 많은 어려움이 있다. 원문을 한국어로 옮길 때 꼭 필요한 경우에는 의역을 했지만, 가능한 한 본문의 문체와 내용을 그대로 유지하는 데 주안점을 두었다.

서를 표현한다. 캠벨의 대신적 회개라는 개념은 대속적 징벌(substitutionary punishment)이라는 십자가의 법정적인 해석에 대한 불만에서 비롯되었다. 캠벨은 인간과 인간의 죄로 고난 받는 하나님이 결코 인간을 징벌할 수는 없다고 주장한다. 오히려 그리스도는 하나님의 사랑과 고난을 드러낸다.[2]

캠벨에 따르면, 그리스도의 십자가는 하나님의 **본성**에 의해서 일어난 결과다. 하나님의 본성은 십자가의 요소가 아니라 바로 십자가의 본질이다. 이렇게 하나님이 십자가에 깊이 연루되어 있을 뿐만 아니라, 그리스도의 십자가가 인간의 참여를 만들어내므로 인간도 십자가에 포함되어 있다. 캠벨의 십자가 이해는, 하나님과 인간의 다양한 관계를 만들어내는 그리스도의 사역을 이해하지 못하고는 올바르게 파악될 수 없다. 하나님의 본성과 그리스도의 사역, 그리스도의 성육신과 수난, 그리스도의 아들 신분과 형제 신분, 그리스도의 대신의 일과 인간의 참여 같은 것이 그 관계와 사역이다. 캠벨의 십자가 이해의 가장 두드러진 특징 중 하나는 이런 다양한 관계가 인격적이고 직접적이고 친밀하고 살아 있으며 영적이고 자연적이어서 필연적이라는 것이다. 이런 관계는 하나님의 본성으로부터 시작해서 **자연적이고 필연적으로** 인간의 참여로 끝맺는다. 이 관계는 법정적인 대속 이론과 같은 허구적인 장치를 필요로 하지 않는다. 왜냐하면 하나님의 아버지로서의 사랑이 이 관계의 근원이고, 모든 인간은 아버지의 아들로서 아버지와의 깊은 유대 속에 있기 때문이다. 이 장의 첫 부분에서 우리는 십자가론의 본질이요 근원이며 이 모든 관계를 만들어낸다고 캠벨이 주장하는 "하나님 아버지의 본질"에 관해서 논할 것이다.

---

2. Campbell 1996: 117.

하나님의 본성으로부터 인간의 참여까지의 전 과정을 자연스러움으로 이해했다고 해서 캠벨이 십자가론의 어떤 유형도 사용하고 있지 않다는 의미는 아니다. 오히려 반대로 그는 대단히 복잡한 네 가지 요소, 즉 회고적·전향적 측면과 그리스도 사역의 이중적인 특징, 곧 하나님을 대신한 인간을 위한 일과 인간을 대신한 하나님을 위한 일이라는 요소를 사용한다. 회고적 측면은 은총이 그것으로부터 인간을 구원해내어야 할 "악"과 연관된 반면에, 전향적 측면은 "선"과 관계한다. 또한 이 두 측면은 그리스도의 이중적인 사역과 각각 관계된다. 회고적으로, 그리스도는 하나님의 연민과 슬픔을 우리에게, 우리 회개를 하나님께 나타낸다. 또 전향적으로, 그리스도는 생명이 하나님의 자녀들에게 있을 것이라는 하나님의 희망을 우리에게, 그리스도에 참여함으로써 우리의 새로운 삶을 하나님께 나타낸다. 이런 캠벨의 4요소가 서로 연결되는 조직적인 관계는 결코 기계적인 것이 아니라, 아버지 됨, 아들 됨, 형제 됨의 유기적 관계다. 이 장의 두 번째 부분에서는 회고적 측면과 전향적 측면을 다루고자 한다.

회고적 측면과 전향적 측면은 인간의 죄를 위한 그리스도의 "희생"의 두 측면이다. 캠벨의 주석가들은 이 두 측면과 대신적 회개에 관심을 집중시켜왔지만, 캠벨은 그리스도의 죽음의 중대함을 "희생"으로 이해하고 있다. 캠벨은 십자가를 희생으로 이해하는 것이 모세 시대의 사회적 체계에 뿌리를 두고 있고, 이는 십자가를 법정적으로 해석할 때 발생하는 문제점을 피할 수 있다고까지 주장한다.[3] "그리스도의 피", "씻음", "달래기"(propitiation), "대제사장" 같은 표현이 『속죄의 본질』의 전체에 걸쳐서

---

3. Campbell 1996: 151.

자주 발견된다. 여기서 그는 그리스도의 죽음의 신체성(physicality)을 희생으로 이해하는 것을 결코 등한시하지 않는 동시에, 희생의 영적·도덕적인 면을 십자가의 중요한 의미로 이해한다. 캠벨의 십자가론의 세 번째 부분에서는 "희생" 개념을 중점적으로 다룰 것이다. 캠벨은 희생의 영적·도덕적 면을 부각시키는 맥락과 함께 "죽음을 맛봄"(taste of death)이라는 표현을 사용하는데, 이것이 죽음의 직접성·실재성을 약화시키지는 않는지 질문할 것이다.

이 장에서 다룰 또 다른 쟁점은 하나님과 인간의 관계를 캠벨이 어떻게 이해하고 있는가 하는 점이다. 주제 자체가 이 책과 긴밀히 연관될 뿐만 아니라, 캠벨의 십자가론은 하나님과 인간의 관계가 인격적(personal)이고 자연적(natural)이며 필연적(necessary)이라는 주장과 분리될 수 없기 때문이다. 한편으로, 인간이 그리스도의 고난에 참여해야 한다는 것이 그리스도의 전향적인 사역의 특징인데, 이것이 그리스도의 회고적인 사역과 동일하게 강조되고 있다는 점에서 그리스도의 일과 인간의 일의 연속성이 지나치게 강조되고 있다. 다른 한편으로, 우리의 모든 노력 자체가 우리 고난을 **흡수**하는(absorbing) 그리스도의 전향적인 사역이라는 의미에서, 캠벨은 우리가 십자가에 참여하는 것과 십자가 사역의 충만함(fulfillment of the cross)을 혼동하지 않았다. 하나님의 자녀들로서 우리가 그리스도에게 그 뿌리를 두고 열매를 맺는 것은 자연스럽다. 캠벨에게 인간의 도덕적인 면은 십자가의 우선적인 면도 아니고 유일한 관심도 결코 아니다. 도덕적 측면은 십자가의 중요한 특징 중 하나로 포함되면서 하나님과 살아 있고 인격적인 관계를 맺어야 하는 십자가의 필연적이고 자연적인 결과다.

캠벨의 십자가론이 대신론의 하나로 분류될 수 있는가 하는 질문은,

대신론을 정의하고 나서 본격적으로 다루어질 수 있을 것이다. 어쨌든 캠벨은 "대신론적 관점"(substitutionary perspective)과 "형벌적 징벌"(penal punishment)을 동일시하는 반면에, "형벌적인 징벌의 거리가 먼 외부로부터의 주입"과 "그리스도의 사역과 인간의 직접적이고 내적인 연관성"은 분명히 구분하는 것으로 보인다. 더욱이 형벌적인 징벌 개념에서 부각되는 죽음의 신체성을 피하기 위해 그리스도의 죽음의 도덕적·영적인 측면을 강조하는 것은 문제의 소지가 있다. 따라서 아버지와 아들과 하나님의 자녀들의 관계의 **자연적 필연성**(natural necessity)에 대해서 질문을 제기할 것이다.

이 장에서는 두 가지 개념, 즉 회개와 관계가 축을 이루고 있다. 이 두 개념을 다루는 데 있어서 하나님의 본질에서 출발하여 회고적·전향적 체계 개념으로 옮겨간 후, 캠벨의 희생 개념에서 그리스도의 죽음의 심각함에 초점을 맞추고, 마지막으로 하나님과 인간의 직접적이고 자연적인 관계를 살펴볼 것이다.

5.1. 십자가론의 본질: 하나님의 거룩함과 사랑[4]

캠벨이 하나님을 온정적인 존재로 해석하는 반면, 형벌적 대속론을 받아들이기 어려워하는 것은 그의 개인적인 관심에서 비롯되었다고 이해되어

---

4. 다니엘 티멜(Daniel P. Thimell)은 하나님의 거룩함이라는 캠벨의 개념을 율법 제정자의 본성과 연관시키는 듯하다. "그러나 하나님의 사랑에 마땅히 관심을 가진다고 해서 그의 거룩함을 희석시키지는 말아야 한다. 사실, 거룩함과 사랑은 하나님의 존재의 조화로운 측면이다. 하나님은 아버지이자 율법 제정자이시다"(Thimell 1989: 188). 그러나 캠벨도 거룩함 때문에 하나님을 법률 제정자로, 사랑 때문에 그분을 아버지로 보는 것은 아니다. 오히려 거룩함과 사랑은 하나님의 부성의 본질로 함께하는 것으로 보인다. 이 문제는 인용 단락에서 확인될 것이다.

왔다.[5] 캠벨은 자신이 사역하는 교구의 신자들이 기독교에 대한 확신이 부족하다는 것을 발견했다. 그들에게 평화와 기쁨의 증거가 부족하고 하나님에 대한 확신이 부족한 것은 언약에 중점을 두는 칼뱅주의의 법률적인 기조 때문이었는데, 그 속에서 신자들은 "하나님이 누구신가?"로부터 "그들 자신이 무엇을 해야 하는가?"로 관심을 옮겨가곤 했다. 캠벨은 이렇게 쓴다.

> 이것에 관해서 그들은 어떤 의심도 없었다.…그들은 구원하는 그리스도의 능력을 의문시하지 않았고, 복음의 자유함 혹은 그리스도께서 그들을 구원하실 의지(will)도 의심하지 않았다. 그들의 모든 의심은 자기 자신에 관해서였다.… 이런 현상을 분명히 목도하고 나서, 나의 모든 노력은 그리스도 안에서 드러난 하나님의 사랑에 그들의 주의를 고정시키는 것이었다. 그리고 하나님을 향한 그들의 감정을 고려하면서, 그들 자신이 아니라 그들을 향한 하나님의 감정을 배우도록 하나님을 바라보게 하는 정신적인 태도를 가지도록 노력했다.[6]

십자가와 연관하여 하나님의 본성에 초점을 맞춤으로써, 캠벨은 신도들이 하나님의 조건적인 사랑과 강제적인 회개의 두려움으로부터 벗어나서 부성적인 사랑, 용서, 거룩함을 회복하기를 소망했다.

---

5. "우리는 캠벨이 양 떼를 은총의 복음으로 가르치려 했던 복음적인 관심과 목회자의 마음을 가진 하나님의 사람이었음을 의식하지 않고서는 그의 저작을 이해할 수 없다"(Torrance 1996: 2). "캠벨의 십자가론은 믿음의 확신에 있어서 어려움을 겪고 있던 회중과 함께하는 캠벨 자신의 목회자로서의 경험에 의해 동기를 부여받았다"(Van Dyk 1995: 39).
6. 『회상과 반추』, 132-133, Torrance 1996: 3으로부터 인용.

십자가론을 저술한 캠벨의 또 다른 동기는 십자가를 이해하는 데 방해가 되는 당대의 철학적인 경향을 비판하기 위해서였다. 캠벨은 자신과 동시대의 사람들이 인간 진보에 대해 낙관적이고 물리적·도덕적 우주 개념에 뿌리를 두고 있는 유신론에 젖어 있다고 진단했다. 인간에 대한 낙관적 견해는 진정으로 자신을 꾸짖으며 인간을 돌아보는 것이 결핍되었기 때문에 일어났다. 진보를 이룰 수 있다는 인간에 대한 낙관적인 견해는 기독교의 구원과 십자가 이해와 조화를 이룰 수 없다고 캠벨은 생각했다.[7] 이런 낙관론에 대한 캠벨의 비판은, 그리스도의 대신적인 일과 그 일에 우리가 참여하는 것 사이의 차별화에 대한 그의 견해를 균형 있게 이해하는 데 중요하다. 유신론에 대해서 캠벨은 더 강하게 비판한다. 그는 이런 종류의 유신론을, 인간 지성의 관심과 경험이 물리적·도덕적 우주 속에서 신의 일을 사색할 수 있는 경우에 한해서만 우주에 질서를 부여하는 신으로 이해한다. 이런 유신론의 신은 인격성을 상실하고 있다. "자연 과정의 통일성 혹은 법의 지배하에 있는 인간 정신은 인격적 신을 상실했다."[8] 우리는 더 높은 종교로 올라가야 하는데, 이때 높은 종교란 도덕적·비인격적 우주라는 관점에서 이해된 순수한 유신론이라기보다, 하나님이 그리스도 안에서 우리를 우주 속에 있는 그분의 자녀로 자리매김하는 종교다. 하나님은 순수한 선이나 추상적인 거룩함이 아니라 살아 계신 하나님으로 우리에게 오신다. 이렇게 캠벨의 십자가론은 도덕주의와 스콜라주의적 지성주의에 반대해서 살아 계신 하나님을 재발견하려는 데 뿌리를 두고 있다. 이

---

7. Campbell 1996: 23.
8. Campbell 1996: 23.

십자가론의 본질은 인간 행동의 외적 기계론이 아니라 하나님의 내적 증거, 곧 우리 아버지로서의 사랑으로부터 온다.

캠벨은 십자가론의 세 측면 곧 연관성, 목적, 본질을 열거한 후, 세 번째 측면 즉 십자가론 그 자체에 놓여 있는 것을 강조한다.[9] 십자가는 내적 증거를 가지고 있으므로 율법주의·도덕주의·지성주의로 평가되지 않아야 한다. 만약 우리가 하나님께 무엇인가를 받는다면 그것은 "하나님이 누구신가" 하는 것에서부터 이해되어야 한다. "그러므로 하나님으로부터 받았다고 주장하는 어떤 것을 고려하든 간에, 사랑이라는 내적인 증거 말고 능력과 같은 외적인 증거를 좇는 자들은 잘못을 저지르는 것이다."[10] 캠벨은 많은 사람이 하나님의 사랑과 거룩함을 십자가론의 본질이 아니라 그저 몇몇 요소로 간주하는 것에 대해서 놀라움을 표시했다. 그는 하나님의 사랑이 법률적인 심판과 나란히 거론되는 것에 동의하지 않았다.

이런 방법으로는 하나님이 죄 때문에 죄 없는 자를 심판하는 자로 비쳐질 뿐만 아니라, 그렇게 함으로써 거룩함과 사랑 안에 존재하는 그분 자신의 인내하는 능력을 이용하면서—거룩함으로써 거룩함을, 사랑으로써 사랑을 통해서 고난을 참는 것—하나님은 심판을 짊어진 자로 표현된다.[11]

하나님의 사랑과 거룩함은 우리가 생각해낼 수 있는 다른 어떤 것과도 동일 선상에서 이해될 수 없다. 캠벨은 죄를 위한 희생과 심판을 위한 대

---

9. Campbell 1996: 35.
10. Campbell 1996: 49.
11. Campbell 1996: 106.

속을 구분한다. 캠벨에게는, 죄와 죄인들의 비참함이라는 악이 실현되고 있는 곳에서 하나님의 거룩함과 사랑이 엄청난 번뇌를 겪고 있는 것을 형벌적 대속으로 생각하는 것이 불가능하다.[12] 계속해서 캠벨은 이렇게 주장한다.

> 고난 당하는 자가 고난 당하는데, 죄와 죄인들을 하나님의 눈으로 바라보는 것을 통해서, 하나님의 심장으로 그들과 관련해서 느끼는 것을 통해서, 고난 당하는 자가 경험하는 것(고난 당하는 것)을 고난 당한다. 그런 고난을 심판이라고 할 수 있는가?[13]

캠벨에게는 오직 한 가지 대답만 가능하다. 그리스도께서 고난 당하신 것은 심판이 아니다. 그리스도의 고난은 형벌적인 대속으로서의 고난이 아니라, 우리 죄와 그 결과로 드러난 비참함의 무게 아래서 거룩함과 사랑의 "조건과 형태"(condition and form)로서의 고난이다.[14] 하나님의 사랑과 거룩함은 그리스도의 대속적인 죽음의 바로 그 본질이다. 하나님은 사랑이시다. 그러므로 십자가는 사랑이다. 그 반대가 아니다. 캠벨은 이렇게 쓴다.

> 그러나 성경은 그런 십자가론을 말하고 있지 않다. 왜냐하면 성경은 하나님의 사랑을 결과로, 십자가를 원인으로 설명하는 것이 아니라—정반대로—하나님의 사랑을 원인으로, 십자가를 결과로 설명하고 있다. "하나님이 세상을 이처럼

---

12. Campbell 1996: 107.
13. Campbell 1996: 107.
14. Campbell 1996: 107.

사랑하사 독생자를 주셨으니 누구든지 저를 믿는 자마다 멸망치 않고 영생을 얻으리라."[15]

십자가는 하나님의 용서하시는 사랑이 존재함을 전제로 한다. 심판의 두려움과 보상의 소망은 더 이상 설 자리가 없다. 십자가론의 본질로서 중요한 것은 우리 구원을 유효하게 하고 그 본질을 결정하는 거룩한 부성의 의지다.[16] 하나님의 아들이 행했던 하나님의 의지가 십자가의 본질이므로, 그분의 본성 곧 부성적인 사랑과 거룩함이 그리스도의 대속적인 사역의 직접적인 원인이 된다는 것은 캠벨에게 자연스럽다.[17] 그리스도는 아버지의 의지를 나타낸다. 흥미롭게도, 그리스도의 사역에서 성부와 성자의 조화를 설명하기 위해 캠벨은 민수기 25:1-13의 비느하스의 이야기를 인용한다. 여기서는 하나님을 향한 열정과 죄에 대한 그분의 심판의 심정으로 이스라엘인들을 찔렀던 비느하스의 마음이 십자가의 본질로 간주되고 있다.[18] 그리스도는 하나님의 마음을 드러내고 선포한다. 캠벨은 이렇게 쓴다.

처음부터 끝까지 아들은 스스로 어떤 것도 하지 않는다. 그가 말하는 모든 것은 내적으로 아버지께 들었던 결과며, 그 안에 거하시는 아버지께서 하시는 일을

---

15. Campbell 1996: 46. 요 3:16이 과연 캠벨의 주장처럼, 하나님의 사랑이 원인이고 십자가가 결과라는 주장의 근거가 될 수 있는가 하는 것은 문제가 된다.
16. Campbell 1996: 239.
17. Campbell 1996: 111.
18. Campbell 1996: 109.

7인의 십자가 사상

그도 한다.…아버지가 함께하시기 때문에 그는 결코 혼자가 아니다. 우리 죄의 무거운 부담을 짊어지는 일은 우리의 죄가 그의 마음과 아버지의 마음에 어떤 고통을 주었는지를 의식함으로써 유지되는 소망의 능력 속에서 이루어졌다. 우리가 어떤 관심으로 그리스도의 마음을 향해 있는가 하는 것 또한 아버지의 마음을 향해 있는 것이다.…이 모든 것에서 이것은 통일, 조화, 신적 단순성이라고 나는 말한다. 우리는 이 모든 것의 근거를 다음과 같은 목적으로 돌릴 수 있다. "자, 나는 당신의 뜻을 행하기 위해서 왔습니다."[19]

아들이 내적으로 아버지의 뜻을 듣는 것, 내적 증거로서 아버지의 사랑과 거룩함이 십자가로 펼쳐질 수 있다. 따라서 캠벨은 하나님의 사랑과 거룩함이 바로 그리스도의 죽음의 원인이라고 주장한다. 하나님의 본질이 그리스도의 사역의 원인인 이유가 바로 아버지 됨과 아들 됨을 근거로 하기 때문이듯이, 그리스도의 성육신으로부터 그의 십자가로 자연스럽게 발전하는 데 결정적인 역할을 하는 것은 그의 아들 됨과 형제 됨이다.[20] 십자가는 성육신을 전제로 한다.[21] 캠벨은 본질로서의 그분의 사랑과 거룩함에 대한 존재론적인 언어로 시작해 모든 과정의 자연스러움을 형성하기 위해서, 하나님, 아들, 인간의 관계적인 언어로 옮겨간다. 또한 그것은 율법주의·도덕주의·지성주의를 배제하는 것을 지향하고 있다. 비록 인과관계를

---

19. Campbell 1996: 227.
20. "그러나 성육신에서 믿음이 강화되고, 획기적이고 전향적인 측면 둘 다에서 십자가가 성육신의 발전이라고 이해되는 정도에 따라서, 우리는 기독교를 하나님의 아들이 그 삶을 나누는 데 있어서 아들 됨의 삶으로서 점점 더 또렷이 이해하게 된다"(Campbell 1996: 266).
21. Campbell 1996: 49.

근거로 하는 그 과정이 어떻게 하나님과 아들과 인간의 역동적인 관계로 십자가론을 펼칠 수 있는지를 파악하는 것이 결코 쉬운 일은 아니지만, 성부의 바로 그 본질이 십자가의 본질이라는 것은 주목할 만하다. 따라서 부성적인 본질 자체가 이미 **하나님과 아들과 인간의 살아 있는 관계**의 특징을 아우른다는 것이 캠벨에게는 적절해 보인다.

5.2. 십자가론의 내용: 구원과 새로운 삶

캠벨은 하나님의 본질을 서술하는 것 자체만으로는 십자가의 심오한 의미를 이해하는 데 충분하지가 않다고 인정한다. 캠벨은 한편으로는 하나님의 사랑과 거룩함 자체가 십자가의 내용이지만, 다른 한편으로는 하나님의 자기희생적 사랑은 사랑을 희생하는 것이 아니라 그 사랑의 목적을 얻고자 한다고 단언한다.[22] 우리를 구원하시는 일이 왜 그렇게 엄청난 비용을 치러야 하는가 하는 질문과 십자가의 본질이라는 주제는 다음 두 가지 측면에서 다루어져야 한다. 즉 악과 연관되어 있고 이 일로 인해 은총을 구하는 회고적인 측면과, 선과 연관되어 있고 은총을 주시는 전향적인 측면이 바로 그 두 측면이다.[23] 그리스도께서 누구를 위해 일하시는가에 따라서 이 두 측면은 다른 한 쌍의 측면, 즉 하나님의 입장에서 인간을 다루는 것과 인간의 입장에서 하나님과 관계하는 것과 연결된다. 결국 캠벨의 십자가론은 4가지 요소가 어우러져서 복잡한 내용을 이루고 있다. 회고적

---

22. Campbell 1996: 50.
23. Campbell 1996: 37.

으로, 그리스도는 죄로부터 우리를 구원하신다. (1) 인간의 죄에 대한 하나님의 슬픔과 동정 속에 그분을 나타내는 것, (2) 그리스도의 대신적인 회개 속에서 인간을 나타내는 것. 전향적으로, 그리스도는 우리 속에 새로운 삶을 실현하신다. (1) 우리의 새로운 삶을 향한 하나님의 소망과 기쁨 속에서 그분을 나타내고, (2) 우리가 그리스도에 참여함으로써 인간을 나타내신다. 이 네 요소는 대단히 체계적이고 구조적으로 보인다. 캠벨은 이 네 요소가 유기적으로 서로 연결되어 있음을 계속해서 강조한다.[24]

> 하나님과 인간에 대한 사랑으로서 그리스도 안에 있었던 삶의 일치—그 자신을 희생하는 데 숙고된 목적들의 일치, 곧 하나님의 영광과 인간의 구원—중간적인 결과들의 일치…. 이 압도적인 일치는 "그리스도에게는 단순성이지만" 그의 사역의 여러 다른 측면을 체계적으로 고려하는 것 때문에 가려지지는 않을 것이다.[25]

이 네 측면의 일치와 연합이 바로 캠벨의 십자가론의 핵심적인 축이다. 그 근거 위에 아버지 됨, 아들 됨, 형제 됨의 상호적인 관계와 하나님의 본질로부터 우리의 참여까지 자연스러운 연결이 유지된다. 하나님의 본질은 그리스도의 사역과 연속성을 가진다. 비슷하게, 그리스도의 구원 사역은 우리 속에 새로운 삶을 만들어내는 그리스도의 일과 연합되어 있다. 이번 단락에서는 이 복잡한 관계의 일치와 연합을 계속 고려하면서, 2가지 측

---

24. Van Dyk 1995: 111.
25. Campbell 1996: 113.

면(회고적·전향적인 측면)과 2가지 특징(하나님 편에서 인간을 다루는 일·인간 편에서 하나님과 관계하는 그리스도의 일)을 다룰 것이다.

5.2.1. 회고적인 면: 용서와 회개

회고적인 측면으로 고려된 십자가는 영적인 어둠, 죽음, 죄, 죄책, 의로운 저주, 하나님의 진노, 인간과 그 자신의 안녕을 위한 법칙 사이의 무질서와의 투쟁 등과 연관된다.[26] 말하자면 그것은 하나님과 인간의 깨어진 관계에 관한 것이고, 그 깨어진 관계 속에서 인간의 죽음이 관계된다. 우리를 어둠으로부터 구원하면서 그리스도는 하나님과 인간을 나타낸다. 하나님 편에서 인간을 다루고 인간 편에서 하나님과 관계한다. 인간을 구원하시는 그리스도의 일은 하나님의 심판도 아니고, 의가 외부로부터 인간에게로 들어오는 것도 아니다. 그리스도의 아들 됨과 형제 됨 때문에 하나님과 인간 둘 다 깊이 십자가에 참여한다.

회고적으로, 그리스도는 아버지의 명예를 향한 완전한 열정과 죄에 대한 아버지의 유죄 선고에 대해서 절대적인 공감을 생생하게 드러내신다. 곧 그리스도의 삶 속에서 인간에게 제시되었고 그의 죽음에서 완전하게 된 사랑이신 하나님의 마음과, 비이기적이고 정의롭게 유죄 선고를 입증하신 아버지를 우리에게 보여주신다.[27] 그리스도께서 하나님 편에서 우리를 다루시는 것은 하나님의 본성, 곧 사랑과 거룩함으로부터 나오는 부성적인 용서와 우리 어둠에 대한 부성적인 동정이다. 그리스도의 고난은 거

---

26. Campbell 1996: 43.
27. Campbell 1996: 115-116.

록한 사랑의 본질 때문에 우리 죄로 고난 당하는 고난이다.[28] 그러나 "하나님의 용서"가 그리스도께서 회고적으로 인간을 다루시는 것인지 혹은 그리스도 안에서 하나님의 일반적인 일인지는 명확하지 않다.[29] 그렇지만 하나님의 용서가 십자가론의 범주를 넘어서는 것 같지는 않다. 오히려 캠벨은 "복음이 십자가와 연관해서 우리에게 요구하는 첫 번째 사항은 하나님의 용서가 있음을 믿는 것이다"라고 주장한다.[30] 따라서 한편으로 하나님의 용서는 그분의 편에서 그리스도께서 우리에게 보여주시는 거룩한 동정의 실제적 내용이라고 할 수 있다. 그리스도께서 하나님의 용서에 응답하는 일인 대신적인 회개를 우리 편에서 하신다는 것을 고려하면 이것은 더 분명해진다. 다른 한편으로 하나님의 용서는 사랑의 하나님이 주신 구원의 바로 그 본질이고, 그분의 본성으로부터의 우리 참여에 이르기까지의 모든 과정이 그 용서에 뿌리를 두고 있다. "하나님의 용서하시는 사랑은 죄 많은 인간의 구원을 위해 밝히 드러난다."[31]

회고적으로, 그리스도는 우리 편에서 하나님을 다루는 인간을 나타낸다. 그리스도는 십자가에서 우리의 죄를 고백하신다. 캠벨은 하나님의 진노의 실재와 그리스도의 고난의 현실성을 설명하려고 "형벌적 고난"(penal suffering)이라는 표현을 채택한다. 우리를 다루면서 아버지의 명예를 드러내는 행위 속에서는 그리스도의 고난의 형벌적인 면을 발견할 수 없었다. 그러나 우리 편에서 행하시는 그리스도의 회고적인 일은 우리의 죄를 향

---

28. Campbell 1996: 117.
29. Campbell 1996: 45.
30. Campbell 1996: 44.
31. Campbell 1996: 46.

한 신성한 진노와, 그 죄 때문에 회개하는 그리스도의 완전한 중재 사이의 중보적인 일을 조명한다. 따라서 하나님의 진노가 실제적인 것만큼, 그리스도의 대속적인 회개도 절대적으로 요구된다. 캠벨은 이렇게 쓴다.

> 그러나 죄에 대한 하나님의 진노는, 어떻게 그 진노가 달래질 수 있는지에 대해 인간이 아무리 잘못된 생각을 한다 할지라도 하나의 실재다.…그리스도는 완전한 회개로 그 진노에 응답—거룩한 인간의 심연으로부터 올라오는 응답—하신다. 그리고 그 완전한 응답 속에서 그리스도는 진노를 흡수하신다. 왜냐하면 그 응답은 인간 속에서 인간의 죄를 위한 완전한 회개의 모든 요소를 갖추고 있기 때문이다.…죄에 대한 하나님의 마음에 아멘으로 완전히 응답하는 것 속에서 하나님의 진노는 올바르게 충족된다.[32]

그리스도는 인간 편에서 회개하면서 하나님의 진노를 달래고 그것을 흡수하신다. 그리스도의 일, 곧 아버지와 하나 되는 것은 우리 죄를 위한 완전한 고백 형식을 띤다.[33] 하나님의 용서와 우리의 회개는, 그리스도께서 하나님과 인간의 관계 속에서 그것들을 흡수할 때 그리스도 안에서 드러난다. 그리스도의 일은 그 관계로부터 **배제**되는 것도 아니고, 마치 관계 외에는 아무것도 없는 것처럼 **취소**되는 것도 아니다. 그리스도의 일은 하나님의 진노와 인간의 죄를 **흡수**한다. "흡수"라는 개념을 통해 캠벨은 형벌적 대속론의 가장 심각한 문제로 지적되는 하나님과 인간의 외적 분리

---

32. Campbell 1996: 117-118.
33. Campbell 1996: 118.

를 극복하기를 원했으며, 또한 십자가를 하나님과 인간의 내적 관계 속에서 이해하기를 희망했다. 하나님의 용서와 우리의 회개는 아버지 됨, 아들됨, 형제 됨의 살아 있고 인격적인 관계 속에서, 회고적이고 전향적인 그리스도의 흡수를 통해 실현된다.

캠벨은 "왜 대신적 회개인가?"와 "왜 형벌적 대속론이 아닌가?"라는 문제에 상당한 페이지를 할애하는데, 결국 이 문제는 그의 십자가론의 전체적인 그림을 드러낸다. 캠벨은 형벌적 대속론과 대신적 회개론을 대조하면서 여러 가지를 논의한다. 첫째, 캠벨은 많은 사람이 죄 없는 그리스도께서 왜 십자가의 고난을 감당해야 하는지에 대해 깊이 숙고하지도 않고서, 그리스도의 죽음을 형벌적 대속으로 쉽게 받아들인다고 지적한다. 형벌적 대속론을 받아들이기는 쉽지만, 하나님이 우리 죄를 벌하기보다 깊이 슬퍼하셨다는 것을 이해하기는 어렵다. "그러므로 인간은, 그리스도의 고난이 죄와 관련해서 신적인 감정이 고난 받는 육체에 현존함으로써 우리에게 그것(신적인 감정)이 보이게 되었다는 사실을 받아들이기보다는, 하나님이 어떻게 죄를 심판했는가를 보여주는 것으로 받아들이기 쉽다."[34]

둘째, 하나님의 진노와 회개의 신적 감정은 동등하며 하나님의 이름과 성격을 드러낸다. "죄인에게만 아니라…거룩하고 사랑하는 자들에게도 죄로 들어가는 길은 슬픔으로 들어가는 길이다. 그리고 거룩함과 사랑이 죄가 있는 곳에서 반드시 느껴져야 한다."[35] 그리스도의 희생적인 고백은 아버지의 마음이 변했다는 것을 의미하는 것이 아니라, 가능한 한 고백 그

---

34. Campbell 1996: 121.
35. Campbell 1996: 121.

자체로 우리에게 이해되어야 한다.[36] 하나님이 사랑이시라면 십자가는 사랑 말고는 다른 어떤 것도 아니다. 그리스도의 대신적인 고백은 형벌적 대속론보다 하나님의 본성에 관해서 더 일관성이 있다.

셋째, 그리스도의 대신적인 회개는 형벌적 대속론이 의도하는 것보다 훨씬 더 하나님의 정의를 충족시킨다. 그리스도는 그의 회개 속에서 인간의 죄를 짊어지셨고, 그 회개 속에서 하나님의 정의와 만난다. 회개가 어떻게 십자가의 일로 받아들여지고 그 속에서 과거의 죄가 고백되는지, 회개가 어떻게 현재의 완전한 의로 흘러넘치는 신적인 선호가 될 수 있는지에 관해서 문제를 제기한 후, 캠벨은 이렇게 설명한다.

> 이 질문들에 대해 오직 한 가지로만 대답하는 것이 내게는 불가능해 보인다. 우리는, 우리가 예상하는 그런 회개가 침해받은 정의에 대해 진실되고 적절한 충족이 될 것이라고 느끼고, 끝도 없는 형벌적인 빚보다는 과거 기억이 현재 정신에 의해서 일깨워지는 진실되고 완전한 슬픔의 눈물 한 방울에 대속적인 가치가 더 있을 것이라 느낀다. 이제 개인적인 자기동일성의 차이로 내가 제시하는 경우는 하나님의 거룩한 한 분 그리스도, 영에 모든 인간의 죄를 짊어지는 그리스도, 루터의 말을 빌리자면 "단 한 분의 죄인", 심판에 이르러야 하는 이, 죄의 눈물을 충족시키는 그리스도의 실질적인 경우다.[37]

그리스도의 대신적 회개는 하나님의 정의를 완전하게 충족시키는데,

---

36. Campbell 1996: 124-125.
37. Campbell 1996: 124.

그것은 과거의 기억으로 일깨워진 현재의 완전한 슬픔이다. 캠벨에게 그리스도의 중재는 인간과 그 죄에 대한 성부의 마음에 완전히 응답하는 것으로서, 대신하는 고백을 전제하고 있음이 확실하다.[38] 이런 의미에서 회개는 상처 받은 정의를 완전히 충족시키며, 인류가 범한 과거의 죄를 아우르고 있다. 한 방울의 눈물은 모든 인간의 회개를 짊어지고 있다는 점에서 대속적이다.[39] 그리스도는 인간 편에서 회개함으로써 인간의 죄를 고백하는 많은 자 중 한 명이 아니라, 하나님의 사랑과 용서에 응답하려고 진실로 참회하는 유일한 분으로서 모든 인간의 죄를 짊어진다. 우리의 죄를 완전히 고백하는 것은 완전한 거룩함으로써만 가능하므로, 우리는 우리의 죄를 완전하게 고백할 수 없다.[40]

넷째, 그리스도의 대신적인 회개는 인간을 배타적으로 짊어지는 것이 아니라 포괄적으로 짊어지는 것이다. 인간 편에서 행하시는 거룩한 고백은 외부로부터 주어지는 허구적인 유입이 아니라 그리스도께서 우리와 함께 형제 됨을 나누시는 것이다. 캠벨은 그리스도와 우리의 연대를 표현하기 위해서 다음과 같이 "느낀다"라는 용어를 종종 사용한다.

왜냐하면 도덕적 십자가론의 예상된 더 높은 성격과는 별도로, 대리자로서 형벌을 견디는 것과 비교해서, 인간의 죄에 대한 이 적절한 슬픔과 악에 대해 적

---

38. Campbell 1996: 124.

39. "이 질문에 대한 캠벨의 대답에는 많은 요소가 있다. 하지만 우리의 목적은 이 모든 것에 관해 언급하면서, 분명히 캠벨이 그리스도의 죽음을 인간의 죄를 짊어지는 것과 하나님의 정의로운 진노를 짊어지는 것으로 이해했음을 단순히 인식하는 것이다"(Hart 1990: 324).

40. Campbell 1996: 216.

절히 고백하는 것은 결코 허구적 이야기를 의미하지 않는다. 그리스도는 그것을 위해 고난 당하는 그 죄책의 고통에 어떤 유입이 아니라, 그가 그 본성을 가지고 계시다는 것, 죄 지은 자들의 형제가 되신다는 것을 아버지 앞에 고백하고, 하나님의 거룩한 자로서 완전히 사랑하는 하나님과 인간으로서 마땅히 느껴야 하는 것을 그들의 죄에 관해서 느끼신다.[41]

그리스도가 인간을 짊어질 때조차 그리스도는 인간과 분리되지 않는다. 여기서 캠벨은 허구라는 말로 그리스도가 인간 밖에서 일하시므로 그리스도의 일이 인간 밖으로부터 유입된다는 것을 의미하는 듯하다. 대신적 회개와 형벌적 심판을 구분하는 캠벨에게 더 중요한 것은 그리스도의 자기동일성이다. 그리스도는 인간 본성을 취하고 그들의 죄를 짊어지면서 그의 형제의 죄를 느낀다. 그리스도께서 하나님을 향해서 우리를 나타내실 때, 그리스도는 우리 안에(*in nobis*) 있어야만 한다. 대신적 회개는 인간 밖에서가 아니라 인간 속에서 인간과 나누심으로써 인간의 죄를 짊어지시는 것으로 이루어진다.

마지막으로, 그리스도의 회개는 하나님의 본성 위에 더해진 새로운 일이 아니라, 그분의 용서에 대한 응답으로서 "아멘"의 희생적 기도다. 그것은 하나님의 아들, 우리 형제 그리스도의 영원한 사랑의 조명하에서 보이고 느껴진 대로 우리 필요와 아버지의 영광과 일치하는 깊은 관계적인 기도다.[42] 사실, 하나님과 인간의 관계, 그 전체적인 모습 자체가 바로 기도

---

41. Campbell 1996: 124.
42. Campbell 1996: 125.

다. "이런 생각이 어떻게 자연스럽고 필연적으로 기도의 형식을 가졌는지를 생각해보지 않는다면, 우리는…아버지께 그리스도가 이렇게 간청하는 것이 어떻게 아버지를 우리에게 충분히 드러내는 것이 되는지 알지 못한다."[43] 그래도 인간의 짐을 짊어지고 그 죄를 고백하면서 인간으로서 아들 됨의 부르짖음 속에서 십자가가 기도라는 설정을 하므로, 기도는 우리를 위한 그리스도의 회고적인 일 속에서 심화된다.[44] 인간을 나타내는 그리스도의 아멘의 기도는 인간을 위한 희생적인 바침이요, 구세주의 특별한 슬픔과 고난으로 가득 찬 순수한 중보다.[45]

요약하면, 비록 우리가 대신적 회개보다 형벌적 대속을 더 이해하기 쉽다고 할지라도, 그리스도가 인간을 위해 하나님께 나타낸 것은 심판이 아니라 그에 상응하는 회개다. 왜냐하면 그리스도는 하나님의 마음과 인간의 슬픔을 함께 가지고 계시기 때문이다. 하나님은 그리스도의 일로 인해서 그분의 마음을 바꾸시지 않는다. 그럼에도 그리스도는 그의 완전한 눈물로써 인간의 죄를 짊어지고 그것을 무르기 때문에 그리스도의 대신적 회개는 신적 정의를 충족시킨다. 하나님의 본성은 변하지 않는 동시에 그분의 정의는 그리스도의 눈물로 충족된다. 그리스도의 사역은 하나님과 관계하면서 바로 인간을 나타내는 일이기에 인간의 죄의 고난을 맛보고 느끼면서 인간과 관계하신다. 그리스도가 인간을 위하는 회고적인 일은 사랑과 용서의 거룩한 마음에 드려진, 슬픔과 회개로 가득 찬 인간의 순수한 중보를 나타내는 완전한 아멘이다.

---

43. Campbell 1996: 174.
44. Campbell 1996: 177.
45. Campbell 1996: 125.

캠벨의 회고적 일의 개념에는, 그리스도께서 인간과 나누고 인간을 짊어지시는 일의 연속성뿐만 아니라, 하나님의 본성과 그리스도의 일 사이의 연속성이 잘 나타나 있다. 그리스도께서 회고적으로 인간의 어둠과 죽음을 위해 일하시므로, 그리스도에게는 하나님과 인간이 모두 존재한다. 그리스도는 그의 죽음으로 인간을 다루시는 하나님을 나타낸다. 그리스도는 하나님의 사랑과 거룩함으로부터 나오는 부성적인 유죄 선고와 용서 속에서의 완전한 슬픔과 동정을 나타낸다. 하나님은 그리스도의 죽음으로 변화하시지 않았다. 단지 하나님은 그리스도 안에서 그분의 슬픔을 보이신다. 하나님 편에서 인간에게 거룩한 동정을 보이시는 그리스도의 일은 인간을 위하는 대신적 회개 속에서 더 강렬해진다. 그리스도는 하나님과 관계하면서 인간을 위해 회개한다. 그가 행한 완전한 의미의 눈물의 회개 속에서 그리스도는 희생적인 아멘을 바치면서 인간의 죄를 짊어지신다. 중요하게도, 인간의 죄를 짊어지시는 그리스도의 일은 인간의 외부로부터 유입되는 간접적이고 기계적인 것에 근거하는 것이 아니라, 그리스도께서 인간의 어둠으로 인해서 동정과 슬픔을 실제로 느끼는 것을 근거로 한다. 그리스도의 나눔과 짊어짐은 둘 다 그리스도의 회고적인 일이라는 캠벨의 개념 속에 조화롭게 녹아 있다.

우리의 죄를 고백하는 것은 우리 안에 있지 않다. 아버지의 마음을 아는 지식도 우리에게 있지 않다. 그러나 만약 다른 사람이 우리를 위해서 이런 행위를 할 수 있다면—만약 중보자나 중재자가 있다면—우리와 충분히 함께하실 뿐만 아니라 동시에 우리의 죄와 충분히 분리되는 분이어서, 우리 죄 많은 인간이 자신의 죄를 죄 없음 속에서 돌아볼 수 있고, 죄에 대한 하나님의 유죄 선고와

7인의 십자가 사상

슬픔을 느껴서 그분 앞에 고백할 수만 있다면 어떻게 될까.[46]

그리스도는 우리가 할 수 없는 것을 고백하는 분인데, 우리와 충분히 함께하는 동시에 우리 죄와 충분히 구분되어야만 한다. 그리스도께서 우리의 죄를 짊어지시는 것은 인간과 함께하시는 나눔과 분리될 수 없다. 인간의 슬픔을 느끼고 맛봄으로써 그리스도는 인간을 포함하고 나타낸다. 그리스도께서 하나님의 동정을 나타냄으로써 하나님은 그리스도 안에 있고, 그리스도께서 완전한 눈물을 나타냄으로써 인간은 그리스도 안에 있다. 그리스도의 회고적인 일은 그의 아들 됨과 형제 됨 속에서 하나님과 인간과의 깊은 관계 속에 있다.

5.2.2. 전향적인 면: 새로운 생명

죄인으로서 우리 조건인 악과, 우리 안에 남아 있는 선의 가능성 사이의 격차는 십자가론의 가장 어려운 주제 중 하나다. 캠벨은 이 문제를 의식하면서 한 쌍의 개념인 회고적·전향적인 측면으로 그 문제를 해결하려고 시도한다. 사실, 이런 차이에 관해서는 많은 개념 쌍이 존재해왔는데, 대속과 대표, 칭의와 성화, 의인인 동시에 죄인(*simul iustus et peccator*), 이미 그러나 아직 아닌(already but not yet), 죽음과 살아남, 단번과 계속 진행, 옛 존재로부터의 자유와 새로운 존재를 향한 자유 등이 그 예다. 이런 개념 쌍들이 사용되어왔다는 사실은 우리로 하여금 이 두 측면을 분리해서 생각하지 말 것을 요구한다. 우리가 이 문제를 십자가와 관련해서 생각할 때,

---

46. Campbell 1996: 125-126.

어떻게 하면 조화롭고 성경적으로 볼 수 있는가 하는 점이 핵심 사항이다.

전향적인 면이라는 캠벨의 개념은 첫째로, 그리고 우선적으로 그리스도의 일이다. 그리스도는 하나님과 인간의 편에서 전향적으로 일하신다. 거룩한 신적 사랑은 그 열망하는 목표를 달성한다.[47] 사랑이란 그 자체의 깊이를 보여주려고 단순히 무엇인가를 하는 것으로 이해될 수는 없다. 사랑은 생명을 살리기 위해 필요한 열망을 이룬다. 우리가 우리의 영으로 응답하기 때문에, 그리스도에게서 일어나는 하나님의 사랑은 우리 안에서도 일어난다. 캠벨은 이렇게 설명한다.

> 중재란 과거의 죄를 용서하는 데 국한되는 것이 아니라, 우리를 사랑하시는 그의 사랑 안에서 그리스도께서 우리를 향하여 가진 열망과 관련되어야 한다. 그래서 우리 죄에 대한 신적인 유죄 선고에 응답해 우리 죄를 고백하는 것은, 우리 편에서 하나님께 드려졌을 때 실제로 죄로부터 우리를 구원하는 요소로서 그 고백에 우리가 참여하는 것을 전향적으로 상고하는 것이다. 심지어 그리스도께서 인간에게 아버지를 증거하는 것도…우리 어둠에 유죄 판결을 내리는 빛으로서만 아니라 우리 생명의 의도된 빛으로서 십자가에 그 위치를 차지하고 있어야만 한다.[48]

죄 용서로서의 그리스도의 일은 그 자체로 이해될지라도 하나님께 끝없이 받아들여져야 한다. 그러나 죄의 용서와 연관해서 받아들일 수 있는

---

47. Campbell 1996: 49.
48. Campbell 1996: 127.

것은 영원한 생명의 선물로서 우리에게 보여져야 한다. 그리스도께서 완전한 의와 슬픔을 우리와 나누시듯이, 그 역으로 우리도 나누어야 한다. 캠벨에게 핵심적인 것은, 옛 사람에서 새 사람으로의 변화와 그 변화를 받아들일 수 있는 능력인데, 이것은 그리스도의 회고적인 면과 전향적인 면의 관계성에 놓여 있다. 인간이 그리스도의 일에 참여해야 한다는 것은 우리 상태에 관한 것일 뿐만 아니라, 그리스도와 우리의 연결 상태, 곧 얼마나 강력하고 결정적으로 그리스도의 일이 우리와 직접적인 연관성을 가지는가에 관한 것이다. 그리스도께서 그의 피를 흘리신 일의 전향적인 결과는 **즉시, 직접적**으로 영생의 선물과 관련되어야만 한다.[49] 회고적인 면과 전향적인 면의 연속성에 관한 캠벨의 주장은 "유입"에 관한 그의 비판과 관련된다. 캠벨에 의하면, 유입이란 우리 마음을 영원한 생명에 대해 숙고하는 것으로부터 멀어지게 하며, "우리가 그리스도 안에서 하나님을 아는 지식을 받으면서 들어가게 되는 영적 상태가 아니라, 그리스도의 공적을 신뢰하는 자들로서 우리를 기다리는 무한한 축복이라는 증명되지 않은 미래에 대한 개념"이라는 돌이킬 수 없는 잘못을 저지르는 것으로 귀결된다.[50] 캠벨도 그리스도의 고백이 우리가 그 고백에 참여하는 것과 궁극적으로 연관된다고 주장한다. 반면에, 우리의 현재의 영성과 도덕성으로부터 영생이 멀리 있다는 것이 유입의 개념에서는 가장 치명적으로 보인다.

하나님 편에서 그리스도는 전향적으로 일하시는데, 이것은 인간의 모든 어둠에도 불구하고 여전히 인간에게 소망, 기쁨, 생의 사랑이 있다는

---

49. Campbell 1996: 128.
50. Campbell 1996: 130.

것을 믿는 하나님의 마음을 드러낸다. 십자가에서 그리스도의 일은 "인간인 것"을 향한 하나님의 마음의 증거다.

인간 안에서 그 의식은, 인간이 사랑의 삶으로 채워질 수 있다는 것을 그리스도 안에서 증거한다. 그리스도는 그의 형제들의 미움이 자신을 향한다는 것을 더 깊이 깨달을수록, 더더욱 그는 미움이 그들의 본질이 아니라는 것을 깨달았다. 그리스도는 죄로부터 그들을 구하려고 그들에게 자신을 주는 소망, 불의한 자들을 위한 의로운 자의 소망, 죄인들을 위해 고난 당하는 자의 소망, 그들을 하나님께 데리고 간다는 소망을 가지셨다.[51]

그리스도께서 십자가 위에서 "아버지여 그들을 용서하소서 그들은 자신들이 무엇을 하는지를 알지 못합니다"라고 기도하셨을 때, 그리스도 안에는 소망이 있었다.[52] 그리스도의 마음에 있는 하나님의 소망은 아버지를 알지 못했던 세상과 아버지를 알았던 세상 사이에 차이가 있으리라는 것이다. 그리스도는 그의 삶과 죽음에서 아버지의 이름을 선포했고 아버지가 그리스도를 사랑하셨던 그 사랑이 우리 안에 있다.[53] 그리스도에 의해서 드러나고 아버지의 마음에 있는 것이란, 사람들의 마음을 깨워 그 안에 하나님의 마음이 거하도록 하는 것이다. 그리스도께서 십자가 위에서 드러내신 것은 감사하게도 우리가 얼마나 많이 법률적인 의무로부터 면제되었는가, 우리가 얼마나 많이 영원한 생명의 새로움을 얻을 수 있는가 하는

---

51. Campbell 1996: 133-134.
52. Campbell 1996: 134, 눅 23:34.
53. Campbell 1996: 136.

허구적인 실재가 아니라, 아버지와 아들이 아버지 됨과 아들 됨 속에서 서로 결속된 연합이다.[54] 아버지와 아들의 상호 내주는 하나님과 인간의 상호 내주로 확장되어야 하고, 그것은 강요되고 기계적인 원거리 의무가 아니라 아버지 됨과 아들 됨에 근거를 둔 하나님과 인간의 깊은 상호 관계로 확장되어야 한다. 하나님이 아버지의 마음을 가졌다는 사실은 아들 됨의 능력이 우리에게도 있다는 증거가 될 수 없다. 그러나 아들로 드러나게 된 아버지 됨은 우리 안에도 생명의 빛이 거하신다는 사실을 밝게 비춘다.[55] 그리스도는 우리가 새로운 생명을 가져야 한다는 하나님의 소망을 우리에게 전향적으로 드러낸다.

인간 편에서 그리스도가 우리와 나눌 때, 그리스도는 전향적으로 일하신다. 그리스도께서 우리의 죄를 희생적으로 고백하면서 우리와 나누셨던 것이 우리 안에서도 재생되어야 한다.[56] 이런 측면의 일은 그리스도께서 자신의 공적을 우리를 위해 간청한다는 점에서 여전히 그리스도의 일이다. 그럼에도 그리스도께서 우리를 위해 요청할 수 있는 것 속에는 우리의 능력이 이미 함축되어 있다. 또한 이것이 우리 안에서 재생될 때, 이 공적 속에 있는 아버지의 기쁨은 그리스도 안에 함축되어 있다.[57] 따라서 그리스도에 우리가 참여함으로써 그리스도는 우리의 형제로서 우리를 위해서 일하신다. 더 구체적으로, 자기희생적인 사랑 속에서 그리스도의 형제

---

54. "그러므로 하나님의 율법을 어긴 사람들에게 하나님이 얼마나 친절하고 동정심 깊은지를, 얼마나 우리 죄를 용서하시는지를 드러내는 자로 그리스도를 간주하지 말자. 아버지를 드러내는 아들로 그리스도를 생각하자"(Campbell 1996: 139).
55. Campbell 1996: 139.
56. Campbell 1996: 142.
57. Campbell 1996: 141.

됨은 십자가와 진정한 교제 속에서 다른 사람들과 우리가 나누는 형제자매 됨에 의해 나누어질 필요가 있다. "그리스도의 죽음과 교제하는 가운데 우리도 자신에 대해 죽어야 한다."[58]

캠벨의 전향적인 개념이 기계적이지 않고 대단히 영적·도덕적·관계적임을 주목할 필요가 있다. 왜냐하면 하나님이 우리에게 향한 것과 우리 마음이 하나님께 향하는 것은 결코 외적인 것일 수 없기 때문이다. 하나님도 우리를 결코 외적으로 다루시지 않는다. 하나님은 주시고 우리는 받는 것이 아니다.[59] 우리가 그리스도에 참여하는 것은, 우리가 그리스도의 영에 참여하면서 그리스도의 고백에 우리가 "아멘" 하는 것이다. 캠벨은 이렇게 쓴다.

> 우리는…그리스도의 성령에 참여하는 정도에 따라서, 우리 죄를 그리스도께서 고백하시는 것에 진실로 깊이 아멘으로 우리 죄를 고백하는 능력을 더 받아들일 수 있다. 우리 옛 사람에 대해 우리는 새로운 삶을 그리스도의 마음에 참여하는 것으로 시작하게 되어 만족하고 감사한다. 또한 우리 죄의 고백이 우리 옆구리에 놓여 있고 그 옆구리에서 거룩한 삶이 우리에게 아주 가까이 있음을 느끼는데, 그것은 자연스럽게 우리의 것이 되고 우리가 맛보게 되는 형태를 가진다.[60]

성령 안에서 그리스도는 하나님의 마음에 "아멘" 할 수 있는 힘을 우리

---

58. Campbell 1996: 256.
59. Campbell 1996: 144.
60. Campbell 1996: 143.

에게 주시고, 그로 인해 우리는 하나님께로 가는 살아 있는 길을 발견한다. 그리스도의 대신적 회개는 우리에게서 재생되고 나누어지고 맛보아져야 한다. 그 길은 그리스도의 성령에 참여하는 바로 그 길이다. "우리는 하나님의 증거를 성령 안에서 더욱 이해하고 믿을 수 있어서, 하나님은 우리에게 영생을 주시고 이 생명은 그리스도 안에 있다."[61] 엄밀히 희생이 영적·도덕적으로 예배와 관련된다는 것을 배우는 가운데 우리는 그리스도께서 영들에게 적합한 피를 흘리셨으며, 그 영들은 예배에 참여하기 위해 그 피로 씻길 것이다.[62] 인간 편에서 하나님과 관계하는 그리스도의 전향적인 일은 우리 영들 속에서 그리스도의 아멘을 재생하는 것이요, 우리가 아멘 할 수 있는 힘은 그리스도의 영으로부터 온다.[63]

전향적인 면은 회고적인 면과 결코 분리될 수 없는 가운데 자연스럽게 연결된다. "동시에 우리 죄를 고백하시는 그리스도를 사랑 가운데 그리스도의 영으로 우리가 채택하는 그런 면에서 하나님께 가까이 가는 길 외에는 다른 어떤 길도 없다는 것을 확실히 느낀다."[64] 하나님의 본성에서 우리 참여까지에 이르는 자연스러움은, 그리스도께서 대속적 고백을 해야 하고 우리가 그리스도와 그의 영에 참여하는 것을 통해 아멘을 표현해야 한다는 필연성에 가까워 보인다. 이 필연성은 아버지 됨, 아들 됨, 형제 됨의 관계적 필연성(relational necessity)이다. 하나님의 부성적인 마음에 의해 동기 부여된 그리스도의 전향적인 일은 아버지의 본성에 의존한 값싼 은총도

---

61. Campbell 1996: 143.
62. Campbell 1996: 144.
63. Campbell 1996: 145.
64. Campbell 1996: 145.

아니고, 우리의 능동적인 역할에 의해 완성되는 강요된 필연성도 아니다. 나무뿌리로부터 자연스럽게 솟아나오는 열매처럼, 이것은 결과를 향해 나아간다. 아버지 됨, 아들 됨, 형제 됨의 관계 속에 있으므로, 우리는 신적 마음 속에 있는 십자가의 기원과 우리 안에 있는 그 결과 사이에서 멈출 수 없다.[65]

그러나 하나님의 본성과 십자가의 본성 사이에 직접적이고 실제적이며 친밀한 관계를 세우고자 열망한 캠벨이, 죽음을 슬픔, 동정, 사랑, 회개, 아멘의 기도 등과 같은 다소 감각적인 표현에 의존해서 표현하고 있다는 것은 역설적이다. 오히려 그리스도의 십자가 죽음이라는 치명적인 실재가 감각적인 표현으로 인해 간접적인 것에 그치는 것 같다. 여기서 결정적인 질문을 피할 수 없다. 십자가는 회개, 슬픔, 기도, 동정심이지만 왜 그것이 반드시 죽음을 통해 발생해야 하는가? 다음 단락은 십자가 죽음의 결정적 실재에 초점을 맞출 것이다.

5.3. 희생적 맛봄으로서의 죽음

캠벨에게 그리스도의 죽음의 중요성이란 무엇인가? 죄로부터의 구원과 새로운 삶으로의 참여라는 두 측면은 우리에게 많은 대답을 주었다. 만일 우리가 그리스도의 일의 두 측면과 함께 더 깊이 들어가기를 원한다면, 하나님과 인간의 편에서 하나님과 인간을 다루는 것, 곧 동정, 회개, 소망, 소망에의 참여 같은 개념이 그리스도의 죽음에 대한 캠벨의 핵심적인 사상

---

65. Campbell 1996: 235.

일 것이다. 그러나 캠벨의 십자가론의 체계를 특징짓는 이런 다양한 개념에도 불구하고, 그의 십자가론은 십자가 **죽음의 급진성**을 설명하는 데는 미흡해 보인다. 어떤 방식으로 그리스도의 십자가 죽음이 회개와 새로운 삶과 연관성을 가지는가? 어떻게 죽음이 회개가 될 수 있는가? 회개란, 글이나 말같이 죽음이 아닌 다른 방법으로 이루어질 수도 있지 않는가? 캠벨이 회고적이고 전향적인 틀에서 사용하는 슬픔, 동정, 사랑, 회개, 아멘의 기도 같은 비유적인 이미지는 엄밀한 의미에서는 죽음과 직접적인 연관성을 갖기 어렵다.

캠벨의 십자가론과 그리스도 죽음의 급진성 사이의 연결은 그가 사용하고 있는 희생적 이미지에서 발견될 수 있다. "피 뿌림", "피", "인간의 죄를 깨끗케 함" 같은 표현은 십자가 죽음의 현실성을 선명히 가리킨다. 그뿐 아니라 캠벨은 십자가를 하나님의 사랑과 일치하는 그리스도의 **자기희생**으로 요약한다. 중요한 것은 그리스도의 고난을 자기희생이라고 해석하는 캠벨의 십자가 이해가, 다른 모든 십자가론의 함의, 곧 하나님의 본성인 사랑에서 우리의 자기부정까지를 다 십자가와 관련시키는 **연결 고리와** 같다는 점이다. 그러나 특별히 캠벨이 그리스도의 희생을 "죽음의 맛봄"으로 해석할 때 그의 강조점은 희생의 영적인 면에 있다. 따라서 이번 단락에서는 캠벨이 희생적 언어와 "죽음의 맛봄"이라는 표현을 어떻게 사용하고 있는가에 초점을 맞추면서, 그의 십자가론에서 죽음의 의미가 무엇인지 하는 본질적 질문을 다루고자 한다.

가장 중요한 것은 캠벨이 십자가의 본질을 희생으로 이해하고 있다는 것이다. 두 측면이 가진 두 특징을 다루기 전에 캠벨은 십자가의 본질에 대해 언급한다. 십자가의 본질은 하나님의 본질에 부합해야 하므로, 십자가는 하나님의 자기희생이라 할 수 있고, 또한 그 점에서 형벌적 대속론과 구분된다. "인간에게 찾아오신 사랑은 인간에게 찾아오실 때조차도 자신의 본질, 곧 자기희생의 본질을 드러내셨다."[66] 하나님의 본질이 우리 믿음의 희생적 본질로서 대속적 가치로 제시된다는 캠벨의 주장은,[67] 그 본질이 십자가의 본질이고, 그리스도의 죽음이 하나님의 자기희생이라는 것을 드러낸다. 그리스도는 죄 없는 자신을 하나님께 바침으로써 죄를 도말하셨다.[68]

하나님의 본질을 좇아서 그리스도의 고난을 자기희생으로 해석한 후, 캠벨은 회고적이고 전향적인 면 둘 다를 위해 그리스도의 희생적 이미지를 "바침", "예배", "피", "깨끗케 하고 정화함" 등의 여러 표현으로 설명한다. 다시 말하면 십자가의 회고적·전향적 측면은 하나님과 인간 편에서 하나님과 인간을 다루는 그리스도의 희생이라는 의미다. 캠벨은 이렇게 쓴다.

이런 섬김이 우리에게 하나님의 영적인 왕국으로 제시하는 것은 성전과 예배와…이 희생에 참여하는 것인데, 이것은 악으로부터의 구원과 선에 참여함을 의미한다. 희생제물이 흘린 피는 심판으로부터의 구원이 아니라 예배를 위한 깨끗케 하심과 정화다. 희생제물의 피 뿌려짐을 통해 우리가 얻는 유익은, 의를 위한 어떤 형식적 보상을 받는 것이 아니라 거룩하고 받아들여진 예배자가 되

---

66. Campbell 1996: 113.
67. Campbell 1996: 107.
68. Campbell 1996: 108.

7인의 십자가 사상

는 것이다.[69]

　여기서 그리스도의 희생은 회고적·전향적인 측면 모두와 관계한다. 인간의 어둠으로부터의 구원은, 그 피로 뿌려진 죄를 위한 적절한 희생으로 하나님께 바쳐지는 희생적 고백이다.[70] 동시에 그리스도의 희생은 우리가 거룩하고 받아들여질 수 있는 예배자가 되기 위해 그 희생에 참여할 때 구현된다.[71] 예배자로서 우리는 "아바 아빠"라고 부르짖으며 대제사장으로서 우리 예배의 머리 되시는 그리스도와 교제하게 된다. 그리스도의 피는 우리 죄의 회개를 위해, 그리고 영생의 삶의 능력을 위해서 뿌려진다.[72]

　이어지는 다음 장에서도 캠벨은 희생적인 이미지를 반복적으로 강조한다. 그리고 대제사장으로서의 그리스도의 중보적인 일과 그리스도의 희생에 우리가 참여하는 것을 연결 짓는다. 그리스도는 우리의 새로운 삶의 대제사장이고,[73] 달래는 희생물, 화해, 평화이시며,[74] 하나님의 집의 대제사장이고,[75] 모든 죄로부터 우리를 씻으신다.[76] 형벌적 대속론으로부터 우리를 구원할 수 있는 가치로서 캠벨은 모세적인 제정에서 희생을 발견한다.[77] 『속죄의 본질』을 결론지으면서 캠벨은 기독교를 십자가와 연관 짓고

---

69. Campbell 1996: 144.
70. Campbell 1996: 124-125.
71. Campbell 1996: 144.
72. Campbell 1996: 145.
73. Campbell 1996: 145.
74. Campbell 1996: 153-159.
75. Campbell 1996: 147, 151-152.
76. Campbell 1996: 153.
77. Campbell 1996: 151.

자기희생으로 요약한다. 캠벨은 이렇게 쓴다.

> 십자가의 본질에 관한 질문이 "기독교란 무엇인가?"라는 질문과 다를 바 없다
> 는 것이 점점 더 또렷해진다.…그리스도 안에서의 영원한 삶을 십자가를 통해
> 묵상하면서, 사랑의 결과가 하나님을 향해서는 아들 됨과, 인간을 향해서는 형
> 제 됨과 동일하다고 이해되어왔다. 그리스도의 일에 들어가는 것으로 우리 믿
> 음에 제시되어왔던 모든 것은 하나님과 인간에 대한 사랑으로 불려왔다. 동시
> 에 하나님과 인간을 위해 헌신하는 자기희생, 곧 영생이란 본질에 있어서 변화
> 하는 것이 아니므로 그리스도 안에서 십자가는 우리에게 구원으로 귀결된다.
> 그러므로 우리의 영과 삶의 주인 되시는 그리스도는 자기희생 속에서 우리를
> 하나님께로, 그리고 우리를 인간에게로 헌신시킨다.[78]

캠벨은 십자가와 기독교의 본질을 동일시한다. 그런 후에 두 측면, 즉
"단 한 번뿐인 그리스도의 자기희생"과 "그리스도의 희생과 우리가 교제하
는 것"으로 요약한다. 영생은 그 본질이 변화하지 않으므로, 하나님과 인
간에 헌신한 그리스도의 희생은 우리가 그리스도의 희생과 교제할 때 우
리 안에 속하게 된다. 분명히 그리스도의 자기희생은 자기부인이라는 기
독교 영성과 도덕성의 견고한 토대가 된다. "우리는 그리스도의 죽음과 교
제하면서 우리 자신을 죽여야 한다."[79] 그리스도는 우리에게 자기희생의
삶을 가르치신다.[80]

---

78. Campbell 1996: 255.
79. Campbell 1996: 256.
80. Campbell 1996: 257.

그러나 캠벨의 십자가론에서 그리스도의 죽음의 현실성과 사실성이 여전히 의문으로 남는다. 왜냐하면 그 강조점이 형벌적 심판의 신체성과 비교되는 영적인 측면에 주어지기 때문이다. 캠벨은 이렇게 쓴다.

그리스도께서 자기 영혼을 죄를 위한 제물로 드리면서 당하시는 고난은 고통으로서의 고통인가, 형벌적 처벌로서의 고통인가, 혹은 죄와 죄의 결과로 따라오는 비참함이라는 압박 아래서 거룩함과 사랑이라는 조건과 형태, 곧 우리 믿음에 희생과 십자가 덕의 본질이라고 제시하는 것인가? 이 질문이 제기하는 구분은, 내게는 십자가론의 본질에 대해 던지는 가장 중요한 질문이다.…왜냐하면 나의 확신은…그리스도의 고난은 형벌적인 것이 아니라 영적·도덕적 본질을 가지고 있고, 이것은 자기 영혼을 우리 죄를 위한 희생으로 만듦으로써 희생으로 죄를 도말하시는 하나님의 아들이 만드신 십자가에 들어가는 가치가 있기 때문이다.[81]

캠벨은 그리스도의 고난을 단지 고통이 아니라, 그 영혼이 죄를 위해 당하는 희생이라고 주장하는 것인가? 여기서 그리스도의 물리적 고난이 배제된 것인지는 명확하지 않다. 사실상 캠벨은 그의 십자가론이 물리적 고통에 너무 지나치게 상세히 머무는 것도 비판하고, 거기서 아예 멀어지는 것도 비판한다.[82] 그러나 캠벨의 십자가론에서 확실한 것은, 희생적 가치로 십자가론을 형성하는 것이 그리스도 고난의 **영적인 실체**라는 점이다.

---

81. Campbell 1996: 107-108.
82. Campbell 1996: 189-191.

그리스도의 죽음의 사실성은 캠벨이 "죽음을 맛봄"이라는 표현을 사용할 때 더 모호해진다. 한편으로 그리스도께서 죽음을 맛보았다는 것은 전적으로 실제적이고 대신적이다. "더 나아가 우리 주님만이 진실로 죽음을 맛보셨고, 그래서 그에게만 죽음이 죄의 대가로서 완전한 의미를 가진다.…"[83] 그리스도께서 죽음을 통해서 이루어가신 영원한 생명은 아무 일도 일어나지 않게 하는 것이 아니라, 도리어 그로 하여금 죽음을 완전하게 맛보도록 한다.[84] 다른 한편으로 캠벨은 그리스도의 죽음의 신체성을 부인하지 않으면서도 여전히 십자가의 의미를 영적·도덕적으로 전환시킨다. 캠벨은 이렇게 쓴다.

> 십자가를 견디셨던 그리스도는…또한 죽음도 맛보셨다.…그래서 가장 신체적이고 외적인 모든 것들에 관해 진정한 가치와 덕은 가장 육적이고 외적이며, 엄격하게 도덕적이고 영적이었다. 왜냐하면 그리스도가 우리를 위한 죽음을 맛봄은 대리인으로서가 아니었기 때문이다. 만약 대리인이었다면 그리스도는 홀로 죽었을 것이다. 또한 심판으로서도 아니었다. 의와 아버지의 선호하심의 힘으로 죽음을 맛보았다면 죽음은 그에게 결코 쏘는 것이 아니었다. 그러나 그의 죽음은 죄를 위한 도덕적·영적 희생이었다. 따라서…그 자체로 발생하고 죄의 대가로서 발생한 죽음이 십자가의 대속일 수는 없으며, 무수히 죄 많은 인류를 그것에 복종시키는 것이 아니라 그리스도의 죽음은 하나님과 그분의 의의 율법과 연관된 도덕적이고 영적인 의미를 가지며, 그리스도가 맛보셨고 아들 됨

---

83. Campbell 1996: 216.
84. Campbell 1996: 216.

의 영 안에서(in the spirit) 겪으셨으며 십자가가 미친 화해의 완전함이었다.[85]

캠벨은 그리스도의 죽음의 신체성을 있는 그대로 발생한 것으로 간주하지만, 그러나 그 죽음의 영적·도덕적인 면을 십자가의 본질로 삼는다. 십자가의 신체성과 영성 사이에 이원론적인 구분을 하고 있는 캠벨의 의도가 무엇인지는 정확하지 않다. 그러나 "맛봄"이라는 표현을 계속 사용하는 것은 죽음의 영성이라는 그의 사상 이면의 무엇인가를 암시하고 있는지도 모른다. 캠벨은 "죽음을 맛봄"이라는 표현으로 다음과 같은 두 가지 측면을 보여준다. (1) 대리인(substitute)이 아니고, (2) 심판이 아니다. "대리인이 아니다"라는 말은 우리가 그리스도의 죽음에 포함되어야 한다는 의미이고, "심판이 아니다"에는 하나님 선호(favor)가 나타나 있다. 따라서 그리스도는 죽음을 혼자만 맛보는 것이 아니라 하나님과 우리 안에서 경험한다. 그리스도의 죽음이 도덕적·영적 죽음으로 실현되기 위해서는 수많은 세월을 거쳐야 하며 의와 아버지의 선호하심으로 이루어진다는 점에서 "죽음을 맛보는 것"이다. 만약 캠벨이 그리스도의 죽음이 영적·도덕적 면만 가지고 있음을 의미했거나, 그리스도께서 "왜 나를 버리셨는가"라고 외쳤을 때조차 하나님과 인간이 결코 분리될 수 없다는 점에서 죽음의 맛봄이라는 표현을 사용하는 것이라면, 몇 가지 질문이 제기된다. 만약 그리스도의 죽음이 도덕적·영적이라면 왜 **신체적인 죽음**이라는 고난을 당하셨는가? 영적·도덕적 죽음의 의미가 어떻게 바로 인간 죽음의 신체적 실재에 영향을 끼칠 수 있는가? 하나님의 선호하심 속에서 그리스도께서 죽음

---

85. Campbell 1996: 217.

을 맛본다면, 이것은 죽음의 급진성 곧 분리, 버림받음, 소외 같은 죽음의 더 깊은 의미를 배제해버리는가?[86] 참으로 긴 세월 동안, 그리스도의 죽음을 실현해야 한다는 인간의 **필연성**은 인간이 완전한 방법으로 자기 죄를 회개할 수 없다는 **사실**과 충돌하지 않는가?

십자가라는 주제와 관련하여, 신체성은 영적인 면보다 결코 덜 중요하지 않다. 인간의 비참한 절규가 인간이 겪는 시공의 한계와 엮여 있을 뿐만 아니라, 인간의 신체성과 영성도 서로 구분하기가 어렵다. 또한 그리스도의 성육신과 신체성 속에서의 성육신의 의미 사이를 구분하기도 어렵다. 그럼에도 캠벨의 희생 개념은 그의 회개 개념이 가진 약점, 곧 회개를 그리스도의 죽음과 연결하기 어려운 문제를 보완한다. 더욱이 캠벨이 그리스도의 희생적인 죽음의 영적인 면을 강조한 것은, 그것이 그의 십자가 사상의 핵심 내용이며, 그 속에서 형벌적인 심판을 피하고 아버지 됨, 아들 됨, 형제 됨의 연속성을 강화하는 역할도 하기 때문이다. 캠벨이 그리스도의 죽음이라는 사건에서 아버지 됨, 아들 됨, 형제 됨의 연대를 얼마나 진지하게 전개했는가 하는 것은 이미 다루었다. 하나님의 본성이 바로 십자가의 내용과 본질이며, 하나님과 인간은 십자가의 두 측면에 관여하고 있고, 희생적인 죽음은 인간의 참여를 불러일으킬 수 있는 아버지와 아들 사이의 결속 안에서만 의미가 있다. 다음 단락에서는 하나님과 인간의 결속의 특징에 관해서 논의할 것이다.

---

86. 캠벨은 시 22편에 등장하는 버림받음의 절규를, 아버지를 향한 아들의 신뢰로 해석한다 (Campbell 1996: 200-205).

5.4. 하나님과 인간이 맺은 관계의 자연적 필연성

하나님의 본질이 십자가의 바로 그 본질인 것처럼, 하나님과 우리의 살아 있는 인격적인 관계가 십자가의 바로 그 결과다. 십자가의 원리는 하나님께 있고 그 결과는 인간에게 있다.[87] 캠벨은 우리가 십자가에 참여하는 것을 강하게 강조한다. 그리스도께서 피를 흘리신 것은 우리와 하나님의 관계와 직접적인 연관성을 가져야만 하고,[88] 그리스도께서 피로 깨끗케 하심은 하나님과의 교제에 영향을 끼쳐야만 하며,[89] 살아 계신 그리스도의 희생은 그리스도의 명령을 지키는 데 있어서 하나님과의 직접적인 관계를 가져야만 하고[90] 화해와 평화는 그분과의 교제에 있어서도 우리의 평화가 되어야만 한다.[91] 우리는 십자가의 뿌리로 돌아가는 것과 십자가의 열매로 나아가는 것 사이에서 멈추지 말아야 한다.[92] 여기서 우리는 캠벨이 얼마나 강하게 하나님의 주도권과 우리의 참여 사이의 연속성을 강조하는지를 면밀히 검토해야 한다. 이때 연속성이란 그 사이의 혼동에까지 이르게 하는가, 혹은 이 연속성에도 어떤 한계가 주어져 있는가라는, 심각한 질문에 대한 대답을 발견할 수 있기를 기대하면서 우리는 하나님과 인간 사이의 "인격적·자연적·필연적" 관계가 어떤 의미인지를 살펴보겠다.

일단 가장 중요한 것은 그리스도께서 살아 계셔서 살아 있는 인격적인

---

87. Campbell 1996: 235.
88. Campbell 1996: 151.
89. Campbell 1996: 153.
90. Campbell 1996: 154.
91. Campbell 1996: 156.
92. Campbell 1996: 235.

관계를 만드신다는 점이다. 캠벨은 이렇게 말한다.

> 그리고 그는 (지금) 달래는 희생(propitiation)이다. 왜냐하면 달래는 희생은 그
> 가 이미 다 이루신 것도 아니고, 우리가 과거의 사건으로서 그를 위해 던져졌
> 던 것도 아니기 때문이다. 그는 (지금) 달래는 희생이다.…따라서 사도가 우리
> 에게 "우리가 죄를 짓지 않는다"라고 쓴 것은 달래는 희생 즉, 그리스도의 일이
> 아니라 살아 계신 그리스도 그 자신을 상기시킨다.[93]

십자가는 과거에 일어난 일이 아니라 우리 안에 지금 살아 계시는 그
리스도 그 자신이다. 십자가에 우리가 참여한다는 것은 그 자체로 살아 있
는 사랑의 표출이다. 구원에 관한 질문은 단순히 살아 있는 사랑, 아버지
의 마음으로부터 나오는 사랑의 표출에 얼마나 참여하는가 하는 문제다.[94]
하나님의 살아 있는 사랑이 십자가의 본질이듯이, 그리스도는 그의 죽음
으로 우리 안에 지금 살아 있어야 한다. 살아 계신 그리스도 안에서 일하
시는 살아 계신 하나님은 인간과 살아 있고 인격적인 관계를 맺는다. 캠벨
은 이렇게 설명한다.

> 인간의 연속적인 소외로부터 나오는 모든 부차적인 악에 대해 우리가 아무리
> 끔찍하게 느낄지라도, 하나님과 화해된 존재에게 따라오는 부차적인 선 개념
> 이 아무리 높다 할지라도, 우리는 마치 진노와 심판이 먼저 사라지고 난 후에

---

93. Campbell 1996: 154.
94. Campbell 1996: 167.

야 우리가 그것들에 관해 주의를 기울여도 되는 것처럼, 진노와 심판을 직접적으로 다루는 것을 금해야만 한다. 우리는 인격들, 영들과 그의 후손들의 아버지와 연관된다. 이것은 모든 것, 모든 상황보다도 더 서로에게 연관된다.[95]

여기서 캠벨은 하나님과 인간의 내적이고 인격적인 관계가 다른 어떤 것, 특히 하나님의 진노와 심판 속에서 십자가의 외적인 면보다 더 우월하다고 주장한다. 아버지와 아들 그리스도, 하나님의 아들들 사이의 인격적인 관계는 그 자체로 캠벨의 십자가론의 일차적인 관심이다. 그리스도에게 드러난 우리 고난에 대한 아버지의 동정은 우리를 위한 그리스도의 회개와 연속성을 가지며 마침내 우리가 십자가를 짊어지는 것으로 이어진다. 왜냐하면 십자가의 전 과정은 아버지와 아들과 하나님의 양자 된 자녀들 사이의 교제의 결속이기 때문이다. 이 교제 속에서 사랑의 결속은 그리스도께서 고난을 당하시던 그 긴급한 순간에도 유지된다. 비록 그리스도의 고난이 우리와 무관하게 직접적이고 선명하게 표시되었다고 할지라도, 아들 됨의 연속성은 깨어지지 않았고, 아들을 다루시는 아버지의 성격도 변화하지 않았으며, 아들 안에서 우리에게 주어진 삶 곧 우리가 참여해야 하는 삶의 전개인 발전도 변경되지 않는다.[96] 이 일관된 연속성은 그리스도의 형제자매에게도 다다른다.

그렇다면 우리가 아들 됨의 생명에 더하여, 우리 영들의 아버지이신 하나님

---

95. Campbell 1996: 163.
96. Campbell 1996: 192.

이 우리를 완전한 사랑으로 선호하시기를 열망하는 것, 그리고 생명의 빛으로서 그것이 어떤 선호인지를 아는 것은 적절하다. 그래서 형제 됨의 삶, 우리 이웃에게 완전한 사랑을 열망하는 것이 적절하고, 만약 그 선호가 영적인 실재를 의미한다면 오직 영의 연합 속에서만 가능한 그리스도와 살아 있는 하나 됨을 열망하는 것도 적절하다. 그러므로 모든 사람의 형제이신 우리 주님은 모든 사람으로부터 이 마음의 응답을 열망하셨다.[97]

하나님께서 아버지로서 피조물에게 동정심을 갖는 것은 당연하고, 하나님의 아들이자 우리 형제로서 그리스도가 하나님이 누구신가 하는 고백을 드러내고 수행하는 것은 당연하며, 하나님의 양자 된 자녀이자 아들의 형제자매로서 우리가 그분의 마음에 참여하는 것도 당연하다. 왜냐하면 아버지, 아들, 하나님의 아들들은 서로 깊은 인격적인 관계 속에 있기 때문이다. 인격적이고 살아 있는 관계 그 자체는 깨어질 수도 변화될 수도 변경될 수도 없다. 그것은 하나님과 인간의 논리적·기계적·추상적·간접적 원거리 틀 때문이 아니라 오로지 아버지께서 결코 아버지가 아니신 적이 없으며, 아들이 결코 아들이 아닌 적이 없으며, 우리가 결코 이 인격적인 하나님의 사랑으로부터 멀리 떠날 수가 없기 때문이다. 이 깊은 인격적인 관계 속에서, 하나님은 동시에 진노와 자비의 하나님이시다. 그러나 이것은 하나님이 아버지로서 자신의 본성을 바꾸신다는 의미는 아니다. 반대로 하나님이 우리 아버지라는 바로 그 이유로, 하나님은 우리에게 알려지고 관계하시는 한, 진노와 자비의 하나님이시다. 인격적인 관계의 실질

---

97. Campbell 1996: 197.

적인 내용은 달라질 수 있지만 관계 그 자체는 결코 달라질 수 없다. 한 인격으로서, 특히 아버지로서의 하나님이 인간과 상호적이라는 것은, 인간의 비참함에 대한 아버지의 동정이 그리스도께서 하나님 편에서 회고적으로 일하시는 동시에, 어떻게 그리스도께서 반드시 회개해야만 하는 죄와 죄인들을 향한 진노가 되는지에 대한 단서일 수 있다.[98] 하나님은 살아 계신 아버지요, 그리스도는 살아 계신 아들이요 형제이며, 우리는 하나님의 살아 있는 자녀들이자 그분의 자녀들의 살아 있는 형제자매다.

하나님과 인간의 관계는 인격적이므로 자연스럽고 적절하며, 이 인격적인 관계 외의 어떤 다른 관계를 생각할 수 없기에 필연적이다. 아버지의 마음은 그 자체를 우리의 칭의, 양자 됨, 성화, 그리스도의 일에 참여하는 모든 것들과 자연스럽게 연결하는 하나님의 일의 본질이다.[99] 그리스도의 일이 그의 본성에 비추어 자연스럽듯이, 우리가 그리스도에게 참여하는 것도 자연스럽다. "그 중보 안에서 사랑이 자연스러운 형태이듯이, 그 중보에 우리가 응답하는 것도 진정 살아 있는 결과인 사랑으로 취해진 자연스러운 형태다."[100] 성부 하나님, 성자 하나님, 하나님의 자녀들이 인격적이며 살아 있는 관계를 만드는 것도 필연적인 동시에 자연스러운 일이다. 캠벨은 이 사상을 이렇게 펼쳐놓는다.

---

98. "중보자로서 그리스도는 인간 편에서 죄에 관한 하나님의 진노를 경험한다.…캠벨의 전통적인 주장이 죄에 대한 하나님의 진노의 실재에 관한 것이 아님을 주목해야 한다"(Van Dyk 1995: 106).

99. Campbell 1996: 104.

100. Campbell 1996: 177.

우리 주님 안에 있었던 생명의 빛으로서 주님 의식의 이 요소들은 우리 믿음 속에서 빛나는 우리와의 관계요 우리 상태와의 관계다. 그 요소들은 필연적으로 우리 안에서 스스로를 재생한다.…우리의 죄를 그리스도께서 고백하는 것과 우리가 연합되어 우리도 우리 죄를 고백하는 것.…우리 마음을 십자가와 기독교 사이의 연합에 두자. 그러면 기독교가 십자가와 얼마나 연속되는지가 자연스럽게 드러난다. 그리스도의 일은 신뢰를 통해 나누어지거나 혹은 그것을 필연적으로 나누는 신뢰를 통해 나누어진다. 우리 자신을 지켜보아야 할 필요 없이 우리는 그리스도를 신뢰할 뿐만 아니라, 또한 그리스도를 우리 삶으로 받는다. 왜냐하면 우리가 그 안에 존재하는 빛 안에서, 그것들은 우리 내적 존재의 동일한 움직임에 대한 두 개의 다른 표현이기 때문이다.[101]

여기서 캠벨은 하나님과 인간의 관계가 자연스러운 동시에 필연적이라고 제안한다. 그러나 캠벨이 어떤 의미로 자연스러움과 필연성을 구분하는지는 분명하지 않다. 그럼에도 캠벨이 필연성을 철학적 용어로 사용하고 있지 않다는 것은 명확하다. 오히려 그는 만약 성부, 성자와 하나님의 자녀들이 살아 있는 인격적 관계의 결속 속에 있다면, 성부는 아버지이고 성자는 아들이어야 하며 하나님의 자녀들은 하나님의 자녀들이어야 한다는 것 말고는 다른 것이 있을 수 없다고 가정하는 것 같다. 캠벨은 이렇게 쓴다.

나는 우리 영에게 영적인 것들을 요구하는 우리 영의 아버지와 우리 영의 관

---

101. Campbell 1996: 229.

계라는 그 조명하에, 독자들이 "가장 거룩한 곳으로 가는 길", "달래는 희생물", "화해", "하나님과 평화" 같은 표현을 이해할 수 있기를 희망한다. 그래서 지금 나는 "믿음으로 의롭게 됨"을 위해 영적이고 자명한 성격을 추구해왔다.…믿음 의 아멘 즉 하나님과 화해되는 것은 우리 주 예수 그리스도를 통한 하나님과 의 평화로 나타나며, 이 평화는 온순함과 낮아짐 속에서 십자가의 빛으로 알려 진다. 이 영생의 빛은 우리를 그 자체와 조화시키며, 그 결과 하나님과 조화시 킨다. 그 안에서는 우리 자신을 의지하고 하나님을 의지하지 않는 것이 불가능 하다. 즉 하나님에 대한 신뢰가 진정한 의라는 것을 의심하는 것이 불가능하고, 그리스도를 믿는 자를 의롭게 하는 자가 하나님이라는 것을 의심하는 것이 불 가능하다.[102]

여기서 불가능하다고 표현된 것은 필연성이라고 할 수 있다. 이때의 필 연성이란 인과관계의 필연성을 말하는 것이 아니라, 우리 자신을 신뢰하 고 하나님을 신뢰하지 않는 것이 불가능하다는 의미로서의 필연성이다. 반드시 우리는 하나님을 신뢰해야만 한다. 왜냐하면 하나님의 자녀들이 그분과 화해되는 것이 **자연스럽고 당연하기** 때문이다. 만약 우리가 구원 의 근원인 신적 마음으로 돌아간다면, 십자가의 결과로 나아가야 하는 것 은 필연적이다.[103] 캠벨에게 있어서 필연성이란 아버지, 아들, 하나님의 자 녀들의 본질을 근거로 하고 있는 **관계적 필연성**이다.

그리스도의 십자가의 일과 관련해서, 캠벨은 하나님과 인간의 관계를

---

102. Campbell 1996: 172.
103. Campbell 1996: 235.

무엇이라고 이해하고 있는가? 필연성을 강조함으로써 그리스도의 일을 주도하시는 하나님과, 그 일에 참여하는 우리의 일을 혼동한 것은 아닌가? 혹은 단순히 하나님의 일이 우리 안에서도 함께 일어나야 한다는 것을 강조하는 것에 불과한가? 어떤 의미에서 이런 과정이 자연스러운 동시에 필연적일 수 있는가? 자연스러움이란 우리와 그리스도가 나누는 일을 일으키시는 하나님의 주도권에 잘 부합된다. 그러나 필연성이란, 만약 그것이 인간의 참여가 십자가를 완성하는 데 필연적이라는 의미라면 오히려 자연스러움의 반대에 가깝다. 자연스러움과 필연성의 당혹스러운 조합을 고려하면서 우리는 하나님과 인간의 관계에 대해 두 가지 측면을 다룰 것이다. 이것은 **십자가와 관계**를 너무 과도하게 결속시키는 것이 일으킬 수 있는 장단점을 우리에게 알려줄 것이다.

첫째, 캠벨이 십자가의 4가지 측면에서, 인간 편에서 하나님을 다루시는 그리스도의 일의 전향적인 면을 포함시키고 있음은 명확하다. "물론 그리스도의 일에 대한 모든 견해는 십자가의 궁극적인 연관성이 전향적이라는 것을 암시한다."[104] 우리 죄를 고백하는 것은, 그 고백이 죄로부터 구원받는 실질적인 한 요소라는 점에서 우리 자신의 참여를 전향적으로 숙고해야만 한다. 우리가 참여한다는 것은 십자가의 전향적인 면의 핵심적인 내용이고, 그것 없이는 십자가와의 궁극적인 관련이 이루어지지 않는다. 캠벨은 형벌적 대속과 연관된 지나치게 객관적인 십자가론도 거부하고, 도덕화된 십자가론인 지나치게 주관적인 십자가론도 거부하면서,[105] 십자가

---

104. Campbell 1996: 127.
105. Campbell 1996: 128.

론의 4가지 요소 곧 두 측면과 두 특징 속에서 객관적이고 주관적인 견해들을 통합하려 했다. 형벌적 대속론과 캠벨의 십자가론을 구분 짓는 주된 평가 기준은 그리스도의 일과 그 결과의 연속성이다. 캠벨은 십자가의 전향적인 면을 설명하면서 이렇게 쓴다.

> 사람들은 그리스도가 피 흘리기까지 하신 인내로 우리가 죄의 심판으로부터 구원받는다는 것을 친밀하고 즉각적이라 생각하면서, 그 피 흘림의 결과가 궁극적이고 멀기 때문에 이런 용어를 사용하는 것이 필연적이라고 믿어왔을 것이다. 그러나 나는 십자가에 대해서 취할 수 있는 대단히 성경적인 주장을 다음과 같이 펼친다. 즉 그것은 우리 죄를 위한 그리스도의 고난과 그 결과의 연결이 결코 느슨하거나 간접적이지 않다는 것이다.[106]

캠벨의 주장과 형벌적 대속론을 단순하게 비교하면 다음과 같다. 그리스도의 고난의 결과, 곧 우리가 영생에 참여하는 것은 그리스도의 고난과 친밀하고 즉각적으로 연결되어 있으므로, 우리 밖에서 유입되는 것이 아니라 그리스도의 고난에 우리가 참여함으로써 가능하다. 그리스도의 고난 속에서 바쳐진 것이 우리 안에서 재생되는 것을 가리켜 전향적인 목적에 따라 전적으로(entirely) 바쳐졌다고 주장할 정도로, 그리스도의 일과 우리 참여의 연속성은 필연적이다.[107]

둘째, 캠벨에게 그리스도의 고난과 거기에 참여하는 우리의 일 사이의

---

106. Campbell 1996: 128.
107. Campbell 1996: 142.

연속성은 결코 그 둘 사이의 혼동이 아니다. 생명을 받은 자가 생명에 참여하는 것은 아버지, 아들, 하나님의 자녀들 사이에서 자연스럽고 인격적이다. 어떤 학자들은 캠벨의 십자가론을 도덕론의 한 유형으로 분류하기도 한다. 하지만 캠벨은 연속성을 강조했으나 결코 도덕화로까지 발전시켰던 것은 아니었다.[108] 사실 캠벨 자신도 그의 전향적인 측면이 주관적인 십자가론으로 너무 쉽게 오해될 수 있음을 의식하고 있었다. 그리스도를 우리의 모범으로 묘사했을 때, 캠벨은 "그리스도의 내적인 삶에 관한 모범"이라는 표현을 첨가한다.[109] 그 후에 캠벨은 계속해서 설명한다.

"모범"이라는 표현이 우리를 멀어지지 않도록 하자.…진실로 "모범"이라는 표현의 사용은 오류로 이끈다. 십자가에 우리가 참여한다는 것과 십자가의 관계는 "모범을 따른다"라는 표현이 제시하는 것과는 근본적으로 다르다.[110]

십자가에 대한 인간의 참여라는 캠벨의 견해는 그리스도를 모범으로 따르는 것과 근본적으로 다르다. 십자가 사건에서 하나님과 인간의 관계는 포도나무와 그 가지처럼 자연스러운 관계다. 그리스도는 포도나무며

---

108. "여기서 우리는 마지막 절에 고려된 도덕적 영향설의 한 변형을 볼 수 있다"(Carey 1992: 125). 토마스 하울 휴스(Thomas Hywel Hughes)도 "윤리적인 충족 이론이란 인간에게 관심을 가지고 선한 행동을 즐거워하며 선한 행동으로부터 충족을 이끌고, 특히 다른 사람들을 위해 자신을 잊고 희생하는 행동에 만족하시는 하나님의 존재에 근거하고 있다"라고 정의하면서, 캠벨의 십자가론을 "윤리적 충족론"의 범주에 포함시킨다(Hughes 1949: 134). 그러나 하트는 "요약하면 캠벨은 아벨라르주의, 소키누스주의(Socinianism)의 주관적인 모델 혹은 도덕적 영향설을 결코 고수하지 않는다"(Hart 1990: 321)라고 주장한다.
109. Campbell 1996: 230.
110. Campbell 1996: 232.

우리는 그 가지다.[111] 가지의 잎과 열매가 땅으로부터, 그 원줄기로부터 오기 때문에, 가지는 독립적이거나 자기의존적이지 않다. 가지들과 포도나무의 관계는, 우리가 그리스도께 절대적으로 의존적임을 나타낸다.[112] 포도나무와 그 가지의 자연스러운 관계는 우리가 우리 힘으로 추구해야 함을 의미하기보다 우리가 포도나무에 대해 신뢰와 믿음으로 관계한다는 것을 의미한다. 『속죄의 본질』의 추기에서 믿음으로 의롭게 된다는 루터의 가르침을 해석하면서, 캠벨은 "선한 행위들"과 "그리스도의 생명의 교제" 사이의 영적인 차이를 설명한다. 캠벨은 우리의 행위에서 오는 최고의 결과가 실망을 경험하는 것이라고 주장한다. 우리의 모든 행위가 하나님과의 평화로 인도하지 않는다는 것, 우리가 얻을 수 있는 것을 판단하는 기준은 우리가 얼마나 많은 행위를 쌓아 올렸는가가 아니라, 얼마나 우리 영의 아버지께 순수한 어린아이와 같은 신뢰로 자라났는가 하는 데 있다고도 주장한다.[113] "그리스도를 위해서 무엇을 했던 간에, 갈망하며 깨어 있는 죄인의 관심은 무엇이 그리스도가 행하신 것으로 남아 있는가에 있다."[114] 물론 캠벨의 주장은, 그리스도와 교제하면서 우리 자신이 진보를 만들어낼 수 있다는 가능성을 배제하는 것은 결코 아니다. 오히려 그는 세상이 미래에는 더 좋게 변화되리라고 단호히 말한다. "만약 세상이 성부를 알고 난 후에도 계속해서 세상이라면, 그 세상에는 어떤 희망도 없다."[115]

---

111. Campbell 1996: 233.
112. Campbell 1996: 233.
113. Campbell 1996: 271-272.
114. Campbell 1996: 273.
115. Campbell 1996: 134.

그러나 이런 희망 속에서도, 캠벨에게 중요한 것은 우리가 만들어내는 희망이 아니라 그리스도의 마음속에 이미 존재하고 있던 희망이었다.[116] 우리의 일 자체가 그리스도의 일과 결속되어 있으므로, 하나님과 인간의 관계는 우리가 스스로의 수고로 쌓아 올릴 수 있는 것보다 더 깊고 심오하다. 이와 관련해서 캠벨은 우리의 참여를 불러일으키는 그리스도 안에 있는 하나님의 일과, 그분의 일을 반드시 성취하고 완수해야 하는 우리의 일을 혼동하지 않았다.

어떻게 우리는 캠벨의 두 측면을 조화시킬 수 있을까? 우리가 십자가에 참여하는 것이 하나님의 구원의 일에 필연적인 조건인가, 혹은 그리스도의 대속적인 죽음을 따라가는, 십자가의 넘치는 측면인가? 캠벨의 십자가론은 두 측면을 모두 다 포함하기 때문에 이런 질문에 대한 답을 찾는 것은 쉽지 않다. 그러나 분명한 것은 십자가의 두 측면(회고적·전향적 측면)과 그리스도 일의 두 특징(인간 편에서 하나님을 대하는 것·하나님 편에서 인간을 다루시는 일)으로 갖추어진 캠벨의 십자가론이 이 주제와 관련해서 그의 십자가론의 깊이를 충분히 드러내지 못한다는 것이다. 이것은 캠벨이 이 주제들에게 동등한 무게를 두기 때문이다. 하나님을 대하시는 그리스도의 일이 인간을 대하는 그리스도의 전향적인 일과 동등하게 자리할 수 있는가? 그리스도의 죽음에 나타난 하나님의 슬픔이, 우리 일상생활에서 그 슬픔을 실현하기 위한 우리의 노력과 동등한 가치를 가지는가? 캠벨이 놓친,

---

116. "그러나 세상이 존재하지 않는 그런 빛 속에 있는 존재의 의식 안에서, 세상을 향한 그의 마음에는 희망이 있었다. 그러므로 증오가 가장 강력하게 드러났을 때도 그는 '아버지여 저들은 자신들이 하는 것을 알지 못하기 때문에 저들을 용서하소서'라고 십자가에서 기도했다"(Campbell 1996: 134).

반드시 우리 안에서 열매가 열려야 한다는 **필연성**은 대부분의 경우 현실 속에서는 우리 자신의 이기적이고 피상적인 자기 의(self-righteousness) 속에 갇혀 있을 뿐만 아니라, 심지어 다른 나무도 열매 맺지 못하게 한다는 **현실**과 본질적으로 다르다. 그래야만 하는 필연성과 도저히 그럴 수 없는 현실은 본질적으로 다르다. 캠벨이 하나님의 본성과 우리의 참여 둘 다를 십자가에서 행하신 그리스도의 일로 포함시킨다는 점에서, 그의 십자가론에는 십자가 그 자체와 흘러넘치는 십자가의 두 측면의 연속성이 잘 표현되어 있다. 우리가 엄청난 진보를 이룬다고 할지라도 십자가에 참여하는 우리의 일은 그리스도 자신의 일이다. 그러나 그리스도께서 인간을 전향적으로 다루시는 일이 그리스도의 회고적인 일과 동일한 가치로 이해되고 있다는 점에서, 십자가 그 자체와 흘러넘치는 십자가의 구분이 캠벨에게는 충분히 드러나 있지 못하다. 우리가 십자가에 **참여할 수 있기 때문**이 아니라, 그리스도께서 우리를 자신에게 포함시키신 것과 같은 방법으로 우리가 그리스도의 십자가에 **참여할 수 없기 때문**이다.

5.5. 결론

캠벨이 십자가론에 기여한 가장 놀라운 점은 십자가론에서 용서와 회개를 연관시켰다는 점이다. 비록 대신적 회개라는 개념이 십자가와 관련하여 성경에 거의 등장하지 않는 개념이라고 할지라도, 그리스도의 첫 번째 가르침은 회개였고(막 1:15), 그리스도의 제자들과 사도들도 그리스도의 일을 용서로 선포했다(마 26:28; 눅 1:77; 행 5:31; 10:43; 13:38; 26:18). 더 나아가, 누가복음의 저자는 복음서를 마무리하면서 그리스도의 고난과 회개 사이의 관계를 암시했고(눅 24:46-47), 회개가 선포되어야 한다고 증언했다. 용서를 가져오는 회개가 그의 이름으로 선포될 것이다(κηρυχθῆναι ἐπὶ τῷ ὀνόματι αὐτοῦ μετάνοιαν εἰς ἄφεσιν ἁμαρτιῶν, 눅 24:47). 의심할 바 없이 회개란 누가복음 15장에서는 탕자와 우리를 용서하시는 아버지의 기쁨과 절대적으로 연관된다. 따라서 비록 우리가 그리스도의 죽음이 어떻게 용서와 회개를 이루는가를 충분히 다 이해하지 못한다고 할지라도, 용서와 회개라는 한 쌍의 개념은 십자가론의 핵심 내용으로 자리해야 한다.

캠벨에게 십자가는 그리스도께서 하나님 편에서 하나님인 것을, 우리 편에서 우리가 아닌 것과 우리인 것을 둘 다 이루시기 때문에, 하나님의 사랑과 거룩함 때문에 일어난 자연스러운 결과다. 네 측면을 요약하면 다음과 같다. (1) 우리의 슬픔과 함께하시는 하나님의 동정, (2) 자신의 자녀 안에서의 하나님의 소망, (3) 우리가 완전한 방법으로 할 수 없는, 우리를 위한 회개, (4) 우리가 그리스도에게 참여해야 하는, 우리 안에서 새로운 생명인 회개.[117] 그리스도의 일의 전체적인 그림은 성부·성자·하나님의 자녀들의 살아 있는 관계 안에서 이해되어야 한다. 그리스도는 인간을 외부에서가 아니라 내부에서, 곧 그의 아버지와 그의 형제들과의 깊은 인격적인 관계 속에서 짊어지신다.

또한 캠벨의 십자가 사상에서는, 인간에게 있어서 아들 됨의 연속성을 일으키시는 그리스도의 일과, 그리스도의 일에 있어서 하나님의 본성의 연속성이 적절하게 평가되어야 한다. 그리스도께서 하나님과 인간 모두를 나타내시기 때문에 하나님과 인간은 그리스도의 일에 포함되었다. 하나님

---

117. Van Dyk 1995: 111.

의 사랑하시는 거룩한 본성은 십자가의 결정적인 순간에도 변하지 않는다. 동일하게 인간은 그리스도의 자기희생으로부터 배제되지 않는다. 하나님의 진노와 인간의 노력은 그리스도의 일에 흡수된다.

캠벨의 십자가론에서 우리는 "죽음의 급진성"(cruciality of death)에 대해 의문을 제기할 수 있다. "흡수"와 "죽음의 맛봄" 같은 표현은 그리스도의 죽음의 급진적인 사실성을 약화시킬 수 있다. 캠벨은 분리를 포함하는 죽음과 형벌적 심판을 혼동하는 듯하다. 죽음은 심판과 동일하지 않다. 죽음은 분리, 버림받음, 신체성의 한계와 불가분의 관계가 있는 집행이다. 그리스도의 희생을 영적이고 도덕적으로 이해하는 것은 그리스도의 죽음과 인간의 죽음이 관계하는 직접성을 제외시켜버릴 위험이 있다.

| 6장 |

이레나이우스의 총괄갱신

두말할 나위 없이 이레나이우스는 2세기의 가장 중요한 신학자다. 그는 성경적인 믿음과 전통에 근거해 주경적이고 논리적인 놀라운 주장을 펼치면서 기독교 신학의 뼈대를 세웠다.[1] 이 책에서 내가 다룰 가장 중요한 내용은 이레나이우스가 십자가론과 구원론의 분명하고 포괄적인 교리를 최초로 제공한 교부신학자라는 점이다.[2] 뿐만 아니라 그의 십자가 사상으로 눈을 돌리는 작업에는 십자가론의 충분한 근거를 마련한 신학자를 발견하는 것보다 더한 그 무엇이 있다. 우리는 이레나이우스에게서, 십자가론과 관련해서 그리스도의 나눔과 짊어짐의 깊이와 넓이와 마주친다. 인간과 나눔으로써 그리스도는 인간을 짊어지신다. 인간으로서 그리스도의 경험

---

1. Grant 1997: 1.
2. Aulén 1969: 17.

의 실재성은 이레나이우스에게서 반복적으로 강조된다. 그리스도는 인간의 모든 단계, 심지어 죽음의 순간에 이르기까지 인간과 나누신다. 그러나 그의 나눔은 우리가 다른 사람과 나누는 것과 동일하지 않다. 왜냐하면 그리스도는 인간과 나누면서, 인간을 짊어지고 인간을 회복하며 새롭게 하고 자신에게로 다 모으기 위해 죄와 죽음을 파괴하시기 때문이다. 그리스도는 우리를 자기 자신에게로 총괄갱신 하신다.

이레나이우스의 십자가론의 핵심 사상은 세 가지로 요약될 수 있다. 첫째, 그의 사상은 총괄갱신이라는 고유한 개념에 집중되어 있다. 이 개념은 십자가에서 그리스도의 나눔과 짊어짐을 모두 포괄한다. 그동안 많은 신학자가 총괄갱신을 정의하려고 시도해왔지만 결과적으로는 매우 다양한 해석이 존재하게 되었다.[3] "그리스도께서 만물을 자신에게 총괄갱신 하신다"라는[4] 간략한 진술은 주로 다음 세 가지 방법으로 해석된다. (1) 그리스도께서 만물을 자기 자신에게로 총괄갱신 하신다. (2) 그리스도께서 만물을 회복하시고 새롭게 하신다. (3) 하늘과 땅의 만물이 그리스도 안에서 총괄갱신 되었다. 각각의 해석은 십자가 사건의 핵심적인 내용, 즉 그리스도의 죽음, 그리스도의 일, 세상을 위한 그리스도의 일을 반영한다. 총괄갱신이란 우선적으로 그리스도께서 자기 자신에게 하신 일이다. 이레나이우스는 그리스도가 죽음에 이르기까지 스스로 인간의 모든 단계를 거쳐가면서 총괄갱신 하셨다고 주장한다. 이런 이유로 인해 많은 학자가 이레나이우스의 총괄갱신 개념을 그리스도의 성육신의 틀에서 이해하려 한다. 그러

---

3. Lawson 1948: 141.
4. 「이단 논박」 III.16.6 (*ANF* 1.443).

나 우리는 그의 총괄갱신 개념이 성육신과 어떤 연관성을 가지는지에 대해서 둔감해서도 안 되며, 이 개념에 담긴 신학적인 함의가 십자가의 심오한 의미를 담고 있다는 것을 놓쳐서도 안 된다. 이레나이우스에게는 우리에게 찾아오셔서 실제로 우리가 되셨고, 죽기까지 고난을 당하셨으며, 동시에 인간을 짊어지심으로써 인간을 극복하신 그리스도의 신비가 결코 모순이나 역설이 아니다. 오히려 그리스도께서 우리와 나누셨기 때문에 곧 우리를 짊어지신다. 오직 소수의 몇몇 십자가 사상가만이 이런 면, 곧 그리스도의 나눔과 짊어짐의 관계를 그들의 십자가 사상 속에 포함시켰다. 실제로 그리스도께서 죽음에 이르기까지 인간의 모든 단계를 거쳐가셨다는 것을, 이레나이우스의 총괄갱신의 개념과 함께 중요하게 고려해야 한다. 하지만 총괄갱신이란 말로 표현된 이레나이우스의 풍부한 십자가 사상은, 그 용어 자체가 십자가 사건을 직접적으로 표현해내지 못한다는 사실로 인해서 한계를 가진다.

둘째, 인간을 위한 그리스도의 죽음은 이레나이우스의 십자가 사상의 가장 중요한 주제 중 하나다. 물론 이레나이우스의 기독론에 대한 해석은 다양하다. 어떤 이들은 「이단 논박」(Against Heresies)이 담고 있는 신학적인 내용보다, 그가 「이단 논박」을 저술한 목적에 더 주목하면서 이 책을 성육신의 맥락에서 이해한다. 또 어떤 이는 인성의 신체성과 그리스도의 총괄갱신으로 그리스도가 인간에게 끼친 영향에 더 주목한다.[5] 또 다른 이는 그리스도의 사역, 성육신, 고난, 부활의 연속성에 초점을 맞춘다.[6] 심지어 도덕

---

5. 이 주제에 대해서는 Hart 1989: 152-170을 참조하라.
6. Aulén 1969: 31-32.

적인 영향론이 이레나이우스의 십자가 사상의 중요한 주제라고 주장하는 이도 있다.[7] 이런 다양한 해석은 우리에게 두 가지 점을 알려준다. 우선, 이레나이우스가 신학의 어떤 통일적인 체계가 아니라 성경적인 해석과 사도적인 전승에 입각해서 신학의 거의 전 분야를 망라해서 다루고 있다는 것이다.[8] 다음으로, 이레나이우스는 영지주의에 반대하는 논지를 세우기 위해서 「이단 논박」을 저술했다는 점이다.

한편으로는, 영지주의에 반대해서 기독교 신학을 세우려 했던 이레나이우스의 저작 동기란 렌즈를 통해서 그의 십자가론을 살펴보는 것이 중요하다. 「이단 논박」과 가장 밀접하게 관계된 부류는 그리스도의 성육신의 실재를 의문시하는 영지주의자들이었다. "동시에, 물질은 구원을 이룰 수 없으므로 그들은 그리스도께서 어떤 물질을 입었다는 것을 부인한다."[9] 무한과 유한 사이에 펼쳐진, 가로지르기 힘든 이원론은 분명히 그리스 철학의 영향을 입은 영지주의 특징 중 하나다. 영지주의자들은 이 두 세계 사이에 대단히 복잡한 계층구조를 만들어냈다. 기독교의 하나님을 포함해서 많은 신적 존재, 예를 들어 유대의 신, 처음 나신 정신(Nous), 그리스도 등이 서로 다른 곳에 위치하고 있고, 그들이 하는 일에 따라서 그들의 지위를 변경할 수 있다. 따라서 이레나이우스는 이런 영지주의자들을 반박하면서 한 분 하나님의 기독교적인 단순성, 성부와 성자의 연합, 그리스도의

---

7. Rashdall 1925: 245-247.
8. 영지주의를 비판하는 이레나이우스의 논쟁은, 영지주의자들이 성경과 전통을 따르지 않는다는 사실에 근거하고 있다. "따라서 결국 이들은 성경에도 전통에도 동의하지 않고 있다"(「이단 논박」 III.2.2, ANF 1.415).
9. 「이단 논박」 I.6.1 (ANF 1.324).

성육신의 실재성과 신체성을 강조할 수밖에 없었다.

다른 한편으로 우리는 「이단 논박」의 저작 동기에 지나치게 너무 많은 것을 결부시켜서도 안 되고, 그의 저작의 신학적인 함의를 제한시켜서도 안 된다. 이레나이우스가 자신의 신학적인 견해를 전개했던 상황은 그에게서 발견되는 신학적인 내용과 결코 동일하지 않다. 예를 들어 「이단 논박」 III.18의 내용은 예수와 그리스도가 동일한 주님이라는 주장을 담고 있다. 그는 이렇게 쓴다.

> 그러나 만약 누구든지 그리스도가 두 명이라는 생각에 기초하여 판단한다면, 그들에 관해서 다음과 같은 판단을 하라! 그리스도는 상처나 모욕을 견디지 못해서 도망가버리는 그리스도보다 더 나은 분, 더 인내하고 더 진실된 분, 상처와 채찍질을 받고서도, 다른 사람들이 해를 입혀도, 자신에게 죄를 짓는 자들에게 사심을 품기보다는 그들에게 은혜를 베푸시는 바로 그분을 발견하게 될 것이다.[10]

그러나 동일한 장의 7절은 총괄갱신과 십자가에 관련된 신학적인 함의로 가득 차 있고, 따라서 이 장의 내용은 이레나이우스의 십자가론의 핵심 중 하나라 할 수 있다. 이런 의미에서 우리는 이레나이우스가 왜 「이단 논박」을 저술했는가라는 저술 목적보다 더 넓은 범위에서, 그의 저술 내용에 초점을 맞추어야 한다.

---

10. 「이단 논박」 III.18.5 (*ANF* 1.447).

이레나이우스는 복음을 하나님 아들의 교리라고 정의하는데,[11] 특별히 그의 책들은 하나님과, 그리스도 안에서의 하나님에 대한 지식에 관해서 그리스도 중심적인 강조점을 가지고 있다.[12] 흥미롭게도, 아버지를 묘사할 수 없다는 특징은 동일하게 아들의 존재에 대한 강조, 영육으로 오신 아들의 사역이 구체적이라는 것에 대해 강조하는데, 그것은 영지주의의 계층적인(hierarchical) 하나님 이해를 극복하기 위해서였다. 따라서 하나님의 일은 그리스도의 일을 통해서 드러나고, 그리스도의 일은 그리스도의 십자가를 중심으로 하고 있다. 「이단 논박」에서 강조점이 어떻게 변모하고 전개되는가를 살피게 되면, 이레나이우스에게서 그리스도의 십자가가 그리스도의 사역의 핵심이라는 점이 더 선명해진다. 「이단 논박」 2권에서 성육신을 강조한 것은 3-5권에서의 십자가의 실재를 근거로 이해되어야 한다. 동시에 이레나이우스의 주장이 기독교 우주론에서 종말론으로 어떻게 전개되고 있는가를 파악할 수 있는 길은 십자가의 심오함을 정확하게 이해할 때 가능하다. 성령을 통해서 하나님과 교제하는 그리스도인의 삶은 주로 4-5권에서 설명된다. 동일한 한 분이신 예수 그리스도께서 하나님으로서 또한 인간으로서 인간의 삶의 모든 측면을 진정으로 겪으면서 사셨다는 것을 변호하거나, 육을 포함하는 전 인격이 성령과 함께 일하시는 머리이신 그리스도에 의해서 새롭게 살아난다는 사상을

---

11. "왜냐하면 비록 우리는 진리, 곧 하나님의 아들의 교리를 사도들을 통해서 알게 되었지만, 만물의 주님은 그의 사도들에게 복음의 능력을 주셨다"(「이단 논박」 III.서문, *ANF* 1.414).
12. "하나님은 하나님 없이는 알려질 수 없다"(「이단 논박」 IV.6.4, *ANF* 1.468). "…성부 하나님은 아들의 보이지 않는 존재이지만, 아들은 아버지의 보이는 존재다"(「이단 논박」 IV.6.6, *ANF* 1.469). "아들은 아버지를 아는 지식이다"(「이단 논박」 IV.6.7, *ANF* 1.469).

전개하는데, 여기서 그리스도의 십자가가 핵심적인 역할을 한다.[13] 특별히 「이단 논박」에서는 십자가의 중요성이 반복적으로 강조되고 있다. 총괄갱신의 심장으로서의 십자가,[14] 인간과 나누신 마지막 단계,[15] 보혈로 인간을 위해서 희생하심,[16] 죄 용서,[17] 무지·죄·죽음·사탄에 대한 승리,[18] 구원과 화해,[19] 영지주의에 대한 심각한 비판,[20] 구약과 신약의 일치 같은 주제가 바로 그것이다.[21] 십자가를 중심에 놓고 있는 이레나이우스의 신학적 초점은 「사도적 설교의 증거」에 잘 나타나 있다. 신앙의 원칙을 다루고 있는 이 책 100장 가운데 무려 19개의 장에서 이레나이우스는 십자가를 다루고 있다.[22] 그러나 양적으로 얼마나 많이 십자가를 다루는가 하는 것과,

---

13. 「이단 논박」 V.20.2 (*ANF* 1.548).
14. 「이단 논박」 V.14.1, V.23.2 (*ANF* 1.541, 551).
15. 「이단 논박」 II.22.4 (*ANF* 1.391).
16. 「이단 논박」 III.5.3, III.12.7, IV.5.4, IV.10.1, IV.20.2, V.1.1-V.2.2, V.14.1-3 (*ANF* 1.418, 432, 467, 473, 488, 527-528, 541-542).
17. 「이단 논박」 III.10.1-2, IV.27.1-2, IV.33.2, V.17.1-2 (*ANF* 1.424, 498-499, 507, 545).
18. 「이단 논박」 II.20.3, III.18.6-7, III.23.7, V.21.1-3 (*ANF* 1.388, 448, 457, 548-550).
19. 「이단 논박」 III.16.9 (*ANF* 1.444).
20. 「이단 논박」 III.18.5, IV.33.2 (*ANF* 1.447, 507).
21. 「이단 논박」 IV.34.3 (*ANF* 1.512).
22. 그 피로 인한 그리스도의 수난(25, *ACW* 16.64), 지혜의 나무와 십자가의 나무라는 두 나무의 비유(34, *ACW* 16.69-70), 우리에게 생명을 주시고 죄로부터 해방하는 그리스도의 죽음(37, *ACW* 16.71), 야곱의 사닥다리를 십자가에 비유(45, *ACW* 16.77), 사 9:6의 "그 어깨"를 십자가로 이해하는 풍유적 해석(56, *ACW* 16.84), 그 피로 우리 죄를 씻으심(57, *ACW* 16.85), 그리스도의 고난(66, *ACW* 16.90), 다윗의 고통을 십자가로 비유(68, *ACW* 16.92), 사 53장에 드러난 그리스도의 자발적이고 대속적인 죽음(69-70, *ACW* 16.92-93), 십자가를 그림자로 이해함(71, *ACW* 16.94), 의로운 자의 죽음(72, *ACW* 16.94), 시 2:1-2의 고난에 대한 다윗의 예언(74, *ACW* 16.94), 시 98:39-45에서 아버지의 의지로서의 그리스도의 고난(75, *ACW* 16.96), 십자가의 특징으로서의 사 65:2의 "내 손을 펼쳐서", 그리스도의 십자가로서의 시 22편의 다윗의 고통에 찬 탄식(79, *ACW* 16.97), 시 22:18에서 나누어진 옷(80, *ACW* 16.98), 시 69:21에

십자가에 대한 이레나이우스의 다양한 견해를 논하는 것이 그의 십자가론의 깊이를 다 드러내지는 못한다. 십자가가 이레나이우스의 사상의 핵심이라는 점은, 그 이후에 등장하는 십자가론의 틀에 이레나이우스의 십자가 사상이 잘 부합되지 않음을 깨달을 때 비로소 가능해진다. 그의 사상은 이후에 등장하는 더 발전된 사상에도 잘 맞지 않을 정도로 고유하다. 예를 들어 희생과 죄 용서라는 이레나이우스의 견해는 우리가 알고 있는 형벌적 대속론과는 상당히 다르다. 또한 승리의 개념도 사탄에게 제공된 대속물의 논리와 아주 다르다. 이레나이우스의 중요 개념은, 그리스도의 죽음이 하나님이나 마귀나 하나님의 정의를 위한 것이 아니라 바로 인간을 위한 것이라는 점이다. 그러므로 추후에 전개된 신학적인 틀을 갖고서 이레나이우스를 평가하는 것은 위험하다. 이레나이우스 신학의 핵심을 이루는 십자가 사상은 그 자신의 용어, 곧 총괄갱신의 용어로 이해되어야 한다.

셋째, 이레나이우스의 십자가론에서 하나님과 인간의 관계는 조심스럽게 이해되어야 한다. 이레나이우스에게 인간이란 십자가와 함께 일하는 동역자의 역할을 가지는 것도 아니고, 하나님에 의해 기계적으로 구원받는 수동적인 대상만도 아니다. 한편으로 이레나이우스는 여러 이미지와 비유를 사용하여 하나님과 인간의 살아 있는 관계를 표현한다. 가령 입양(adoption),[23] 하나님을 받음,[24] 하나님과의 교제,[25] 하나님을 유업으로 받

서 십자가의 초(vinegar, 82, ACW 16.98-99), 우리의 죄를 이기신 그리스도의 승리(86, ACW 16.100), 사탄을 이기신 승리의 십자가(97, ACW 16.107), 이 모든 것은 십자가에 관한 것이거나 십자가와 연관된 내용이다.

23. 「이단 논박」 II.11.1, III.18.7, III.19.1, III.20.2, V.12.2 (ANF 1.370, 448, 449, 450, 538).
24. 「이단 논박」 III.20.2 (ANF 1. 450).
25. 「이단 논박」 IV.14.1-2 (ANF 1.478-9), 「사도적 설교의 증거」 40 (ACW 16.73).

음,[26] 하나님께 귀속됨,[27] 하나님의 말씀을 먹고 마시는 것,[28] 하나님을 받고 지니는 것 등이 그런 비유다.[29] 인간이 하나님과 나누는 것은 과거에 일어난 일회적인 사건만은 아니다. 인간은 하나님을 향해서 올라감을 받아야 하고, 항상 올라가야 하며,[30] 매일 진보를 이루어 완전함을 향해서 올라가야 하며,[31] 하나님을 받고 지니는 것에 조금씩 익숙해져야 한다.[32] 더욱이 이레나이우스는 자유의지가 우리의 믿음과 행위에 보존되어야 하며, 이 자유의지는 인간에게 하나님을 순종하거나 불순종할 힘을 준다고 주장한다.[33] 따라서 이레나이우스에게 있어 하나님과 인간의 관계는 인간이 자동적으로 그분과 연합되는 기계적인 신화(deification)와는 거리가 멀다. 다른 한편으로 이레나이우스는 인간의 제한적인 역할을 다음과 같은 3가지 점에서 엄격하게 논의한다. (1) 인간과 하나님의 연합을 성령의 사역이라는 맥락 속에서 강조하고[34] (2) 자유의지는 인간의 순종으로 제한되며[35] (3)

---

26. 「이단 논박」 IV.22.1 (*ANF* 1.493).
27. 「이단 논박」 V.1.1 (*ANF* 1.527).
28. 「이단 논박」 IV.38.1 (*ANF* 1.521).
29. 「이단 논박」 V.8.1 (*ANF* 1.533).
30. 「이단 논박」 IV.11.2 (*ANF* 1.474).
31. 「이단 논박」 IV.38.3 (*ANF* 1.522).
32. 「이단 논박」 V.8.1 (*ANF* 1.533).
33. 「이단 논박」 IV.37.2-5 (*ANF* 1.519-520).
34. "그러나 우리는 성령의 어떤 부분을 지금 받아서, 완전으로 향해가고 우리 자신을 부패하지 않는 것으로 준비시키며 하나님을 받고 지니는 데 조금씩 익숙해져 간다"(「이단 논박」 V.8.1, *ANF* 1.533). "그러나 이것들은 하늘의 왕국으로 번역되었을 때, 성령으로 상속받는다"(「이단 논박」 V.9.4, *ANF* 1.535).
35. "그러나 인간은 처음부터 자유의지를 가지고 있었고, 하나님도 자유의지를 가지고 있었으며, 그분의 형상을 따라서 인간이 창조되었기 때문에 인간은 선을 굳게 잡고 있어야 하고 그분께 순종함으로써 일을 행해야 한다"(「이단 논박」 IV.37.4, *ANF* 1.519). "따라서 그가 말하는 대로,

더 중요하게는 하나님의 주도권과 인간이 그것을 따르는 것과의 차이를 반복적으로 강조한다.[36] 구원은 그리스도 안에서 하나님의 일로 시작하고, 성령의 일에 의해서 우리가 그리스도를 따를 때 완성된다. 이것 말고 다른 어떤 길도 없다. "인간이 얼마나 이 일에 참여하는가?" 하는 문제는 이레나이우스의 인간론과 연관해서 나중에 다루어질 것이다.

중요하게도, 이 세 가지 점 곧 그리스도의 총괄갱신으로 인간과 나누고 짊어지시는 것, 십자가가 중심을 차지함, 하나님과 인간의 살아 있는 관계는 6장이 펼치고자 하는 모든 논지와 구조에 깊이 연관된다. 이 장에서 나는 총괄갱신을 먼저 다루고, 이레나이우스의 영지주의와 인간 이해로 넘어가서 가장 중요한 대목 곧 총괄갱신과 십자가를 다룬 후에, 하나님과 인간의 관계를 논하면서 이 장을 결론지을 것이다.

6.1. 총괄갱신

그리스어 단어 ἀνακεφαλαίωσις에 뿌리를 두고 있는 라틴어 번역어

하늘의 영이 없었을 때 우리는 육의 옛 사람으로 하나님께 순종하지 않고 살아갔다. 그러나 지금은 성령을 받아서 하나님께 순종하며 새로운 삶을 살아간다"(「이단 논박」 V.9.3, *ANF* 1.535).
36. "그가 우리에게 자신을 따르도록 명령한 것도 그가 우리의 섬김을 필요로 했기 때문이 아니다. 그러나 그는 구원을 우리에게 주셨다. 왜냐하면 주님을 따르는 것은 구원의 참여자가 되는 것이고 빛을 따르는 것은 빛을 받는 것이다.…그들은 구원에 어떤 기여도 하지 않는다. 단지 그 혜택을 받을 뿐이다…"(「이단 논박」 IV.14.1, *ANF* 1.478). "하나님께서 인간에게 넘어오시지 않는다면 어떻게 인간이 하나님께 넘어갈 수 있겠는가?"(「이단 논박」 IV.33.4, *ANF* 1.507). "그러므로 신랑이 와서 신부를 취할 때, 신부가 결혼하는 것이 아니라 결혼함을 입게 되는 것처럼, 육은 그 자체로 유업을 받아서 하나님의 왕국을 소유할 수 없다. 그러나 하나님의 왕국으로 유업을 위해서 취해질 수는 있다"(「이단 논박」 V.9.4, *ANF* 1.535).

*recapitulatio*는 분명히 에베소서 1:10의 동사형 ἀνακεφαλαιώσασθαι에서 온 단어다. "때가 찬 경륜으로 하늘에 있는 것이나 땅에 있는 것 모든 것을 그 안에 통일되게 하려고." 이 본문을 두고 성경 저자와 2세기의 감독 사이에 단순히 어떤 의미의 연속성이 있을 것이라고 단정하는 것을 주의해야 한다.[37] 하지만 우리는 에베소서 1:3-14이, 이레나이우스가 총괄갱신이라는 용어를 사용하고 있는 여러 맥락과 무관하지 않음을 알 수 있다. 이레나이우스의 저서에서 "자녀로 삼음"과 "그의 뜻의 선한 기쁨"(5절), "시간의 충만한 경륜"(οἰκονομία τοῦ πληρώματος, 10절)은 총괄갱신이라는 용어와 함께 자주 등장한다. 더욱이 "그리스도의 피를 통한 구원과 죄 용서"(7절), "하나님의 의지의 신비"(9절), 심지어 "그리스도의 일과 성령의 일의 긴밀한 관계"(13절) 등은 이레나이우스가 중요하게 여기는 개념이다. 따라서 총괄갱신이라는 용어가 사용된 성경적인 문맥은, 이레나이우스에게서 총괄갱신이 그리스도의 구속적인 사역과 얼마나 깊이 연관되는가를 파악하는 데 중요한 통찰을 제공한다.

이레나이우스는 총괄갱신이라는 용어를 사용하는 데 있어서 성경적인 단순성을 명백하게 넘어선다. 존 로슨(John Lawson)은 『이레나이우스의 성경신학』(*Biblical Theology of Saint Irenaeus*)에서, 총괄갱신이라는 용어를 신학자들의 해석과 문자적인 의미 둘 다로 설명하고 있다. (1) 문자적인 의미로 총괄갱신이란 유일한 머리 아래 연합하는 것, 원래 상태를 회복하는 것, 새로운 시작을 만드는 것, 절정으로 데려가는 것, 두 번째 땅을 넘어서는 것을 의미한다. (2) 이 용어에 대한 신학자들의 해석은 다음과 같다. 하

---

37. Hart 1989: 171.

르낙(Harnack)은 "자연을 거슬러 분리되어 있던 것이 다시 연합되는 것", 벤트(Wendt)는 "회복과 모음", 본베치(Bonwetsch)는 "완전을 위해서 모든 것을 모으는 시연(rehearsal)", 제베르크(Seeberg)는 "되풀이가 아닌 총괄", 베넷(Vernet)은 "하나님의 최초의 계획 후의 재구성", 루프스(Loofs)는 "모든 회복", 베르너(Werner)는 "역사의 중간점, 이전의 모든 발전의 목표, 그리스도 새로운 삶의 창시자", 부세(Bousset)는 "최초로 돌아가게 하는 발전", 보이차르트(Beuzart)는 "아담의 경험과 평행하는 그리스도의 경험에 의한 인간의 회복"이라고 표현한다.[38] 로슨 자신은 "다시 땅을 넘어서는 것"보다 "연합 안에서의 이해"를 선호한다. 그는 "그리스도의 사역에서 근원적인 사실은 그리스도께서 아담의 모든 경험을 다 지나가시되 정반대의 결과를 낳았다는 것"이라고 결론짓는다.[39] 구스타프 아울렌(Gustaf Aulén)은 이 개념 속에 담긴 승리의 주제를 더 강조하면서 "창조의 회복과 완성"이라고 이해한다.[40] 트레버 하트(Trevor A. Hart)는 십자가의 대속적인 측면에 더 주의를 기울이기 때문에 그의 이해는 "새로움"과 "총괄함"에 더 가깝다.[41] 이레나이우스가 이 단어를 다른 의미로 사용했을 뿐만 아니라 이 단어의 의미가 서로 엮이는 다른 차원에서 사용하기 때문에, 총괄갱신의 개념에 대한 이해가 다양한 것은 당연하다. 즉 총괄갱신의 주체와 방법, 목적, 범위와 대상 등이 고려되어야 한다. 누가 총괄갱신 하는가? 그리스도는 어떤 방법과 어떤 목적으로 총괄갱신 하는가? 무엇이 총괄갱신 되었는가? 그

---

38. Lawson 1948: 142.
39. Lawson 1948: 143.
40. Aulén 1969: 21-22.
41. Hart 1989: 171-176.

리스도는 어디까지 총괄갱신 하는가? 이 모든 다른 차원의 질문들이 바로 총괄갱신의 의미에서 중요한 부분을 형성하며, 그것을 해석할 수 있는 풍부한 배경을 제공한다. 이번 단락에서는 주체, 일, 객체라는 총괄갱신의 다양한 의미를 언급하면서 3가지 방법으로 총괄갱신을 다루고자 한다. 이런 작업은 총괄갱신의 세 측면만이 아니라 총괄갱신 개념의 풍요로운 의미를 드러내는 것이다.

6.1.1. 그리스도, 그 자신 안에서 총괄갱신 하다

총괄갱신의 유일한 주체, 곧 누가 총괄갱신 하는가 하는 문제의 답은 바로 우리 주 예수 그리스도뿐이다.[42] 총괄갱신의 가장 중요한 점은 총괄갱신의 주체, 곧 **그리스도 바로 그 자신**이다. 총괄갱신은 그리스도 안에서 일어난다. 이레나이우스는 이렇게 쓴다.

> 왜냐하면 만약 그리스도가 육의 본질을 인간으로부터 받지 않았다면 그는 인간이 되지도 않았을 것이고 사람의 아들이 되지도 않았을 것이다. 그리고 만약 우리 존재의 본질적인 것으로 만들어지지 않았다면 그가 고난 당하고 견디었던 것 속에서 어떤 위대한 것도 할 수 없었을 것이다. 그러나 모든 사람은 흙으로부터 취해진 몸과 하나님의 영을 받은 혼으로 구성되어 있다. 그러므로 하나님의 말씀은 바로 이렇게 만들어졌고, 그 자신 안에서 그 자신이 손으로 빚은 것들을 총괄갱신 했다. 그리고 바로 이런 점에서 그는 자신을 사람의 아들이라고 고백

---

42. 「이단 논박」 IV.2.1 (*ANF* 1.463)에서는 모세가 총괄갱신의 주체이고, V.29.2 (*ANF* 1.558)에서는 노아와 적그리스도가 총괄갱신의 주체이지만, 현재의 논의를 위해 포함시키지 않았다.

하고, "땅을 기업으로 받을 것이기 때문에 온유한 자를" 축복하신다(마 5:6).[43]

그리스도는 자기 자신으로 총괄갱신 하신다. 총괄갱신의 일은 그리스도 안에서(*in Christo*) 발생한다. 그리스도 안에서 우리 하나님은 세상을 창조하고는 그대로 내버려두신 이신론적인 하나님이 아니다. 인간과 우주를 총괄갱신 하실 때 그리스도는 그 자신에게 큰 영향을 끼친다. 이레나이우스의 저술에는 총괄갱신이라는 표현이 등장할 때마다 자신(*ipsum*)의 강세형인 바로 그 자신(*semetipsum*)이라는 단어가 거의 함께 등장한다. 인간에게 무엇인가가 일어나는 이유는 바로 그것이 그리스도에게 일어나기 때문이다. 따라서 총괄갱신이란 우선적으로 그리스도 그 자신에 관한 것이다. 총괄갱신 때문에 그리스도는 자신을 사람의 아들이라고 고백하고 온유한 자를 축복하신다. 그리스도의 일의 역설은, 그리스도께서 다른 자들에게 영향을 끼치기 위해서 자기 자신에게 먼저 영향을 끼쳤다는 점이다. 더구나 그리스도 그 자신이 그 자신에게 총괄갱신 하셨다. 앞으로 살펴보겠지만, 무엇이 총괄갱신 되었는가라는 총괄갱신의 대상 문제는 상당히 다양한 반면, 총괄갱신의 주체는 오직 그리스도뿐이다. 이레나이우스가 성경을 따라서 밝히고 있는 가장 탁월한 진리는, 그리스도에게 발생한 것이 바로 그리스도 자신에 의해 이루어졌다는 점이다. 이레나이우스는 이렇게 주장한다.

주인이었으므로 그는 주인의 때를 가졌고, 인간의 어떤 조건도 경멸하거나 회피하지 않았고, 그가 인류에게 정했던 법률을 그 자신에게 적용하는 일을 제외

---

43. 「이단 논박」 III.22.1 (*ANF* 1.454).

하지 않았으며, 오히려 그 자신에게 속하는 시기와 상응하게 모든 세대를 거룩하게 했다.…따라서 그는 유아들을 위해 유아가 되어 유아들을 거룩하게 하면서 모든 세대를 거쳐 갔다. 그리고 마침내 그는 죽음 그 자체가 되었고, 죽은 자들로부터의 첫 열매가 되었으며, 생명의 왕자, 만물 전에 존재했고 만물을 앞서서 미리 가 있으면서 모든 것에서 탁월함을 가졌다.[44]

앞 인용문의 가장 결정적인 면은, 그리스도가 하지 않은 일과 그 자신에게 한 일을 충격적으로 비교하고 있다는 점이다. 그리스도는 인간을 구원하기 위해 인간 조건을 경멸하거나 회피한 것이 아니라 그 자신이 인간과 삶의 모든 단계를 거쳐가셨다. 그리스도가 인간의 여러 단계를 경험했다는 것은 이레나이우스의 저작 속에서 여러 번 반복된다.[45] 그리스도가 인간과 나눈다는 것(sharing) 그 자체가 총괄갱신의 중요한 한 측면이다. 이레나이우스가 "아담", "육", "아담과 동일한 구성"이라는 개념과 총괄갱신을 연관 지어 사용할 때, 총괄갱신은 그리스도의 인간 나눔과 동일한 의미가 된다.

주님은 흙에서 먼지를 취하셔서 인간을 만들었다. 아담을 그 자신에게서 총괄갱신 하므로 아담이 태어났고, 아담을 그 자신에게 모을 수 있었던 주님도 그렇게 했다.…그러나 전자(아담)가 먼지에서 취해졌고 하나님이 그를 만들었다면, 후자(그리스도)도 그 자신에게서 총괄갱신 하면서 하나님에 의해서 인간으

---

44. 「이단 논박」 II.22.4 (*ANF* 1.391).
45. 「이단 논박」 III.18.7, IV.14.2, IV.33.7 (*ANF* 1.448, 479, 508).

로 만들어지고 그의 기원에 관해서 전자와 유비되는 것이 당연하다.…다른 구성이 존재할 수도 없고 다른 자가 따로 필요한 것도 아니다. 바로 그 동일한 구성이 (아담에게 존재했던 것처럼 그리스도에게도) 총괄되어야 하며 따라서 유비가 유지된다.[46]

여기서 "그 자신에게서 총괄갱신"이라는 표현은 아담이 먼지로부터 취해진 것처럼, 그리스도도 인간과 나누면서 먼지로부터 존재하게 되었다는 것을 의미한다. 그리스도는 인간과 나누면서 인간의 모든 시대를 지나간 것뿐만 아니라, 고난 당할 수 있는 인간이 되었다. "항상 인류와 함께 있었던 말씀은 자기가 고난 당할 수 있는 인간이 될 만큼이나 그 자신의 작품과 연합되었다."[47] 분명히 인간의 고난을 나누는 그리스도의 나눔은 그가 죽음마저 경험할 만큼 실제적이고 심각하다.[48] 그러므로 이레나이우스가 주장하듯이 죽음은 그리스도가 행하시는 총괄갱신의 궁극이다. "자기 자신에게서 모든 인류를 처음부터 끝가지 총괄갱신 함으로써, 그는 인류의 죽음조차 총괄갱신 했다."[49] 총괄갱신의 구체적인 실재는 그리스도의 죽음과 고난이고 그것을 통해서 재창조가 주어진다. 이레나이우스의 총괄갱신에서 가장 중요한 것은, 그리스도 바로 자신이 "그 자신의 인간 나눔"을 통해서, 심지어 죽음에 이르기까지 인간과의 나눔을 통해서 총괄갱신 한다는 점이다. 총괄갱신과 그것의 의미는 "**누가** 총괄갱신 하는가?", "누가 **누**

---

46. 「이단 논박」 III.21.10 (*ANF* 1.454).
47. 「이단 논박」 III.18.1 (*ANF* 1.446).
48. 「이단 논박」 III.18.2 (*ANF* 1.446).
49. 「이단 논박」 V.23.2 (*ANF* 1.551).

구 안에서 총괄갱신 하는가?"라는 질문에서 시작되어야 한다. 그리스도는 그리스도 안에서 총괄갱신 하신다.

6.1.2. 그리스도, 회복하고 새롭게 하다

그리스도의 진정한 경험은 그리스도 자신을 위한 자기충족이 아니라 분명한 목적을 가지고 있었다. 그리스도는 **인간을 위해** 인간과 나누신다. 총괄갱신이 그리스도에게 발생할 때, 그것은 인간에게도 발생한다. 그리스도의 총괄갱신의 목적은 인간을 구원하는 것이다. 십자가가 인간을 위한 것이라는 사실 그 자체가 총괄갱신의 여러 의미 가운데 하나다. 이레나이우스는 "이 모든 것이 육의 징표인데 육은 땅으로부터 취해졌고, 그리스도가 자신의 작품에 구원을 가져오기 위해서 그 자신 안에서 총괄갱신 하셨다"라고 주장한다.[50] 그리스도는 "그리스도 그 자신인 것"에게로 우리를 인도하기 위해서 "우리인 것"이 되셨다.[51] 따라서 우리 자신의 것과 그리스도의 것 사이에 급진적인 전환점으로서의 총괄갱신이 인간에게 일어나야 한다. 이레나이우스는 이렇게 쓴다.

그는 "지식에서 새롭게 된다"라는 말을 하면서, 과거에 무지 속에 있었고 하나님에 대해서도 알지 못했던 동일한 인간이 그분을 존경하는 지식으로 새롭게 된다는 것을 보여준다. 왜냐하면 하나님에 대한 지식이 인간을 새롭게 하기

---

50. 「이단 논박」 III.22.2 (*ANF* 1.455).

51. "···*Iesum Christum Dominum nostrum, qui propter immensam suam dilectionem factus quod sumus nos, uti nos perficeret esse quod est ipse*"(「이단 논박」 V.서문, *ANF* 1.526, Stieren 713).

(*renovatur*) 때문이다. "창조주의 형상을 따라서"라고 말할 때, 그는 태초에 하나님의 모양을 따라서 만들어진 바로 그 동일한 인간을 총괄갱신 한다.[52]

그리스도가 인간을 그 자신 안에서 총괄갱신 하실 때, 인간은 새롭게 된다. 왜냐하면 바로 이 총괄갱신을 통해서 그리스도는 긴 역사 속의 인류를 새롭게 하고(*recapitulavit*) 우리에게 구원을 주셨기 때문이다.[53] 총괄갱신의 목적과 인간에게 영향을 끼치는 결과는 「사도적 설교의 증거」에서도 논의되고 있다.

바로 이런 방식으로 그는 우리를 구원하는 승리를 이루었고, 이스라엘의 열조와 맺으신 약속을 성취했으며 최초의 불순종을 제거하셨다. 하나님의 아들이 다윗과 아브라함의 아들이 되셨다. 왜냐하면 이것들을 이루면서, 그 자신에게로 총괄갱신 하면서, 하나님의 말씀은 처녀라는 수단을 통해서 새롭게 되었고 인간에게 죽음의 일이라는 삶을 되돌려놓았기 때문이다.[54]

옛 인간이 그리스도의 죽음 안에서 폐지되고 새 인간이 그리스도 안에서 살아나게 되는 한, 급진적인 전환이 이루어진다.[55] 그 자신 안에서 총괄갱신 함으로써 그리스도는 인간을 총괄갱신 하신다. 그 자신 안에서의 일과 인간 안에서의 일 사이에는 본질적인 차이가 존재하지 않는다. 그리스

---

52. 「이단 논박」 V.12.4 (*ANF* 1.538, Stieren 749).
53. 「이단 논박」 III.18.1 (*ANF* 1.446, Stieren 517).
54. 「사도적 설교의 증거」 37 (*ACW* 16.71, *SC* 406.134).
55. 「이단 논박」 III.23.7 (*ANF* 1.457).

도는 그 자신에게 영향을 끼침으로써 인간에게 영향을 끼친다.

총괄갱신을 해석하려는 신학자들에 따르면 그리스도의 총괄갱신이라는 개념은 서로 모순되는 두 차원, 즉 인간의 회복과 새롭게 함의 차원을 가진다. 그리스도의 총괄갱신에서 인간은 예전으로 돌아가는가 혹은 앞으로 나아가는가? 말할 필요도 없이 이 질문은 이레나이우스가 인간의 기원을 어떻게 이해하고 있느냐에 달려 있다. 한편으로 이레나이우스는 *antiqua plasmatio*(고대의 구성/창조)라는[56] 표현을 총괄갱신과 함께 사용하면서 그 의미를 회복으로 암시하는 듯하다. *"Deus hominis antiquam plasmationem in se recapitulans⋯."*[57] 인간에게는 다시 고대의 구성으로 돌아가야 하는 어떤 측면이 있다. 이레나이우스는 "원래 상태"[58]와 "인간을 다신 되돌리는 부르심"[59] 같은 표현도 사용한다. 더욱이 그는 아담이 마귀에 대한 고대의 증오를 가지고 있었다고도 주장한다. "만약 주님이 다른 아버지로부터 왔었다면⋯, 그는 뱀에 대항하는 고대의, 최초의 증오를 (*antiquam illam et primam adversus serpentem inimicitiam*) 자기 자신에게서 총괄갱신 하지 않았을 것이다."[60] 따라서 그리스도는 그의 총괄갱신을 통

---

56. 「이단 논박」 III.18.7 (Stieren 524).
57. 「이단 논박」 III.18.7 (Stieren 524), 참조. 「이단 논박」 III.21.9 (Stieren 540), V.1.3 (Stieren 715).
58. "만약 그에 의해서 치료받은 인간의 일부분이 구원을 얻지 못하는 지경에 이른다면, 육의 부분들을 치료하고 그것들을 원래 상태로 회복시키는 데 있어서 무엇이 그의 목적이 될 것인가?"(「이단 논박」 V.12.6, *ANF* 1.539)
59. "따라서 하나님의 말씀이 모든 면에서 탁월함을 가진다. 왜냐하면 그는 인간을 하나님과의 관계로 다시 불러들이면서(*denuo-iterum-vocans*) 진정한 인간이고 놀라운 위로자요 전능하신 하나님이기 때문이다"(「사도적 설교의 증거」 40, *ACW* 16.73, *SC* 406.138).
60. 「이단 논박」 V.21.2 (*ANF* 1.549, Stieren 773).

해서 인간이 원래 마귀에 대해 가지고 있었던 증오를 회복시켰다고도 주장할 수 있다.

다른 한편으로 만약 아담에게 구성된 원래의 모습이 인간의 실재라기보다 가능태에 가깝다면, 그리고 그 가능태 속에서 죽을 수도 있고 죽지 않을 수도 있고, 마귀에 대해서 증오를 가질 수도 있고 가지지 않을 수도 있었다면, 그래서 결국 그리스도가 총괄갱신 속에서 완성되는 것이라면, 총괄갱신은 회복보다는 새로움에 더 가깝다고 할 수 있다. 「이단 논박」에서 우리는 회복이냐 새로움이냐에 대한 중요한 단서를 발견한다.

"하늘에 있는 것이나 땅에 있는 것들을 모두 자신에게로 모으면서" 주님은 그의 부르심에 순종하는 사람들을 낙원으로 인도하셨다. 그러나 땅에 있는 것들은 인간의 본성에 있는 섭리를 따르는 반면에(*secundum hominem est dispositio*) 하늘에 있는 것들은 영적이다. 그러므로 그는 이것들을 자기 자신 안에서 총괄갱신 하셨다(*Haec igitur in semetipsum recapitulatus est*). 인간을 성령 안에서 연합하고 성령이 인간에게 거주하도록 함으로써…[61]

그리스도는 하늘과 땅에 있는 것, 둘 다를 총괄갱신 하셨다. 이레나이우스는 하늘에 있는 것들은 영적으로 이해한 반면, 땅의 것들은 인간 본성에 속하는 것으로 해석했고, 따라서 그리스도의 총괄갱신은 인간 본성의 회복과 하늘의 것들을 향한 새로움 둘 다를 포함한다고 주장했다. 하지만 앞의 인용문에서 총괄갱신의 의미는 인간이 원래로 돌아가는 것보다는 그

---

61. 「이단 논박」 V.20.2 (*ANF* 1.548, Stieren 773).

리스도가 인간을 성령에 연합시키는 것에 가까운 듯하다. 만약 우리가 앞의 인용문을 그리스도의 명령과 성령의 사역과 연관해서 읽는다면, 강조점은 총괄갱신으로 인한 새로움에 있다. 그리스도가 그의 총괄갱신으로 무엇을 이룬 것인가라는 문제는, 다음 단락에서 "어디까지 그리스도가 총괄갱신 하는가?"와 "아담과 그리스도의 유비의 의미는 무엇인가?"라는 문제를 다루면서 더 밝혀질 것이다.

그리스도가 자기 자신 안에서 총괄갱신 하실 때, 인간은 죽음과 죽지 않음, 죄와 용서, 무지와 진정한 지식 사이의 급진적인 변화를 겪는다. 그리스도가 심지어 죽기까지 진정으로 인간을 경험할 때, 그는 새로운 생명을 인간에게 주신다. 총괄갱신은 그 자신 안에서의 그리스도의 일과, 인간 안에서의 그리스도의 일, 둘 다를 의미한다.

6.1.3. 그리스도, 모든 것을 총괄갱신 하다

총괄갱신의 가장 흔한 번역은 "총괄모음"(summing up)이다. 바로 이것이 무엇이 총괄갱신 되는가에 대한 대답이다. 이것은 총괄갱신의 대상과 범위와 관계한다. 또한 이 문제는 "그리스도께서 어디까지 총괄갱신 하시는가?"라는 질문과도 연관된다. 가장 간단한 답변은 "모든 것을 그 자신 안에서 총괄갱신 하는"(*omnia in semetipsum recapitulans*)이라는 표현에서 읽을 수 있듯이, 그리스도께서 모든 것(*omnia*)을 총괄갱신 하신다는 것이다.[62] 그러나 총괄갱신의 대상으로서 이레나이우스가 종종 사용하는 *omnia*의 의미는 무엇인가? 그리스도는 자유의지를 사용해서 하나님께 순종하지

---

62. 「이단 논박」 III.16.6 (*ANF* 1.442-443, Stieren 509).

않는 자들도 총괄갱신 하시는가? 총괄갱신의 주체와 목적은 총괄갱신의 넓이와 깊이에 따라 선명해질 수 있다. 따라서 총괄갱신의 대상이 총괄갱신의 의미를 조명할 것이다. 원론적으로, 총괄갱신은 어떤 존재가 총괄갱신 하느냐 하는 그 주체의 질적 상태가 모든 것을 모을 수 있는 것을 결정한다. 이레나이우스는 이렇게 쓴다.

> 그러나 모든 면에서 그는 인간이고 하나님이 만드신 것이다. 따라서 그는 인간을 자기 자신으로 짊어지고, 보일 수 없는 것이 보이게 되고, 이해될 수 없는 것이 이해되고, 감정을 겪을 수 없는 것이 고난을 겪게 되고, 말씀이 인간이 되며, 따라서 모든 것을 그 안에 총괄갱신 하신다. 천상의 영적인 보이지 않는 것들 안에서 하나님의 말씀이 최상이듯이, 보이는 것과 육적인 것들 중에서도 그는 최상(principatum)을 소유한다. 그리고 그 자신이 교회의 머리가 될 뿐만 아니라 가장 뛰어난 것(primatum)을 자기 자신에게로 취하면서 모든 것을 가장 적절하게 그 자신에게로 끌어들인다.[63]

그리스도가 무엇을 총괄갱신 할 것인가 하는 대상은 그리스도가 어떤 존재인가 하는 점과 긴밀히 연관된다. 영적인 것들 중에서도 그리스도는 최상이듯이 육적인 것들 안에서도 그는 최상이므로, 그는 모든 것을 그 자신에게로 총괄갱신 할 수 있다. 또한 앞 인용문에서는 인성의 특징, 보이는 것, 이해할 수 있는 존재, 고난 등이 열거되고 있다. 앞에서 언급된 대로

---

63. 「이단 논박」 III.16.6 (ANF 1.443, Stieren 510).

육적인 것도 총괄갱신의 대상이다.[64] 더 나아가 그리스도께서 총괄갱신 하시는 대상의 범위는, 이레나이우스가 인간의 불순종과 연결 지을 때 더 심화된다. "주님은 나무와 관련지어 발생했던 불순종을 총괄갱신 하셨다."[65] 만약 불순종이 인간의 영혼과 관련된 자유의지에서 왔다고 이해한다면 총괄갱신은 인간의 몸과 영혼을 포함하게 된다. 그리고 그리스도가 하늘의 것과 땅의 것들을 총괄갱신 할 때, 그는 인간에게 성령을 주심으로써 영혼도 총괄갱신 하신다. 결국 그리스도는 인간을 총체적으로 총괄갱신 하시는 셈이다. 가장 중요하게 그리스도는 죽음 그 자체를 총괄갱신 하신다. "왜냐하면 전 인류를 처음부터 끝까지 자기 자신 안으로 총괄갱신 함으로써 그는 죽음 그 자체를 총괄갱신 하셨다."[66]

둘째로, 총괄갱신은 시간과 관계한다. 언제 총괄갱신이 발생하는가? 총괄갱신은 시간 안에서 얼마나 포괄적인가? 과거에 한 번 일어났던 일인가? 혹은 지금도 계속되고 있는가? 얼핏 보기에 인간의 몸, 영혼, 영의 모든 범위를 총괄하는 공간적 총괄갱신과 달리, 미래적인 시제가 총괄갱신과 함께 발견되지 않는다는 점을 고려하면 시간적인 총괄갱신은 제한적인 것으로 보인다. 그리스도는 아담부터 계속되는 모든 세대를 이미 다 총괄갱신 하셨다.[67] 그리스도께서 인간을 짊어지셨고[68] 고난을 겪으심으로써

---

64. "Ταῦτα γὰρ πάντα σύμβολα σαρκός...ἣν εἰς αὐτὸν ἀνεκεφαλαιώσατο..."(「이단 논박」 III. 22.2, Stieren 544).
65. 「이단 논박」 V.19.1 (*ANF* 1.547).
66. 「이단 논박」 V.23.2 (*ANF* 1.551).
67. 「이단 논박」 III.22.2-3 (*ANF* 1.455).
68. 「이단 논박」 III.16.6 (*ANF* 1.443).

전 인류의 죽음을 총괄갱신 하셨다는 것은[69] 이미 일어난 일이다. 결국 다음과 같은 질문을 제기할 수밖에 없다. 만약 그리스도가 앞으로도 모든 것을 총괄갱신 할 수 없다면 어떻게 하늘과 땅의 모든 것을 총괄갱신 할 수 있단 말인가? 이레나이우스가 "그리스도의 성육신과 십자가가 특정 시간 속에 이미 발생했다는 사실"과 "총괄갱신"을 관련시켰다는 것을 이해한다면, 과거에 초점이 맞추어진 표현이 이해될 수도 있다. 하늘과 땅의 모든 것을 총괄하면서 인간의 총체적인 면을 아우르는 이레나이우스의 표현은 과거·현재·미래라는 시간의 연장이 그에게는 그다지 중요한 주제가 되지 않는다는 의미일 수 있다. 그럼에도 이레나이우스가 인간의 성장, 증가, 완전으로 나아감 등의 개념을 사용하고 있기 때문에, 인간의 종말론적 특성과 총괄갱신을 어떻게 관련시키는지에 대해서는 여전히 질문을 제기할 수 있다. 비록 이레나이우스는 인간의 불순종이 이미 총괄갱신 되었다고 주장하지만, 총괄갱신의 효과가 실제로 실현되는 것은 계속해서 진행 과정 속에 있는 것처럼 보인다. 왜냐하면 그는 불멸을 하나님에 대한 지속적인 복종으로 이해하기 때문이다.[70] 결국 이 문제는 그리스도와 성령의 관계에 대한 질문으로 이어진다. "그러므로 그는 이것들을 자기 자신 안에서 총괄갱신 한다. 성령과 인간을 연합시킴으로써, 성령이 인간 안에 내주하도록 함으로써 그는 성령의 머리가 되신다.…"[71] 그리스도의 총괄갱신으로 시작된 인간의 불멸은 성령의 일로서 인간에게 계속될 것이다. 성령이 우리 안에 거하셔서 우리가 영적인 존재가 되어갈 때, 죽음은 불멸에 의해 삼켜지

---

69. 「이단 논박」 V.23.2 (*ANF* 1.551).
70. 「이단 논박」 IV.38.3 (*ANF* 1.521).
71. 「이단 논박」 V.20.2 (*ANF* 1.548).

고 있다.[72] 그리스도께서 하늘과 땅의 만물을 총괄갱신 하면서 시간을 넘어서는 것은 바로 성령의 일을 통해서다. 이 문제는 인간론을 다루는 다음 단락에서와, 그리고 하나님과 인간의 관계를 이레나이우스가 어떻게 이해하고 있는가를 다루는 넷째 단락에서 더 논의될 것이다.

이번 단락을 요약하면, 그리스도의 총괄갱신은 우선적으로 그리스도 안에서 일어나는 그리스도의 일이다. 총괄갱신의 주체는 자기 자신에 의해 영향을 입는 그리스도 자신이다. 그리스도가 그 자신 앞에 모든 것을 모으는 것은 인간을 경멸함으로써가 아니라 인간이 됨으로써 이루어진다. 둘째로, 인간과 나누면서 영향을 입은 그리스도는 인간을 회복하고 새롭게 하신다. 인간에게 일어난 일이 실제로는 그리스도께서 총괄갱신 하신 일의 실제적인 내용이다. 다시 말하면 그리스도에게 일어난 것은 인간에게 영향을 끼친다. 마지막으로 우리 안에서(*in nobis*) 일어난 총괄갱신은 우리를 위한(*pro nobis*) 일로 귀결된다. 그리스도는 아담으로부터 계속해서 하늘과 땅의 모든 것을 총괄갱신 하셨다. 그리스도의 신적 나눔과 짊어짐은 인간을 위한 것이기 때문에 자기충족이 아니다. 그리스도는 자기 자신을 위해서가 아니라 인간을 위해 유아기의 인간을 지나시면서 유아기의 인간을 짊어지셨다.[73] 그리스도는 그 자신 안에서 모든 것을 총괄갱신 하신다.

---

72. 「이단 논박」 V.8.1 (*ANF* 1.533).
73. 「이단 논박」 IV.38.2 (*ANF* 1.521).

6.2. 영지주의와 인간론

총괄갱신 개념이 우리에게 이레나이우스의 십자가론을 이해할 수 있는 필수적인 자료를 제공한다면, 영지주의와 이레나이우스의 인간론에 대한 우리의 지식은 이레나이우스가 그리스도의 일에 대한 그의 신학을 어떻게 발전시켰는가를 제대로 이해하도록 하는 중요한 배경 지식이 된다. 영지주의의 뿌리는 유한과 무한의 갈등이다. 무한과 유한은 그리스 철학에서는 서로 섞일 수 없지만, 성육신한 하나님이신 그리스도는 육이 됨으로써 유한과 무한이라는 존재론적으로 분리된 경계선을 넘어서버렸다. 이레나이우스는 비록 영지주의가 존재와 본질의 계층적인 구조 속에 온갖 종류의 상상력을 동원했음에도 불구하고, 이신론적인 신 개념과 불완전한 신 개념 사이에 자기모순적인 문제를 가지고 있다고 비판한다. 영지주의적 이원론에 반대해서, 이레나이우스는 세상을 창조하신 한 분 하나님과 인간의 모든 단계를 거쳐가신 한 분 그리스도에 대한 성경적인 단순성을 고집한다. 부인할 수 없이, 성육신과 구원의 신체성에 대한 그의 강한 강조는 영지주의를 반박하기 위한 것이었다.

이레나이우스의 인간론을 이해하는 것은 어려운 작업이다. 이번 단락에서는 아담, 인간, 그리스도의 유비를 검토하는 것으로 제한할 것이다. 인간의 본성과 인간의 자유의지의 관계, 그 속에 있는 죽을 수밖에 없는 인간의 위치를 중점적으로 다룰 것이다.

6.2.1. 영지주의

이레나이우스가 영지주의를 비판하려고 「이단 논박」을 저술했다는 가정하에 그 구조와 내용을 평가하는 것에는 문제가 있다. 이 책에서 이레나이우스는 영지주의가 성경적인 전통을 벗어난다고 주장할 뿐만 아니라, 인간 구원의 진정한 내용을 제공하는 적극적인 면도 가지고 있기 때문이다.[74] 그럼에도 이레나이우스의 기독론과, 그의 기독론이 인간론과 어떻게 연관되는가 하는 문제는 둘 다, 다른 문제들처럼 영지주의에 어떻게 대처하는가 하는 것과 관계되기 때문에, 십자가론으로 옮겨가기 전에 이레나이우스가 그것에 맞서 자신의 견해를 세우려 했던 영지주의를 평가해보는 것이 유익할 것이다. 영지주의는 신론, 그리스도의 두 본성, 성경론, 인간의 도덕에 대한 대단히 다양한 견해를 포함한다. 이레나이우스는 영지주의에 대해 그 기원에 이르기까지 복잡한 연구를 했는데, 그 뿌리를 파헤침으로써 자신과 동시대인인 발렌티누스주의자와 그 선조가 잘못되었음을 밝히고자 했다.[75] 더욱이 이레나이우스 자신이 밝히는 바에 따르면, 그는 이단 교리와 그 계승자들의 교리, 둘 다를 설명하면서 발렌티누스주의자들과 마르키온주의자들의 다양한 변종을 포함하여 그들 모두에 대항하는 논지를 구성했다.[76] 영지주의자들의 기원과 다양성을 다 다루는 것이 이 책의 목적은 아니기 때문에, 여기서는 이레나이우스가 이해했던 대로 그들의 견해를 간략하게 소개하고자 한다.

영지주의가 전개한 가장 근원적인 문제는 존재의 고리에 대한 우주론적인 의문이었다. 어떻게 초월적 신이 완전한 창조주인 동시에 세계의 불완전한 일에 연루될 수 있는가? 이 문제를 풀기 위해서 영지주의자들은

---

74. Dillistone 1968: 93.
75. Grant 1997: 12.
76. 「이단 논박」 III.서론 (*ANF* 1.414).

존재들의 복잡한 계층구조, 즉 하나의 선존재하는 아이온 사상, 아버지, 아들로부터 지혜, 그리스도, 성령에 이르기까지의 구조를 상상했다. 그러나 어떤 존재들은 감정을 느낄 수 없는 존재들이고 다른 존재들은 그리스도의 성육신과 십자가에 관계하기 때문에, 이 구조는 존재들을 합쳐서 무한과 유한을 서로 연결 짓는 체계를 의도적으로 만들어놓은 것에 불과하다. 이레나이우스는 이렇게 설명한다.

> 빛들이 하나의 빛으로부터 나오고 횃불들이 다른 하나의 횃불에서 나오듯이, 만약 아이온들이 로고스로부터 유출되고, 로고스가 정신으로부터, 정신이 비투스로부터 유출된다면 그들은 생성과 크기에 있어서 서로 다를 것이다. 그러나 그들이 모두 하나의 창조주로부터 생성된 동일본질을 가지고 있기 때문에, 그들 모두 감정을 느낄 수 없는 존재로 남아 있든가, 아니면 그들의 아버지 그 자체가 고난을 당해야 한다.[77]

영지주의의 복잡한 존재들에 대해, 이레나이우스는 아무리 복잡한 존재들을 구성해도 여전히 그들의 신들은 유한과 무한의 선명한 이원론 속에 있다는 점을 비판한다. 이레나이우스가 지적하는 대로, 만약 영지주의의 논리를 극단적으로 따른다면 우리는 이신론적인 신과 모든 문제를 일으키는 불완전한 신 사이의 모순에 봉착하고 말 것이다. 결국 영지주의적 기독교는 십자가에서 드러난 하나님의 은총과는 아주 무관하거나, 혹은 창조주를 모든 결함의 근원으로, 그리스도와 성령을 그 결함의 부산물로 만

---

77. 「이단 논박」 II.17.4 (*ANF* 1.381).

들어버리는 불경함으로 인해 비난받아야 할 것이다.[78] 이런 이유로 이레나이우스는 모순적이라고 간주되는 영지주의의 논리를 따르지 않았다. 반대로 우리가 하나님보다 무한히 열등하다는 것을[79] 받아들이고, 우리를 창조하셨고 진리를 선포하시는 하나님께 신적 존재의 본질에 대한 이해를 넘겨드려야 함을 받아들이면서,[80] 이레나이우스는 성경에 의존한다. "…우선적으로 우리는 언급된 모든 것, 곧 보이는 것과 보이지 않는 것들이 유일하신 하나님에 의해서 창조되었다는 것을 성경적인 권위로 증명한다."[81]

영지주의적 우주론은 그리스도의 본성과 그의 십자가에 심각한 도전을 가한다. 만약 예수 그리스도께서 무한의 본질을 가지고 있다면 어떻게 십자가에서 죽을 수 있는가? 다음 인용문에서는 예수 그리스도를 어떻게 이해하고 있는가 하는 문제에 대한 영지주의의 다양한 견해를 발견할 수 있다.

예수는 그리스도의 수용자이고, 그 예수 위에 그리스도가 비둘기처럼 내려와서 아버지를 선포했을 때, 그는 보이지 않고 이해가 불가능한 방법으로 천상의 충만한 상태로(pleroma) 들어갔다고 주장하는 자들이 있다.…그러나 그리스도는 아버지이고, 그리스도의 아버지는 하나님이다. 또 다른 사람들은 그는 단지 외관상으로만 고난 당했을 뿐이며 그 본성은 고통을 느낄 수 없다고 주장한다. 발렌티누스주의자들에 따르면 세대에 따라 섭리로 책정된 예수가 마리아를 통해서 태어난 바로 그 자이며, 그 위에 더 높은 곳으로부터 오신 구원자가 내려

---

78. 「이단 논박」 II.19.9 (*ANF* 1.387).
79. 「이단 논박」 II.25.3 (*ANF* 1.396).
80. 「이단 논박」 II.28.2 (*ANF* 1.399).
81. 「이단 논박」 II.30.6 (*ANF* 1.405).

왔고 그는 판(pan)이라고 불렸다. 왜냐하면 그는 그를 만든 모든 자의 이름들(vocabula)을 가지고 있기 때문이다. 그러나 이 글자는 그와 함께 세대적인 자, 그의 권능과 이름을 나눈다. 그래서 그의 수단으로 죽음이 폐지되었다. 그러나 아버지는 위로부터 오신 구세주에 의해서 알려졌으며, 그들이 주장하기를 그 구세주는 자신이 그리스도와 모든 천상의 충만을 수용하는 자가 되었다.[82]

예수 그리스도의 인성과 신성에 어떤 이름을 붙이는가 하는 문제와 상관없이, 영지주의자들의 생각은 그리스도를 두 존재의 복합물로 보는 면에서 서로 일치한다. 즉 한 존재는 위로부터, 다른 존재는 아래로부터 유래한다. 예수와 그리스도라는 두 이름이 이런 가설을 편리하게 만들었다. 예수는 하나님의 대리자를 통해서 처녀에게서 출생했으며 모든 다른 존재보다 지혜롭고 순수하며 더 의롭지만, 지혜와 연합된 그리스도는 예수 위에 내려와서 예수 그리스도가 되었다. 그 이후에 예수가 십자가에서 죽었을 때, 그리스도는 지혜와 함께 예수를 떠나서 썩지 않는 아이온의 세계로 떠났다.[83] 이런 종류의 영지주의에 반대하여 이레나이우스는 그리스도의 신성과 인성의 연합을 반복적으로 강조한다. 그리스도는 하나님의 독생자이시자 또한 하나님의 단 하나의 동일한 말씀으로서 우리의 구원을 위해서 성육신하셨다.[84] 인간에게 항상 계시고, 자신의 창조와 연합되어서 함께 섞이신 예수 그리스도는 육이 되셨고, 바로 그 동일한 예수 그리스도께

---

82. 「이단 논박」 III.16.1 (ANF 1.440).
83. 「이단 논박」 I.30.12-13 (ANF 1.357).
84. 「이단 논박」 III.16.2 (ANF 1.440).

서 고난 당하심으로써 만물을 그 자신에게로 모으셨다.[85] 명백히 이레나이우스가 그리스도께서 자신을 인간과 나누고 짊어지셨다는 것을 강조하는 이면에는 예수 그리스도에 대한 영지주의의 견해를 반박하는 논지가 분명히 담겨 있다.

예수께서 인간을 위해서 일하시고 그의 성육신과 십자가를 통해서 인간을 짊어지시기 때문에 인간에 대한 영지주의의 견해 역시 중요하다. 영지주의자들은 가인, 아벨, 셋으로 상징되는 영적·물질적·동물적 인간이라는 세 종류의 인간을 설정한다.[86] 이들 세 종류의 인간 본성은 더 이상 한 인간에게 나타나는 것이 아니라 세 종류의 본질에 상응하는 여러 종류의 인간을 형성한다. 이 세 종류의 인간의 차이에 관해서 이레나이우스는 이렇게 쓴다.

세 종류의 본질이 있는데, 영지주의자들은 물질적인 것은 부패하지 않는 영감을 받을 수 없기에 소멸할 수밖에 없다고 천명한다. 또한 영지주의자들은 모든 동물적인 존재에 관해서 그들이 영적인 것과 물질적인 것의 중간이기 때문에, 그들의 경향이 이끄는 쪽으로 진행된다고 주장한다. 영지주의자들은 영적인 존재를 바로 이 목적을 위해 보내진 자로 그리는데, 그것은 동물적인 존재와 연합하고 동일한 모습을 취해서 두 요소가 동시에 동일한 훈련을 받도록 하는 것이다.[87]

---

85. 「이단 논박」 III.16.6 (*ANF* 1.442).
86. 「이단 논박」 I.7.5. (*ANF* 1.326).
87. 「이단 논박」 I.6.1 (*ANF* 1.323-324).

영지주의자들은 자신들의 행위 때문이 아니라 본질적으로 자신들이 영적 존재이기 때문에, 자신들은 완전히, 또 의심할 필요 없이 구원받은 영적인 존재라고 생각한다. 반면에 교회에 속한 자들은 선한 행위로 구원받아야 하는 동물적인 존재의 범주에 포함시킨다.[88] 물질적인 존재들은 부패할 수밖에 없는 본질 때문에 구원받을 수 없는 존재로 아예 치부되어버린다. 여기서 흥미로운 것은 이원론적인 운명론이 영적인 존재와 물질적인 존재에 적용되고 있는 반면에, 동물적인 존재는 구원 혹은 멸망에 대해서 자기가 선택권을 가진다고 간주된다는 점이다. 또 다른 영지주의자들은 심지어 동물적인 존재들도 두 그룹, 즉 영적인 씨를 받아들일 수 있는 본질상 선한 존재들과 그 씨를 받아들일 수 없는 본질상 악한 존재로 결정되어 있다고 믿었다.[89] 또한 영지주의자들은 구세주가 자유의지를 가진 동물적인 본질로 왔지만 동시에 물질적 본질의 어떤 것도 가지지 않았다고 주장한다.[90]

이레나이우스가 얼마나 정확하게 영지주의자들과 또 그들의 다양한 주장을 이해하고 있었는지는 알 수 없다. 그러나 최소한 우리는 영지주의자들에게 가장 중요한 것이 무엇이고, 영지주의자들의 주장과 성경적인 견해의 차이가 무엇인지를 이레나이우스를 통해 파악하려고 노력했다. 영지주의의 우주론, 그리스도의 본성론, 인간론, 이 세 주제는 모두 하나의 주제에 초점이 맞추어진다. 어떻게 신적 존재가 성육신할 수 있으며 유한한 존재를 위해 일할 수 있는가? 이레나이우스는 영지주의자들의 체계 속

---

88. 「이단 논박」 I.6.1-2 (*ANF* 1.324).
89. 「이단 논박」 I.7.5 (*ANF* 1.326).
90. 「이단 논박」 I.6.1 (*ANF* 1.324).

에서 신적 존재는 세상과 무관한 이신론적인 존재이거나 세상 속에 파묻힌 불완전한 존재이거나 둘 중 하나이므로, 그렇게 복잡한 영지주의의 계층적인 신 존재들의 구조로도 무한과 유한의 간격을 극복할 수 없었다고 주장한다. 기껏해야 영지주의는 그리스도의 성육신을 가현설적으로 이해하고 있을 뿐이다. 이레나이우스는 성경적인 단순성에 의지해서 영지주의를 비판한다. 그는 인간의 몸을 포함하는 구원의 신체성뿐만 아니라 그리스도의 성육신과 십자가의 신체성도 강조한다. 이레나이우스는 그리스도가 인간과 나눈다는 것, 그리고 인간의 육을 그의 구원 사역에 포함시키는 것 둘 다를 "신체성"과 연관해서 강조하고 있는데, 결국 이것은 영지주의에 대한 반론의 반향이기도 하다.

6.2.2. 아담, 그리스도, 유비들

앞 단락에서 제기된 질문을 살펴보기 위해서뿐만 아니라 일반적으로 인간론이 그리스도의 십자가를 이해하는 것과 분리될 수 없는 주제이기도 하기 때문에, 여기서는 아담, 그리스도, 인간의 유비가 이레나이우스의 십자가론과 연관된다는 점을 살피는 것이 유익할 것이다. 이레나이우스에게는 2개의 다른 유비, 즉 아담과 인간의 유비와 아담과 그리스도의 유비가 발견된다. 그리스도께서 아담을 총괄갱신 했다는 그의 주장은 어떤 의미인가? 아담이 죄를 짓기 전과 짓고 난 후에 인간에게는 어떤 차이가 발생했는가? 이레나이우스가 인간을 어떻게 이해했는가라는 문제는 그가 인간의 본성과 의지를 범주화하는 데 일관성을 결여하고 있기 때문에 그 어려움이 더 증폭된다. 따라서 우리는 이레나이우스의 인간론의 일반적인 이해를 살펴본 후에 그것을 십자가와 연결해보겠다.

이레나이우스의 인간학은 두 개의 층위를 가진다. 하나님을 악의 존재로부터 어떻게 분리시키는가? 인간 안으로 불멸을 어떻게 도입하는가? 현대 그리스도인들에게조차 아직도 곤혹스러운 이 문제가 이레나이우스에게는 더더욱 어려운 문제였으므로, 그는 이 문제를 풀기 위해서 인간에 대한 복잡한 견해를 발전시켰다. 이레나이우스는 인간을 몸, 혼, 영으로 구성된 존재로 보았다.[91] 몸은 부패할 수도 부패하지 않을 수도 있고[92] 전인(全人)의 한 부분으로서 반드시 구원에 포함되어야 한다.[93] 몸과 영의 중간에 해당되는 혼은 때로는 몸에 동화되어 육적 욕망으로 떨어지거나, 때로는 영에 의해 올려진다.[94] 비록 육과 혼이 그 자체로는 생명이 아니지만[95] 그것들은 하나님의 손, 하나님의 아들, 성령으로 빚어진다. 몸은 죽을 수 있지만 혼과 영은 결코 죽지 않는다.[96] 또한 이레나이우스는 본질상 우리가 하나님의 자녀들이지만 순종에 관한 한 모두가 하나님의 아들은 아니라고 주장하면서, 인간의 본질과 인간의 일을 구분하는 듯하다.[97] 따라서 여기서 우리는 몇 가지 질문을 제기할 수 있다. 인간이 몸, 혼, 영으로 구성되어 있고, 이 요소는 죽을 수 있는 존재인가 아닌가에서 결정적으로 서로 다르며, 인간의 본질과 일이 서로 다르다면, 인간, 인간의 본성, 인간의 일의 관계는 도대체 어떻게 되는가? 인간의 몸만 죽을 수 있다면 그리스도는 왜

---

91. 「이단 논박」 V.6.1 (*ANF* 1.532).
92. 「이단 논박」 V.12.1 (*ANF* 1.537).
93. 「이단 논박」 V.3.3, V.6.2, V.10.2, V.12.3-4 (*ANF* 1.529-530, 532, 536, 538).
94. 「이단 논박」 V.9.1 (*ANF* 1.534).
95. 「이단 논박」 II.34.4 (*ANF* 1.412).
96. 「이단 논박」 V.7.1, V.13.3 (*ANF* 1.533, 540).
97. 「이단 논박」 IV.41.2 (*ANF* 1.524-523).

인간의 전 인격을 총괄갱신 해야 하는가?

　우선, 아담과 인간의 유비를 이해하기 위해서 우리는 인간 본성에 대한 이레나이우스의 견해에 초점을 맞추어야 한다. 인간 본성에 대한 이레나이우스의 이해는 죽지 않을 수 있는 가능성과 죽을 수밖에 없는 현실 사이에서 불분명한 태도를 취한다. 이 모호함은 이레나이우스가 인간의 본성을 아담의 타락 이전의 본성인지 혹은 이후의 본성인지를 확실히 하지 않기 때문에 발생하는 것 같다. 「이단 논박」 V.12.1-2에서 이레나이우스는 이에 대해 길게 논의한다.

　　몸은 부패할 수도 있고 부패하지 않을 수도 있다. 몸은 죽음에 속하듯이 생명에도 속한다. 죽음과 생명은 상호적으로 서로에게 길을 내준다. 그러나 둘이 함께 동일한 곳에 머무를 수는 없다.…왜냐하면 만약 죽음이 죽을 수밖에 없는 것을 가져온다면, 생명이 오면 그 생명은 인간을 살려내지 않겠는가?…따라서 이전의 생명은 성령으로가 아니라 호흡으로 주어졌기 때문에 축출된다. 왜냐하면 인간을 동물적인 존재가 되게 한 생명의 호흡과, 인간을 영적인 존재로 만드는 살리는 성령은 서로 다르기 때문이다. 이런 이유로 이사야는 "땅 위의 백성에게 호흡을 주시며 땅 위에서 행하는 자에게 성령을 주시는 여호와가 말씀하셨다"라고 한다. 호흡은 땅 위에 있는 모든 사람에게 일반적으로 주신 것이지만, 성령은 땅의 욕망을 내려놓은 자만의 것이다.…따라서 그는 성령을 하나님께 속한 고유한 것으로 여기는데, 하나님은 마지막 때에 우리를 양자 삼음으로써 인간에게 성령을 부어주신다. 그러나 호흡은 모든 피조물에게 일반적이었고, 그가 창조되었음을 나타낸다.…또한 호흡은 일정한 기간 동안 자라나고 계속되다가 그 후에 피조물은 호흡이 없는 곳으로 떠나게 된다.…우선적으로 인간은 창조되어야 할 필요가 있고 창조된 것은 혼을 받아야만 한다. 그 이후에 성령과의 교제를 받는다. 따라서 첫 아담은 하나님에 의해 "살아 있는 영으로 만들어졌고, 둘째 아담은 살리는 영이 되었다." 살아 있는 영이 된 그가 악한 것으로 돌아섰을 때 생명을 몰수당했던 것처럼, 이제는 반대로 동일한 인간이 선한 것으로 돌아섰을 때 살리는 영을 받아서 생명을 발견한다.[98]

여기서 이레나이우스는 몸과 혼이 죽지 않을 가능성은 아담이 가졌던 원래 상태에 속한다고 분명하게 주장한다. 그러나 인간의 영이 창조되었는지 아닌지는 명확하지 않다. 오히려 바로 혼이 인간이 영을 받는 장소인 것처럼 보인다. "…왜냐하면 완전한 인간은 아버지의 영을 받는 혼의 혼합, 연합에 존재한다."[99] 인간의 본성을 언급할 때, 이레나이우스는 아마도 인간의 몸과 혼을 의미하고 영을 의미하지 않았을 수도 있다. 앞의 인용문에서 볼 수 있듯이, 어떤 이들은 인간의 본성과 창조에 따르면 하나님의 자녀이지만 순종에 관한 한 그분의 자녀가 아니다. 따라서 이레나이우스는 인간의 본성과 순종할 수 있는 가능성을 구분하고 있다. 창조 시에 인간의 몸과 영은 하나님의 의지를 따를 수 있는 가능성을 가지고 있었다. 이런 점에서 그리스도의 총괄갱신은 하나님의 태초의 *plasmatio*(구성/창조)의 회복으로 해석될 수 있다. 하나님의 뜻을 따를 수도 있었던 인간의 본성은 그분의 형상과 모양과도 연관된다. "다시 의의 열매를 맺지 못하는 그 사람들은…만약 그들이 부지런하고 하나님의 말씀에 접붙이게 된다면,

---

98. 「이단 논박」 V.12.1-2 (*ANF* 1.537-538).
99. 「이단 논박」 V.6.1 (*ANF* 1.531).

인간의 태초의 본성 곧 하나님의 형상과 모양을 좇아 창조된 본성에 도달한다"(*in pristinam veniunt hominis naturam, eam quae secundum imaginem et similitudinem facta est Dei*).[100]

다른 한편으로 이레나이우스는 죽을 수밖에 없는 특징을 인간 본성에 포함시킨다.

> 죽는다는 것은 도대체 무엇인가? 의심할 바 없이 그것은 육의 본질(*hypostasis, substantia*)이다. 생명의 호흡을 잃어버리는 것, 호흡이 없는 것과 동일하다. 이 동일한 것을 바로 주님께서 살리셨고, 아담 안에서 동물의 혼을 가진 존재로서 우리 모두가 죽었던 것처럼 우리는 그리스도 안에서 하나님의 수공품으로서 영적인 존재로 살게 된다.[101]

아담은 생명의 호흡을 잃어버린 몸의 본질과 유사한 것으로 이해되었다. 그리스도께서 인간과 나누셨다는 것은 그가 죽을 수 있고 부패할 수 있는 존재가 되었다는 의미다. "그러나 만약 썩지 않는 자와 불멸이 우리 존재의 본질과 같이 되지 않는다면 어떻게 우리가 썩지 않는 것과 불멸에 가담할 수 있겠는가?"[102] 이레나이우스가 아담과 그리스도를 이원론적으로 비교할 때 인간의 본성을 동물적인 본성으로 이해하는 듯하다. "…만물의 창조자인 말씀이 하나님의 아들과 연결된 인류의 미래에 구성될 것들을 그 자신을 위해서 만들었기 때문에, 하나님은 첫째 인간을 동물의 본성

---

100. 「이단 논박」 IV.41.2 (*ANF* 1.524-525).
101. 「이단 논박」 V.12.3 (*ANF* 1.538).
102. 「이단 논박」 III.19.1 (*ANF* 1.448-449).

에 속하게 하고 영적인 존재에 의해 구원받도록 이미 예정하셨다."[103] 여기서 인간의 동물적 본성이 아담의 타락 전의 본성을 의미하는지 아니면 타락 후를 의미하는지 하는 모호함은 그리스도의 총괄갱신의 다른 면을 드러낸다. 창조 시에 인간의 혼이 가졌던 가능성 때문에, 총괄갱신은 하나님이 태초의 구성(plasmatio)으로 창조하신 그분의 형상과 모양의 회복을 의미하는 것으로 보인다. 그러나 죽을 수밖에 없는 본성은 그리스도의 총괄갱신이라는 급진적인 새로움을 필요로 한다. 이런 의미에서 우리는, 이레나이우스가 왜 혼도 아니요 영도 아닌 몸의 죽을 수밖에 없는 특징을 강조하고 있는지에 대한 단서를 발견한다. 아담과 인간의 유비는 인간의 본성이라는 면에서 다음과 같은 2개의 층위를 가지고 있다. (1) 몸과 혼의 잠재적인 가능태로서의 본성, (2) 죽을 수밖에 없는 몸의 본성.

둘째, 이레나이우스에게서는 아담과 그리스도의 유비가 두드러진다. 그리스도는 아담을 자기 자신 안에서 총괄갱신 하셨다.[104] 이 간단한 진술은, 서로 모순되지만 그리스도의 일의 신비를 드러내는 다음과 같은 두 개의 서로 다른 의미를 가지고 있다. (1) 아담 안에서 그리스도는 참 인간이 되신다. (2) 아담을 대항해서 그리스도는 순종으로 아담을 총괄갱신 하신다. 이레나이우스는 이렇게 말한다.

그래서 동일한 몸으로 무너지게 한 죄가 더 이상 우리 안에 있지 않게 하려고 말씀은 육신이 되셨다. 그러므로 우리 주님은 성육신에서 처음과 동일한 구성

---

103. 「이단 논박」 III.22.3 (ANF 1.455).
104. 「이단 논박」 III.21.10 (ANF 1.454).

을 취하셨고, 그래서 그는 선조들을 위해 전투에 참여하셨으며, 아담을 통해서 우리를 파괴한 것을 아담을 통해서 극복하셨다.[105]

이레나이우스는 아담과 그리스도의 유비를 성육신으로 이해한다. 그리스도는 아담을 자기 자신 안에 가지고서 마리아로부터 출생을 받고, 아담을 모아서 총괄갱신 하셨다. 그래서 정밀한 유비가 성립되었다. "그러나 만약 전자(아담)가 흙으로부터 왔고 하나님이 창조주이셨다면, 후자도 자기 자신 안에서 총괄갱신 하고 하나님에 의해서 인간으로 지음 받음으로써 그 기원에 있어서 전자와 유비를 가져야만 한다."[106]

다른 한편으로 그리스도는 아담을 극복하려고 아담이 되셨다. 아담과 그리스도의 유비는 아담을 대항해서 설정된다. 이레나이우스는 아담이 선악과를 먹었던 날과 그리스도께서 죽으셨던 날을 연관시킨다.

이것으로부터, 우리 주님께서 아담이 불순종해서 죽었던 날에, 아버지께 순종하려고 죽음의 고난을 당하셨다는 것이 분명하다. 이제 주님은 아담이 먹었던 날과 동일한 날에 죽었다.…따라서 주님은 그날을 자기 자신 안에서 총괄갱신 하시면서, 인간이 창조되었던 여섯째 날, 안식일을 하루 앞선 날에 고난을 당하셨다. 그 수난 덕분에 인간의 둘째 창조가 이루어졌는데 그것은 죽음으로부터의 창조다.[107]

---

105. 「사도적 설교의 증거」 31 (ACW 16,68).
106. 「이단 논박」 III.21.10 (ANF 1.454).
107. 「이단 논박」 V.23.2 (ANF 1.551).

아담과 그리스도 사이의 유비는 창조와 재창조의 날들(days) 사이의 유비로 확장된다. 곧 생명과 죽음의 날들 사이, 순종과 불순종의 날들 사이의 유비로 확장되는 것이다. 이것은 순종과 불순종이라는 두 개의 서로 상반되는 관계이자, 서로 상반되는 두 죽음의 관계이고 이로써 총괄갱신은 십자가의 유비로서 충분한 의미를 가지게 된다. 두 나무 사이의 유비도 아담과 그리스도가 서로 반대되는 죽음을 맞이했다는 성경적인 관점을 반영하고 있다. 죽음에 이르기까지 순종했던 순종으로 그리스도는 나무에 달려서, 역시 나무에서 발생했던 불순종을 원래대로 되돌리셨다."[108] 그리스도께서 아담 안에서, 또 아담에 반대해서 두 가지 서로 상반되는 방향으로 아담을 총괄갱신 했다는 것은, 앞에서도 보아왔듯이, 총괄갱신이 인간을 짊어지고 인간과 나눌 뿐만 아니라 인간 안에서, 인간을 위해서 일어났다는 개념과 직접적으로 연결된다.

마지막으로, 이 3가지 개념 즉 아담, 그리스도, 인성의 유비를 더 잘 이해하기 위해서 우리는 아담의 불순종, 그리스도의 순종, 인간의 자유의지의 일반적인 특징에 주목할 필요가 있다. 이것들이 공유하는 속성이 무엇인지, 어떻게 함께 이해될 수 있는지 하는 것을 이해하기 위해서 우리는 먼저 하나님으로부터 시작해야 한다. 왜 인간이 처음부터 완전하게 창조되지 못했는가라는 질문에 대해서 이레나이우스는 하나님을 강요가 아니라 설득의 하나님, 따라서 인간에게 자유의지를 주신 하나님으로 설명하고 있다.[109] 흥미롭게도 이레나이우스는 하나님을, 줄을 조이는 동시에 풀

---

108. 「사도적 설교의 증거」 34 (ACW 16,69).
109. 「이단 논박」 IV.37.6 (ANF 1,520).

어주면서 비파를 연주하는 예술가로 표현한다.[110] 하나님은 서로 다른 두 극단을 품고 계시는 존재로 칭송을 받기에 합당하시다.

> 이 멜로디를 듣는 사람들은 그 예술가를 찬양하고 칭찬해야 한다. 어떤 음의 긴장에는 감탄하고 또 다른 음의 부드러움에 주목하며, 이 두 극단 사이의 음을 이해하고 다른 음의 특별한 특성을 고려해야 한다. 그래서 각각의 음이 무엇을 지향하는지, 그것들의 다양성의 근원이 무엇인지를 이해해야 한다. 우리 규율에 적용하는 것에 실패하지 말아야 하고 그 (단 한명의) 예술가를 결코 포기하지 말아야 하며, 이 모든 것을 만드신 한 분 하나님에 대한 우리의 믿음을 던져버리지도, 우리 창조주를 신성모독하지도 말아야 한다.[111]

그러나 하나님의 의지 안에 내재된 유연성은 결코 혼란스러운 무질서가 아니다. 우리에게 자유의지를 주신 하나님의 의도와 옛 구성의 유연성은 그리스도의 순종으로 재정리되고 재창조된다. 왜냐하면 그리스도는 아담의 불순종을 자신의 순종으로 총괄갱신 하셨기 때문이다.[112] 인간의 자유의지의 잠재성과 그것으로 아담이 하나님과 교감할 수 있었던 것은 이제 그리스도의 순종으로 다시 살아나고 새롭게 되며, 하나님께 영원한 순종으로 완벽하게 될 때가지 계속된다. "…이 모든 것은 자유의지와 인간 본성의 힘에 의해 (소유되었던) 불멸로 무르익으며, 그 본성이 하나님께 영원히 순종하도록 변화해가면서 구원받는 인간 본성에 유익을 주려고 창조

---

110. 「이단 논박」 II.25.2 (ANF 1.396).
111. 「이단 논박」 II.25.2 (ANF 1.396).
112. 「이단 논박」 V.19.1 (ANF 1.547).

되었다."[113] 그리고 인간의 자유의지와 하나님의 유연한 의도가 서로 상호 작용하는 것은 성령의 사역으로 더욱 강화된다.

> (하나님을 버리는) 배교가 우리를 자기 자신의 제자로 만들면서 스스로를 옳지
> 못하게 압제했으므로 하나님의 말씀이 그 배교에 대항해서 올바르게 행하셨
> 고, 배교가 자신의 것이 아닌 것을 탐욕스럽게 빼앗아 갔을 처음 그때, 우리를
> 폭력적인 수단으로 지배했던 것과는 달리 하나님의 말씀은 설득을 통해서 이
> 루셨고, 원하는 것을 폭력적인 방법을 사용하지 않는 평의회의 한 하나님이 되
> 셨다. 그래서 정의가 침해된 것도 아니고 하나님의 옛 구성이 파괴된 것도 아
> 니다. 주님은 우리의 육을 위해 육을, 영혼을 위해 영혼을 주시면서 그 자신의
> 피로 우리를 구원하셨으므로, 하나님과 인간의 연합과 교제를 위해서 아버지
> 의 성령을 부어주셨기 때문에…모든 이단의 교리는 몰락해버리게 된다.[114]

그리스도께서 십자가에서 돌아가시기까지 순종하신 것은 하나님의 정의롭지 못한 강요 때문이 아니라 정의로운 설득으로 발생했는데, 성령의 사역으로 하나님과 인간의 진정한 교제를 다시 되살린다. 이레나이우스가 그리스도 안에서, 성령 안에서 하나님의 일을 인간을 향하는 폭력적인 고침이 아니라 희생적인 설득으로 해석하고 있는 점이 주목받을 만하다.

위의 모든 것들을 종합하면, 아주 진지한 의미의 유비가 여기서 발견된다. 성령 없는 혼의 미성숙함으로 발생한 불순종이 죽음으로 귀결된 아

---

113. 「이단 논박」 V.29.1 (*ANF* 1.558).
114. 「이단 논박」 V.1.1. (*ANF* 1.527).

담의 자유의지, 역시 십자가의 죽음으로 귀결되었지만 하나님께 순종하는 것의 진정한 의미를 보여주신 그리스도의 자유의지, 이제는 하나님께 영원히 순종하는 완전함으로 자라나야 하는 인간의 자유의지의 유비가 바로 그것이다. 아담에게 자유의지로 주어진 상호작용하는 관계가, 왜 하나님께서 처음부터 인간을 완전하게 만드시지 못했는가 하는 것을 의문시하는 자들에게는 결코 충분한 답변이 되지는 못한다. 그러나 강요가 아니라 설득으로 하나님께서 자신을 인간과 관계하셨고 그리스도의 순종의 십자가를 통해서 하나님께서 자신의 옛 구성을 연장하셨으며, 성령을 통해서 우리의 자유의지의 올바른 길을 제시하셨다는 것을 충분히 고려해야 한다. 우리가 자유의지를 올바른 방법으로만 사용해야 한다는 필연성은 아담의 불순종을 총괄갱신 한 그리스도에 의해 그 생명력을 회복한다. 따라서 인간이 아니라 그리스도 홀로 하나님께 순종하는 인간의 자유의지를 다시 살리시고 총괄갱신 하셨다는 것을 거듭 강조해야 한다. 그와 동시에 그리스도의 총괄갱신이 다시 살리신 것은, 바로 하나님께 순종할 수 있는 인간의 자유의지다. 하나님은 인간이 하나님 자신과 관계할 때 살아 있게 하셨고 계속해서 인간이 자유의지로 하나님과 살아 있는 관계를 만들기를 원하신다.

6.3. 총괄갱신과 십자가

이레나이우스의 총괄갱신은 십자가에서 절정을 이룬다. 십자가는 인간의 연속성과 불연속성이라는 두 가지 방향을 보여준다. 같은 방법으로 총괄갱신이란 "인간을 거쳐감"과 "인간을 회복하고 새롭게 함"으로 상술될 수 있다. 이레나이우스가 총괄갱신과 십자가를 얼마나 긴밀히 연계시켰는가 하는 질문은, 그가 총괄갱신이라는 개념을 여러 다른 맥락에서 사용하므로 다양한 각도에서 검토될 수 있다. 만약 우리가 총괄갱신을 성육신과의 연계 속에서 십자가보다 더 포괄적이라고 해석할 경우, 대두되는 질문은 성육신과 십자가의 관계로 발전된다. 결국 이레나이우스의 총괄갱신의 가장 핵심적인 장점은 성육신과 십자가의 관계가 얼마나 신비스러운가를 잘 드러내고 있다는 점이다. 이레나이우스에게 그리스도의 죽음은 인간에게 계속되는 동시에 인간과 단절된다. 인간과 나눔으로써 그리스도는 그의 성육신과 십자가 사이의 연속성을 선명하게 갈라버린다. 그의 죽음은 인간의 절정이자 인간에 대한 대항이다. 그리스도는 인간 안에서 죽으셨고, 인간을 대항해서 죽으셨다. 인간과의 나눔의 측면(sharing aspect)에서 고려해보면 그리스도의 죽음은 인간의 모든 면을 거쳐가는 과정의 마지막이다. 그러나 이레나이우스의 총괄갱신의 개념과 관련해서 성육신과 십자가의 관계는, 십자가의 치명적인 순간에 초점을 맞추어서 면밀히 검토되어야 한다. 그리스도께서 인간을 총괄갱신 했을 때 실제로 십자가에서는 무슨 일이 일어났는가? 만약 십자가가 인간을 회복하거나 새롭게 한다면 어떤 의미에서 그리스도의 죽음은 인간의 전환점이 되는가? 십자가의 고유한 가치는 그리스도의 성육신과 십자가의 연속성으로 인해 약화되기는커녕 오히려 더 강화된다. 동시에 십자가는 성육신과 구분되는 그 자체의 가치로 평가되어야 한다. 이번 단락에서는 그리스도의 성육신과 십자가의 연속성과 불연속성이라는 관점에서 총괄갱신과 십자가의 관계를 논의할 것이다.

6.3.1. 총괄갱신, 인간과 나누다: 성육신과 십자가의 연속성

아울렌은 이레나이우스에게서 성육신과 십자가 사이의 균열의 흔적을 발견할 수 없다고 주장한다.[115] 나중에 아울렌은 그리스도의 죽음이 성육신과 부활과 고립된 것으로서가 아니라 연결된 것으로 이레나이우스의 사상의 중심에 있다고 덧붙인다.[116] 명백하게, 그리스도의 삶과 죽음과 부활을 서로 분리해서 생각하지 않는 것이 더 성경적이다. 이레나이우스는「이단 논박」1권에서 가현설적 견해를 비판하면서 일찍이 그리스도의 성육신과 그의 고난의 실재에 관해 강조했다. "들어라, 너희 어리석은 자들이여! 고난을 당하셨고 우리 가운데 거하셨던 바로 그분이 하나님의 말씀이시다."[117] 그리스도의 성육신과 고난의 연속성을 위해서 이레나이우스가 자주 사용했던 표현은 성육신과 구원의 연합에서 발견된다.[118] 말씀이 육화되어 우리에게 보인 바 되었기 때문에 말씀 그 자신이 구원이다.[119] 따라서 성육신과 십자가와 구원이 동일한 맥락에서 사용되고 있다. 총괄갱신은 성육신, 십자가, 구원의 연속성과 관련된다.

이레나이우스가 그리스도의 성육신을 강조할 때 이 필연성은 아담과 그리스도의 유비로부터 시작된다. 아담이 흙으로부터 취해졌듯이 그리스도도 인간으로부터 형성되어야 한다.[120] 이레나이우스는 그리스도의 기원에 대한 유비로부터, 그리스도의 성육신의 결정적인 사실성과 확실성으로

---

115. Aulén 1969: 21.
116. Aulén 1969: 31.
117. 「이단 논박」 I.9.3 (*ANF* 1.329).
118. 「이단 논박」 III.16.2 (*ANF* 1.440).
119. 「이단 논박」 III.9.1 (*ANF* 1.422).
120. 「이단 논박」 III.21.10 (*ANF* 1.454).

나아간다. 한편 그리스도가 인간의 모든 면을 경험하셨다는 주장을 내세우기 위한 그의 지나친 열정은, 그리스도가 40대나 50대까지 살았다는 주장으로까지 이어진다.[121] 이런 주장은 당시에 선생의 나이가 최소한 40대를 넘어야 한다는 일반적인 상황을 반영한 듯하다.[122] 물론 그리스도께서 아버지와 남편으로서의 경험이 전무하다는 것을 고려한다면 성육신의 신체성을 위한 이레나이우스의 논리는 받아들이기 어렵다. 우리는 다만 이레나이우스가 얼마나 진지하게 그리스도 성육신의 신체성과 실재를 구성하려고 했는가를 평가할 수 있을 뿐이다. 그리스도의 성육신의 엄밀함에 대한 강조는 육체와 관련해서 총괄갱신의 의미를 반영한다. "이 모든 것은 흙으로부터 온 육체, 그리스도가 그 자신 안에서 총괄갱신 하신 것의 증거다."[123] 그리스도께서 몸을 총괄갱신 하기 위해서 육체가 되셨다는 것은 인간의 신체성만이 아니라 우리 중 하나가 되신 낮아짐도 의미한다. 이레나이우스는 이렇게 주장한다.

만약 그가 한 인간으로부터 몸의 본질을 받지 않았다면 그는 결코 인간이 될 수 없었고 사람의 아들도 될 수 없었다. 만약 그가 우리의 본질로 만들어지지 않았다면 그가 고난 당하고 인내한 것 속에서는 어떤 위대한 것도 없다.…따라서 하나님의 말씀은 자기 자신 안에서 자신의 작품을 총괄갱신 하면서 이렇게 되셨다. 이런 이유로 그는 자신이 사람의 아들이라고 고백한다. 또한 "땅을 유

---

121. 「이단 논박」 II.22.5-6 (*ANF* 1.392).
122. 「이단 논박」 II.22.5 (*ANF* 1.392).
123. 「이단 논박」 III.22.2 (*ANF* 1.455).

업으로 받을 것이기 때문에 온유한 자들을" 축복하신다.[124]

아담의 육체와의 유비를 근거로 하는 그리스도의 성육신의 필연성은 그리스도가 인간의 모든 면을 다 경험해야 한다는 생각으로 발전한다. 총괄갱신의 일은 몸의 한계와 연관되고, 자신이 사람의 아들이라는 것을 고백하면서 그리스도가 인간 속에서 자신을 낮추시는 성육신의 심오한 의미를 포함한다. 이레나이우스에게서는 그리스도가 우리의 본질을 가져야 한다는 사실과, 마치 그리스도의 성육신이 그 일의 선행조건인 것처럼 십자가 위에서 위대한 일을 행했다는 사실 사이의 흥미로운 인과론적 논지가 발견된다. 그러나 이레나이우스는 이런 논지에 대해 더 이상 상술하지는 않는다. 그저 그리스도가 몸을 구원하려고 육체가 되셨다는 것을 당연하게 받아들일 뿐이다.[125] 총괄갱신에 있어서 그리스도의 성육신은 십자가와의 연속성으로 더 심화된다. 그리스도는 단순히 인간의 삶의 모든 면을 다 경험하셨기 때문만이 아니라 죽음까지 거치셨으므로 모든 것을 총괄갱신하신다. 총괄갱신의 필연성, 성육신의 확실성, 인간 고난의 연약함을 나눔, 그의 약함 속에서 인간처럼 낮아짐, 이 모든 것이 죽음의 치명적인 실재에서 절정을 이룬다. 이레나이우스는 그리스도의 두 본성인 인성과 신성을 다루면서 그리스도의 죽음을 그의 인성의 끝자락에 위치시킨다.

만약 그가 다른 사람들처럼 단순히 한 인간이었다면 성경은 그에 관해서 이런

---

124. 「이단 논박」 III.22.1. (*ANF* 1.454).
125. "왜냐하면 만약 몸이 구원받을 위치에 있지 않다면 하나님의 말씀은 결코 몸이 되지 않았을 것이다"(「이단 논박」 V.14.1, *ANF* 1.541).

것을 증거하지 않았을 것이다. 그러나 그는 모든 사람을 넘어서서 가장 높으신 아버지로부터 나온 가장 탁월한 탄생을 자기 자신에게서 가졌고 또한 처녀로부터 온 가장 탁월한 탄생을 경험했는데, 성경은 이 둘 모두를 그에 대해서 증거하고 있다. 또한 그는 말쑥하지 않은 한 인간이었고 고난을 당할 수 있는 자였다. 그는 나귀 새끼 위에 앉았고 식초와 쓸개를 받았다. 그는 사람들 사이에서 경멸당했고 죽음에 이르기까지 자신을 낮추었다. 그리고 그는 거룩한 주님, 위대한 하나님이셨다.[126]

그리스도의 죽음은 인간의 마지막이다. 그리스도는 고난 당할 수 있었고 경멸당했으며 자신을 낮추었다. 그리고 마침내 죽었다. 인간으로서 그리스도의 모든 경험은 죽음으로 끝났다. 만물 전에 존재하고 만물보다 앞서기 위해 그리스도는 마침내 죽음 그 자체를 경험했다.[127] 그리스도는 성부, 성령, 인간, 마귀, 적, 모든 것의 마지막으로 죽음 그 자체로부터 온 참 인간이자 참 하나님이다.[128] 그리스도는 다른 십자가가 아니라 그 자신이 겪어야만 하는 십자가에 대해서 언급했다.[129] 인간의 모든 국면을 다 거쳐 갔던 그리스도는 죽음을 총괄갱신 하셨다. "왜냐하면 그 자신 안에서 인류를 처음부터 끝까지 총괄갱신 함으로써 그는 인류의 죽음도 총괄갱신 했기 때문이다."[130] 그리스도는 십자가에서 인간과 나누셨다. 십자가는 그리

---

126. 「이단 논박」 III.19.2 (*ANF* 1.449).
127. 「이단 논박」 II.22.4 (*ANF* 1.391).
128. 「이단 논박」 IV.6.7 (*ANF* 1.469).
129. 「이단 논박」 III.18.5 (*ANF* 1.447).
130. 「이단 논박」 V.23.2 (*ANF* 1.551).

스도의 총괄갱신을 자기 자신 안에서, 인간 안에서 만난다. 그리스도께서 인간을 경멸함으로써가 아니라 인간을 우리 안에서(in nobis) 나누심으로써 인간은 그리스도 안에서(in Christo) 총괄갱신 된다.

6.3.2. 총괄갱신, 인간을 짊어지다: 성육신과 십자가의 불연속성

그리스도의 성육신의 신비는, 그리스도가 구체적인 시공간 속에 성육신함으로써 시공을 초월해서 모든 인간을 짊어지셨다는 점에 있다. 그리스도는 인간을 넘어서기 위해서 스스로 인간으로 화육했다. 이레나이우스는 이렇게 주장한다.

> 누가는 다음과 같은 사실을 지적한다. 즉 우리 주님의 세대를 아담에게까지 추적해보면 처음부터 끝까지 72세대를 포함하며, 이것은 아담으로부터 그 이후로 이어지는 모든 국가, 아담 자신을 포함해서 인간의 모든 언어와 세대를 그 자신에게 총괄갱신 한 이가 바로 그리스도라는 것이다.[131]

예수가 죽음으로 아담 이후의 모든 인간을 짊어진다는 것은 어떤 의미일까? 어떻게 시간과 공간 속에 있었던 구체적인 십자가가 그 개별성을 넘어설 수 있었을까? 십자가 위에서 그리스도는 성육신과 연속적일 뿐만 아니라 불연속적으로도 일하셨다. 왜냐하면 그리스도의 성육신 그 자체가 그리스도의 인간 되심의 최종적인 것은 아니기 때문이다. 하나님의 옛 구성이라는 이레나이우스의 개념에 따르면 죽음이란 아담의 생의 자연스

---

131. 「이단 논박」 III.22.3 (*ANF* 1.455).

러운 결과는 아니었다. 죽음이란 아담의 불순종으로 일어난 일이다. 아담이 하나님의 최초의 창조에 대항했다면, 그리스도는 아담의 불순종에 대항했다. 만약 그리스도의 죽음이 아담의 죽음을 나누기만 했다면 성육신과 십자가 사이에는 어떤 치명적인 구분도 없었을 것이다. 그러나 그리스도의 죽음은 인간의 죽음을 대항한 것이다. 십자가에서 돌아가셨을 때, 그리스도께서는 인간의 죽음으로 돌아가셨을 뿐만 아니라 인간의 죽음에 대한 죽음으로 돌아가셨다. 이런 점에서 인간의 삶과 죽음의 연속성과, 그리스도의 삶과 죽음의 연속성 사이에 유비를 세우는 것은 불가능하다. 십자가에서 인간과 나누신 바로 그 최후의 순간에 그리스도는 성육신으로부터 자기 자신을 완전히 구분한다. 이것이 나눔과 짊어짐의 역설이다. 그리스도가 인간과 나누실 때, 또한 그는 인간에 대항하는 것을 짊어지신다. 성육신과 십자가의 연속성과 불연속성 둘 다를 총괄갱신 한다는 이레나이우스의 사상은, 순종과 불순종 사이, 필멸과 불멸 사이, 무지와 진정한 지식 사이의 급진적인 역전이 십자가에서 만난다는 역설에 충실하다.[132] 그리스도는 그의 죽음으로 우리 죽음을 짊어짐으로써 인간 안에서 죽었고 인간을 대항해서 죽었다. 그리스도는 인간과 나눔으로써 인간을 짊어졌고 인간을 극복했다.

어떻게 그리스도의 죽음이 그의 총괄갱신을 통해서 인간을 회복시키고 새롭게 하는가를 알기 위해서는 이레나이우스의 십자가 이해를 더 면밀히 살펴보아야 한다. 여기서는 다음과 같은 3가지 점이 논의될 것이다. (1) 그리스도께서 십자가에서 짊어진 불순종, 죄, 죽음, 무지. (2) 희생의 어

---

132. Hart 1989: 171.

린 양, 그리스도의 죽음과 우리의 죽음의 교환, (3) 총괄갱신과 십자가.

첫째, 십자가는 인간의 불순종, 죄, 죽음, 무지, 마귀를 다룬다. 그리스도는 그것들, 즉 인간의 문제들을 짊어져야 한다. 때로 십자가론을 연구하는 저자들은, 그리스 교부들이 죽음에 초점을 맞춘 반면에 라틴 교부들은 죄를 강조했다고 주장하면서 이들을 구분한다. 그러나 이레나이우스에게는 이런 일반화를 엄격하게 적용할 수 없다. 죄와 불순종은 죽음과 무지보다 결코 덜 강조되지 않는다. 아담의 불순종 이후로 인간은 죄의 세력 아래 놓여 있었고,[133] 그로 인해서 하나님께 적대적이었다.[134] 이레나이우스는 아담의 지혜의 나무와 그리스도의 십자가 사이에 유비를 설정하면서 아담의 불순종과 그리스도의 순종을 비교한다.[135] 인간은 죄로 인해 죄의 포로가 되었고,[136] 죄와 범법 행위로 인해 주님으로부터 멀어졌다.[137] 이레나이우스가 인간의 죄를 가장 근원적인 문제로 얼마나 심각하게 이해하고 있는가 하는 점은, 그리스도 이전에 살았던 자들의 죄에 대해 그가 어떻게 다루고 있는가를 살펴보면 알 수 있다. 이레나이우스는 이렇게 주장한다.

그에게 소망을 가졌던 자들, 곧 그가 오심을 선포하고 그의 경륜에 자신을 맡겼던 의로운 자들, 선지자들, 족장들, 우리처럼 죄 용서를 받았던 모든 자는 그를 믿었다.…진실로 주님의 죽음은 이전에 살았던 자들에게도 죄의 치료와 용

---

133. 「이단 논박」 III.18.2 (*ANF* 1.446).
134. 「사도적 설교의 증거」 86 (*ACW* 16.100).
135. 「이단 논박」 V.17.4-V.19.1 (*ANF* 1.545-547), 「사도적 설교의 증거」 34 (*ACW* 16.69).
136. 「이단 논박」 III.9.3 (*ANF* 1.423).
137. 「이단 논박」 III.10.1 (*ANF* 1.424).

서가 되었다.[138]

그리스도의 죽음이 그리스도 이전에 살았던 자들의 죄까지도 고치시고 용서하신다는 이레나이우스의 주장은 그가 십자가와 죄를 얼마나 밀접하게 연결 짓는지를 알 수 있게 한다. 그러나 십자가가 우리의 죄 용서가 된다는 이레나이우스의 십자가론이 후대에 발전하게 되는 율법적 체계 속에서 평가되어서는 안 된다. 죄와 죄의 용서는 성부와 성자의 연합을 나타내는 것으로 이해되기 때문이다. "만약 우리가 맞서서 죄를 지었던 바로 그분께서 자비로운 연민을 통해서, 자기 아들을 통해서 우리를 찾아오시지 않았다면 우리가 어떻게 죄를 용서받을 수 있겠는가?"[139] 여기서 이레나이우스는 죄를 용서하신 그리스도의 용서를, 하나님이 우리를 찾아오심과 동일시한다. 아주 드물게 이레나이우스는 빚,[140] 심판, 하나님의 진노에 대해서도 언급한다.[141] 그러나 이것은 이레나이우스가 십자가를 하나님과 인간 사이의 거래, 곧 그리스도가 하나님을 위해 대속적인 일을 하기 위해서 인간의 자리를 대신하는 법정적이고 상업적 거래로 이해한다는 의미는 아니다. 이레나이우스의 하나님은 그리스도께서 충족시켜야 하는 대상이 아니라 그리스도 안에서 일하시는 주체다. 우리를 위해 고난 받았을 때, 그리스도는 죄 용서의 권세를 아버지께 받았다.[142]

---

138. 「이단 논박」 IV.27.2 (*ANF* 1.499).
139. 「이단 논박」 V.17.1 (*ANF* 1.545).
140. 「이단 논박」 V.17.3 (*ANF* 1.545).
141. 「이단 논박」 IV.27.1-4 (*ANF* 1.498-500).
142. 「이단 논박」 V.17.3 (*ANF* 1.545).

이레나이우스에게 죽음, 무지, 마귀는 십자가가 짊어져야 하는 중요한 대상이다. 아이온에 대한 영지주의자의 견해를 불합리하다고 비판할 때, 이레나이우스는 그리스도의 고난을 썩어짐과 무지를 파괴하는 힘으로 이해했다. "우리 주님은 자신의 고난으로 죽음을 파괴하고 오류를 흩어버리며 썩어짐을 끝내고 무지를 파괴하는 동시에 생명을 드러내고 진리를 밝히며 썩지 않음을 선물로 주신다."[143] 죽음은 죄를 멈추게 하려는 하나님의 연민으로 이해되기도 하고,[144] 구원의 반대로 이해되기도 한다.[145] 심지어 이레나이우스는 예수께서 제자들의 발을 씻긴 것을, 죄에 대한 것이 아니라 죽음에 속한 것을 씻는 것으로 해석한다.[146] 죽음이 아담의 불순종, 죄,[147] 마귀[148]에게 사로잡힌 바 된 것의 마지막 결과로 놓였기 때문에, 죽음은 두 개의 거울 즉 인간을 위한 것과 하나님께 반(反)하는 것에 비추어진다. 죽음으로 아담과 그리스도는 서로 만난다. "아담 안에서 우리 모두가 죽듯이, 그리스도 안에서 우리 모두가 살 것이다."[149] 죽음에서 그리스도는 죽음과 반대되게 인간을 만난다. "먼저 썩지 않는 것과 불멸이 우리의 본질이 되지 않는다면 어떻게 우리가 썩지 않는 것과 불멸에 가담할 수

---

143. 「이단 논박」 II.20.3 (*ANF* 1.388).
144. 「이단 논박」 III.23.6 (*ANF* 1.457).
145. "왜냐하면 아담을 구원한다는 것은 죽음을 파괴하는 것이다"(「이단 논박」 III.23.7, *ANF* 1.457).
146. 「이단 논박」 IV.22.1 (*ANF* 1.493).
147. "왜냐하면 한 사람의 불순종으로 죄가 들어오고, 죽음이 죄를 통해서 (그 자리를) 얻었다"(「이단 논박」 III.21.10, *ANF* 1.454).
148. 「이단 논박」 III.23.1 (*ANF* 1.456).
149. 「이단 논박」 V.12.3 (*ANF* 1.538).

있겠는가?"[150] 썩지 않음이란 인간이 취할 수 없는 하나님께 속하는 것이다. "그리고 인간이 하나님께 연결되지 않는다면 결코 썩지 않음에 참여할 수 없다."[151] 죽음이란 인간이 스스로 짊어질 수 있는 것이 아니라 그리스도께서 그의 죽음으로 짊어지는 것이다. 그리스도는 죽음을 총괄갱신 하신다.[152]

그리스도께서 만물을 총괄갱신 하심으로써, 그는 십자가에서 모든 인간을 짊어지셨다. 그리스도의 죽음이 인간 전체를 짊어지기 위한 것이라는 실재론적인 견해의 메커니즘에 대해서 이레나이우스는 어떤 질문도 제기하지 않았다. 그리스도는 인간을 나누고 짊어지시면서 인간의 육과 피, 죄와 죽음, 아담의 불순종, 하늘과 땅의 모든 것들을 총체적으로 총괄갱신 하신다. 둘째 아담으로서 그리스도는 그의 보혈로 살리는 영을 우리에게 주셨기 때문에, 우리는 그리스도 안에서 영적인 존재로 살게 된다.[153] 실재론이 아니고는 아담과 인간, 그리스도와 인간의 유비가 성립되지 않기 때문에 여기서 실재론은 대단히 중요하게 보인다. 예를 들어 십자가의 유효함은 십자가 사건 이전에 살았던 사람들에게까지 미친다. 이레나이우스는 "따라서 그리스도는 처음부터 모든 의로운 사람들과 선지자들의 피 뿌림이 자신의 인격 속에서 발생해야만 하는 총괄갱신, 따라서 자신에 의해서 그들의 피의 선행조건이 되는 총괄갱신을 가리킨다"라고 말한다.[154] 총괄

---

150. 「이단 논박」 III.19.1 (*ANF* 1.448).
151. 「이단 논박」 III.18.7 (*ANF* 1.448).
152. 「이단 논박」 V.23.2 (*ANF* 1.551).
153. 「이단 논박」 V.12.3 (*ANF* 1.538).
154. 「이단 논박」 V.14.1 (*ANF* 1.541).

갱신의 개념 속에서 그리스도의 일은 세대로부터 다른 세대로 미치는 시간을 넘어서고, 국가로부터 국가의 공간을 넘어서며, 인간의 몸과 혼, 영, 의지를 아우르는 특징을 가진다. 그리스도는 그가 가지고 있는 전능한 영광에 의해서가 아니라 십자가의 죽음으로 모든 것을 총괄갱신 하신다.

둘째, 어떻게 예수께서 불순종, 죄, 마귀, 죽음, 무지를 짊어질 수 있는가? 그리스도께서 인간을 총괄갱신 할 때 십자가에서 어떤 역할을 하시는가? 총괄갱신의 개념을 제외하고는 이레나이우스가 십자가 신학의 어떤 복잡한 메커니즘을 발전시킨 것 같지 않다. 이레나이우스는 희생, 구원, 화해, 용서, 승리의 이미지를 성경으로부터 빌려온 것으로 보인다. 그러나 그는 십자가를 유월절, 희생의 피와 연관시키고 그리스도의 피와 우리의 피 사이, 그리스도의 불멸과 우리의 멸절 사이의 교환을 암시하고 마귀를 이기신 승리의 주제를 위한 기초를 세운다. 그러나 어떤 이론적인 틀을 가지고 그가 총괄갱신을 강조하고 있는가 하는 점보다는, 서로 다른 이미지와 주제가 어떻게 서로 긴밀하게 연결되는가를 파악하는 것이 더 중요하다.

이레나이우스는 유월절을 십자가를 미리 말해주는 예지적인 사건으로 해석한다. "그는[모세는] 그의 고난의 날에 대해서 알지 못했던 것은 아니었다. 모세는 그에게[그리스도께] 예지적인 방법으로 유월절에 주어진 이름으로 예언했다. 모세에 의해 오래 전에 선포된 바로 그 축제 때 그리스도는 유월절을 완성하며 고난을 당하셨다."[155] 구약에서 유월절이란 죄보다는 죽음으로부터의 해방을 의미하지만, 이레나이우스는 다음과 같이 주장하면서 우리 죄를 깨끗게 하는 희생과 연결 짓는다. "때가 차자 그리스도

---

155. 「이단 논박」 IV.10.1 (*ANF* 1.473).

는…죄의 세력 아래에 있는 우리를 그의 피로 깨끗하게 하고 우리를 아버지께로 준비시키기 위해서 나타나셨다."[156] "그리스도의 피에 의한 구원"도 이레나이우스가 십자가에 관해서 종종 사용하는 표현이다.[157] 그러나 이레나이우스는 그리스도의 피의 깨끗게 하시는 이미지를 죄와 연관시키는 데만 국한하지는 않고, 오히려 더 넓은 함의를 가진 것으로서 교차적으로 사용한다. 그가 "살육당한 하나님의 어린 양, 그 동일한 하나님으로부터 모든 것을 넘어서는 권능을 받은 바로 그분이…"[158]라고 진술할 때, 그의 관심사는 희생의 주제와 승리의 주제 사이의 차이가 아니었다. 그리스도의 피는 그리스도의 명령을 지키는 사람들을 위한 성화를 의미하고,[159] 성찬을 위한 본질적인 요소를 그의 육으로 수행하며,[160] 우리 피를 위한 대속적인 유출을 의미한다.[161] 다양한 이미지와, 그 이미지와 피와의 상호적 관계는 하나님과의 화해와 교제를 포함한다. 이레나이우스는 이렇게 설명한다.

따라서 그는 자신 속에 다른 어떤 것이 아니라, 바로 아버지께서 원래 지으신 작품을 총괄갱신 하고 멸망해버린 것을 다시 찾으면서, 그 자신이 육과 피를 가졌다.…그러나 지금, 자기 자신과의 교제를 통해서 그 자신의 몸으로 우리를 자신에게로 화해시키고 우리를 그 피로 구원하면서, 주님은 인간을 하나님 아

---

156. *Fragments from the Lost Writings of Irenaeus* 39 (*ANF* 1.575).
157. 「이단 논박」III.16.9, IV.20.2, V.1.1, V.2.1 (*ANF* 1.444, 488, 527, 528).
158. 「이단 논박」IV.20.2 (*ANF* 1.488).
159. 「이단 논박」III.5.3 (*ANF* 1.418).
160. 「이단 논박」IV.2.1-2 (*ANF* 1.527-528).
161. 「이단 논박」IV.14.1 (*ANF* 1.541).

버지게 화해시킨다.[162]

육과 피로 죽으신 그리스도의 죽음이 우리를 구원하고 우리를 하나님과 화해시킨다는 것이 총괄갱신의 구체적 의미다. 흥미롭게도, 그리스도의 피와 육은 성육신과 십자가의 연속성의 마지막이자 불연속성의 시작이라고 볼 수 있다. 죄 용서로서, 구원과 화해의 피로서, 그리스도의 희생은 총괄갱신을 십자가에 견고히 고정시키는 논리적인 고리다.

이레나이우스의 십자가 이해의 또 다른 주제는 승리의 주제다. 이레나이우스는 죄와 죽음을 논할 때조차 십자가의 승리를 끌어들인다. "하나님은 자신 안에서 태초의 인간 구성을 총괄갱신 하고, 죄를 죽이고 죄의 세력인 죽음을 빼앗아서 인간을 살아나게 하신다."[163] 이 주제는 승리의 주제와도 관련된다. 이레나이우스는 "따라서 그는 자신의 총괄갱신 속에서 모든 것을 다 모으셨는데, 우리의 적과 전쟁하며 또한 태초에 우리를 아담 안에서 포로 삼았던 그 자를 짓눌러서 그의 머리를 밟았다"라고 주장한다.[164] 반복적으로 이레나이우스는 죽음, 썩어짐, 멸절을 그리스도께서 승리해야 할 인간의 가장 분명한 한계로 간주한다. 그러나 이레나이우스는 어떻게 이 승리가 발생하는지를 사색하기 위한 이론을 더 펼치지는 않는다. 그는 죄, 죽음, 마귀를 이긴 그리스도를 설명하기 위해 상상력을 동원하는 어떤 이야기를 만드는 데에도 특별한 관심을 보이지 않았다. 오히려 그는 하나님의 본성에 속한 능력에서 그것을 발견한다.

---

162. 「이단 논박」 V.14.2-3 (*ANF* 1.541-2).
163. 「이단 논박」 III.18.7 (*ANF* 1.448).
164. 「이단 논박」 V.21.1 (*ANF* 1.548).

왜냐하면 만약 하나님께서 살 수 있도록 창조하신 인간이, 인간을 부패케 했던 뱀에게 상처 받아 삶을 잃어버린 후에 생명으로 다시 돌아갈 수 없고 죽음으로 (영원히) 철저히 버림받아야 했더라면, 하나님은 (그 경우에는) 정복당했을 것이고 뱀의 사악함이 하나님의 의지보다 우세하게 되었을 것이다.[165]

만약 하나님이 죽을 수밖에 없는 것을 살리지 못하고 썩어질 것을 썩지 않는 것으로 다시 되돌려 놓지 못한다면 그분은 능력의 하나님이 아니다.[166] 썩지 않음과 불멸의 그리스도께서 우리 본질이 되시어 멸절을 삼키시고 우리에게 그 자신의 불멸을 주신다.[167] 그리스도의 불멸은 인간에게 하나님의 선물로 주어진다.[168] 그리스도께서 인간이 되심으로써 우리에게 그 불멸을 주신 것처럼, 비록 죽을 수밖에 없는 존재들이지만 우리는 불멸적 존재가 되고 썩지 않는 자가 된다. 이레나이우스는 이런 교환을 "변형"(transfiguration, μετασχηματισμός)이라고 부른다.[169] 그러나 이런 변형은 우리 자신의 본질에서 오는 것이 아니라 불멸을 가지고 멸절에 뛰어든 그리스도의 전능하신 일에서 온다.[170] 이레나이우스는 이런 교환이 가능하도록 우리가 세워야 하는 어떤 논리에도 집중하지 않는다. 아마도 그리스도의 신성 자체가 우리에게 불멸을 줄 수 있는 능력으로 고려되는 듯하다. 인간의 멸절을 그리스도의 불멸로 변형하는 역설적 신비란, 그리스도가 자기

---

165. 「이단 논박」 III.23.1 (*ANF* 1.455).
166. 「이단 논박」 V.3.2 (*ANF* 1.529).
167. 「이단 논박」 III.19.1 (*ANF* 1.448-449).
168. 「이단 논박」 III.5.3, V.1.1 (*ANF* 1.418, 526).
169. 「이단 논박」 V.13.3 (*ANF* 1.540, Stieren 752).
170. 「이단 논박」 V.13.3 (*ANF* 1.540).

자신의 영광으로 우리에게 오신 것이 아니라, 겸손히 자신을 낮추어 우리 가운데 한 인간이 되셨고 우리 멸절을 십자가에서 짊어지셨다는 데 있다. "…그가 모든 것을 그 자신 안에서 총괄갱신 하시고 우리에게 오셨을 때, 그는 올 수 있는 상태로(전능함으로서) 오신 것이 아니라, 우리가 그를 바라볼 수 있는 그런 상태로(십자가에 달리셨기 때문에) 오셨다."[171]

셋째, 결국 우리는 이레나이우스의 총괄갱신 개념과 그의 십자가론의 관계에 대해서 논해야 한다. 그리스도의 총괄갱신의 일이 성육신과 부활을 아우르기 때문에 그리스도의 십자가에서의 일보다 범위가 넓어 보인다. 이레나이우스는 이렇게 쓴다.

> 그러나 모든 면에서 그는 인간이고 하나님의 구성이다. 따라서 보일 수 없는 것이 보이게 되고, 이해될 수 없는 것이 이해되고, 고난 받을 수 없는 것, 곧 말씀이 인간이 되고 따라서 모든 것을 자기 자신 안에서 총괄갱신 하면서 그는 인간을 자신 안에 짊어졌다(*hominem in semetipsum recapitulans*).[172]

여기서 총괄갱신은 그리스도의 성육신과 가까운 것으로 보인다. 보일 수 없는 것을 드러내며 그리스도는 인간을 자기 자신에게로 총괄갱신 하셨다. 인간이 되심으로써 그리스도는 모든 것을 총괄갱신 하셨다. 그리스도의 부활 또한 총괄갱신에서 더 두드러진다. 만약 그리스도께서 죽은 자들 가운데서 살아나시지 않았다면 죽음을 정복할 수 없었으므로, 새롭게

---

171. 「이단 논박」 IV.38.1 (*ANF* 1.521).
172. 「이단 논박」 III.16.6 (*ANF* 1.443).

하고 죽음을 정복하는 총괄갱신은 그리스도의 부활과 연결되어야 한다.[173] 종말론적인 함의 역시 총괄갱신에 포함되어 있다. 「이단 논박」 5권 마지막 부분에서 이레나이우스는 결론에 이르면서, 총괄갱신을 종말론적인 맥락에서 다루고 있다. "총괄갱신 하면서 그는 다시금 '늑대와 어린 양이 함께 먹을 것이다'라고 말하신다."[174] 그리스도는 자기 자신을 우리에게 주시기 위해서 그 자신 안에서 모든 것을 총괄갱신 하셨다.[175] 그러므로 이레나이우스의 총괄갱신 개념은 그리스도의 십자가보다 범위가 더 넓어 보인다.

다른 한편으로 성육신에서 부활에 이르기까지 그리스도 사역의 연속성은 십자가 없이는 정당화될 수 없다. "자기 자신 안에서 태초부터 끝까지 모든 인류를 총괄갱신 함으로써 그리스도는 죽음 그 자체도 총괄갱신 하셨다(recapitulatus est et mortem eius)."[176] 이레나이우스는 "육과 피"를 그리스도를 의미하는 용어로 사용하지만,[177] 특별히 "피"는 구원을 위한 그리스도의 십자가를 의미하는 용어로 사용한다. 그리스도는 고난 당하셨고 우리를 위해서 죽었으며 그 피로 우리를 구원하셨다.[178] 의로운 피가 땅에 뿌려진다는 그리스도의 말씀인 「마태복음 주석」 23:35에서 이레나이우스는 이렇게 진술한다.

태초부터 모든 의로운 자들과 선지자들의 피 흘림이 그 자신 속에서 발생했어

---

173. 「사도적 설교의 증거」 37 (ACW 16.71).
174. 「이단 논박」 V.33.4 (ANF 1.563).
175. 「사도적 설교의 증거」 37 (ACW 16.71).
176. 「이단 논박」 V.23.2 (ANF 1.551, Stieren 780).
177. 「이단 논박」 V.14.1 (ANF 1.541).
178. 「이단 논박」 III.16.9 (ANF 1.444).

야 했고, 그 자신에 의해서 그들의 피의 전제 조건이어야 하는 총괄갱신을 가리키고 있다.…그리고 사도는 우리 주님의 육을 통해서, 그의 피를 통해서 우리가 구원을 받았음을 모든 서신에서 분명히 증언하고 있다.[179]

이레나이우스는 마태복음 23:35을, 피 흘림의 총괄갱신이(Recapitulationem effusionis sanguinis)[180] 그리스도 자신에게서 일어나야 한다는 의미로 해석한다. 여기서 총괄갱신의 실제적인 내용은 그리스도의 십자가라는 것을 알 수 있다.

우리는 총괄갱신의 세 가지 면을 첫 번째 단락에서 다루었다. 곧 "**그리스도 자신이 자기 자신 안에서 총괄갱신 하신다**", "그리스도께서 회복하고 새롭게 함으로써 **총괄갱신 하신다**", "그리스도께서 **모든 것을** 총괄갱신 하신다"가 바로 그 세 측면이다. 그의 논지가 무한과 유한의 건널 수 없는 경계를 넘으신 기독교의 하나님에 대해서 황당해하던 영지주의자들을 논박하려고 발전되었음을 고려한다면, 이레나이우스의 총괄갱신이 십자가론과 전적으로 동일하지 않다는 것을 이해할 수 있게 된다. 더욱이 총괄갱신의 문자적인 의미는 고난, 약함, 죽음과 아무런 상관이 없다. 그럼에도 총괄갱신의 결정적인 함의는 이레나이우스의 십자가 사상과 깊은 연관을 가진다. 심지어 인간의 죽음까지도 나눠 가지심으로써 그리스도는 인간을 자기 자신에게로 총괄갱신 하고, 그 자신의 피를 흘림으로써 십자가 위에서 인간을 총괄갱신 하기 위해 모든 것을 회복하고 새롭게 하려고 인간을

---

179. 「이단 논박」 V.14.1, V.14.3 (ANF 1.541-542).
180. Stieren 755.

짊어진다. 그리스도의 십자가와 관련하여 총괄갱신 개념의 가장 중요한 가치는, 이레나이우스가 간단한 용어이지만 다소 복잡한 정의로 그리스도의 나눔과 짊어짐을 잘 드러낸다는 점이다.

신비는 그리스도의 나눔과 짊어짐 사이뿐만 아니라, 우리에게 주신 불멸이라는 선물과 우리가 그것을 받는 노력 사이에서도 계속된다. 한편으로 승리의 과정은 강요나 폭력에 의해서가 아니라 그리스도 그 자신이 약함이 되심과 피를 통한 설득에 의해서 실행되기 때문에 의롭다. 다른 한편으로 우리가 바라보아야 할 그분처럼 되도록 설득당하기 때문에 불멸은 우리 자신의 성장과 완전을 향해 나아감을 통해서 이루어져야 한다. 십자가는 모든 인간을 위한 그리스도 자신만의 독자적인 일이다. 그러나 이런 우주적·총체적·객관적 일이 자동적인 보편구원을 초래하지는 않는다. 그리스도의 객관적인 일과, 우리가 하나님과의 진정한 교제 속에서 그 일을 따르는 것이 다음 단락에서 다루어질 것이다.

6.4. 십자가, 그 살아 있는 관계

이레나이우스에게는 두 가지 서로 다른 견해, 즉 하늘과 땅의 모든 것을 시공을 초월해서 총괄갱신 하는 그리스도의 객관적인 일과, 우리 자신이 자유의지를 통해 완전을 향해 나아가려고 하는 노력이 서로 충돌을 일으키는 것처럼 보인다. 지금까지는 전 인류를 향한 그리스도 자신의 일에 초점을 맞추어왔기 때문에, 이제 우리는 그리스도의 총괄갱신을 좇아가는 인간 자신의 노력의 범위에 관한 이레나이우스의 견해에 주목할 필요가 있다. 이레나이우스는 의롭지 못한 인간이 자신의 의지를 사용해서 하나님께 불순종할 수 있는 부정적인 가능성을 인정한다. 그는 이렇게 쓴다.

주님의 죽음은 진정으로 (십자가 사건 전의 불의한 자들의) 죄에 대해서 치료와 용서가 되었지만, 그러나 죽음이 더 이상 그를 지배하지 않으므로 지금 죄를 짓는 자들을 위해서 다시 죽을 수는 없다. 그러나 성자는 청지기들에게 더 많은 이윤을 창출하도록 맡겼던 돈을 요구하며, 가장 많은 돈을 맡긴 자들에게 가장 많은 것을 요구하며, 아버지의 영광으로 장차 오실 것이다.…그리스도를 알고 난 후에도 우리가 하나님을 기쁘시게 하지 못한다면 우리는 더 이상 죄를 용서받지 못할 것이요 그의 왕국으로부터 쫓겨날 것이기 때문에 우리 자신이 두려워해야 한다.[181]

십자가 이후에 살면서 죄를 짓는 자들을 배제함으로써 이레나이우스는 그리스도의 십자가의 능력을 약화시키고 있는가? 만물 안에서 만물이신 그리스도는 구원받는 자만을 위한 목자인가?[182] 만약 그리스도께서 만물을 총괄갱신 할 수 있다면, 자신의 자유의지를 사용해서 그리스도의 총괄갱신에 불순종하는 자들에게까지 그의 총괄갱신의 능력을 연장할 수는 없는가? 만약 자신의 자유의지를 사용해서 하나님께 순종하는 자들에게만 그 능력을 국한시킨다면, 그리스도는 어떻게 우주 전체의 주님이 될 수 있는가?[183] 이레나이우스에게 **만물**의 진정한 의미란 무엇인가?

이런 질문에 대한 대답의 단서를 찾기 위해서 우리는 인간의 본질에

---

181. 「이단 논박」 IV.27.2 (*ANF* 1.499).
182. *Fragments* 53 (*ANF* 1.577).
183. *Fragments* 52 (*ANF* 1.576).

대한 이레나이우스의 견해를 살펴보아야 한다. 하나님과 인간의 차이를 설명하면서 이레나이우스는 이렇게 진술한다.

> 하나님은 만들고 인간은 만들어지고, 만든 자는 항상 동일하지만 만들어진 자는 처음과 중간, 첨가와 증가를 받아야만 한다는 점에서 하나님과 인간은 다르다. 인간은 정교하게 창조된 반면에 하나님은 진실로 인간을 정교하게 창조하셨다. 하나님은 모든 빛, 모든 마음과 모든 본질, 모든 선의 근원으로서 자신이 그 자신과 동일하기 때문에 모든 것에서 완전하지만, 인간은 하나님을 향해서 나아감과 자람을 받아야 한다. 왜냐하면 하나님이 항상 동일한 것처럼, 그 안에서 발견되는 인간도 하나님을 향해서 항상 나아가야 하기 때문이다.[184]

이레나이우스는 하나님을 항상 동일한 분으로, 인간을 시작, 중간, 첨가, 증가가 있는 존재로 정의한다. 동일한 자로서 하나님의 견고함은, 인간이 동일한 견고함 속에서 하나님을 향해서 나아가는 자가 되도록 요청한다. 그뿐 아니라 인간이 하나님을 향해서 나아가야만 한다는 필연성은 인간의 자유의지의 긍정적인 가능성으로 인해 더 강화된다. 인간이란 믿음과 일에 관해 자기 자신 안에 능력을 가지고 있기 때문에,[185] 우리는 불멸을 위해서 싸워야 하고,[186] 그 불멸에 의해 우리는 미래의 어떤 시점에 성숙함에 이르며 하나님을 보고 이해할 수 있는 특권을 통해 무르익게 된

---

184. 「이단 논박」 IV.11.2 (*ANF* 1.474).
185. 「이단 논박」 IV.37.5 (*ANF* 1.519).
186. 「이단 논박」 IV.37.7 (*ANF* 1.520).

다.[187] 이레나이우스에 따르면 우리가 더 열정적으로 투쟁할수록 더 많은 상을 받게 되고 하나님 앞에서 더욱더 영광스럽게 된다.[188] 이레나이우스에게서 하나님과 인간의 살아 있는 관계는 종말론적 강조점을 가지는 그분과의 교제라는 이미지에 의해서 더 선명해진다. 우리는 점점 더 신적인 본성에 참여하게 될 것이다.[189]

그렇다면 이제 우리는 "모든 것을 총괄갱신 하는 것"과 "하나님과 교제를 나누기 위해서 우리 자신이 그 총괄갱신을 좇아야만 하는 것" 사이를 어떻게 조화시킬 수 있는가? 이런 의문에 대해 두 가지 점을 조심스럽게 논의할 수 있다. 우선, 그리스도의 총괄갱신은 삼위 하나님의 일과 분리될 수 없다. 인간 구원은 하나님의 고려된 계획과 의도이고 그것에 대한 인간의 반응과 무관하지 않다. 인간이 불멸에 이르는 전 과정을 통해서 삼위 하나님은 친밀하게 일하신다. 이레나이우스는 이렇게 주장한다.

하나님께 순종하게 된다는 것은 불멸이 계속된다는 것이고 불멸은 창조되지 않는 자의 영광이다. 성부는 모든 것을 잘 계획하고 명령했고, 성자는 이것들을 실행하여 창조의 일을 수행했으며, 성령은 (이미 만들어진 것들을) 양육하고 키운다. 한편 인간은 매일 진척을 이루며 완전을 향해 올라감으로써 창조되지 않는 자에게 가까이 간다. 바로 이런 배열과 조화에 의해서 창조되고 조직화된 존재인 인간에게 창조되지 않는 하나님의 형상과 모양이 주어졌다.[190]

---

187. 「이단 논박」 IV.37.7 (*ANF* 1.521).
188. 「이단 논박」 IV.37.7 (*ANF* 1.520).
189. 「이단 논박」 V.32.1 (*ANF* 1.561).
190. 「이단 논박」 IV.38.3 (*ANF* 1.521-2).

하나님의 의지는 모든 것의 본질이며,[191] 또 그것은 하나님 자신의 창조에 대해서 성장 능력을 부여한다.[192] 따라서 모든 창조는 하나님이 뜻하시는 한에 있어서 그 의지를 수용한다. 삶이란 우리로부터가 아니라 하나님의 은총으로부터 솟아난다.[193] 하나님의 의지는 인간이 죽음에 이르러야만 하는 원인이 아니라 인간의 불멸의 이유이기 때문에, 그리스도는 우리에게 오셔서 십자가 위에서 그의 불멸로 우리 멸절을 짊어지셨다. 그러나 인간은 유아적인 능력의 한계로 아버지의 성령으로 말미암지 않고는 불멸의 떡을 먹지 못한다.[194] 그리스도께서 총괄갱신을 통해서 우리에게 그의 불멸을 주시는 것은 성령을 통해서 심지어 지금도 진행되고 있다. "이 진실한 성령은 우리 안에 거하면서 심지어 지금도 우리를 영적으로 만들고, 죽을 수밖에 없는 자가 불멸에 의해서 삼켜진다."[195] 그리스도는 성령에게 그의 총괄갱신의 일을 할 수 있는 추진력을 부여하면서 인간을 성령과 연합시킨다.

따라서 그는 이런 것들을 그 자신에게서 총괄갱신 했다. 인간을 성령에 연합시킴으로써, 성령을 인간 안에 거하게 함으로써(spiritum collocans in homine) 그는 스스로 성령의 머리가 되고 성령을 인간의 머리로 준다. 그(성령)를 통해서 우리는 보고 듣고 말한다.[196]

---

191. 「이단 논박」 II.30.9 (*ANF* 1.406).
192. 「이단 논박」 II.28.1 (*ANF* 1.399).
193. 「이단 논박」 II.34.3 (*ANF* 1.411).
194. 「이단 논박」 IV.38.1 (*ANF* 1.521).
195. 「이단 논박」 V.8.1 (*ANF* 1.533).
196. 「이단 논박」 V.20.2 (*ANF* 1.548, Stieren 773).

인간이 완전을 향해서 나아가는 현재의 확실성은 그리스도를 머리로 가진 성령에 의해서 실현된다. 따라서 그리스도의 총괄갱신의 모든 과정은 성령의 사역 안에서 하나님께 인간이 증가하는 것을 포함한다. 다시 말하면 인간의 반응 그 자체가 그리스도의 총괄갱신의 일부다. 여기서 총괄갱신이란 인간을 위한 그리스도의 일이 성령과 연합되는 것을 의미한다. 최우선적으로 그리스도는 노예들이 해방되게 하기 위해서 십자가에서 돌아가셨지만, 그 다음에는 그의 성령이 그들을 유업으로 소유한다.[197] 삼위일체의 이런 의도된 일은 총괄갱신에 잘 드러나 있고, 인간은 완전을 향해서 나아가도록 설득되고 있다. 하나님은 시간 안에서, 또한 시간을 넘어서 그리스도와 성령 안에서 일하신다.

둘째, 이레나이우스는 인식론적·윤리적으로 인간의 한계를 진술하는 데 있어서 신실하다. 하나님이 인간에게 자랄 수 있는 능력을 주셨다는 것을 논하고 있는 「이단 논박」의 2권 28장에서 그는 영지주의를 반박하면서 성부와 성자의 관계의 신비, 죄를 짓는 자들의 기원을 이해하는 데 있어서 인간의 한계를 받아들여야 한다고 주장한다. "그리고 하나님은 이것(죄인들을 하나님이 불로 심판하시는 것)이 일어날 것이라는 것…그리고 그런 죄인들의 본성의 원인 그 자체에 대해서는 어떤 성경도 우리에게 알리지 않았고, 어떤 사도도 언급하지 않았으며, 심지어 주님도 가르치지 않았다."[198] 이레나이우스는 그리스도의 총괄갱신이 자유의지를 잘못된 길로 사용하는 자들에게까지 확장될 수 없다는 것에 대해서 의문을 제기하지 않아야 한다고

---

197. 「이단 논박」 V.9.4 (*ANF* 1.535).
198. 「이단 논박」 II.28.7 (*ANF* 1.401).

간접적으로 제안한다. 더욱이 인간의 자유의지의 역할은 하나님께 순종하는 것으로 모아져야 한다. "…그래서 지금 우리가 성령을 받아서 하나님께 순종하는 새로운 삶을 걸어가게 하소서."[199] 새로운 삶이란 하나님의 뜻에 순종하는 것이고, 그것을 통해서 하나님은 인간에게 불멸을 주신다. 그리스도는 인간의 불순종을 총괄갱신 하시어 죽음에 이르기까지 하나님께 대한 그의 순종을 드러내셨다. 그리스도의 일은 십자가에서 끝나지 않는다. 그의 죽음은 인간이 성령에 연합되도록 인간을 위해서 계속된다. 심지어 성령의 일에 인간이 반응하는 데 있어서조차 인간의 역할은 제한된다. 우리 자신의 노력이 발생하도록 실행시키는 것은 우리가 성령을 소유하는 것에 의해서가 아니라 성령이 우리를 소유하는 것에 의해서 일어난다. 이레나이우스는 결혼의 이미지를 사용해서 성령의 일과 인간의 일 사이에 올바른 순서를 정하는 데 대단히 엄밀하다. 그는 이렇게 설명한다.

신랑이 신부를 기뻐하듯 하나님의 영이 성전을 기쁘게 하는 것이 바로 그리스도께서 성전(그의 몸)을 깨끗케 하신 이유다. 신랑이 와서 신부를 취하면 신부는 결혼을 했다고 할 수 없고 결혼함을 입게 되었다고 해야 하듯이, 육은 그 자체로 하나님의 왕국을 유업으로 받을 수 없다. 그러나 육은 그 유업을 위해서 하나님의 왕국으로 취해질 수는 있다. 유업을 잇는 것과 유업을 받게 되는 것은 서로 다르다. 전자는 지배하고 능력을 행사하며 여러 일이 하나님의 뜻대로 유업을 이을 수 있게끔 하는 것인데 반해서, 후자는 복종하고 명령을 받으며 유업을 얻는 자에 의해 지배당한다. 그러므로 살아 있는 것은 도대체 무엇

---

199. 「이단 논박」 V.9.3 (*ANF* 1.535).

인가? 의심할 바 없이 하나님의 영이다.…우리를 소유하는 그 영을 잃어버림으로써 생명을 잃지 않도록 하려고 사도는 성령과의 교제를 우리에게 권면했다.[200]

여기서 우리는 결혼하고 취하는 신랑과 결혼당하고 취함을 당하는 신부 사이의 비교, 유업을 잇고 소유하는 자와 유업을 잇게 되고 소유당하는 자 사이의 비교에 주목해야 한다. 이레나이우스는 완전을 향한 인간의 성장을 "하나님을 향해서 증가함", "하나님을 향해서 항상 나아감", "매일매일 전진하고 완전을 향해 올라감", "조금씩 하나님을 받고 입는 데 익숙해감" 등으로 표현함으로써 인간이 행해야 하는 것을 강하게 강조한다. 따라서 우리는 마치 그가 하나님이 인간과 공동 작업을 한다는 견해를 가지고 있는 듯한 인상을 받는다. 그러나 하나님을 향해서 성장해야 하는 인간에 대한 강조는, 우리의 성장이 반드시 우리의 능동적 역할에 의존한다는 것을 의미하지는 않는다. 차라리 이레나이우스의 강조점은, 그리스도께서 총괄갱신 했고 그의 성령이 우리를 소유했다고 믿는 자들은 멸절에서 불멸로 옮겨가야 하며, 이것이 필연적이고 자연스럽다는 데 있다. 그것은 우리 자신이 자라날 수 있기 때문이라기보다, 하나님의 일이 그리스도와 성령 안에서 진정성을 가진다는 의미에 가깝다. 그리스도를 따라야 한다는 필연성은 다음과 같은 빛의 비유에 잘 드러나 있다.

그(그리스도)가 우리에게 자신을 따르라고 명령했을 때, 그것은 그리스도가 우

---

200. 「이단 논박」 V.9.4 (*ANF* 1.535).

리의 섬김을 필요로 한다는 의미가 아니라 그가 우리에게 구원을 주신다는 의미다. 왜냐하면 구세주를 따른다는 것은 구원의 참여자가 되는 것이고, 빛을 따른다는 것은 빛을 받는다는 것을 의미하기 때문이다. 빛 속에 있는 자는 자신이 빛을 비추는 것이 아니라 빛에 비추어지고 빛을 받는 자다. 결코 그들이 어떤 기여를 하는 것이 아니라 혜택을 받음으로써 빛에 비추어지는 것이다.[201]

구원에 참여함으로써 하나님과 교제한다는 것은 여기서 빛을 받는 것으로 설명되고 있다. 이후에 동일한 단락에서 이레나이우스는 하나님이 아무것도 필요로 하지 않으시는 만큼 인간은 하나님과 교제해야 할 필요가 있고, 따라서 인간의 영광은 하나님의 섬김 속에 계속되고 영속될 수 있다는 흥미로운 주장을 펼치고 있다.[202] 하나님과 교제한다는 것은 그분이 인간을 섬기시는 것 속에서 영속된다는 것이다. 이레나이우스는 하나님의 일에 인간이 어떤 기여도 하지 않는다고 보기 때문에, 하나님의 일과 우리 일 사이에도 뚜렷한 모순이 존재하지 않는다. 인간이 할 수 있는 가장 능동적인 일은 하나님의 빛에 비추어지고 그 속에 남아 있는 것이다. 구원의 참여자가 되기 위해서 우리 노력을 다하면서, 우리는 점차적으로 하나님의 일 속에 남아 있게 되는 것이다. 그리스도는 우리를 총괄갱신하셨고, 계속 진행되는 일로서 우리가 그의 일 속에 점차적으로 남아 있게 됨으로써 그리스도는 우리를 총괄갱신 하고 계신다. 하나님을 향해서 자라날 수 있다는 가능성은, 우리가 그분의 동역자로서 우리의 구원을 이

---

201. 「이단 논박」 IV.14.1 (*ANF* 1.478).
202. 「이단 논박」 IV.14.1 (*ANF* 1.478).

루기 위해서 하나님과 함께 일한다는 것을 의미하지 않는다. 오히려 하나님은 선하신 뜻을 따라, 심지어 자신이 죽기까지 인간이 되셨고, 인간에게 불멸을 주려고 인간을 짊어지셨으며, 우리가 하나님의 성령 속에 계속 남아 있기를 원하신다.

이레나이우스에게 총괄갱신이란 일차적으로 인간과 나누고 인간을 짊어지면서 인간을 구원하기 위한 그리스도의 일이다. 또한 총괄갱신은 삼위 하나님의 일 속에서 인간이 하나님께로 자라나는 것을 포함한다. 그러나 하나님께로 자라나는 것이 인간이 하나님의 계획된 일에 능동적으로 기여한다는 의미는 아니다. 인간은 유한한 존재로서 존재론적인 변화의 필연성 아래서 빛을 좇고, 그 빛 속에서 하나님과 결혼하게 되고, 취해지고, 성령에 사로잡힌 바 되고, 빛 속에 남는다. 이레나이우스의 총괄갱신 개념은 하나님과 인간의 관계에 대한 성경적 묘사에 일반적으로 부합한다. 하나님의 일과 인간의 노력은 연속성을 가지지만, 하나님의 주도적인 면과 우리의 성취 사이에는 어떤 혼동도 없다.

6.5. 결론

이레나이우스에게 있어 십자가의 의미는 총괄갱신이라는 풍성하고 심오한 사상으로 더 선명해진다. 인간과 나눔으로써 그리스도는 모든 인간을 짊어지신다. 인간을 자기 자신에게로 총괄갱신 함으로써 그리스도는 모든 것을 총괄갱신 하고, 회복하고, 새롭게 하고, 모은다. 십자가 위에서 그리스도의 동시적인 일, 곧 성육신과 십자가의 연속성의 신비, 그것들 사이의 불연속성의 신비는 총괄갱신의 개념으로 심화된다. 이레나이우스의 총괄갱신의 개념 속에는 십자가의 서로 다른 측면들이 의미 있고 동시적으로 엮여 있다. 더욱이 총괄갱신은 하나님과 인간의 상호적인 교제와도 연관된 개념이다. 그리스도는 우리를 성령의 일에 연합시킴으로써 우리를 총괄갱신 하신다.

그러나 우리는 다음과 같은 몇 가지 점을 비판적으로 고려할 수 있다. 첫째, 십자가 총괄갱신의 핵심이라고 할지라도 그것이 그리스도의 총괄갱신의 일과 동일한 것은 아니다. 총괄갱신의 개념은 십자가의 그리스도의 고난과 약함과 죽음에서 드러난 것보다 더 넓지만 덜 결정적이다. 따라서 이레나이우스의 십자가 사상은 십자가의 의미와 실재에 관한 더 집중적인 연구를 요구한다. 그리스도는 십자가에서 인간의 불순종, 죄, 죽음, 무지를 용서하고 치료하고 무찌르셨다.

둘째, 십자가 인간의 한계와 관계하는 방식 또한 중요하다. 총괄갱신 개념을 제외하면, 이레나이우스는 십자가를 해석할 수 있는 다른 어떤 중요한 개념도 전개하지 않았다. 대신에 이레나이우스는, 그리스도의 죽음이 어떻게 모든 것에게 영향을 끼치는가 하는 근원적인 질문의 답이 되는 그리스도의 신성 위에 총괄갱신의 모든 주장, 그리스도의 성육신의 실재와 확실성으로부터 모든 것을 다 모으시는 종말론적인 일까지 모든 주장을 다 세워놓았다. 그렇지만 우리는 여러 생각과 주제들이 그의 저술 속에 흩어져 있다는 것을 주목해야 한다. 피의 정화 이미지와 관련하여 십자가의 희생적 측면, 불멸과 멸절의 교환 메커니즘, 십자가의 승리 주제 등이, 십자가 어떻게 인간을 위해서 작용하는가에 대한 이레나이우스의 가장 두드러진 설명이라고 할 수 있다. 셋째, 모든 자를 구원하는 객관적인 일로서의 그리스도의 일과, 계속 진행되는 일로서 그것을 성취하려는 인간의 노력 간의 관계는 일반적으로 다루어질 문제일 뿐만 아니라, 십자가론의 개념 속에서도 다루어져야 한다. 그리스도의 죽음 속에서 하나님이 주도적인 일을 하시는 것과, 인간과 하나님의 상호적 관계에서 삼위 하나님의 일과의 관계는, 그리스도의 일과 성령의 일 사이의 차이에 대한 일반적인 견해뿐만 아니라 총괄갱신의 개념 속에서도 파악되었다. 그러나 여전히 두 가지 의문이 남는다. 첫째, 만일 우리가 "모든 것"(omnia)과 자유의지를 하나님을 거역하는 데 사용하는 자들 사이의 긴장을 고려한다면, 모든 것을 위한 그리스도의 객관적인 일은 하나님의 주도적인 일과 또 하나님께 자라가는 인간의 일 사이의 **조화의 범주를 넘어서는 것**처럼 보인다. 둘째, 하나님의 주도적인 일과 인간이 하나님께 자라가는 일 사이의 조화는 십자가와의 연관성 곧 고난, 약함, 죽음 속에서 구체화되어야 한다. 이레나이우스는 십자가가 어떻게 하나님과 인간의 살아 있는 관계를 만들어내는지를 주체적이고 적절하게 다루지는 못했다. 그리스도께서 인간의 비참함을 나누고 짊어지신 것은 인간을 위한 하나님의 주도적인 일의 구체적인 내용일 뿐만 아니라, 인간이 하나님께로 어떻게 자라가야 하는가에 대한 가장 **구체적인 내용**이기도 하다. 왜냐하면 인간이 하나님께로 어떻게 자라가야 하는가 하는 문제는 그리스도께서 어떻게 인간과 나누고 인간을 짊어지셨는가 하는 문제에 달려 있기 때문이다. 우리는 약함과 고난과 죽음 속에서 하나님께로 자라간다. 그리스도의 십자가의 고난은 인간이 그리스도를 나누는 데까지 흘러넘친다.

| 7장 |
판 드 베이크의 나눔과 짊어짐[1]

판 드 베이크의 십자가 사상은 십자가론의 틀 안에서 하나님의 주도권을 아주 강하게 인정한다는 점에서 대신론의 하나로 이해될 수 있다. 더욱이 판 드 베이크가 말하는 십자가에서의 그리스도의 고난은 성육신과 부활을 어떻게 이해하는가에 대한 근거를 제공한다. 그의 십자가론은 십자가의 동기나 결과보다 그리스도의 죽음 그 자체에 초점이 맞추어져 있다. 이 모든 것은 십자가가 우리에게 끼치는 영향이 아니라 그리스도의 죽음에 관한 것이다.[2] 그는 십자가와 인간 사이의 문제에 관한 어떤 종류의 논리적

---

1. 네덜란드 신학자 아브라함 판 드 베이크는 자유대학의 조직신학 교수이고 국제개혁신학협의회의 증경 회장이기도 하다. 그는 신학의 근원적인 주제에 관해서 많은 저술을 남겼다.
2. "진보에 초점을 맞추는 모든 신학자에게 나타나는 일반적인 현상은 그리스도를 계몽주의적인 틀에서 이해한다는 점이다.…여기서 그리스도는 우리 곁에서 우리를 돕는 자에 불과하고, 그의 오심은 세상을 변화시키는 데 목적이 있다.…강조점은 십자가에서 부활로 옮겨가고 죽음에서 생명으로 옮겨간다. 결과적으로, 하나님의 왕국을 실현하기 위해서 부르심을 입은 자로서

인 틀에도 관심이 없다. 그의 십자가론에는 "용서", "희생", "교환", "충족"과 같은 표현이 거의 언급되지 않는다. 대신에 그는 그리스도가 인간을 짊어지시고 인간과 나누신다는 표현을 사용한다. 인간의 죄성은 그리스도께서 십자가에서 죽음을 당하신 가장 중요한 원인이지만, 그의 초점은 누가 죽었는가, 실제로 무슨 일이 십자가에서 일어났는가에 맞추어져 있다.

판 드 베이크에 의하면, 그리스도는 특별히 십자가에서 인간과 나눔으로써 인간을 짊어진다. 인간이 그리스도에게 참여하는 것이 아니라 그리스도께서 인간과 인간의 비참함에 참여한다는 생각이 그의 기독론의 가장 두드러진 특징이다. "우선적으로, 그는 모든 것을 바꾸기 위해서가 아니라 나누시기 위해서 임재한다."[3] 그러나 판 드 베이크에 있어서 그리스도의 나눔은 그리스도가 단순히 인간 곁에서 그를 동정한다는 의미가 결코 아니다. 그리스도의 인간 나눔의 개념은 인간 짊어짐의 개념과 깊이 연관된다. 그리스도가 우리와 함께하심으로써 우리를 짊어지고 우리의 책임을 짊어진다.[4] 그가 우리 곁에 서 있기 위해서 인간과 나누시는 것이 아니라 우리의 비참함과 한계를 짊어지시기 위해서 인간과 나눈다. 그리고 이런 그리스도와 인간의 나눔과 짊어짐의 긴밀한 연결은 "그리스도의 인간 포함"이 대신의 관점 가운데 하나로 분류될 수 있는 단서를 우리에게 제공한다.

그러나 판 드 베이크의 인간 나눔 개념의 의미를 파악하기 위해서는 그리스도의 인성에 관한 그의 복잡하고 통합적인 견해, 즉 비위격

우리가 더 중요한 존재가 되어버렸기 때문에 선지자적 그리스도는 왕적인 그리스도를 압도한다"(Van de Beek 2002a: 233).

3. Van de Beek 2002a: 272.

4. Van de Beek 2002a: 272-273.

(anhypostasis)과 내위격(enhypostasis) 개념을 살펴보아야 한다. 그리스도가 취한 인성은 그 자체로는 위격이 없는 비위격(anhypostasis)이지만 로고스의 위격이 인성 안으로 내재해 들어가 내위격(enhypostasis)화 되어서 인격(hypostasis)이 된다. 그러나 수많은 논쟁을 촉발했던 이 공식은 나눔의 면을 구체화하고 젊어짐의 면을 강화하며 판 드 베이크의 십자가 이해에 하나님과 인간 사이의 친밀함이라는 고유한 가치를 부여한다. 십자가의 대신론에 대한 현대적인 비판의 원인은 하나님과 인간의 상호적인 관계의 부족이다. 사람들은 우리가 십자가에 참여하지 않는다면 십자가의 진정한 가치를 얻을 수 없다고 생각해왔다. 이런 비판은 십자가에 대한 소위 객관적인 이론이 가진 심각한 문제에 대한 반성으로서 폭넓게 받아들여져 왔다. 만약 그리스도가 죄와 죽음 같은 인간의 가장 치명적인 문제를 대신한다면 인간은 십자가로부터 배제되는 것이고, 결국 십자가는 기계적이며 비인격적인 것이 되어버린다. 이런 문제 때문에 십자가의 대신론을 보완할 수 있는 유일한 길이 인간의 참여를 강조하는 것으로 간주되었다. 판드 베이크의 나눔 개념은 우리에게 새로운 패러다임으로 십자가를 이해할 수 있는 소중한 길을 제공한다. 십자가는 인간이 참여함으로써 인간을 포함하는 것이 아니라, 그리스도께서 그의 죽음으로 인간에 참여하심으로써 인간을 포함한다. **우리가 우리 마음을 그리스도께 드리느냐가 중요한 문제라기보다, 그리스도께서** 인간의 실존에 들어오셔서 하나님과 인간의 **관계를 살아 있게** 만드시면서 우리에게 말씀하시는 것이 일차적으로 더 중요하다는 것이 판 드 베이크의 주장이다.[5] 그리스도가 십자가에서 인간

---

5. Van de Beek 2002a: 196.

을 나누고 짊어지면서 그리스도와 인간은 함께 죽었다. 어떤 관계도 함께 죽는 것보다 더 살아 있는 관계일 수 없다. 이번 장에서 우리의 논의는 판 드 베이크의 짊어짐 개념에서 출발해서 나눔 개념으로 옮겨갈 것이다. 그 후에 "비위격/내위격"이라는 개념의 조명하에서 나눔과 짊어짐의 관계를 살펴볼 것이다. 결론에서는 그리스도와 인간의 살아 있는 관계 속에서 "함께 죽음"을 강조하는 판 드 베이크의 고유한 가치에 초점을 맞추는 가운데 삶의 의미에 관한 몇 가지 질문을 제기할 것이다.

7.1. 그리스도, 인간을 짊어지다

비록 7장이 판 드 베이크의 "그리스도의 인간 나눔" 사상을 중점적으로 다루지만, 우리는 그의 "그리스도의 인간 짊어짐"에서 시작할 필요가 있다. 그리스도께서 인간을 짊어지셨다는 측면을 올바로 이해하지 못하면, 그가 인간과 나눈 것은 감상적이고 피상적으로 보일 것이기 때문이다. 십자가론의 전통적인 대신론과 비교해서 판 드 베이크의 십자가 사상의 고유한 가치를 올바로 평가하려면 그에게 "나눔"과 "짊어짐"이 얼마나 긴밀히 연관되는지를 깨달아야 한다.

판 드 베이크에게 최우선적으로 중요한 것은 십자가가 그리스도 안에서 하나님 자신의 주도적인 일이라는 점이다. 하나님은 인간과 하나가 되시어 우리의 깨어지고 상처 입은 실존을 나누고 짊어지기 위해서 내려오신 높으신 하나님이시다.[6] 판 드 베이크는 이렇게 쓴다.

---

6. Van de Beek 1999: 19.

만일 우리가 하나님과 함께 가고 그분이 우리와 함께 가시기를 원하신다면, 십자가는 우리가 전에 행했던 모든 것을 위해 필수적이다. 우리 죄악은 하나님과 우리를 분리시킨다. 죄악은 그 길에서 먼저 제거되어야 한다. 이것은 우리에게 가장 중요한 일이지만 그러나 우리가 할 수 있는 일은 아니다. 에덴동산에서 아담이 그랬던 것처럼 우리는 우리의 죄책 속에 자신을 숨긴다(창 3:8-10). 인간 이야기는 수치의 이야기요, 자기 행위를 감추는 이야기다.…이 문제에 관해서 성경은 절대적으로 분명하다. 하나님은 십자가에서 주도권을 쥐고 있는 분이시다.[7]

그리스도의 십자가로 오심에서 주도적인 자는 바로 하나님이시며 또하나님 홀로 한 분뿐이시다.[8] 하나님과 인간 사이에는 회복될 수 없는 분리가 존재한다. "인간은 죽음으로 가는 중병을 앓고 있지만 하나님은 자신이 이런 질병과 부정(injustice)을 짊어지시기를 원하신다."[9] 판 드 베이크에게 십자가는, 인간이 아니라 하나님이 인간을 짊어지려고, 하나님과 인간사이의 분리를 건너오신 것을 철두철미하게 의미한다.

판 드 베이크에 따르면, 그리스도 안에서 하나님이 주도적으로 일하시

---

7. "Als we met God verder willen en God met ons, dan is er om alles wat we deden eerst verzoening nodig. Onze overtredingen maken scheiding tussen ons en God. Ze moeten eerst uit de weg geruimd. We hebben daar alle belang bij, maar we doen het niet. We verbergen ons in onze schuld, zoals aangegeven in het verhaal van Adam, de mens, in de hof (Gen. 3:8-10). Het mensenverhaal is een verhaal van schaamte en verberging voor hun eigen daden.... Daarover is de bijbel volstrekt duidelijk: God is degene die het initiatief neemt tot de verzoening"(Van de Beek 2000a: 104-105).

8. Van de Beek 2000a: 105.

9. Van de Beek 2002a: 27.

는 목적은 인간과 세계를 총체적으로 짊어지기 위해서다. 인간의 생명, 고난, 죄책, 죽음을 짊어지면서 그리스도는 십자가에 달려 죽었다.[10] 그리스도 안에서 하나님이 짊어지신 것은 결코 부분적이거나 제한적이지 않다. 그것은 인간의 모든 차원에 걸쳐 영향을 끼치는 광범위한 희생이다. "그리스도의 희생은, 그 자신이 유한하고 한계 지워져 있으며 죄인인 대제사장에 의해 바쳐진 동물이 아니라, 영원한 대제사장에 의해 바쳐진 자기 자신이기 때문에, 모든 것을 포함하는 화해의 희생이다."[11] 그리스도를 십자가의 희생으로 포기함으로써[12] 하나님은 세상의 모든 저주와[13] 죄를 짊어지신다.[14] 성육신이란 그리스도께서 인간의 고난을 짊어지기 시작하신다는 것을 의미한다.[15] 인류를 위해 인간이 되심으로써 그리스도는 진정한 인간을 짊어지신다.[16] 하나님은 인간의 실재를 짊어지시고,[17] 그리스도는 우리 가운데 계시는 하나님으로서 인간의 실존을 짊어지신다.[18] 그리스도 안에서 하나님은 하나님과 인간 사이의 모든 분열에 대해 전적인 책임을 지신다.[19] 십자가에서 세상을 짊어지려고 돌아가신 그리스도만큼이나 세상이

---

10. Van de Beek 2002a: 165-166.
11. Van de Beek 2002a: 166.
12. Van de Beek 2002a: 163.
13. Van de Beek 2002a: 168.
14. Van de Beek 2002a: 45-48.
15. Van de Beek 2002a: 73.
16. Van de Beek 2002a: 47.
17. Van de Beek 2002a: 156. 판 드 베이크에 따르면 성부와 성자의 연합은 하나의 동일한 의지에 그리스도가 순종하는 것으로 더 강화된다. "성자가 성부와 완전히 하나가 되는 것, 하나의 동일한 의지를 나누는 것이 바로 절대적인 순종이다"(Van de Beek 2002a: 72).
18. Van de Beek 2002a: 183.
19. Van de Beek 2002a: 169.

죽었으므로, 그리스도는 세상의 죽음을 짊어진다.[20] 그리스도의 짊어짐은 과거와 미래를 포괄한다. "과거의 세계뿐만 아니라 장차 다가올 세계를 포함하는 모든 세계가 십자가에서 심판받는다."[21] 그러므로 그리스도 안에서 하나님은 인간의 총체성, 죄, 고난, 죽음, 화해, 책임을 짊어지시고 십자가에서 세상의 우주적인 차원에 개입하신다.

그리스도께서 십자가에서 짊어지신 것은 인간사의 모든 것을 합친 것이 아니라 인간 그 자체다. 그리스도는 죄 자체, 저주 자체를 짊어지신다. 짊어짐의 차원이, 죄 없는 그리스도가 죄성 그 자체를 짊어질 수 있는 가능성을 제공하는 것은 자연스럽다.[22] 십자가론에 대해서 가장 상세한 신학을 세운 바울의 십자가 해석을 좇아서,[23] 판 드 베이크도 그리스도가 우리 저주를 짊어지는 데 있어 개인의 저주가 아닌 저주 자체를 짊어진다고 주장한다.[24] 대신론의 통상적인 흐름과 비슷하게, 짊어짐의 면은 실재론에 뿌리를 두고 있다. 판 드 베이크는 이렇게 설명한다.

그리스도는 죄 없는 자가 우리를 위해 죄 그 자체가 된 것처럼, 저주받은 한 인간이 아니라 저주 그 자체가 되었다. 저주 그 자체가 십자가에 못 박힌다. 손으로 기록된 우리 죄는 십자가에 못 박힌다. 저주와 죄의 본질이 골고다에서 죽는다.[25]

---

20. Van de Beek 2002a: 171
21. Van de Beek 2002a: 192.
22. 이 주제는 비위격 개념과 실재론의 유사성을 다룰 때 더 논의될 것이다.
23. Van de Beek 2002a: 166.
24. Van de Beek 2002a: 167.
25. Van de Beek 2002a: 167.

따라서 그리스도는 인간 자체를 짊어짐으로써 인간 죄책과 죽음을 짊어진다. 판 드 베이크가 볼 때, 모든 존재를 십자가에서 짊어지신 그리스도의 집합적인 일은 모든 것을 양적으로 모으는 것이라기보다 인간 존재의 질적 대신에 가깝다. 왜 판 드 베이크가 십자가에 대해 이런 실재론적인 이해를 하게 되었는가 하는 질문에는 두 가지 구체적인 해답이 있다. 첫째, 판 드 베이크는 인간에게서 그 이유를 발견한다. "성경은, 인간 존재를 모두 다 연결되어 있고 따라서 모두 서로에게 책임이 있는 존재로 이해한다."[26] 인류는 모두 집합적인 하나의 실체이고 어느 누구도 거기에서 떨어져나갈 수 없으므로 모든 인간은 세상의 고난에 대한 책임을 나눈다.[27] 이에 상응하여 하나님의 용서도 개인적이라기보다 집합적이다.[28] 둘째, 판 드 베이크는 실재론을 "집합적인 인간과 인간 조상인 둘째 아담으로서의 그리스도 사이의 연속성"과 연계시킨다. 그리스도는 이 땅 위의 모든 가족, 민족, 국가를 끌어안기 때문에 그분 안에서 인간 상호 간의 모든 배타적인 차별은 사라져야 한다. "그렇게 된다면, 모든 인간은 하나의 민족이요 하나의 조상과 교제하는 형제자매가 될 것이다."[29] 바로 이런 방법으로 판 드 베이크는 안셀무스적인 실재론을 받아들이는[30] 동시에 그것을 극복하고 있다.[31] 만약 그

---

26. Van de Beek 2002a: 164.

27. Van de Beek 1990: 148.

28. Van de Beek 1990: 132.

29. Van de Beek 2002a: 218.

30. "안셀무스는 인류를 하나의 전체로 보는 실재론을 세우기 위해 철학적 전투에 가담해야 했다.…이것은 즉각적으로 그리스도를 둘째 아담으로 이해하는 초대교회의 사상을 불러일으켰다"(Van de Beek 2002a: 217).

31. "예수가 첫 번째 조상으로서 칭호를 받는 기독론은 통합적인 면들이 시작부터 가장 중요한 역할을 하기 때문에 대신이나 충족의 기독론보다 신약에 더 잘 부합된다"(Van de Beek

리스도의 짊어짐이 집합적인 인간과 그리스도 사이의 연속성에 근거하고 있다면, 어떻게 실재론은 그리스도가 인간과 인간의 비참함을 짊어진다는 것과 조화될 수 있는가? 판 드 베이크는 이 질문에 대한 대답을 집합적 인간과 그리스도의 신성 사이의 불연속성에서 발견한다. 그리스도는 주님이기 때문에, 비록 둘째 아담이지만 첫째 아담과는 다른 아담이다. 궁극적으로 모든 것은 그리스도의 신성에 관한 것이다. "다른 어떤 기독론과 마찬가지로, 가장 중요한 것은 그리스도의 신성을 고백하는 것이다."[32] 인간 중 어느 누구도 다른 인간을 짊어질 수 없는 반면에, 그리스도는 모든 인간의 조상으로서 인간의 총체성을 짊어진다. 판 드 베이크는 이렇게 주장한다.

누가 나의 모든 죄책을 짊어질 것인가?…그것을 전적으로 짊어진다는 것은 당신이 행한 것을 모두 깨닫는 것을 의미한다. 또한 이것은 희생자들의 고난을 완전히 의식하고 그들의 고통을 느낀다는 것도 의미한다. 따라서 오직 단 한 명의 희생자만으로도, 이미 발생한 것을 되돌릴 수 없음을 깨닫는 데서 오는 공포를 일으키기에 충분하다. 십자가를 짊어지는 것조차 그것을 무르기 위한 충분한 심판이 되지 못한다. 그러나 예수는 모든 것을 짊어지신다. 그리고 예수는 주님이시기 때문에 모든 것을 짊어질 수 있다.[33]

비록 모든 인간이 한계와 비참함으로 인한 고난에 집합적으로 긴밀히 연결되어 있지만, 그러나 그들이 서로를 짊어질 수 없다는 것이 바로 역설

2002a: 217).

32. Van de Beek 2002a: 224.

33. Van de Beek 2002a: 165.

이요 또 일종의 저주다. 어느 누구도 책임을 벗어날 수 없지만, 그렇다고 해서 누군가가 책임을 짊어질 수는 있는 것도 아니다. 심지어 단 한 사람의 죄와 죽음도 그것을 극복하려는 인류의 모든 노력을 넘어선다. 바로 이 인간의 비참함 한가운데 예수께서 인간을 짊어지기 위해서 찾아오신다. 인간이 서로 연결되어 있지만 짊어질 수 없다는 역설은, 그리스도께서 인간과 불연속적이지만 연속되었다는 심오한 역설의 또 따른 측면을 노출시킨다. 그리스도는 모든 인간을 넘어서는 주님이지만 그럼에도 그들 가운데 계신다.

판 드 베이크의 십자가 사상의 또 다른 중요한 점은, 짊어짐의 측면이 그의 십자가 이해를 도덕적 모범론과 구별되게 한다는 점이다. 그는 그리스도가 이 세상을 개선하기 위해서가 아니라 짊어지기 위해서 오셨다는 것을 반복적으로 언급한다. "기독론의 핵심은 우리를 대행할 수 있는 좋은 모범을 가지게 되었다는 점에 있는 것이 아니라, 그리스도가 우리의 삶을 짊어지신다는 데에 있다."[34] 판 드 베이크는 이렇게 진술한다.

예수는 자신이 모든 인간에게 묶여 있다는 것을 안다. 그는 모든 인간을 위한 이 소명에 충실하다. 그는 모든 인간을 화해시키는 고난을 당한다. 이것은 비인간적인 과제다. 바로 이런 이유로 그는 비인간적인 죽음을 죽는다. 그럼에도 우리는 계속 질문한다. 누가 세상 죄의 무게를 짊어질 수 있는가? 나는 자신의 죄의 무게도 짊어질 수 없다. 이런 확신으로 인해 "예수가 도덕적인 모범이나 영

---

34. Van de Beek 2002a: 208. 동일한 견해가 같은 책 27, 48, 85, 86, 97, 101, 164쪽에서도 반복된다.

감의 근원이다"라는 모든 사상은 난파선이 되어버린다.[35]

　우리가 우리 자신을 젊어질 수 없다는 주장과 그리스도께서 세상 죄를 젊어지신다는 주장을 비교함으로써, 판 드 베이크는 그리스도가 우리가 따를 도덕적인 모범이 아니라고 주장하게 된 듯하다. 그리스도의 죽음은 인간의 다른 종류의 죽음에 덧붙여질 수 있는 것이 아니라, 모든 다른 죽음과 마침내 죽음 그 자체를 젊어질 수 있는 유일한 죽음이다. 이것은 인간을 추상적인 실체로 젊어졌다는 것을 의미하지 않는다. 오히려 그는 진실로 인간이 되심으로써 인간을 젊어지신다.[36] 그리스도는 인간을 초월하는 능력으로 인간 그 자체를 젊어지신다. 궁극적으로, 그리스도는 초월적인 인간으로서가 아니라 주님으로서 인간을 젊어지신다.

　"그리스도의 인간 젊어짐"이라는 판 드 베이크의 개념은 십자가 대신론의 고견해(high view) 중 하나로 이해될 수 있다. 십자가는 하나님의 주도적인 일이다. 그리스도는 죄, 죽음, 고난, 책임 같은 인간의 광범위한 한계를, 다른 인간이 결코 모방할 수 없는 방법으로 젊어진다. 더 중요하게도 그리스도는 인간의 비참함과 한계 자체, 저주 자체, 죄 자체, 죽음 자체를 젊어진다. 그러나 기독론의 놀라운 실재는 바로 이 하나님이 우리 가운데 계신다는 점이다. 그리스도는 인간과 나눈다.

---

35. Van de Beek 2002a: 164.
36. Van de Beek 2002a: 47.

7.2. 그리스도, 인간을 자신과 나누어 가지다

의심할 여지 없이, 그리스도는 세상 마지막 날까지 우리와 함께하신다(마 28:20). 가슴이 터질 듯한 이 실재는 하나님이 그리스도 안에서 십자가의 죽음으로 우리와 함께하신다는 점이다. 나눔의 측면의 심오함은 십자가의 충격적인 실재에 놓여 있다. 하나님은 죽음으로 우리와 함께하신다. 전능하신 하나님으로서만이 아니라 십자가에 달리신 하나님으로 우리와 함께하신다. 바로 이 하나님이 우리와 죽음을 나눈다. 바로 이 하나님이 우리 죽음으로 죽음을 나눈다. 나눔의 가장 엄밀한 의미는 3가지 요소 즉, 십자가에서 인간을 나누어 가지신 그리스도, 그리스도의 죽음으로 나누어진 인간, 나눔으로서의 그리스도의 죽음과 함께 고려되어야 한다. 그리스도가 죽음으로 우리와 함께한다면 그는 과연 누구인가? 누가, 인간의 어떤 부분이 그리스도의 죽음으로 나누어지는가? 만약 이것이 모두 죽음에 관한 것이라면 이 나눔이란 무엇인가? 이 단락에서는 판 드 베이크의 나눔의 의미를 다루면서 다음과 같은 두 가지 질문에 초점을 맞출 것이다. (1) 누가 나누는가? (2) 무엇이 나누어지는가? 이 두 질문에 대한 답을 발견하게 되면, 우리는 다음 단락에서 다루게 될 십자가의 나눔의 진정한 의미를 더 잘 이해할 단서를 찾게 될 것이다.

판 드 베이크는 그리스도를 우리 조상의 첫머리로 이해한다. 그리스도는 십자가에 달리신 조상이다. 아시아와 아프리카에서는 이미 죽은 조상들이 살아 있는 그들의 후예와 단지 기억으로만이 아니라 실존적인 존재로 함께하는 것처럼, 그리스도도 유일한 조상으로서 우리의 실질적인 삶과 비참함에 들어오신다.[37] 바로 이런 이유로 아시아와 아프리카에서 십자가는 스캔들이 아니라 그들의 형제자매와 그 조상과 연결되는 삶의 실재다.[38] 그리스도는 우리의 첫 조상이므로 진정으로 인간 실존에 참여한다. 판 드 베이크는, 구약과 신약에서 믿음의 사람들이 자기 조상으로부터 물려받은 하나님과의 관계를 보여주기 때문에 조상 기독론은 성경적이라고 주장한다. 하나님을 아브라함과 이삭과 야곱의 하나님으로 기억하는 것은 그 후손의 삶에,[39] 심지어 바울에게도 항상 실존한다.[40] 궁극적으로 그리스도는 모든 조상의 조상이요, 모든 시작의 시작이요, 알파요 오메가다(계 1:8, 21:6, 22:13).[41] 이런 이유로, 판 드 베이크는 예수가 최초의 조상이라 주장하는 기독론이 대신이나 충족의 기독론보다 더 신약적이라고 제안한다.[42] 그러나 "조상 기독론을 통해서 판 드 베이크가 받아들이는 것"은 "그리스도가 우리 삶을 확정하려고 우리와 함께하고 있다는 주장"과 동일하지 않다는 것을 주목해야 한다. 그리스도는 바로 그 조상이요 첫 조상이지만 대조되는 조상이다.[43] 그리스도는 모든 조상의 조상과 인간을 나누지만, 동시에 다른 조상이다. 옛 아담을 통해서 죽음이 세상에 들어왔다면, 새 아담은 우리와 함께하심으로써 은총과 생명을 가져왔다.[44] 이런 이유로

---

37. Van de Beek 2002a: 215-216.
38. Van de Beek 2002a: 219.
39. Van de Beek 2002a: 214.
40. "바울은 선조들의 잠재적인 중요성을 부인하지 않았다. 그것은 바울 자신이 베냐민 지파의 이스라엘인이라는 사실과 무관하지 않았다"(Van de Beek 2002a: 218).
41. Van de Beek 2002a: 219.
42. Van de Beek 2002a: 217.
43. Van de Beek 2002a: 221.
44. Van de Beek 2002a: 221.

판 드 베이크에게서 나눔의 측면은 "우리와 함께하시는 것"의 실존적인 면을 넘어선다. 그것은 젊어짐과 깊이 연결되는 것을 예고한다. 이로 인해서 우리는 자연스럽게 나눔의 다음 요소로 넘어가게 된다. 그리스도는 누구, 인간, 세상의 어떤 부분과 그 조상으로서 나누는가?

판 드 베이크는 그리스도가 다른 사람들과 함께 십자가에서 죽었다고 주장한다.[45] 이것은 우리가 그리스도와 함께 십자가에서 죽었다는 성경적인 가르침(갈 2:10)과 반대되는가? 얼핏 보면, 판 드 베이크의 나눔의 면은 그리스도가 인간의 비참함에 보조적으로 첨가되는 듯하다. 이는 인간의 비참함을 나누는 것처럼 보일 수도 있다. 판 드 베이크는 이렇게 주장한다.

> 그리스도는 우리 실존을 나누려고 그 실존에 들어오신다. 그것은 죽음과 죄책과 무의미가 없어졌다는 것을 의미하지 않는다. 오히려 이런 것들에 대한 번민이 사라졌다는 것을 의미한다. 그리스도는 우리 삶과 죽음을 나누기 때문에, 비록 우리 삶이 예전과 동일하다고 할지라도 죽음은 더 이상 우리를 위협하지 않는다.[46]

만약 그리스도가 인간 한계의 실재가 아니라 단순히 번민을 없애버린 것이라면, 그리스도의 인간 나눔은 심리적이거나 감상적인 위로에 불과하지 않은가? 그의 죽음이 그를 참혹한 학살로 끌고 간 자들과 하나가 되면서, 인간의 고난의 가장 비참한 죽음이라는 사실 그 자체가[47] 그리스도의

---

45. Van de Beek 2002a: 220.

46. Van de Beek 2002a: 274.

47. "예수는 한 유대인으로서 인간 가운데 가장 볼품없는 자로 이 세상에 있었다. 사람들은 그를 십자가의 죽음으로 고문했다. 따라서 그리스도는 수레에 실려서 살육자에게로 끌려갔던 자

죽음을 비참한 사람들의 죽음의 한 유형과 본질적으로 구분되게 하는 것은 아니다. 참혹하게 학살당한 자들의 삶은 끝없이 나열될 수 있기 때문이다. 인간의 죽음과 죄책의 실재는 죽음에 대한 두려움만큼이나 심각하다. 계속해서 판 드 베이크는 이렇게 말한다.

> 궁극적으로 문제가 되는 것은 자기상실이다. 우리 실존의 위협이 우리를 압도하고 사악한 고리로부터 빠져나갈 수 없으며 우리는 자신을 통제할 수 없다. 바로 이런 이유로 앞에서 언급한 모든 것은 본질적으로 죽음, 곧 비존재의 모든 범주를 아우르는 특징을 가진다. 그러나 바로 그 자기 상실에서 우리는 예수 그리스도를 만난다. 우리가 돌아갈 곳 없이, 특히 우리 자신에게로 결코 돌아갈 수 없는 채로, 버림받고 홀로 던져져 있는 것은 끔찍한 일이다. 우리의 상실은 우리 자신으로 인해서 가장 고통스럽다. 그러나 우리가 이 두려운 길에서 우리 자신과 마주칠 때, 우리는 예수와 만난다. 나는 당신과 함께한다. 그가 잡히고 모든 사람이 그를 떠났을 때, 그는 남아 있었다. 예수는 우리가 잡히고 모든 사람이 우리를 떠날 때 우리와 함께한다. 우리가 자신으로부터 도망할 때조차 예수는 우리와 함께한다. 예수는 내가 존재하기 전에도 있었고, 내가 더 이상 존재하지 않을 때도 존재할 것이다. 주님은 처음이자 마지막이신 하나님이다. 그리스도 예수는 내 삶과 세상의 처음이자 마지막이다.[48]

들과 하나였다"(Jezus als Jood was in de wereld als onwaardigste van de mensen. Ze hebben Hem doodgemarteld aan het kruis. Zo was Hij een met zijn volk, dat ze bij wagonladingen vol ter slachtbank hebben geleid [Van de Beek 2002b: 115]).
48. Van de Beek 2002a: 274.

여기서 판 드 베이크는 그리스도의 나눔의 더 깊은 차원을 보여준다. 그리스도는 인간의 감상적이고 피상적인 외로움을 나눈 것이 아니라 존재론적인 상실을 나눈다. 우리가 그리스도를 떠날 때에도 그리스도는 우리와 함께한다. 더 본질적으로, 그리스도는 자신을 잃어버리고 비실존이 되어버린 자들과 하나가 된다. 나눔의 더 깊은 차원이란, 우리가 우리 자신에 참여할 수 없고 다른 자들에게도 참여할 수 없을 때조차, 혹은 우리가 우리 삶을 다른 자들과 나눌 수 없다는 바로 그 이유로, 그리스도가 우리 삶의 본질적인 실재를 나누시며 우리와 함께하시는 차원이다. 그리스도는 우리와 존재론적으로 함께하기 때문에 나누는 유일한 자이시다. 아프리카와 아시아의 끔찍한 상황을 종종 인용하는 데서 볼 수 있듯이,[49] 판 드 베이크는 인간 고난의 실존적 상황에 깊은 주의를 기울이고 있음에도 불구하고, 나눔과 관련해서 그가 강조하는 것은 인간의 표면적인 문제라기보다 본질적인 차원의 문제다. 인간의 죄와 발전 가능성에 대한 그의 생각에 이르면 이것은 더 두드러진다. "(아타나시우스 시대로부터 지금까지) 1600년 동안 인간이 근본적으로 변화했다는 환상에 나는 동조하지 않는다."[50] 이런 이유로 판 드 베이크는 인간의 본질적인 한계에 기초하여 진보의 신학에 대해서 비판적이다.[51] 인간이 존재론적으로 한계가 있듯이, 그리스도에 의해 나누어지는 것은 인간의 피상적인 실재보다 더한 그 무엇이다. 이제 나

---

49. Van de Beek 2002a: 219-220, 234, 241.
50. Van de Beek 2002a: 244.
51. "이상적 기독론을 고수하는 신학자들은 안셀무스가 그의 대화 상대자 보소에게 던졌던 동일한 개념을 결여하고 있다. '너는 죄의 무게를 아직 깨닫지 못하고 있다.' 죄는 우리가 생각하는 것보다 더 심각할 뿐만 아니라 극복할 수 없는 것이다(onoverkomelijker)"(Van de Beek 2002a: 234, 1998a: 217).

눔의 세 번째 요인이 중요하게 된다. 죽음을 통한 "그리스도의 인간 나눔"은 진정으로 어떤 의미인가? 판 드 베이크의 나눔 개념이 인간의 존재론적인 면을 파고든다는 것을 이해한다면, 나눔과 짊어짐의 관계가 훨씬 더 중요해진다는 것을 깨닫게 된다.

7.3. 그리스도, 인간을 자신과 나눔으로써 짊어지다: 비위격-내위격

질문이 제기되는 곳도 나눔과 짊어짐, 이 두 개념에서다. (1) 만약 그리스도가 인간을 넘어서는 주님으로 인간을 짊어진다면, 어떻게 그리스도는 우리와 함께할 수 있는가? (2) 만약 그리스도가 존재론적인 차원에서 인간과 나눈다면, 그 나눔은 결국 짊어짐과 동일한 것이 아닌가? 나눔으로써 짊어졌다는 사상의 진정한 의미는 무엇인가? 나눔의 차원은 인간과 하나님의 본질적인 간격을 메울 수 없는 것으로 보인다. 하나님은 주체요 주는 자이며, 인간은 객체요 받는 자다. 그렇다면 하나님은 어떻게 인간을 나눌 수 있는가? 주님으로 인간을 넘어서서 인간을 짊어지는 그리스도와, "인간 안에" 있는 존재로 인간을 나누는 그리스도 사이에 화해가 있을 수 있는가? 혹은 이것은 그리스도의 신성이 인간을 짊어지고, 그의 인성이 인간과 나눈다는 아주 단순한 주장에 불과한가?

판 드 베이크는 나눔과 짊어짐을 일단 동일시하는 것으로 보인다.

예수는 무기력한 상황 속에 계신다. 그는 모든 것을 바꾸기 위해서가 아니라 나누기(delen) 위해서 존재한다. 예수는 희망 없이 존재하는 자들, 어떤 환상도 가지지 못한 자들을 위해서 존재한다. 그리스도는 핍박받고 탄압당하는 나의 삶을 짊어지기(dragen) 위해서 나와 함께 있다. 그리스도는 나의 슬픔과 외로움을 나눈다(deelt).···그리스도는 내 안에서 내가 느끼는 분노를 짊어지고 (draagt) 나의 우울함과 공격성을 짊어진다(draagt).[52]

여기서 분노, 우울함, 공격성과 같이 그리스도가 짊어지시는 것은 힘이 없는 것, 슬픔, 외로움 같이 그리스도가 나누는 것과 본질적으로 다르지 않다. 만약 그렇다면 우리는 어떤 의미에서 판 드 베이크가 두 개의 서로 다른 용어를 사용하고 있는지를 더 조사해보아야 한다. 나눔과 짊어짐은 서로 구분되는 그리스도의 일인가?

판 드 베이크는 칼케돈으로 돌아가는 서양의 전통을 비판하면서, 그리스도가 "진정한 인간"(waarachtig mens)이라기보다 "진정으로 인간"(de ware mens)이라고 주장한다.[53] 그는 "만약 그리스도가 진정한 인간이라면 세상은 그리스도의 모범을 좇아서 변화되어야만 한다"라고 주장한다.[54] 그런 후에 판 드 베이크는 그의 논지를 다음과 같이 나눔의 측면과 연관시킨다.

다른 한편으로 만약 그리스도가 진정으로 인간이라면 하나님은 우리 인간의 실존, 곧 깨어지고 무가치한 그대로 나누신다. 그렇다면 그리스도는 선한 목적을 정반대로 끊임없이 퇴락시켜버리는 인간 실존을 나눈다. 그렇다면 그리스도는 어제보다 오늘이 더 낫지 않은 이 세상에서 살아가는 사람들의 삶을 나누

---

52. Van de Beek 2002a: 272, 1998: 251-252.
53. Van de Beek 2002a: 244, 1998: 226.
54. Van de Beek 2002a: 244.

는 것이다. 진보란 죽음의 수단에 있어서 진보하는 것에 불과한 세상…그리고 성자가 온 것은 세상을 개선하기 위해서가 아니었다.…다행히 그리스도는 세상을 짊어지기 위해서 왔다.[55]

"진정한 인간"으로서 그리스도와 "진정으로 인간"이신 그리스도 사이의 신학적인 복잡함은 나눔과 짊어짐 사이의 차이를 파악하는 것을 더 어렵게 만든다. 여기서 판 드 베이크의 나눔이란 십자가에서 절정을 이룬 그리스도의 성육신의 확실성과 연관되는 것 같다. 그러나 어떤 방법으로 짊어짐이 나눔과 다른지는 분명하지 않다. 그러므로 우리는 판 드 베이크가 "진정한 인간"과 "진정으로 인간"을 어떻게 구분하는지를 더 살펴볼 필요가 있다.

판 드 베이크의 나눔과 짊어짐 개념은 그리스도의 인성에 관한 전문적인 신학 용어인 "비위격"(anhypostasis)과 "내위격"(enhypostasis)에 대한 그의 이해 속에 스며들어 있다. 그리스도의 인간 본성은 로고스의 성육신과 별도로 존재하는 것으로 간주되지 말아야 한다. 예수의 인간 본성은 그 자체로는 "위격이 아니라"(anhypostasis) 로고스의 "위격 안에서"(enhypostasis) 위격이 된다.[56] 기독론적인 체계에서 교부들이 이 개념을 사용하여 칼케돈 공식인 **한 위격과 두 본성**을 방어하려 했던 것이 분명해 보일지라도, 여러 신학자 사이에는 서로 다른 뉘앙스의 차이가 있다.[57] 더욱이 그리스어

---

55. Van de Beek 2002a: 244.
56. Van de Beek 2002a: 303-304.
57. Van de Beek 1980: 15.

를 라틴어로 번역하게 되면 그 강조점이 수정되는 결과를 초래한다.[58] 이 것은 대단히 논쟁적인 사상인데, 이 두 용어가 가장 어려운 신학적인 논쟁 중 하나인 그리스도의 본성과 위격에 대한 논쟁으로 기독교 역사에서 발 전되어왔기 때문만이 아니라,[59] 이 용어들 자체가 비판적인 논쟁을 불러일 으킬 만한 특징을 갖고 있기 때문이기도 하다.[60] 그러나 이 용어들을 사용

---

58. Van de Beek 1980: 15.

59. Van de Beek 1980: 29-30.

60. 비위격(anhypostasis)이라는 용어는 그리스도의 인성이 진짜가 아니라는 주장으로 쉽 게 잘못 해석될 수 있다는 것을 주목해야 한다. 이런 문제와 연관 지어서 판 드 베이크는 anhypostasis의 긍정적인 함의에 대해서 5가지로 요약한다. (1) 구원의 주도권은 하나님께 있다(dat het initiatief van de verlossing aan Gods kant ligt). (2) 예수는 하나님으로서 이 미 존재했지만 성육신하기 전에는 인간으로 존재하지 않았다(dat Jezus als God er reeds was voor de inkarnatie, en als mens niet). (3) 그의 거룩한 보내심 받음을 빼놓고 예수 를 논하는 것은 무의미하다(dat het zinloos is over Jezus te spreken, afgezien van zijn goddelijke zending). (4) 예수는 이 땅에서 삶을 시작할 때부터 하나님과 하나다(dat Jezus als mens vanaf het eerste begin van zijn leven op aarde een was met God). (5) 예수 가 두 명의 위격으로 분리될 수 있는 가능성은 없다(dat het onmogelijke is Jezus op te splitsen in twee personen)(Van de Beek 1980: 213). 계속해서 판 드 베이크는 이것은 다 음과 같이 4가지로 오해될 수 있다고 정리한다. (1) 그리스도의 인성의 진실성이 손상될 수 있다(afbreuk gedaan wordt aan het volledig menzijn van Jezus). (2) 성육신 이후에도 그리스도가 한 인간이라는 것이 부인될 수 있다(ontkend word, dat Jezus na de incarnatie een menselijk persoon is). (3) 하나님과 인간이 서로 대항해서 역할을 수행할 수도 있기에, 하나님이 행동하면 인간은 행동하지 않을 수도 있다(God en mens tegen elkaar worden uitgespeeld, zodat waar de een handelt, de ander niet kan handelen). (4) 그리스도 없 는 그의 인성은 더 이상 인간이 아니라고 주장될 수 있다(gezegd wil worden, dat de mens zonder Christus geen persoon is)(Van de Beek 1980: 213).

　 내위격(enhypostasis)이라는 용어도 특히 그리스어 접두어 en에 관해서, 그 의미와 용법 을 두고 논쟁이 있었다. 어떤 이들은 그리스어의 접두어 an이 반대를 의미하는 용법과는 무 관한 것으로 이해해서 en에 특별한 의미를 부여하지 않고 내위격(enhypostasis)을 그냥 위 격(hypostasis)이라는 의미이거나 "구체적인 실존을 가지는 것"이라는 의미로 해석하는 반면, 판 드 베이크를 포함해서 다른 이들은 전통적인 해석법을 따르면서 위격이 장소화하는 것, 곧

하는 신학적인 함의와 의도가 용어 그 자체보다 더 중요하다는 사실은 아무리 강조해도 지나치지 않다.[61] 따라서 판 드 베이크는 이 용어들을 정확하게 해석하기 위해서 많은 정성을 기울인다.[62] 그러나 나의 관심은 이 용어들의 신학적이고 역사적인 발전을 설명하는 것이라기보다, 이것들이 판 드 베이크의 십자가 신학에 끼친 영향을 밝히는 것이다. 이런 점에서 다음과 같은 몇 가지 점을 설명하고자 한다. 첫째, anhypostasis의 개념을 통해서, 판 드 베이크는 인간을 위한 십자가의 짊어짐의 측면을 더 강화시키

"존재 안으로"의 의미로 해석한다(Shults 1996, Lang 1998, Gockel 2000).

61. "그것은 용어에 관한 것이 아니라 전적으로 사상에 관한 것이다"(Het gaat om de gedachte, niet om het woord[Van de Beek 1980: 17]). 슐츠(F. LeRon Shults)도 비슷한 관심을 다루는데, "예수의 인간 본성은 그리스도의 한 위격에서 로고스와 연합되지 않는다면 존재하지 않는다"라는 주장과 "anhypostasis와 enhypostasis는 그리스도의 인성에 관한 이런 사실들을 설명하는 좋은 용어다"라는 주장을 구별하고, 두 번째 진술에 동의하지 않는 것이, 첫 번째 진술 속에 설명되어서 역사 속에서 두 용어가 전달해온 것들을 부정하는 것은 아니라고 결론짓는다(Shults 1996: 446). 그러므로 이 두 용어가 적절한 기독론적인 함의를 가지고 있는가 아닌가 하는 문제는 그 용어들이 펼치고자 의도하는 것과 동일하지 않다.

62. "예수의 인성은 비어 있는 것이 아니라 구체적으로 존재하지만 오직 하나님과의 관계 속에서만 존재한다. 이 관계 안에서 인성은 위격 없음(personless)이 아니라 인간으로서 위격적이다. 그렇다면 인성은 그 자체로 존재하는 것이 아니라 말씀이 육을 취하자마자, 두 본성, 인간 본성만 아니라 신의 본성을 구체적으로 존재하게 하는 하나의 위격이 존재한다. 예수의 위격 안에서 인성은 단순히 비위격(anhypostasis)이 아니라 위격이 되는(enhypostasis) 것이다. 말씀에 취해져서 인성은 구체적으로 존재한다. 예수는 진실로 인간이다"(Het menszijn van Jezus is geen leegheid, maar konkreet aanwezig zijn, maar dan alleen in relatie met God. Binnen die relatie is het echter niet persoon-loos, maar menselijk persoonlijk. Het menszijn mag dan niet op zichzelf bestaan, maar zodra het Woord het vlees heeft aangenomen is er een hypostase, die de beide naturen konkreet tegenwoordig stelt, niet slechts de goddelijke, maar ook de menselijke. Binnen de persoon van Jezus is de mensheid niet meer anhypostatisch, maar enhypostatisch; opgenomen in het woord is zij konkreet aanwezig. Hij is waarlijk mens[Van de Beek 1980: 187]).

고 있다. 그리스도의 인성이 그 자체로는 하나님의 인격(위격)이 아니기 때문에, 로고스라는 위격—인격이라는 총체성을 가진 인간—이 우리와 우리의 구원을 위해서 이 세상에 왔다. "문제의 핵심은 나사렛의 개인 예수의 완성된 삶이 아니라 그가 인간을 짊어짐으로써 모든 인류를 구원했다는 것이다."[63] 그리스도의 인성이 위격을 갖지 못한다는 견해와, 그리스도가 우리와 우리의 구원을 위해 존재한다는 견해 사이에는 일정한 간격이 있어 보인다. 그러나 이 두 견해는 그리스도와 인간의 본질적인 차이에 대한 이해로 메워진다. 우리는 우리 자신을 위해서 존재하지만 그리스도는 자신을 위해서 존재하지 않는다.[64] 성자를 보내는 것은 하나님 그 자신을 위한 것이 아니라 우리 때문이고, 성부와 성자의 연합은 "동일본질"(homo-ousios)에서 표현되었듯이 *anhypostasis*라는 단어로 표현되었다.[65] 따라서 그리스도는 그의 인성의 *anhypostasis* 때문에 그 자신을 위해서가 아니

---

63. Van de Beek 2002a: 47.
64. "인간은 하나님을 영화롭게 하는 데서 그들의 존재 의미를 가진다. 그들은 이웃을 섬기면서도 존재 의미를 가진다. 그러나 인간은 자신 속에서 존재 의미를 가지기도 한다. 각 인간은 하나님이나 다른 자들이 아니라 바로 그 자신을 위해서 존재한다. 이것이 예수와 다른 점이다. 예수는 오직 하나님과 다른 이를 위해서만 존재한다. 그 안에서 하나님은 인간을 위한 그분의 은총이 넘치는 사랑을 드러낸다.…이 땅에서 그리스도의 위격은 인간을 위한 구원의 사랑을 드러내는 것일 뿐이며 그것을 위격적으로(인성과 신성이 결합된 그 자신의 인격 속에서) 존재하도록 하는 것이다"(Mensen hebben de zin van hun bestaan in de verheerlijking van God. Zij hebben die ook in de dienst aan de naaste. Maar mensen hebben de zin van hun bestaan ook in zichzelf. Ieder mens is er ook voor zichzelf, en niet slechts voor God en de anderen. Bij Jezus ligt dit anders. Hij is er alleen voor God en de anderen. In hem wordt God openbaar in zijn genadevolle liefde aan de mensen.... De persoon van Christus op aarde is er dus slechts om de reddende liefde van God voor mensen te openbaren en persoonlijk aanwezig te stellen[Van de Beek 1980: 208-209]).
65. Van de Beek 2002a: 127.

라 우리를 위해서 존재한다.

둘째, 비위격 측면은 그리스도가 인간의 모범이 되는 가능성을 차단하는 데 중요한 역할을 한다. 그리스도의 인성은 그 자체로서 인간이 아니기 때문에 그는 우리가 따라야 할 잠재적인 목표가 아니다. 그리스도는 한 명의 진정한 인간이 아니라, 진정으로 인간이다. 판 드 베이크는 이렇게 쓴다.

마찬가지로 그는 다른 모든 사람과 나란히 서 있는 한 명의 인간이 아니라 (*anhypostasis*), 그 인간 안에 나를 위한 인성을 가진다. 예수 그리스도는 아버지와 동일본성을 가지듯이 나와 동일한 본성에 속한다. 유사본질(*homo ioousios*)이라는 용어는 두 경우 모두 만족스러운 용어가 결코 아니다. 왜냐하면 (만약 유사본질이라면) 예수는 내 삶을 짊어지는 것이 아니라 내 곁에 있는 누군가가 될 것이고 기껏해야 내 형제 정도가 될 것이기 때문이다. 만일 우리가 "한 인간처럼"(*homoios*)이라고만 말한다면, 우리는 "나는 예수처럼 되기 원한다"라는 도덕주의를 벗어나지 못할 것이다.[66]

우리는 여기서 3가지 주장을 발견하게 된다. (1) 그리스도는 다른 모든 인간과 나란히 존재하는 그런 또 한 명의 인간이 아니다. (2) 그리스도는 나와 동일한 본질에 속한다. (3) 그리스도는 한 명의 모범이 아니다. 그리스도의 인성의 위격 됨(enhypostatic)의 측면이 아니고는 (1)과 (2)를 조화시키기는 어려울 것이다. 왜냐하면 어느 인간도 구체적이고 유한한 실존을 가지지 않은 채 존재하지 않기 때문이다. 만약 그리스도가 나와 동일한 본

---

66. Van de Beek 2002a: 48.

질에 속한다면, 그리스도는 한 명의 인간이어야 한다. 그러나 (1)의 주장은 (3)의 주장과 잘 부합된다. 그리스도는 한 명의 인간이 아니다. 따라서 하나의 모범이 될 수 없다. 판 드 베이크는 도덕적 모범론에 대한 반대를 설명하는 데에다 *anhypostasis*에 대한 해석을 잘 연결시키고 있다.

셋째, "내위격"(*enhypostasis*)은 그리스도의 인성을 구체화하는[67] 동시에 "비위격"(*anhypostasis*)과 결합해서 인간과 그리스도의 존재론적 나눔을 가능케 한다. 그리스도는 비위격적으로는(anhypostatically) 내 곁에 실존적으로 서 있는 나의 형제가 아니지만, 위격 됨으로는(enhypostatically) 나와 본성을 나누는 바로 나 자신이다. 그리스도의 인성은 진짜 인성으로서 그리스도의 위격 속에서 존재하지만, 그리스도는 우리 외부에서 우리의 비참함을 짊어지고 서 있는 한 인간이 아니라 말씀의 인격 속에서(*enhypostasis*) 나타나는 인성으로서 바로 우리 자신이다.[68] 한 번 더, 실재론이 그리스도 인성의 위격 됨을 이해하는 데 결정적이다. 그리스도는 저주 그 자체를 짊어지듯이 인간 그 자체를 나눈다. "그는 저주받은 자가 된 것이 아니라 저주 그 자체가 되었다."[69] 그리스도는 진정한 한 인간이 아니라 진실로 인간이었기 때문에, 하나님은 우리의 깨어지고 가치 없는 실존을 그 자체로 나누신다.[70]

결론적으로, *anhypostasis-enhypostasis* 공식을 해석하는 데 있어 판

---

67. "이 위격 속에서(*enhypostasis*) 인성은 그 인격을 가진다. 그는 구체적으로 하나님이듯이 구체적으로 인간이다"(In ['en'] deze persoon heeft het menszijn zijn hypostase. Hij is konkreet mens, zoals hij konkreet God is[Van de Beek 1980: 209]).

68. Van de Beek 1980: 209.

69. Van de Beek 2002a: 167.

70. Van de Beek 2002a: 244.

드 베이크에게 중요한 것은 하나님과 인간 사이에 거리가 존재하지 않는다는 것이다. 그리스도는 우리 안에서 우리를 위해서 존재한다. 판 드 베이크는 초상(우상) 숭배를 비판하면서 이렇게 언급한다.

> 초상/형상은 거기에 존재하는 그리스도를 강조한다. 그리스도는 우리의 곁에, 우리를 위해서, 우리를 건너서 존재한다. 그러나 그리스도가 우리의 객체가 아니라 우리를 짊어진다는 기독론의 더 깊은 강조점이 간과된다. 초상 숭배와 비위격적 기독론은 결코 함께 갈 수 없다. 그리스도는 우리의 형제도, 매형도, 우리 아이콘도 아니다. 그리스도는 우리다. 바로 우리 자신이다.…진정한 하나님은 묘사될 수 없다. 하나님의 신비는 인간의 몸을 지닌 하나님의 역설이다. 그것은 결코 하나의 개인이 아니라 우리 한가운데 존재하는 하나님의 인격 속에 있는 인간 그 자체다.[71]

판 드 베이크의 십자가 사상의 핵심은, 그리스도가 인간을 짊어지고 동시에 그리스도의 대신이 인간 외부로부터 배타적인 것이 아니라, 인간을 포함하는 내포적인 것이라는 데 있다. 그리스도는 먼 곳에서 우리에게 구원을 던져주심으로가 아니라 로고스의 인격 속에서 바로 우리이심으로써 우리를 짊어지신다. 따라서 그리스도는 인간과 나누어 가짐으로써 인간을 짊어진다. 이 모든 논의가 그리스도의 위격적 연합(unio personalis)으로 떠받쳐진다는 것을 주목할 필요가 있다. 그는 하나님과 인간으로서 한 존재

---

71. Van de Beek 2002a: 96-97.

다.[72] 그리스도의 위격 속에, 그리스도의 신성과 인성이 진정한 실체이며 따라서 하나님과 인간이 연합되었다.[73] 그리스도는 한 분이며 동일한 분으로 인간 안에서 인간을 위해서 존재한다.[74] 그리스도의 나눔과 젊어짐의 최우선적인 초점은 *anhypostasis-enhypostasis*의 공식이 관계하는 그리스도의 인성에 관한 것이 아니라 그리스도의 위격에 놓여 있다. 그럼에도 *anhypostasis-enhypostasis*의 공식으로 표현된 그리스도의 인성과 로고스의 뗄 수 없는 관계가 나눔과 젊어짐의 관계를 분리 불가능한 관계로 만든다는 점에서, 그리스도의 인성에 대한 판 드 베이크의 이해는 그의 십자가 사상에 지대한 영향을 끼쳤다고 이해할 수 있다.

요약하면, 판 드 베이크는 그리스도의 인간 나눔에서 인간 실존을 배제하려는 의도가 없다. 그와는 반대로, 인간 고난의 참혹한 실재가 구체적인 사례와 함께 그의 저작에서 반복적으로 언급되고 있다. 그의 신학은 아프리카와 아시아의 실제적 상황에 민감하다. 그러나 판 드 베이크에 있어서, 그리스도의 인간 나눔의 더 깊은 의미는 *anhypostasis-enhypostasis* 공식에 영향을 받아 실존적이라기보다 존재론적이다. 그리스도는 우리 옆에 서서 인간을 자신의 형제로 나눈 것이 아니라 바로 우리로서 인간을 나눈다. 그리스도의 존재론적인 인간 나눔은 비위격적인(anhypostatic) 면 때문에 실존적 나눔보다 존재론적 젊어짐에 더 잘 어울린다. 한편으로 판 드 베이크의 나눔의 놀라운 가치―인간의 고난을 그리스도께서 함께 나눌 때 인간의 존재론적인 내포를 보여주는―는 높이 평가되어야 한다. 그리스도

---

72. Van de Beek 2002a: 48.
73. Van de Beek 1980: 209.
74. Van de Beek 1980: 209.

가 인간으로 인간을 짊어질 때 인간은 배제되는 것이 아니라 내포된다. 왜냐하면 그리스도는 존재론적으로 인간을 나누기 때문이다. 다른 한편으로 어떻게 그리스도의 존재론적 나눔이 "바로 지금 여기서, 각 개인의" 고난과 한계와 연관성을 가지는지에 대해서는 의문을 제기할 수 있다.

7.4. 함께 죽음으로 살아 있는 관계

판 드 베이크의 십자가 이해가 *anhypostasis-enhypostasis* 공식과 긴밀히 연결되어 있다는 사실은 나눔과 짊어짐이 얼마나 깊이 연결된 관계인가를 잘 드러낸다. 이 뗄 수 없는 관계가 나눔과 짊어짐의 두 측면에 영향을 끼친다. (1) 나눔으로 실재화되는 짊어짐의 측면은 십자가의 대신 사상이 하나님과 인간의 살아 있는 관계로 나아가도록 만든다. (2) 나눔의 측면은 시공을 넘어서는 존재론적으로 진정한 나눔이지만, 동시에 실존적으로 인간의 지금, 여기, 각 개인에게 어떻게 영향을 끼치는지에 대해서는 의문이 제기된다. 이번 단락에서는 나눔과 짊어짐의 뗄 수 없는 관계가 짊어짐에 어떤 영향을 끼치는가를 먼저 살펴본 후, 나눔은 어떻게 다른 방향으로 영향을 끼치는가를 탐구해볼 것이다. 판 드 베이크의 십자가 사상에서 나눔과 짊어짐의 두 측면은 하나님과 인간의 관계를 조명해줄 것이다.

첫째, 나눔과 짊어짐의 분리될 수 없는 관계는 짊어짐에 영향을 끼친다. 그리스도가 인간을 나누기 때문에 그리스도의 짊어짐은 진실로 살아 있다. 중요하게도, 이것은 지나치게 기계적이고 비인격적이라는 비판을 받아온 전통적인 대신론의 의미에 새로운 가치를 부여한다. 사실 판 드 베이크는 자신의 십자가 이해가 전통적인 십자가 이해와 다르다는 것을 지적하고 있다. 아타나시우스(Athanasius)와 히폴리투스(Hyppolytus)의 차이점을 상술하면서 그는 이렇게 진술한다.

> 마침내 로고스는 육신이 되었다. 그 점에서 아타나시우스는 하나님이 인간을 치료하기 위해서가 아니라(그 점은 이미 가망 없다고 입증되었다) 인간 자체를 짊어지기 위해서 오셨다고 진술한다. 하나님 자신이 구원에 참여하셨다. 이에 맞서 히폴리투스는 하나님이 육신으로 오셔서 그 자신이 우리에게 의로움을 나타낼 수 있었다고 진술한다. 하나님은 우리 모두가 다 볼 수 있도록 자신을 드러내셨고, 이제 우리는 같은 방법으로 따라갈 수 있다.[75]

그리스도는 이 세상을 치료하기 위해서가 아니라 세상과 나눔으로써 짊어지기 위해서 오셨다. 여기서 인간은 그리스도에게서 떨어져 있고 분리된 객체 따라서 그리스도의 능력으로 변화되어야 하는 존재가 아니라, 그리스도 안에 포함되어 있고 그리스도에 의해서 나누어지는 존재로 이해되고 있다. 판 드 베이크의 십자가론은, 우리가 할 수 없는 것을 그리스도께서 우리를 대신해서 하신다는 사상, 곧 대신론에 있어서는 가장 강력한 유형의 대신론이다. 그럼에도 짊어짐에 대한 그의 견해로 인해서 그의 대신론은, 그리스도의 대신의 결과로 인간의 비참함을 다 말소시켜버리는 그런 유형의 대신론이 아니다. 오히려 그리스도가 인간 속에서 그 비참함을 짊어진다는 사상에 가깝다. 이것은 바로 그리스도의 짊어짐이 나눔으로 실현되기 때문이다. 하나님이 인간에게 바로 이렇게 참여함으로써 하

---

75. Van de Beek 2002a: 86.

나님과 인간의 관계는 살아 있는 관계가 된다. 예수는 죽음 속에서 항상 살아 있는 그 위격으로 우리와 함께하므로 그는 진정한 관계를 만들며 우리를 위해서 살아 있는 실재다.[76] 그리스도가 십자가에서 인간을 나누고 짊어질 때, 하나님과 우리의 관계는 그리스도 안에서 살아 있는 관계가 된다. "죄를 무른다는 것은 세상의 죄 때문에 하나님과 인간이 함께 죽는다는 의미다."[77] 어떤 관계도 함께 죽는 것보다 더 철저히, 더 절대적으로 생생한 관계일 수 없다. 십자가 위에서 우리의 모든 비참함과 한계가 포함되었을 때, 그리스도는 우리를 자기 자신에게로 연합시킨다. 죽음으로 그리스도는 그 자신과 우리를 서로 진정으로 살아 있게 만든다.

둘째, 십자가의 나눔과 짊어짐의 분리할 수 없는 관계는 나눔의 측면에도 영향을 미친다. 만약 그리스도가 인간을 그 자체로 나눈다면, 그리스도의 인간 나눔이 그리스도의 실존적인 실재로 확장되는지 아닌지 하는 질문이 제기될 수 있다. 이 질문은 인간에 대한 이해와 깊이 연관된다. 인간의 문제에 대한 판 드 베이크의 이해는 다음과 같이 윤리적이라기보다는 존재론적이다.

우리 상실의 본질은 우리가 이것 혹은 저것을 잘못했다는 것을 의미하지 않는다. 우리는 바로 우리 존재의 한가운데서 방향을 상실했다. 우리의 가장 큰 문제는 우리가 죄를 짓는다는 데 있지 않다. 만약 그렇다면 우리는 더 큰 죄와 더 작은 죄를 구분할 수 있을 것이다. 양적으로는 인간 죄성의 차이를 구분할 수

---

76. Van de Beek 2002a: 196.
77. Van de Beek 2002a: 169.

있다. 그러난 질적으로는 차이가 없다. 우리 모두는 죄인이고 하나님의 영광에 이르지 못한다. 우리의 가장 큰 문제는 우리가 **죄인이라는** 사실이다. 인간 존재는 왜곡되었다. 하나님이 참여하시기를 원하시는 것은 바로 이 인간 존재이다. 하나님은 우리 속박에 참여하시어 그분 자신의 집행을 허락하신다.[78]

우리가 질적인 문제를 가지고 있으며 우리의 존재 그 자체가 왜곡되어 있듯이, 하나님은 그리스도 안에서 바로 이런 인간에 참여하시고 그 질적인 문제를 우리와 나누신다. 그리스도의 나눔은 내인격적(enhypostatic)인 동시에 비인격적(anhypostatic)이다. 그리스도는 인간과 나누고 짊어짐에 있어서 내 곁에 서 있는 나의 형제가 아니라 나 자신이다. 결과적으로, 판 드 베이크에게 그리스도의 나눔은 인간의 존재론적인 차원 속에 보존되어 있는 것으로 판명되는 듯하다. 이것은 두 가지를 불러일으킨다. 긍정적으로는, 그리스도가 인간의 시공의 유한함을 넘어서서 우리와 함께 인간의 비참함을 나눈다는 것이 매우 중요하다. 그리스도는 우리 안에 있으면서 우리를 넘어선다. 그렇지 않다면 그리스도는 네덜란드인과 함께하기 위해서는 네덜란드인이 되어야 하고 한국인과 함께하기 위해서는 한국인이 되어야 할 것이다.[79] 이런 이유로 실재론은 치명적이다. 그리스도는 인간 각 개인과 나눈 것이 아니라 인간 그 자체와 나누신다. 그리스도는 그의 죽음으로 말미암아 **모든 자들**에게 **항상** 살아 있는 조상이다. 그러나 그리스도의 존재론적인 인간 나눔은 결코 추상적이거나 비실재적인 나눔이

---

78. Van de Beek 2002a: 35.
79. "구세주가 백인을 구원하기 위해 백인이 되고, 흑인을 구원하기 위해 흑인이 되어야 할 필요는 없다"(Van de Beek 2002a: 47).

아니다. 오히려 반대로, 판 드 베이크는 그리스도의 나눔의 실재성과 구체성을 두드러지게 강조한다.[80] 판 드 베이크는 그리스도의 인성의 개체성(individualiteit)을 포함한다.[81] 따라서 우리 곁에 서 있는 형제로서가 아니라 인간 그 자체로 나누심으로써 그리스도는 모든 곳에서 모든 자와 나눈다. 그러나 부정적으로는 이 모든 문제는 바로 인간에 관한 것이므로 그리스도의 나눔이 과연 온전한 것인지에 대한 의문이 제기된다. 본질적인 동시에 실존적인 인간성으로서의 그리스도의 인성이 평가되어야 한다. 구체적이고 유한한 시공에 얽매어 있는 각 개인의 우연적 실존이 없이는 인간을 결코 인간이라고 할 수 없을 것이다. 홀로코스트에서 인간을 나누신 그리스도의 나눔과, 21세기의 자기확신 속에 사는 인간과의 나눔이 동일한 가치를 가진다는 것은 받아들이기 힘들다. 존재론적 차원에서 그리스도는 인간과 나누는 동시에 짊어진다. 그러나 실존적인 차원에서 그리스도의 나눔의 진정한 의미가 무엇인지 의문이 제기된다.[82] 지금 여기서(*hic et nunc*) 하

---

80. "거의 모든 현대 서양 신학은 하나님이 순수 초월이라는 아리우스의 견해를 지지한다. 이것은 신학적인 언어에 관한 논쟁에서 가장 분명히 드러난다. 하나님에 대한 우리의 이야기는 '우리 위와 우리를 넘어섬'에 관한 것이고, 우리는 단지 비유적이고 상징적 언어만을 사용할 수 있을 뿐이다. 이와 반대로, 진정한 성육신은 하나님에 관한 우리 이야기가 실질적인 경험을 가리킬 수 있는 언어여야 한다고 요구한다. 복음의 언어는 우리 한가운데 있는 하나님과의 경험에 관한 언어다. 그것은 십자가에 달리신 하나님의 경험이다. 바로 이것이 아타나시우스와 아리우스의 차이다. 진정한 하나님이 참으로 인간이 되셨기 때문에 세상은 구원받는다"(Van de Beek 2002a: 110).
81. Van de Beek 2002a: 47, 1998a: 45.
82. 이 질문을 제기하는 것은 인간이 본질과 실존의 두 부분으로 나누어진다는 것을 주장하려는 의도가 결코 아니다. 반대로, 나는 무엇보다도 인간의 실존과 본질의 연속성에 주목한다. 여기서 나의 유일한 관심은, 판 드 베이크가 실재론과 *anhypostasis-enhypostasis* 공식에 의존하고 있기 때문에, 심지어 그가 시공간 안에서 구체적인 인간 고난의 실체에 대해서 대단히 민감함에도 불구하고, 그리스도의 인간 나눔의 존재론적인 차원에서 실존적인 차원으로 옮겨

나님과 인간의 살아 있는 관계를 위한 십자가의 연관성은 신학 일반에서 뿐만 아니라, 바로 십자가 신학에서 충분히 표현되어야만 한다. 십자가는 지금 여기서 그리스도인의 삶의 가장 구체적인 실존이기 때문이다.

7.5. 결론

판 드 베이크의 십자가 신학은 십자가의 "죽음"에 초점을 맞추고 있다. 우선적으로 십자가는 "죽음 이후"에 관한 것이 아니라 죽음 그 자체에 관한 것이다. 그리고 그리스도의 죽음이 그의 기독론의 골격을 이루고 있다. 예컨대 판 드 베이크의 기독론에서는 십자가와 부활 사이의 신학적인 판단 중지가 놀라울 정도로 명확하다. 죽음의 의미는 죽음 그 자체보다 덜 중요하다. 따라서 그는 죽음의 의미를 더 잘 해석하기 위해서 어떤 논리나 틀을 제공하고 있지 않다. 대신에 "함께 죽는다"라는 것이 판 드 베이크의 십자가론의 유일한 구체적 내용이다. 이런 이유로, 판 드 베이크의 십자가 이해는 두 가지 서로 다른 얼굴을 가지고 있다. 그의 십자가 이해는 순수한 반면에, 거기에는 십자가에 대한 신학적인 표현이 결여되어 있다. 비록 "나눔"과 "짊어짐"이 "왜 십자가가 필연적인가?"라는 문제보다 "십자가에서 무슨 일이 일어났는가?"라는 문제에 더 초점을 맞추고 있지만 그 용어 자체는 결코 "죽음"에 관한 용어가 아니다. 다시 말하자면 판 드 베이크의 십자가 신학은 죽음 그 자체에는 충실하지만, 그의 신학적인 표현은 "함께 죽는다"는 것을 제외하고는 "죽음"을 잘 표현하지 못했다.

가는 데 이론적인 어려움이 있을 수 있다는 것이다.

십자가는, 그리스도께서 인간을 위해서 인간과 함께 죽으시는 것이다. 판 드 베이크는 이런 점을 그의 나눔과 짊어짐으로 잘 펼쳐내고 있다. 그리스도는 인간과 그 비참함을 나눔으로써 인간을 짊어지신다. 우리를 위한(pro nobis) 그의 일은 우리 안에서(in nobis)의 그의 일 속에 놓여 있다. 그리스도는 나와 함께 나를 짊어진다. 나는 나의 죄조차 짊어질 수 없는 반면에 그리스도만이 나의 죄를 짊어진다는 의미에서, 판 드 베이크에게 십자가는 대신적이다. 십자가는 그리스도가 인간과 나눔으로써 인간을 짊어진다는 의미에서, 내포적 대신(inclusive substitution)이다. 십자가는 인간을 위한 그리스도의 일인데, 우리도 그 십자가에 포함되었다. 판 드 베이크의 십자가 사상에서 하나님과 인간의 놀라운 친밀함은 십자가의 대신론에 새로운 가치를 부여할 것이다. 그리스도는 우리 안에서 우리를 위해서 죽었다. 그리스도가 인간과 나누고 짊어짐으로써 하나님과 인간의 새로운 연합이 세워지게 되었다.

그러나 십자가의 나눔과 짊어짐의 뗄 수 없는 관계에 대해서 더 많은 질문이 제기되어야 한다. 우리가 죄인이고, 인간이 결코 존재론적 차원에서 개선될 수 없다는 것은 지극히 성경적이다. 그러나 인간이 결코 변화될 수 없다거나 치료될 수 없다는 것은 십자가의 마지막 이야기가 아니다. 또한 십자가는 함께 죽는다는 것을 넘어서서 생명을 예상한다. 함께 죽는다는 것은 십자가의 최종 줄거리가 아니다. 그리스도의 죽음은 죽음에 대한 죽음이므로 그것으로 생명을 불러온다. 이런 이유로 죽음의 또 다른 면이 십자가와 긴밀히 연관된다. 생명이 "이미"(already)든 혹은 "아직 아니"(not yet)든 간에 십자가는 그 자체로 생명의 씨앗이다. 더욱이, 인간의 실존적 차원에서 십자가가 삶에 끼치는 영향과 인간을 새롭게 하는 영향 등이 함께 고려되어야 한다. 우리가 되돌릴 수 없는 죄인들이고 따라서 우리가 그리스도를 따를 수 없다는 주장은, 그리스도가 모범이 아니라는 주장과 동일하지 않다. 십자가는 우리가 얼마만큼의 진보를 이룰 수 있는가 하는 우리의 능력에 관한 것이 아니라, 그리스도의 죽음이 존재론적 측면에서부터 우리의 실존적인 삶에 이르도록 얼마나 흘러넘치느냐 하는 문제이기 때문이다. 전자는 인간론이지만 후자는 기독론이기 때문에 이 둘은 서로 범주가 다르다. 영적이고 도덕적인 개선과 새롭게 됨은 성령의 사역으로써 올바르게 범주화되어왔다.[83] 그러나 십자가는 기독교 영성과 도덕의 가장 구체적인 내용이며, 그것으로부터 성령이 우리의 일상적인 삶에 흘러넘친다.

---

83. "여기서 주님은 우리에게 진짜로 오신다. 우리에게 말씀하고 살아 있는 관계로 영향을 끼치는 자는 바로 하나님의 영이시다"(Van de Beek 2002a: 196).

8장

칼뱅의 대속[1]

---

1. 칼뱅의 십자가 사상은 "칼뱅의 포괄적 십자가 사상의 가치와 한계"라는 제목으로 「신앙과 학문」 47 (June 2011): 255-284에 실렸던 내용이다. 그리스도의 십자가 죽음을 의미하는 대표적인 신학적인 용어로서 "속죄"는 광범위하게 사용되어왔다. 예를 들어 스탠리 그렌츠(Stanley J. Grenz)는 *Theology for the Community of God*(『조직신학: 하나님의 공동체를 위한 신학』, 크리스챤다이제스트 역간)에서 역동적인 의미, 객관적인 의미, 주관적인 의미, 형벌적 대속론을 함께 다루는 단락의 제목으로 atonement라는 용어를 사용하고 있는데(Grenz 1994: 339), 같은 책 한글 번역은 atonement를 "속죄"로 번역한다(Grenz 2003: 498). 영어 단어 atonement가 어원적으로 화해에 가까운 의미이고, 독일어 Versohnung이나 네덜란드어 verzoening도 영어로 reconciliation이나 atonement로 번역될 수 있어서 그것이 십자가 사상의 포괄적인 면을 다 드러낸다고 할 수는 없지만, 그러나 한국어 "속죄"보다는 그 범위가 넓은 개념이다. "속죄"(贖罪)란 죄에 따른 형벌을 무르기 위해서 그 대가를 지불하는 것을 의미하기 때문에 이 용어를 십자가 사상을 대표하는 용어로 사용하면, 십자가의 실재와 의미가 법정적인 의미로 축소될 위험이 있다. 그리스도의 십자가는 하나님께서 그리스도 안에서 인간의 죄와 죽음, 질병과 무지, 고난과 고통, 회복과 거룩함과 포괄적으로 관계하는 사건이기 때문에 속죄라는 용어로는 그 실재와 의미를 다 드러낼 수 없다. 십자가 앞에서 인간 언어의 한계가 드러나는 것은 지극히 당연한 일이겠지만, 적절한 언어를 찾는 일 또한 병행되어야 한다. "십자가 신학"은 루터의 십자가 중심적인 신학 사상을 의미하는 것으로 사용되는 것이 바람직하기 때문에, 이와 구별하기 위해서 나는 "십자가 사상"을 "그리스도 죽음의 실재와 의미"를 나타내는 포괄적인 표현으로 사용하고자 한다. 한편으로 이 용어는 "십자가"의 구체적인 의미 해석 이전에 위치해 있어서 포괄적 의미 해석에 대해 열려 있다는 장점을 가지고 있는 반면에, 십자가의 실재보다는 "사상"에 치우치고 있어서 또 다른 환원주의의 한계를 가진다.

8.1. 들어가며

일반적으로 형벌적 대속론(Penal Substitutionary Theory)은 칼뱅의 대표적인 십자가 사상으로 알려져 있다.[2] 형벌적 대속론과 관련하여 많은 비판이 제기되면서[3] 마치 칼뱅의 십자가 사상 전체가 심각한 오류를 범한 것처럼 평가되어왔지만, 사실 칼뱅의 십자가 사상은 형벌적 대속론보다 훨씬 더 포괄적(comprehensive)이다. 이 포괄성은 포괄적 연계성, 포괄적 종합성, 포괄적 균형으로 이해될 수 있다. 기독론 외적으로, 칼뱅의 십자가 사상은 신학의 여러 다른 분야와 긴밀하게 연관되어 있다는 점에서 포괄적이다. 기독론 내적으로, 칼뱅의 십자가 사상은 심판, 희생, 순종, 승리, 모범, 하나님의 사랑, 그리스도의 자발성 등의 여러 개념을 종합하면서 법률적·제의적·상업적·군사적·윤리적·하나님의 본성적인 면을 모두 포함하고 있다는 점에서 포괄적이다.[4] 또한 칼뱅의 십자가 사상은 객관적인 면과 주관적인 면, 대신(substitute)과 대표(representative)로서의 그리스도의 사역, 회고적(retrospective) 면과 전향적(prospective) 면 사이에 적절한 균형을 유지

---

2. Paul 1984: 142.

3. Holmes 2005: 106, 113.

4. "칼뱅의 십자가 사상이 그 틀 안에서도 대단히 포괄적이라는 것"은 여러 신학자가 주장해온 점이다. 칼뱅의 십자가 사상을 다룬 저서 가운데 가장 널리 알려진 폴 반 뷰렌(Paul van Buren)의 *Christ in Our Place*에서는 순종, 징벌, 대신, 희생, 충족 등의 개념을 칼뱅의 십자가 사상의 직접적인 내용으로 다루고 있다(Buren 1957: 34-80). 앙리 블로쉐(Henri Blocher)는 로버트 페터슨(Robert A. Peterson)의 여섯 개념, 곧 "둘째 아담으로서의 순종", "승리자", "법정적인 대리인", "희생", "공적", "모범"을 인용해서 칼뱅의 십자가 사상의 포괄성을 설명한 후에 칼뱅의 제의적인 개념을 다루는데, 그는 첫 문장에서 "칼뱅의 십자가 사상을 읽는 자는 누구든지 그의 종합적인 진술(synthetic statements)을 만나게 된다"라고 주장한다(Blocher 2004: 281-3).

하고 있다는 점에서 포괄적이다. 이 포괄성은 형벌적 대속론의 문제점을 더 넓은 시각에서 볼 수 있는 틀을 제공한다. 그러나 칼뱅의 십자가 사상은 몇 가지 중요한 점에서 결정적으로 동시성을 결여하고 있다. 따라서 첫째 단락에서는 칼뱅의 십자가 사상의 포괄성이 가지는 가치를 먼저 논한 후에 그 한계도 지적하고자 한다. 이렇게 함으로써 칼뱅의 십자가 사상의 포괄성이 보여주는 진정한 가치를 올바로 이해하지 못하고 그 한계만을 부각시키는 칼뱅 비판자들의 견해를 보완할 수 있으며, 반대로 종종 포괄성만을 강조함으로써 칼뱅의 십자가 사상을 비판하는 것이 부당하다고 주장하는 칼뱅 옹호자들의 한계도 극복할 수 있다.

둘째 단락에서는 칼뱅의 십자가 사상의 외적인 포괄성 곧 하나님을 아는 지식에서 십자가론이 어떻게 전개되는가를 먼저 다룰 것이고, 이어서 구원론, 교회론 등의 맥락에서 십자가론이 얼마나 포괄적인가를 살펴본 후에, 십자가 사상 내적으로도 칼뱅의 사상이 종합적이고 균형적임을 논의할 것이다. 셋째 단락에서는 칼뱅의 십자가 사상이 어떤 점에서 동시성을 결여하고 있는지를 살펴볼 것이다. 여기서는 역시 3가지 점을 다룰 것인데, 하나님의 속성의 동시성, 그리스도와 인간의 동시성, 그리스도의 두 본성의 동시성 등이 칼뱅의 십자가 사상에서 강조되고 있지 못한 점을 지적할 것이다. 마지막 결론 부분에서는 동시성과 십자가의 신비에 관해서 짧게나마 다룰 것이다.

8.2. 칼뱅의 포괄적인 십자가 사상

칼뱅은 다른 신학 사상을 이해하고 전개하는 데 있어서 십자가론을 아주 중요한 단초로 삼고 있다. 칼뱅의 『기독교 강요』[5]는 "하나님이 존재하는 가?"라는 존재론적인 물음보다 "하나님을 어떻게 알 수 있는가?"라는 인식론으로부터 출발하고 있으며, 그런 점에서 하나님을 아는 지식이 그의 신학의 출발점이라고도 할 수 있다. 그런데 칼뱅은 자신의 신학적 출발점인 하나님을 아는 지식에 있어서 그리스도의 십자가를 핵심적인 내용으로 삼고 있다. 『창세기 주석』의 서론인 논지(Argumentum)에서 칼뱅은, "모세가 세상의 창조를 담고 있는 창세기를 쓴 의도는 그의 저작 속에서 하나님을 우리에게 보이기 위해서다"라고 주장한 후, 하나님을 아는 지식을 그리스도의 십자가와 연관시키고 있다.

따라서 바울은 (고전 1:21에서) 다음과 같이 암시한다. 사람들은 보이는 것을 통해서 헛되이 하나님을 찾는다. 그러나 우리에게는 우리 자신을 즉시로 그리스도에게로 가게 하는 것을 제외하고서 어떤 것도 남아 있지 않다. 따라서 우리는 이 세상의 것으로부터 시작하는 것이 아니라 복음으로부터 시작해야(ab evnagelio faciendum est ecordium) 하는데, 이 복음은 오직 그리스도만을 그의 십자가와 함께(cum suae cruce) 우리에게 제시해주어서 우리로 하여금 그리스도에게 사로잡히게 한다(in eo nos detinet). (이런 바울의 해석에 대해서) 내가 대답한다. 복음의 가르침에 자신을 겸손히 낮추면서 모든 지적인 통찰을 십자가의 미련한 것에(crucis stultitiae) 복종시키는 것을 배운 자를 제외하고는, 누구든지 세상의 창조에 대해서 철학적으로 추론하는 것은 헛되다(바울이 고전 1:21에서 언급한 것처럼). 그리스도께서 우리를 자신의 학교에서 가르치기 전에

---

5. 1559년 판, 이하 『강요』로 표기.

는, 위에서나 아래에서나 우리를 하나님께로 올려줄 수 있는 것을 찾을 수 없다. 우리가 낮은 곳으로부터 올라와서 그리스도의 십자가라는 운송 수단(crucis eius vehiculo)을 타고 모든 하늘 위로 올라가지 않는 한 이것은 불가능할 것이다.…왜냐하면 그리스도는 하나님께서 (그 자신을) 우리에게 볼 수 있도록 드러내시는 이미지인데 그의 심장뿐만 아니라 그의 팔과 다리도 드러내신다. 그의 심장은 그리스도 안에서 우리를 안으시는 비밀스러운 사랑이고, 그의 팔과 다리는 우리 눈앞에 펼쳐 보이시는 그의 작품이다.[6]

창조주 하나님을 아는 지식은 이 세상의 보이는 것들이나 철학적 사변이 아니라 복음의 미련한 것, 십자가의 그리스도로부터 출발해야 한다. 그뿐 아니라 하나님이 자신을 낮추셔서 우리에게 찾아오신 것은 우리를 하나님께로 올리기 위한 것인데, 신비스러운 연합, 성찬, 구원과 같은 본질론적인 "올리워짐"만이 아니라, 인식론적으로도 우리를 올라가게 하는 운송 수단(vehiculum), 매개체가 바로 십자가라고 칼뱅은 주장한다. 이렇게 그리스도의 십자가는 하나님을 아는 지식으로 우리를 이끈다. 물론 칼뱅은 하나님을 아는 지식의 매개체 혹은 근거를 자연과 우주,[7] 피조물,[8] 소우주로

---

6. 『창세기 주석』, 창세기 논지, *CR* 51:10-11, 한글 번역은 영역본을 기준으로 하되, 정확한 번역을 위해서 *CR*의 라틴어, 불어 원문을 참조했다. 예를 들어 앞 인용문 가운데 "*in eo nos detinet*"의 영역은 "holds us to this one point"이지만 문맥상 "하나의 강조점에 우리가 붙잡힌 것"을 의미하는 것이 아니라 "그리스도에게 사로잡힌 것"을 의미하는 것으로 이해함이 더 좋기 때문에 이를 바로잡았다.

7. 『강요』 I.5.1-3, I.14.20.

8. 『강요』 I.14.21.

서의 인간 특히 어린아이,[9] 인간이 가지고 있는 신적인 속성 혹은 씨앗[10] 등에서 다양하게 찾는다. 하지만 이런 일반계시가 범신론이나[11] 다신론,[12] 인간의 자기 우상화[13]로 전개되지 않도록 그 한계를 분명하게 지적하고 있다. 왜냐하면 원래 우주라는 하나님의 영광의 극장이 인간에게 참 경건을 가르치는 학교이어야 하지만, 인간의 타락으로 우리는 그것을 통해 더 이상 유익을 얻을 수 없게 되었기 때문이다.[14] 따라서 하나님 자신만이 그분 자신에 대한 유일한 증거이신데(*quia Deus ipse solus est de se idoneus testis*),[15] 하나님은 자연 즉 무언의 교사들만이 아니라 성경 곧 그분 자신의 입을 열어 자기를 드러내시고[16] 또한 그분을 우리에게로 화해시키시는 중보자 그리스도를 통해서 우리에게 자신을 알려오신다.[17] 하나님 자신은 무한하시지만, 우리의 마음이 그 광대한 영광에 압도되지 않도록 무한한 아버지께서 아들 안에서 유한하게 되셨고, 그 자신이 우리의 작은 척도에 맞게 낮아지셨다(*patrem, qui immensus est, in filio esse finitum, quia se ad modulum nostrum accommodavit*).[18] 중보자 그리스도는 자신의 총체적인 모습과 사

---

9. 『강요』 I.5.3.
10. 『강요』 I.3.1,3, I.4.1.
11. 『강요』 I.5.5.
12. 『강요』 I.5.12.
13. 『강요』 I.5.12.
14. 『강요』 II.6.1.
15. 『강요』 I.11.1, *CR* 30: 74.
16. 『강요』 I.6.1.
17. 『강요』 I.2.1.
18. 『강요』 II.6.4, *CR* 30: 252. 이레나이우스를 인용했다고 칼뱅 스스로 밝히고 있는 현재의 인용문에서 이 개념은 인간 마음의 한계와 함께 그리스도의 성육신이 바로 하나님의 "낮추어 맞추심"이라는 존재론적 의미도 나타내고 있다. 칼뱅은 "낮추어 맞추심"(accommodation)의

7인의 십자가 사상

역을 통해서 하나님을 증거하시지만, 요한복음 8:21-30에서 알 수 있듯이 특별히 십자가로 들려짐으로써 그리스도 자신과 하나님에 대한 참 지식을 증거하신다. 따라서 칼뱅에 의하면, 비록 십자가를 선포하는 것이 우리의 인간적인 정서와 잘 맞지 않다 할지라도, 그러나 우리가 창조주 하나님께로 돌아가기를 원한다면 겸허히 십자가를 받아들여야 한다.[19]

칼뱅에게 그리스도의 십자가는 하나님을 알게 하는 참 지식으로 이끄는 "수단"일 뿐만 아니라 그분의 속성의 구체적인 "내용"이기도 하다. 십자가는 하나님의 선하심과 영광을 드러낸다. 그리스도의 십자가는 하나님의 측량할 수 없는 선하심이 전 세계에 드러나는 장엄한 극장이어서, 위로나 아래로나 모든 만물 가운데 십자가보다 더 분명하게 그분의 영광이 드러난 곳은 없다.[20] 하나님의 영광의 극장인 우주와 창조 세계는 인간의 부

개념을 라틴어 동사 *accommodare, attemperare, submittere*로 다양하게 표현한다. "칼뱅이 이 개념을 실제로 얼마나 넓고 깊게 자신의 신학에 적용하고 있는가"라는 문제는 칼뱅 전문가에 따라서 다양하게 설명된다. 칼뱅은 이 개념을 하나님께서 교육적이고 목회적인 목적을 위해서 자신의 능력과 뜻을 인간에게 맞추시는 것과 인간의 인식론적 한계로 인해서 인간에게 낮추어 오신 것을 의미하는 것으로 많이 사용한다. 이 개념 속에서 우리는 무한의 전능한 능력(*potentia absoluta*)과, 그 능력을 인간에게 맞추어서 사용하시는 하나님의 절제된 능력(*potentia ordinata*) 간의 조화를 발견할 수 있고 하나님의 의지의 개방성을 엿볼 수 있다(Balserak 2009: 376-377). 자흐만(Randall C. Zachman)은 이 개념을 소개하면서, 이 개념을 analogy(기호와 그 기호가 의미하는 것 사이에 유사함과 차이를 강조하는 것)와 anagogy(유한한 표시를 통해서 영적인 실체로 올라가는 것)와 관련해서 이해해야 한다고 주장한다(Zachman 2006: 209-210). 실제로 칼뱅이 accommodation 개념을 anagogy로 사용하고 있는가 하는 점은 논쟁의 여지가 있지만, 그의 주장을 이 책의 논지, 곧 "그리스도의 십자가가 하나님께로 우리를 올리는 운송 수단이다"라는 칼뱅의 사상과 결부시켜 이해할 수 있는 점은 흥미롭다.

19. 『강요』, II.6.1.
20. 『요한복음 주석』 13:31. 자흐만은 *John Calvin as Teacher, Pastor, and Theologian*의 마지막 장에서 칼뱅의 기독론 중심적인 사상이 "하나님의 살아 있는 형상"이라고 주장한다. 그의

패와 죄로 인해 그 역할이 치명적으로 훼손되었지만, 그리스도의 십자가가 바로 하나님의 영광을 가장 눈부시게 드러내는 극장이라는 칼뱅의 주장은 그의 십자가론을 더 포괄적인 배경에서 이해해야 하는 중요한 단초를 제공한다. 그렇다면 어떤 의미에서 그리스도의 십자가가 하나님의 속성인 그분의 영광을 나타내는가? 인간의 죄를 심판하시는 심판의 영광인가, 혹은 죄인을 사랑하시는 자비의 영광인가? 칼뱅은 그의 형벌적 대속론에서 하나님을, 자신의 진노를 아들의 죽음으로 달래는 십자가 사건의 제3자 혹은 대상으로 표현하고 있다. 그러나 다른 한편으로 칼뱅은 하나님의 계획과 섭리에 의한 그분의 사랑이 바로 십자가 사건의 주체라고 주장한다.『마태복음 주석』26:24에는 그리스도의 희생을 받는 수동적인 하나님과 그 모든 것을 미리 뜻하신 능동적인 하나님이 함께 잘 드러나 있다. 그리스도의 죽음은 결코 우연이 아니라 하나님의 섭리(*providentia*)와 영원한 하나님의 뜻(*aeternum Dei decretum*)에 따라서 일어난 일이며, 이 희생은 세상 죄를 무르고(*ad expianda*) 그분을 기쁘시게 하는데(*placuit*), 이는 우리가 변치 않는 원칙으로 삼아야 하는 것이다.[21] 여기서 우리는 형벌적 대속론의 대표적인 표현인 "무르다"(*expiare*), "달래다"(*placare*) 등이 하나님의 섭리(*providentia*)와 뜻(*decretum*)과 함께 등장하고 있음을 눈여겨 볼 수 있다. 칼뱅은 "십자가에서 하나님의 사랑이 표현된 것인가, 진노가 드러난 것인

주장은 기독론 전반에 걸쳐서—그리스도의 성육신, 십자가에서의 교환, 삼중직을 가진 메시아적 사역, 구원론, 성령 기독론—그리스도는 하나님의 형상을 드러낸다는 일반적인 내용에 그치고 있다. 그러나 위의 인용문에서 우리는 십자가가 바로 하나님을 아는 지식의 구체적인 내용일 뿐만 아니라, 그분의 형상을 넘어서서 하나님의 속성 가운데 하나인 그의 영광을 우주 앞에 펼쳐놓는 계시적인 실재라는 칼뱅의 심오한 주장을 발견할 수 있다.
21. *CR* 73: 702.

가?" 하는 문제를 『강요』에서 다룰 때에는 "낮추어 맞추심"(accommodation)의 인식론적인 면에 치중한 반면,[22] 주석에서는 본질론적인 면에 더 비중을 두고서 하나님의 사랑에 대해 언급한다. "성령은 우리가 그리스도의 죽으심에 있어서 하나님의 순전한 선하심(*meram Dei bonitatem*) 외에 다른 어떤 것(*nihil aliud*)도 보거나 맛보거나 생각하지 않기를 원하신다."[23] 성경은 하나님이 그리스도의 죽음을 통해서 우리와 화해하셨다고 흔히 표현하지만, 우리는 우리를 향한 신적 사랑의 원인(*divini erga nos amoris causam*)과 우리 구원의 토대(*materiam salutis nostrae*)를 그리스도에게서만 찾을 수 있기 때문에 하나님은 영원한 자비의 아버지이시다.[24]

그렇다면 진노의 하나님과 사랑의 하나님은 어떻게 조화될 수 있는가? 칼뱅은 하나님의 사랑과 진노는 서로 충돌하는 것이 아니라, 하나님과 인간의 지평이 다르듯이 그 지평이 다르다고 이해한다. 『고린도후서 주석』 5:19에서 칼뱅은 다음과 같이 진술한다. "우리는 창세전부터 하나님의 사랑을 받았는데, 하나님에 관한 한(*quantum ad Deum*) 그분의 사랑이 그 순서와 시간에서 먼저이고, 우리에 관한 한(*respectu nostri*) 사랑의 시작(*principium amoris*)이 그리스도의 희생에서 세워졌다."[25] 이렇게 하나님의 사랑의 시작점에 관해 하나님과 인간의 지평이 서로 다르기 때문에, 우리에 관한 한 바로 십자가가 하나님의 사랑의 시작이고, 죄가 있는 곳에는 하나님의 진노가 있으며 그리스도의 희생의 중재 없이는 우리 양심이

---

22. 『강요』 II.16.2.
23. 『빌립보서 주석』 2:9, *CR* 80: 28.
24. 『디도서 주석』 3:4, *CR* 80: 428.
25. *CR* 78: 71.

이 혜택을 "이해"하고 붙잡을 수 없게 된다(*Hoc beneficium quum nequeant apprehendere nostrae conscientiae, nisi intecedente Christi sacrificio*).[26] "우리의 양심이 인간의 죄와 그 죄에 대한 징벌을 분명히 이해하기 위해서"라는 칼뱅의 주장이 무엇을 의미하는지는 모호하다. 하지만 분명한 것은 칼뱅이, "죄와 하나님의 진노"라는 십자가 사상이 하나님의 속성과 충돌할 수 있는 단층적인 면에서 이해되어야 하는 것이 아니라 인간에게 어떤 유익이 있는가라는 점도 함께 고려되어야 한다는 것을 강조한다는 점이다. 따라서 칼뱅에게 있어서 십자가와 하나님의 속성의 관계는 다층적이다. 십자가는 "하나님의 속성 자체가 그리스도의 죽음으로 달래져야 하는 진노"를 드러내기보다는, "죄가 나타나면 하나님의 진노와 심판이 있다는 것을 우리가 이해해야 하는 것"을 통해서,[27] 우리에 관한 한 죄에 대한 심판이 반드시 발생하며 그 심판을 통해서 하나님이 우리를 그리스도 안에서 사랑하기 시작했다는 것을 나타낸다. 환언하면, 하나님에 관한 한은 그분의 사랑이 가장 우선적이지만, 우리에 관한 한 특히 우리의 이해와 혜택에 관한 한, 하나님의 "사랑은 심판 이후에 발생하는 것"이라고 해석할 수 있다. 십자가는 하나님의 영광과 사랑을 드러낸다. 칼뱅에게 있어서 그리스도의 십자가는 하나님을 아는 지식으로 인도하는 가장 중요한 길이자 핵심적인 내용 중 하나다.

둘째, 칼뱅의 십자가 사상의 외면적 포괄성은 그의 구원론과 교회론에서도 찾아볼 수 있다. 이 포괄성은 앞에서 언급한 종합성과 균형성을 함

---

26. *CR* 78: 72.
27. 『요한1서 주석』 4:10.

께 가지는데, 십자가에서 구원을 위한 모든 것이 이루어졌다는 의미에서 종합적이며 또한 이 종합적인 포괄성이 죄 용서 즉 "칭의"뿐만 아니라, 회개 즉 "성화"와 연관된다는 점에서 균형적이다. 먼저 『강요』 II.16.13에 의하면, 그리스도의 십자가의 죽음은 구원의 총체적 완성이다(*solidum salutis complementum*).[28] 물론 칼뱅은 로마서 4:25을 "그의 죽음으로 죄가 제거되고, 그의 부활을 통해서 의가 새롭게 되고 회복되었다"라고 해석하면서 그리스도의 죽음만이 아니라 그의 부활을 구원의 실체로 이해한다(*salutis materiam*).[29] 그러나 같은 단락에서 십자가가 우리를 구원하는 종합적 요소를 가지고 있다는 것을 먼저 언급한다. "…십자가를 통해서 우리는 하나님과 화해되고 그의 정의로운 심판이 충족되며 저주가 제거되고 징벌적 벌금이 완전히 치러진다(*persoluta est poena*)." 이렇게 칼뱅은 관계의 화해, 정의의 충족, 저주의 소멸, 벌금의 지불 등의 개념을 함께 사용하면서 관계적·법정적·제의적·상업적인 면을 종합하고 있다. 구원의 모든 부분이 십자가에서 발견되지만 부활이 우리를 십자가로부터 멀어지게 하는 것은 아니다(『갈라디아서 주석』 6:14). 갈라디아서 3:13에 대한 그의 설교에서도 "우리 주님 예수 그리스도께서 십자가로 돌아가셨다고 말할 때, 우리는 모든 것이 우리의 구원을 위해서 행해졌다(le tout s'est fait pour notre salut)는 것을 이해하는 데 이르러야만 한다"[30]라고 하면서 십자가와 구원의 분리할 수 없는 관계를 설명하고 있다. 계속해서 같은 설교에서 칼뱅은 십자가에서 그리스도가 우리 짐을 짊어지고 우리 보증으로서 우리를 위해 빚쟁이

---

28. *CR* 30: 380.

29. 『강요』 II.16.13, *CR* 30: 380. 참조. 『갈라디아서 설교』 3:11.

30. *CR* 78: 510.

가 되시며 율법의 저주로부터 우리를 해방시키기 위해 저주가 되셨는데, 이는 우리 죄를 씻고 영원한 죽음의 결속으로부터 세상을 구원하기 위해서이며 우리의 구원을 위해 그런 극단에 자신을 드린 것(il s'est exposé pour notre rédemption à une telle extrémité)이라고 결론짓는다.[31]

『디모데후서 주석』 2:19에서 칼뱅은 십자가에서 구원이 완성되었다는 것을 천명하면서 그 완성이 어떻게 우리 안에서 실행되어야 하는가 하는 점도 함께 강조한다.

> 비록 인간의 구원은 그리스도의 죽음에서 완성된 것(in morte Christi perfecta est salus hominum)이지만, 하나님은 복음으로 우리를 십자가의 소유자(compotes)로 만든다. (딤후 2:19에서 부르심을 거룩하다고 한 것에 대해서) 가장 강한 의미로 부르심은 거룩하다고 일컬어졌다. 다음과 같은 것을 주의 깊게 살펴보아야 한다. 우리는 구원을 그리스도가 아닌 다른 곳에서 찾지 말아야 한다. 다른 한편으로 만일 하나님께서 우리를 그 은총에 참여하는 데까지 부르시지 않았다면 그리스도는 아무런 쓸모없이 죽고 다시 부활하셨던 것이 된다. 따라서 구원을 우리에게 일으키신 후에 이 두 번째 것이 견고하게 된다. 우리를 그의 몸으로 불러들여서 우리가 그의 좋은 것들을 즐길 수 있도록 그것들을 우리와 함께 나눈다.

그리스도의 죽음으로 구원이 완성된 것이지만 그 완성은 그리스도 자신 안에 머물러 있는 것이 아니라 우리에게 또 다른 제2의 은총으로 견고

---

31. *CR* 78: 510-511.

하게 되는데, 그리스도께서 우리가 그의 죽음의 혜택을 즐길 수 있도록 자신을 우리와 나누는 것이다. 종합적인 포괄성은 균형적인 포괄성을 반드시 가져야만 그 의미를 유지할 수 있다. 그리스도의 십자가의 죽음이 구원을 완성한 것이라면 그 완성은 죄와 죽음, 무지와 불순종을 종합적으로 극복해야 하고, 과거·현재·미래의 완성을 포함해야 하며, 그리스도 안에서 행하신 하나님의 일과 우리 안에서 이루어지는 그분의 일이 서로 균형 있게 완성되어야 한다.

교회론에서도 칼뱅의 십자가 사상은 제한적이긴 하지만 아주 중요한 요소를 차지하고 있다. 그리스도의 십자가는 모든 교회를 위한 것이고,[32] 그리스도는 교회의 구원자이기 때문에 교회도 십자가의 깃발 아래 이 땅에서 거룩한 전투를 치러야 한다(『시편 주석』 44 서문). 교회의 본질을 정의하면서 칼뱅은 교회를 "신자들의 어머니"(*mater fidelium*), "그리스도의 사회"(*societas Christi*), "하나님의 사회"(*societas Dei*) 같은 개념을 사용하면서 로마가톨릭의 유형교회 중심적인 교회론과 재세례파의 신자 중심적인 교회론을 극복하는, 하나님 중심적인 교회론을 펼치고 있다.[33] 그러나 "하나

---

32. 『출애굽기 주석』 29:16.

33. 교회가 신자들의 어머니라는 정의는 알렉산드리아의 클레멘스(Clement of Alexandria, *Pedagogus*, I.5, ANF 2.214), 테르툴리아누스(Tertullian, *On Monogamy* 7, ANF 4.64), 키프리아누스(Cyprian, *On the Unity of the Church* 5, ANF 5.422), 암브로시우스(Saint Ambrose, *One the Mystery* 7.34-42, NPNF2 10.321-2), 아우구스티누스(*Homilies on the Gospel of John*, 13.12-18, 120.2, NPNF1 7.91-3, 434) 등의 교부들이 즐겨 사용한 교회의 정의다. 바티칸 제2공의회를 거쳐서 1994년에 발간된 *Catechism of the Catholic Church*도 교회를 "신자들의 어머니"로 정의하고 있어서 칼뱅의 교회론이 지나치게 고교회론은 아닌가 하는 의문이 제기된다. 그러나 칼뱅이 유형교회의 가치를 대단히 강조하고 있지만, 그의 "맞추어 낮추심"(accommodation)의 개념으로 인해서 로마가톨릭의 교회론과는 근본적으로 다르

님"이 자기 피로 교회를 사셨고(행 20:28), 그리스도께서 교회를 사랑하시어 교회를 위해서 자기를 주셨다는(엡 5:25) 점에서, 그리스도의 십자가는 교회의 본질과 깊은 연관이 있음에도 불구하고 칼뱅은 교회의 본질을 다룰 때 그리스도의 십자가를 직접적으로 연관시키지는 않는다. 그러나 칼뱅은 "죄 용서"를 그의 교회론에서 다룰 때는 십자가를 교회와 간접적으로 연계한다. 그리스도는 죄 용서를 통해서 우리를 단번에 교회로 받아들이셨고 또한 매일 우리를 용서하신다.[34] 따라서 죄 용서가 우리에게는 교회와 하나님의 나라에 들어가는 첫 번째 입문이며,[35] 일단 교회가 세워졌다는 것은 바로 죄 용서가 첨가되었다는 의미다.[36]

교회론과 십자가 사상의 간접적인 연관성은 로마가톨릭의 보속 개념, 충족 개념을 비판할 때 선명하게 드러난다. 칼뱅에 의하면, 당시의 로마가톨릭은 "그리스도만이 하나님의 진노를 달래고 공의를 충족하여, 오직 거저 주시는 하나님의 은총으로 우리가 하나님과 화해된다는 보편적인 교리(universalis doctrina)"를 버리고 이 교리를 원죄에만 적용시키면서, 세례 후 우리가 전 삶을 통해서 우리 공적과 행위로 하나님의 징벌을 충족해야 한다고 가르쳤다.[37] 이에 반대해서 칼뱅은 오직 한 종류의 용서, 오직 한 종류의 충족, 곧 그리스도의 십자가의 충족을 강조한다. 또한 이것은 로마가톨릭의 연옥 사상과 미사의 오류를 드러낸다. 예수께서는 매일 우리 죄를

다는 것을 알 수 있다(『강요』 IV.1.8). 이 주제는 다른 별도의 논문에서 다루고자 한다.
34. 『강요』 IV.1.21.
35. 『강요』 IV.1.20.
36. 『강요』 IV.1.27.
37. 『이사야서 주석』 53:5, *CR* 65: 258.

용서하심으로 하나님과 화해시킬 뿐만 아니라, 그의 죽음에서 우리의 모든 죄를 도말하셨는데, 로마가톨릭은 죽음 이후에도 죄를 보속할 수 있다는 연옥 개념을 발전시켰다.[38] 로마가톨릭의 미사는 그리스도 외의 다른 자가 희생을 바친다는 점, 희생을 반복적으로 바친다는 점, 피 없는 희생을 바친다는 점, 구약의 제사와 동일하게 자신이 외적인 제사를 반복적으로 바친다는 점, 이렇게 4가지 점에서 그리스도의 십자가의 희생을 왜곡하고 있다.[39]

칼뱅에게서 그리스도의 십자가 사상과 교회론이 결정적이고 직접적으로 연결되는 곳은 성례론이다. 성례전에 관한 한 칼뱅의 사상은 그리스도 중심적(Christo-centric)에서 한 걸음 더 나아가 십자가 중심적(Stauro-centric)이다. 물론 이런 주장은 칼뱅이 세례를 설명할 때 그리스도의 부활을 경시했다는 의미는 아니다.[40] 또한 칼뱅이 성례의 외적 특징 때문에 성례를 하나님이 우리에게 맞추심(attemperat)으로 설명한다고 해서[41] 하나님의 구원 사역에 대한 이해를 그리스도의 낮아짐에만 초점을 맞추고 있다는 의미도 아니다. 오히려 우리가 성례로 그리스도와 연합되고 성령으로 하나님께로 들려진다는 견해야말로 칼뱅의 성례 사상을 다른 성례론과 구분시키는 중요한 특징 중 하나다.[42] 그뿐 아니라 칼뱅은 자연 속에 하나님의 약속의 징표가 될 수 있는 것들, 태양과 별들과 땅과 돌 같이 우주 속에 그분의 약속

---

38. 『마태복음 주석』 12:32.
39. 『히브리서 주석』 10:15.
40. 『강요』 IV.15.5–6.
41. 『강요』 IV.14.3, *CR* 30: 943.
42. 『강요』 I.14.5, IV.17.31.

을 상기시키는 모든 것을 성례라고 규정하여 성례론의 지평을 크게 확대하고 있다.[43]

그럼에도 칼뱅은 다음과 같이 세례와 성찬을 그리스도의 십자가에 직접적으로 연결시킨다. 칼뱅은 성례전을 "주께서 우리 양심 위에 자신의 선한 뜻의 약속들을 봉인하신 외적 징표"라고 정의하고[44] 봉인과 징표의 의미를 밝힌 후,[45] 성례의 외적 징표 그 자체(sacramentum)와 성례의 실재(rei sacramentum) 사이의 관계를 아우구스티누스가 지나치게 분리했다고 비판하면서,[46] 바로 그리스도가 모든 성례의 질료(materia) 혹은 본질(substantia)이라고 결론짓는다.[47] 이 기독론 중심의 성례 이해의 한가운데에 다음과 같이 칼뱅의 십자가 사상이 있다.

먼저 칼뱅은 구약의 여러 의식을 그리스도의 십자가와 성찬과의 상관 관계 속에서 이해하고 있다. 그는 『레위기 주석』 16장의 대속죄일에 대한 부분에서 이스라엘인들이 희생제물을 "성례적인 방법"(sacramentali modo)으로 드려서, 곧 외형적인 예식이 그리스도의 대속의 징표라는 의미에서 죄의 용서함을 받았다고 설명한다.[48] 구약의 모든 제사는 희생제물로 인간의 죄를 대신 정결케 하는 무름(piaculum)과 충족의 가치(pretium satisfactionis)를 보여주었는데, 이런 점에서 지금 우리가 세례에서 정결케 되는 것과 마찬가지로 구약의 제사에서는 "성례적인 방법"(modo

---

43. 『강요』 IV.14.18.
44. 『강요』 IV.1.1.
45. 『강요』 IV.14.5-6.
46. 『강요』 IV.14.15, CR 30: 952.
47. 『강요』 IV.14.15, CR 30: 952.
48. CR 52: 505.

sacramentali)으로 희생제물을 드려 하나님과 화해되었다.[49] 칼뱅에 의하면 신약에서 그리스도는 성례를 더 온전히 드러내신다. 그리스도가 자신의 피로 희생제물이 되었기 때문이다.[50] 세례에서 물은 정결케 함을, 성찬에서 피는 충족을 드러내는데, 이 물과 피는 그리스도의 십자가다.

왜냐하면 세례는 우리가 정결하게 씻기었음을 증거하고 성찬은 우리가 구원을 받았음을 증거한다. 물에서 씻음이, 피에서 충족이 제시된다. 이 둘은 요한이 말한 대로 "물과 피로 오시는 자"이신 그리스도에게서 발견된다(요일 5:6). 곧 그리스도는 죄를 씻고 구원하기 위해서 죽으셨다. 또한 하나님의 성령이 이것의 증인이다. 진실로, 셋이 하나로 증거하시는데 바로 물과 피와 성령이시다. 물과 피로 우리는 씻음과 구원의 증거를 가진다. 이 고상한 비밀은 물과 피가 그리스도의 신성한 옆구리로부터 흘러내렸을 때(요 19:34), 그리스도의 십자가에서 우리에게 탁월하게 드러났다.[51]

여기서 우리가 우선적으로 주목해야 하는 것은, 칼뱅이 그리스도의 십자가의 죽음이 세례와 성찬의 구체적인 근거라고 주장하는 이유가 단순히

---

49. 『레위기 주석』 1:1, *CR* 52: 507.

50. 『강요』 IV.14.21.

51. 칼뱅은 19:34의 "옆구리로부터 피와 물이 나왔다"를 근거로 그리스도의 십자가의 죽음을 성례에 관련시키는 것을 아우구스티누스에게 빌려왔다고 진술한다. 실제로 아우구스티누스는 요한복음에 대한 논문에서 그리스도의 옆구리를 "교회의 성례", "하와가 아담의 옆구리로부터 나온 것", "노아의 방주의 옆면에 구원의 문을 만든 것" 등을 예표하는 것으로 독특하게 해석하고 있다(Augustine, *Tractate on the Gospel of John* 120.2, *New Advent* CD, 2007). 위에서 인용된 단락에서 칼뱅은 요한1서의 본문 두 군데를 함께 인용하면서 십자가와 성례의 연관성을 더욱 심화시킨다.

물과 피가 가진 상징성에만 국한되지 않는다는 점이다. 세례가 죄를 씻고 성찬이 구원을 이루는 충족을 나타낸다면, 그리스도의 십자가가 바로 그 씻음과 충족이기 때문에 세례와 성찬이 그런 십자가의 실재를 가지게 된다는 의미다. 이런 우선적인 강조점과 함께 앞의 본문에서 우리는 칼뱅의 성례 사상의 또 다른 특징을 살펴볼 수 있다. 성례는 보이지 않는 은총의 보이는 형식(*invisibilis gratiae visibilem formam*)이므로[52] 십자가에서 흘리신 물과 피가 세례와 성찬의 실재를 더 명확히 제시한다. 세례와 성찬은 십자가에서 이루신 구원의 실재와 "구분되지만 분리되지 않게"(*distinctio sed non separatio*) 그리스도를 우리에게 나타낸다. 성례는 하나님의 약속들을 마치 화판에 그려진 것처럼 우리에게 생생하게 나타내기 때문에(*eas veluti in tabula depictas nobis ad vivum repraesentant*)[53] 가장 명확한 약속들을 가져오며, 말씀을 앞서거나(*prae verbo*)[54] 넘어서는(outre la Parole)[55] 특징을 가지게 된다.[56] 이렇게 칼뱅에게 십자가는 성례의 실재이고 또한 성례는 십자가를 가장 분명하게 드러내는 표상이다.

성찬론에 관하여 칼뱅은 넓은 의미로는 그리스도의 총체적인 사역, 성

---

52. 『강요』 IV.14.1, *CR* 30: 942.

53. Ford L. Battles의 영어번역 "they represent them for us as painted in a picture from life"은 "from life"가 무엇을 꾸미는지 명확하지 않아서 모호한 번역이다. 라틴어 "*eas veluti in tabula depictas nobis ad vivum repraesentant*"에서 ad vivum은 "그려진"을 수식하기보다 동사 repraesentant를 꾸미고 있어서 "생생하게 그려진"보다 "생생하게 나타낸다"라고 번역하는 것이 더 낫다(*CR* 30: 944). 이 차이는 불어 원문에서 더 명확하게 드러난다. "Qu'ils nous les représentent au vif, comme en peinture"(*CR* 32: 882).

54. *CR* 30: 44.

55. *CR* 32: 882.

56. 『강요』 IV.14.5.

육신, 삶, 죽음, 부활이 "생명의 떡"을 우리에게 주시는 은총의 본질로 이해한다.[57] 좁은 의미로는 우리가 성찬에 참여하는 것은 그리스도께서 모든 약속을 이루신 그의 십자가에 참여하는 것이라고 주장한다. "성찬은 (우리를) 그리스도의 십자가로 보내는데(ad Christi crucem mittere), 그 십자가에서 약속(영원한 생명의 양식을 주시겠다는 약속)이 실제로 행해졌고 모든 점에서 다 이루어졌다."[58] 그리스도께서 십자가에서 돌아가셨기 때문에 우리가 성찬에 참여할 때, 우리는 그리스도의 몸이 우리를 위해서 단 한 번에 희생적으로 바쳐졌다는 사실을 확정하면서 이 신비스러운 축복을 먹고 사는 것이며,[59] 그의 죽음의 혜택을 붙잡게 된다.[60]

셋째, 칼뱅의 십자가 사상은 그 자체로서도 종합적이고 균형적인 포괄성을 가지고 있다. 그의 포괄성은 이미 초기 글에서부터 빛을 발하고 있다. 당시 로마가톨릭의 사상적인 토대를 제공했던 사돌레토(Jacopo Sadoleto)의 서신에 대한 답신에서 칼뱅은 하나님의 자비, 순종을 통한 죄의 소멸, 희생을 통한 신성한 진노의 대속, 죄를 짊어짐, 하나님과 인간의 화해 등을 같은 단락에서 종합적으로 함께 언급하고 있다.[61] 칼뱅의 십자가 사상의 종합적 포괄성과 균형적 포괄성은 그의 저작 전반에 걸쳐서 나타나는 십자가 사상의 가장 중요한 특징 가운데 하나다. 예를 들어 『강요』 II.12.3에서 그리스도의 십자가는, 순종으로 하나님의 심판을 충족시킴, 죄

---

57. 『강요』 IV.17.4.
58. 『강요』 IV.17.4, *CR* 30: 1004.
59. 『강요』 IV.17.1.
60. 『강요』 IV.17.4.
61. Olin 1966: 66-67.

에 대한 징벌적 지불, 죽음에 대한 승리, 하나님의 의로운 진노를 대속하는 종합적 사역으로 표현되고 있다. 『요한복음 주석』 13:32에서 칼뱅은 이렇게 쓴다.

> 또한 이것이 이루어졌다. 그리스도께서 고난을 당하신 십자가의 죽음은 그가 얼마나 높은 분인가 하는 것을 흐리게 하는 것이 아니라 바로 그 죽음에서 그의 높은 신분이 더 펼쳐진다. 왜냐하면 거기에(십자가에) 인류를 향한 그의 놀라운 사랑이 있고, 하나님의 진노를 달래고 죄를 무르는 무한한 정의가 있으며, 죽음을 정복하고 사탄을 복종시키며 마침내 눈부시게 빛나는 천국을 여는 놀라운 능력이 있기 때문이다.

앞의 인용문만 참조해도 우리는 칼뱅의 십자가 사상이 하나님의 사랑과 정의와 승리라는 3가지 중요한 서로 다른 모티프를 함께 가지고 있음을 알 수 있다. 『요한복음 주석』 8:28에서도 사탄에 대한 승리, 의문에 쓴 율법의 폐지, 죽음의 저주의 소멸과 같은 3가지 서로 다른 개념이 한 문장 안에 같이 등장하고, 『갈라디아서 주석』 2:21에서는 화해, 죄를 무름, 포로된 자의 구원, 빚의 충족, 더러움의 씻음 등의 개념을 그리스도의 십자가 죽음과 관련해서 반복적으로 사용하고 있으며, 『빌립보서 주석』 2:9에서는 그리스도의 죽음과 관련해서 하나님의 사랑과 선하심, 하나님과 화해, 의로움의 회복, 생명의 문의 열림 등을 열거하고 있다.

객관적인 면과 주관적인 면을 함께 아우르는 균형적인 포괄성도 칼뱅의 다양한 저작에서 볼 수 있는 그의 십자가 사상의 특징이다. 흔히 도덕적인 모범론이 십자가 사상의 주관적인 면을 부각시켰다고 알려져 있는

데, 칼뱅은 그리스도께서 십자가에서 도덕적인 모범(*exemplum*)을 보이셨다는 것을 성화라는 관점에서 수용하고 있다.[62] 십자가의 실재를 도덕적인 모범에 국한시키는 극단적인 형태의 도덕적인 모범론에서는, 모범이 되시는 그리스도와 그를 따르는 우리 사이의 간격이 해소될 수 없거나 우리 행위로 그 거리가 좁혀져야 하거나 혹은 해소될 수 있다면 그리스도의 모범의 내용이 윤리적 차원으로 국한되어야 하는 환원주의의 문제를 벗어날 수 없다.[63] 하지만 칼뱅에게 도덕적 모범론은 그리스도와 우리가 성령의 은혜로 신비스러운 연합을 이루어가는 성화 속에 포함된다. 복음이 인간과 관계하는 주된 내용은 칭의와 성화라고 요약될 수 있는데, 칼뱅은 죄용서를 칭의로, 회개를 성화로 이해한다.[64] 칭의란 그리스도의 보혈로 하나님과 화해되어 죄 용서를 얻는 것이고[65] 성화란 우리 전 삶의 과정을 통해 일어나는 회개인데,[66] 그리스도는 여러 조각으로 나누어지지 않기 때문에 칭의와 성화는 우리에게는 구분되지만 그리스도에게는 결코 나누어지지 않는다. "따라서 그리스도는 거룩하게 하지 않고서는 어느 누구도 의롭게 하지 않는다"(의롭게 하는 자는 모두 동시에 거룩하게 하신다, *Nullum ergo Christus iustificat quem non simul sanctificet*).[67]

그런데 이 칭의와 성화라는 그리스도의 이중 은혜(*duplex gratia*)는[68] 더

---

62. 『강요』 III.16.7.
63. 참조. 차재승 2006: 79-101.
64. 『강요』 III.1.1.
65. 『강요』 III.17.8.
66. 『강요』 III.3.2.
67. 『강요』 III.16.1, *CR* 30: 586.
68. 『강요』 III.11.1, *CR* 30: 533.

구체적으로 그리스도의 십자가로부터 온다. 우리는 두 가지 본질적인 은혜를 받는데 그 첫 번째 은총은 그리스도의 죽음으로 이루어졌고, 두 번째 은총은 그의 성령으로 우리 자신을 하나님의 거룩한 뜻에 맞추는 것이다.[69] 복음 전부(totum evangelium)는 두 개의 부분 곧 죄 용서와 회개로 이루어져 있는데, 그리스도의 죽음의 희생으로 이루어지는 죄 용서만큼 그리스도께서 우리를 의로 살게 하시는 것이다.[70] 죄의 굴레 속에서 살아가는 한 우리는 죽음의 몸을 짊어지고 사는 자들이며,[71] 그러나 그리스도는 자기 지체들과의 거룩한 연합을 위해서 매일 그들 속에서 십자가를 지신다.[72] 이렇게 칼뱅은 칭의뿐만 아니라 우리를 거룩하게 하시는 성화도 그리스도의 십자가가 우리에게 끼치는 두 번째 영향이라고 천명한다.[73]

칼뱅에게 그리스도의 십자가는 하나님을 아는 지식으로 인도하는 구체적인 내용이며, 구원을 이루시며 몸된 교회를 세우시는 그리스도 사역의 종합적인 성취로서 "우리를 위하여", "우리 안"에서 단번에 또한 매일같이 일어나는 총체적이고 포괄적인 실재다. 그러나 칼뱅의 십자가 사상이

---

69. 『갈라디아서 설교』 2:17-18.
70. 『마태복음 주석』 3:2.
71. 『디도서 주석』 3:5.
72. 『베드로전서 주석』 1:11.
73. 더 나아가서 성화는 죽임(mortificatio)과 살림(vivificatio)으로 이루어져 있다(『강요』 III.3.8). 일반적으로 살림에는(『강요』 III.16.7) 그리스도의 부활이 강조되긴 하지만(롬 6:4, 『베드로전서 주석』 3:18), 칼뱅은 『베드로전서 주석』 4:1에서 십자가가 우리의 모범이 된다는 주장과 함께, "그리스도의 죽음의 이중적인 유사성"이라는 독특한 용어를 사용하면서 "죽임과 살림" 모두를 십자가와 연결시킨다. "성경은 우리에게 그리스도 죽음의 이중적인 유사성(duplicem mortis Christi similitudinem)을 권면하는데, 우리는 치욕과 고통 속에서 그리스도와 일체될 뿐만 아니라, 옛 사람이 죽으면서 영적인 생명으로 다시 새롭게 된다"(『베드로전서 주석』 4:1, CR 83: 270).

이렇게 포괄적이고 총체적이라면 왜 많은 신학자가 그의 사상을 비판해왔는가? 물론 그들이 칼뱅의 십자가 사상의 포괄성을 깊이 인식하지 못하고 형벌적 대속론이라는 틀에 국한시켜 해석해온 잘못을 먼저 지적해야 한다. 그러나 우리는 "칼뱅의 십자가 사상이 가지고 있는 한계는 없는가?"라는 의문도 조심스럽게 제기해야 한다. 다음 단락에서는 칼뱅의 십자가 사상이 가지는 한계에 대해서 논의하도록 하겠다.

8.3. 칼뱅의 포괄적인 십자가 사상의 한계: 포괄성은 동시성을 가지는가?

칼뱅의 십자가 사상이 연계적·종합적·균형적 포괄성을 가짐에도 불구하고, 그의 대표적 십자가 사상은 형벌적인 대속론으로 간주되어 왔으며 또 그의 형벌적인 대속론은 다소 극단적인 유형의 십자가 사상으로 이해되어왔다.[74] 그뿐 아니라 칼뱅의 형벌적인 대속론은 적지 않은 논란을 일으키면서 비판을 받아왔다. 19세기의 스코틀랜드의 신학자 맥레오드 캠벨은 형벌적인 대속론의 부당함을 지적하면서 "고난 당하시는 분은, 그가 하나님의 눈으로 죄와 죄인들을 보시는 것을 통해 하나님의 심장으로 그들에 관해서 느끼면서 고난 당하신다. 이런 고난을 어찌 심판이라고 할 수 있는가?"라고 통탄하고 있다.[75] 토마스 휴스(Thomas H. Hughes)도 칼뱅에게서 형벌적인 대속론의 극단적인 유형을 발견하면서, 칼뱅의 십자가 사상이

---

74. Paul 1984: 142.
75. Campbell 1996: 107.

하나님의 정의와 사랑 가운데 정의에 지나치게 치중해서 그분에 대한 잘못된 이해를 가져오고 죄에 대한 책임과 결과가 죄인 자신으로부터 그리스도, 곧 타자에게 양도됨으로써 도덕적인 퇴화를 초래할 수 있다는 문제점을 지적한다.[76] 스티브 홈스(Steve Holms)는 최근에 자신이 참석한 학회에서 형벌적인 대속론을 더 이상 받아들일 수 없다는 생각에 대부분의 학자가 동의한다고 전하고 있다.[77]

우리가 직면한 의문의 핵심은 "칼뱅의 십자가 사상이 보여주는 탁월한 포괄성이 형벌적 대속론의 문제점을 보완할 수 있는가?" 하는 점이다. 사실 칼뱅의 십자가 사상에 우호적인 자들은 형벌적 대속론이 칼뱅의 포괄적인 십자가 사상의 한 부분이라고 축소하거나, 형벌적 대속론이 법정적인 틀이 포기할 수 없는 본질을 근거로 하고 있다고 주장하거나, 칼뱅의 십자가 사상은 하나님의 진노뿐만 아니라 그분의 사랑에 대한 강조도 포함하고 있다고 변호한다. 그러나 이들 모두 놓치고 있는 것은 칼뱅의 십자가 사상이 비록 포괄적이지만 그 포괄적 요소들이 동시적이지 못하므로 형벌적 대속론이 칼뱅의 십자가 사상의 핵심적인 내용으로 부각될 수밖에 없다는 사실이다. 이는 다음과 같이 3가지로 논의될 수 있다. (1) 하나님의 속성의 동시성, (2) 그리스도와 인간의 동시성, (3) 그리스도의 두 본성의 동시성.

먼저, 칼뱅은 하나님의 진노와 사랑을 다룰 때 십자가에서 드러난 그분의 진노가 십자가 그 자체와 연관된 하나님의 더 직접적인 본성이고, 이

---

76. Hughes 1949: 66–70.
77. Holmes 2005: 104.

에 반해서 하나님의 사랑은 근원 혹은 그 전체적인 배경을 이루는 것으로 이해하고 있다. 물론 칼뱅은 로마서 5:18을 인용하면서 "하나님께서 우리를 미워했을 때조차도 놀랍고도 신성한 방법으로 우리를 사랑하셨다"라고[78] 말하면서 사랑과 진노가 동시성을 가지는 것을 부인하지 않는다. 그리고 앞서 다루었듯이 하나님의 사랑과 진노는 그분에 관한 지평과 우리에 관한 지평으로 구분해서 이해될 수 있다. 그러나 칼뱅의 십자가 사상을 좀더 세밀히 살펴보면 2가지 점을 발견하게 된다. 첫째, 진노는 하나님의 맞추어 낮추심이다. 『강요』 II.16.1.에서 칼뱅은 하나님의 진노와 저주가 죄인들에게 항상 부과되며, 그분의 율법이 심판 없이 깨어져버리는 것을 허락하지 않는다는 형벌적 대속론을 매우 강한 어조로 말한다. 곧바로 다음 절에서는 그리스도께서 바로 하나님의 사랑의 보증이며 그 사랑으로 우리를 이미 안으셨기에 진노와 심판 같은 표현들(loquitiones)은 우리가 그리스도가 없으면 얼마나 비참한 존재인가를 이해시키려고 우리의 감각적 능력에 맞추신 것(ad sensum nostrum sunt accommodatae)이라고 주장한다.[79] 만약 칼뱅의 이런 주장을 진지하게 받아들이면 그의 형벌적인 대속론은 인간을 가르치기 위한 목적론적·기능적 언어 표현법에 국한되고 만다. 이런 점 때문에 맥코믹(McCormack)은 하나님의 사랑과 진노의 문제를 "낮추어 맞추심"으로 해석하면, 드러난 하나님의 모습과 그 본질이 다를 수밖에 없게 된다고 비판한다.[80] 둘째, 그러나 칼뱅은 하나님의 심판을 단순히 언어상의 수사학적인 면으로만 해석하지는 않는다. 바로 다음 절에서 그는

---

78. 『강요』 II.16.4.
79. *CR* 30: 368.
80. McCormack 1998: 302.

하나님의 사랑이 진노보다 앞선다고 주장한다. "하나님이 먼저 우리를 사랑하셨으므로 나중에 우리를 자신에게로 화해시킨다."[81] 하나님의 사랑은 그리스도의 화해보다 훨씬 앞서고 심지어 세상이 창조되기 전에도 그분은 우리를 사랑하셨다.[82] 하지만 그 사랑은 하나님의 정의를 실현하기 위해서 심판을 통해서만 성취된다.[83] 따라서 칼뱅의 사상은, 그리스도의 십자가의 죽음이 그 자체로 진노와 사랑이 동시적으로 드러난 신비라기보다, 하나님의 앞선 본질적인 사랑이 진노와 심판을 통해 비로소 우리에게 드러난 것이라는 견해에 가깝다.

또한 칼뱅은 법정적인 용어 중 "용서"보다 "심판"을 십자가의 더 직접적인 실재로 간주하거나 혹은 우리가 심판을 통해서 용서라는 혜택을 얻게 되는 것으로 이해한다. 주로 기독론을 다루는 『강요』 II.12-17에서는 십자가의 실재와 더불어 심판과 대속이라는 개념이 핵심적인 개념 중 하나인데 반해서, "용서" 혹은 "용서하다"라는 용어는 다섯 번 등장하지만 모두 성경 구절을 인용한 것이고, 심지어 십자가는 죄 용서라는 성경적인 사상이 담겨 있는 구절을 인용하고서도 모두 심판을 충족하는 것으로 해석하고 있다.[84] 그의 주석에서도 그리스도의 십자가가 우리의 저주와 심판을 짊어졌다는 개념이 핵심적인 사상인 데 반해서[85] 용서라는 개념은 드물게 등장한다. 『누가복음 주석』 1:72, 『사도행전 주석』 15:11에서는 죄 용서가

---

81. 『강요』 II.16.3.
82. 『강요』 II.16.4.
83. 『강요』 II.16.2.
84. 『강요』 II.17.4-5.
85. 롬 4:25; 8:3; 골 2:14-15; 히 2:15; 9:22; 벧전 2:24.

십자가의 실재로 분명히 언급되고 있지만, 다른 곳에서는 "용서"란 우리가 얻게 되는, 우리에게 던져진 십자가의 혜택, 열매 혹은 결과로 설명되고 있다.

십자가의 실재는 심판이나 저주이고, 그 근원은 사랑이며 그 결과는 용서인가? 인간이 추론할 수 있는 사랑은 죽음이라는 실재와 동일할 수 없다. 만약 그리스도의 죽음이 사랑과 자비라면, 죽음이 사랑과 자비가 될 수 있는 논리적인 매개체가 있어야 한다. 예를 들어서 단순한 자연사, 사고사는 결코 사랑이 될 수 없다. 희생적인 죽음과 같이, 죽음이 어떤 가치를 먼저 가져야만 사랑이 될 수 있다. 사실 용서는 죽음과 반대되는 개념이다. 인간이 죄를 다룰 때는 죄를 심판할 수도 있고 죄를 소멸시킬 수도 있으며 죄를 용서할 수도 있는데, 죽음은 오직 심판에 해당되는 개념이다. 그러나 우리는 인간의 죽음과 인간 법정에서의 죄 문제를 다루고 있는 것이 아니라 하나님의 아들의 자기희생을 통한 용서, 자기 아들까지 아끼지 아니하신 하나님의 사랑을 논하고 있다. 이 죽음은 "죽음이 발생했다는 사실"에 관한 한 명백히 버림받음, 심판 등으로 이해될 수 있지만, 하나님이 그리스도 안에서 자신을 희생하신 "자기희생"이라는 면에서는 그 자체가 사랑이요 용서다. 인간의 법정에서는 심판과 용서가 결코 양립할 수 없고 죽음이 심판으로 이해될 수밖에 없지만, 하나님의 법정에서는 심판과 용서가 동시적일 수 있다. 성경은 우리가 그리스도의 죽음으로 용서를 얻을 뿐만 아니라(엡 1:7; 골 1:14), 그리스도의 죽음 그 자체가 바로 하나님의 사랑과 용서라고 선언한다(롬 3:25; 골 2:13-15). 따라서 우리는 그리스도의 십자가를 사랑과 용서만으로도 해석할 수 없고, 버림받음과 심판만으로도 이해할 수 없다. 십자가의 외적인 원리(principium externum)는 죽음이 발생했다는 점에서는 버림받음과 심판에 가깝지만, 내적인 원리(*principium internum*)는 하나님의 자기희생이라는 점에서 사랑과 용서다.[86] 그리스도의 죽음은 하나님의 사랑과 진노, 그분의 심판과 용서가 동시적으로 드러난 신비스러운 죽음이다. 비록 칼뱅이 이 모든 개념을 십자가 사상과 관련해서 포괄적으로 다루지만 그 동시성을 분명히 지적하지 못했기 때문에, 그의 십자가 사상은 형벌적 대속론으로 축소되어 해석되는 결과를 낳았다.

둘째, 칼뱅의 대속론에서 대속 개념은 일종의 "교환"에 가깝다. 죄인과 죄 없는 자, 심판받아야만 하는 자와 심판받는 자, 의롭지 못한 자와 의로운 자가 서로 교환된다. 일반적으로 교환은 교환되는 두 당사자가 같은 지평에서 함께할 수 없다는 특징을 가진다. 따라서 이런 교환의 패러다임 속에서 그리스도의 대속을 이해하게 되면, 십자가의 죽음은 그리스도 홀로 경험하는 죽음이 되고 인간은 그 십자가에 참여할 수 없게 된다. 칼뱅에게는 이렇게 다소 기계적인 대속의 패러다임이 엿보인다. 우리의 죄책과 저주를 그리스도 자신에게 전가시켰고(*damnationem ad se traducens*), 징벌받을 수밖에 없는 죄책이 하나님 아들의 머리로 옮겨졌을(*in caput filii Dei translatus est reatus*) 뿐만 아니라[87] 모든 저주가 그에게로 옮겨지는 것은 그 저주가 우리로부터 빼앗겨지는 것이다(*omni escecratione eximeremur*). 이로 인해서 죄는 그리스도에게만 전가되고, 심판은 우리에게 전가되지 않는다.[88]

칼뱅의 배타적인 대속론과는 달리, 성경은 우리가 그리스도와 함께 십자가에서 죽었다고 선포한다. 그러나 이 "함께 죽었다"라는 성경적인 사상

---

86. Cha 2013A: 137-155, 2013B: 128-129.
87. 『강요』 II.16.5, *CR* 30: 372.
88. 『강요』 II.16.6, *CR* 30: 373.

을 이해하기란 쉽지 않다. 죽음을 통한 거룩한 연합은 십자가에서 발생한 사건인가, 아니면 그 사건의 결과로 우리에게 넘겨진 혜택인가? "한 사람이 모두를 위해서 죽었으므로 모두가 죽었다"(고후 5:14)라는 말씀은 우리의 죽음이 지금 여기서 발생한다는 의미인가, 혹은 십자가에서 함께 죽었다는 거룩한 연합을 근거로 지금 여기서도 우리의 육적인 죄를 죽이고 살아가야 하는 성화의 과정을 의미하는가? 전체적인 문맥은 성화를 가르치기 위한 것이지만 본문은 그리스도의 죽음과 우리의 죽음에 모두 동일한 부정과거 시제를 사용하고 있어서[89] 그리스도의 죽음과 우리의 죽음 모두가 동시적이며, 성화의 과정 속에서 우리를 죽이는 것은 그 성화보다 앞선 십자가의 실재, 즉 그리스도 한 사람이 죽었지만 모두가 함께 죽었다는 실재를 근거로 하고 있음을 드러낸다. 바울은 로마서 6:6-14에서 그리스도와 함께 죽고 사는 신비스러운 연합을 천명하고 있는데, 비록 세례를 가르치기 위한 문맥이긴 하지만 그 세례가 드러내는 그리스도와 우리의 연합은, 우리가 십자가에서 그리스도와 함께 죽었고 부활로 말미암아 함께 살았다는 것을 근거로 하고 있다(6절과 8절). 이와 유사하게 갈라디아서 2:19은 그리스도와 함께 죽은 것을 완료 시제로, 골로새서 2:20에서는 부정과거(aorist) 시제로 표현하고 있다. 이렇게 그리스도의 죽음은 그 능력 면에서는 어느 인간도 참여할 수 없는 "그리스도 홀로 감당한 유일한 죽음"이지만, 우리를 배제한 죽음이 아니라 우리 모두를 포함하는 죽음이다. 그리

---

89. 물론 aorist 시제가 일회적인 사건만을 의미하는 것은 아니다. 동일한 문맥의 동일한 단어가 마 4:23에서는 aorist로, 눅 6:18에서는 미완료로 표현되기도 하고, 때로는 마 17:5에서처럼 현재 시제가 극적인 표현을 위해서 사용되기도 한다. 그러나 대체적으로 aorist 시제는 신약에서 과거의 특정 기간에 발생한 사건으로 번역된다(Perschbacher 1995: 303-310).

스도께서 인성을 가지고 우리 안에서(*in nobis*), 우리와 함께 죽으심으로써 우리도 그리스도 안에서(*in Christo*) 그리스도와 함께 죽었다. 십자가에서는 참 인간과 거짓 인간, 의와 불의, 죽음과 영원이 교환되기 전에, 그리스도와 우리가 함께 죽는 거룩한 나눔이 앞선다.

인간에게 대신은 교환에 가깝다. 대신하는 자와 대신당하는 자는 결코 동시적으로 동일한 지평을 공유할 수 없다. 그러나 그리스도의 죽음은 우리 모두를 그 죽음 안에 끌어안으심으로써 우리를 짊어지신 죽음이다. 우리가 그리스도와 함께 십자가에서 죽었다는 성경적인 사상은 인간의 교환 논리보다 그리스도의 대속만이 가질 수 있는 유일한 신비에 가깝다. 칼뱅은 십자가로 발생하는 죄 용서와 회개를 이중적인 혜택(*duplex beneficium*)이라고 말하면서, 우리가 십자가에 참여하는 것을 십자가 사건의 결과로 해석한다.[90] 십자가 사건에서는 그리스도와 우리는 함께 하는 것이 아니라 교환될 뿐이다. "우리의 죄와 저주가 우리로부터 빼앗겨서 그리스도에게로 이전됨으로써 그리스도만이 심판을 받고, 우리에게는 죄와 저주가 전가되지 않는다"라는 대속의 논리는 십자가에서 그리스도와 우리가 함께 한 동시성을 결여하고 있다. 우리는 성찬에 참여하거나 이 땅에서 그리스도의 십자가의 삶을 살아가면서 그의 죽으심에 참여한다. 그러나 이 거룩한 연합의 원형(archetype)은 그리스도의 십자가다. 그 십자가에서 우리는 그리스도와 함께 죽었기 때문이다. 흥미로운 것은 그리스도와 우리가 하나 되는 "신비스러운 연합"(*mystica unio*)은 칼뱅의 기독론, 성령론, 교회론을 아우르는 주요 사상 중 하나지만, 그에게서 십자가에서 그리스도와 우

---

90. 『강요』 II.16.7, *CR* 30: 374.

리가 연합되었다는 사상을 찾아보기가 힘들다는 점이다. 이로 인해서 형벌적 대속론은 "정의를 이루기 위해서 불의가 자행되는 모순"을 가지게 된다. 죄인을 심판해야 하는 정의를 이루려고 죄인이 아니라 의인인 그리스도만을 심판하는 불의가 발생한다는 비판은, 성경적 대속에 대한 것이 아니라 칼뱅의 대속론에 대한 비판으로 국한되어야 한다. 성경적인 대속에서는 그리스도가 우리 모두를 십자가에 포함하셔서 죄인인 우리가 그리스도와 함께 심판을 받았으므로 하나님의 정의가 불의로 이루어진 것은 결코 아니다. 그뿐만 아니라 그리스도와 인간이 십자가에서 함께 죽은 동시성은 죽음에 이르기까지 인간의 죄와 고난을 함께하신 그리스도의 십자가에 대한 새로운 의미를 발견하게 하고, 인간 고난과 악의 문제에 대한 기독교적인 독특함을 제시해준다. 또한 객관적인 면과 주관적인 면이 그리스도에 의해서만 연결되는 것이 아니라 인간에 의해서도 그 역동성을 가지게 된다. 그리스도께서는 이미 죽으셨고 또 지금도 우리 안에서 매일 죽으신다. 우리는 그리스도와 함께 죽었기 때문에 지금 여기서(*hic et nunc*) 우리 역시 매일 죽는다.

셋째, 칼뱅의 십자가론은 그리스도의 두 본성이 가지는 동시성을 약화시킨 것으로 보인다. 만약 그리스도의 한 인격 안에 그의 신성과 인성이 연합되어 있다면, 그 연합은 그의 성육신과 부활에서만이 아니라 십자가에서도 유지되고 드러나야 한다. 그런데 칼뱅에게는 십자가에 관한 한 두 본성이 기능적인 역할로 구분되기 때문에 그 연합의 진정성이 의심받을 수 있다. 물론 칼뱅은 그리스도의 본성과 인격에 관한 논의에서 전통적인 칼케돈 공식의 틀을 수용하고 있다. 그리스도의 두 본성에 관해서 칼뱅은 다음과 같이 4가지로 요약한다. (1) 인성에만 속하는 속성, (2) 신성에만 속하는 속성, (3) 어느 것 하나에만 속하는 것이 아니라 두 본성을 합한 것에 속하는 속성, (4) 두 본성이 서로 교류하는, 서로 함께 나누는 속성 (ἰδιωμάτων κοινωνία).[91] 칼뱅은 "하나님께서 교회를 그 피로 사셨다"(행 20: 28)라는 말씀과 "영광의 주께서 십자가에 못 박혔다"(고전 2:8) 등의 말씀에서 속성교류의 성경적인 근거를 찾는다.[92] 따라서 칼뱅에게서 그리스도의 두 본성의 속성교류의 근원은 바로 십자가라고 할 수 있다.

그런데 칼뱅은 "하나님의 피"와 "십자가에 달린 주"라는 말씀에는 인성에 속하는 죽음이 신성에 적용되고 있는 까닭에, 한 본성에 속하는 것이 다른 본성으로 부적절하게 옮겨진다(improprie...ad alteram transfertur)라고[93] 주장한다. 『기독교 강요』 II.14.2에서도 "인성에서 수행되어야 하는 것이 신성으로 부적절하게 옮겨진다"라는 동일한 사상이 나타나는데 다만 여기에는 "이유 없는 것은 아니다"(non sine ratione)라는 표현이 첨가되어 있다.[94] "속성교류가 부적절하지만 이유 없는 것은 아니다"라는 칼뱅의 주장은 어떤 의미일까? 우선 개혁신앙의 전통적인 틀 속에서 이런 "부적절함"을 이해할 수 있다. 칼뱅은 한 본성이 주체가 되어서 다른 본성으로 옮겨지는 본성끼리의 직접적인 교류보다는 한 인격(personam unam)이신 그리스도, 중보자가 속성교류의 주체가 되어서 그 인격 안에서 두 본성의 교류가 일어난다는 사상을 대체적으로 고수하고 있다.[95] 곧 인성과 신성이 그 자체로

---

91. 『강요』 II.14.1, *CR* 30: 353. 참조. Tylenda 1975: 55.
92. 『강요』 II.14.2.
93. 『사도행전 주석』 20:28, *CR* 76: 469.
94. *CR* 30: 354.
95. Tylenda 1975: 59-62. 이 사상은 개혁주의자들이 루터주의자들과 논쟁을 거치면서 추상적인 본성끼리의 교류(*communicatio idiomatum in abstracto*)가 아니라 구체적인

교류하는 것은, 도저히 섞일 수 없는 두 본성이 혼합되는 것이기 때문에 이 것을 부적절하다고 표현한 것으로 보인다. 둘째로 칼뱅은 두 본성의 연합 도 강조하고 있지만 전체적으로 볼 때 두 본성의 구분 또한 강조하는 듯하 다. 흔히 *extra calvinisticum*으로 알려진 이런 사상은 두 본성이 연합된 후에도 신성이 그 고유함을 유지해야 하고, 유한한 인성이 무한한 신성을 다 담을 수 없다(*finitum non est capax infiniti*)는 사상을 근거로 하고 있다. 전체적으로 칼뱅의 기독론은 알렉산드리아의 전통을 따르고 있지만, 바로 이 점에서만큼은 안디옥의 전통에 더 가깝다고 할 수 있다. 인성에 함몰되 지 않는 신성은 우주적 그리스도의 총체성과 고유함을 이해할 수 있는 중 요한 근거가 되지만, 성육신의 진정성이 의심받는 문제를 가지기도 한다. 이런 맥락에서 십자가와 그리스도의 두 본성에 관한 칼뱅의 사상을 논해 야 한다. 『기독교 강요』 II.12.1-2에서 칼뱅은, 중보자가 참 하나님이요 참

위격(*persona* 혹은 *hypostasis*) 안에서 본성의 속성교류(*communicatio idiomatum in concreto*)를 주장한 것으로 잘 알려져 있다(Heppe 1950: 439-447, Muller 1985: 72-74). 그 러나 이 논쟁의 근원은 성찬에서 그리스도의 인성이 함께하시는가에 대한 논쟁이어서 루터 주의자들은 부활 후에 인성이 가지는 높아진 지위에 특히 주목했다. 속성교류라는 주제는 최 소한 다음과 같은 질문을 포함한다. (1) 본성(*physis, ousia* 또는 *substantia*)의 수준에서 속 성교류가 이루어지는가, 혹은 위격(*prosopon, hypostasis*, 또는 *persona*)의 수준에서 이루 어지는가? (2) 속성교류가 존재론적인 차원에서 실제로 일어나는가(*communicatio realis*), 혹은 언어와 사상의 매개 속에서 일어나서(*communicatio verbalis*) 두 본성의 고유함이 보 존되어야 하는가? (3) 인성과 신성 중 신성 우위를 어느 정도까지 인정해야 하는가? (4) 인 성은 신성의 어떤 영향하에 있으며 이로 인해서 얼마나 높아지는가? (5) 그리스도의 삶, 죽 음, 부활, 승천 중 어느 단계에서 속성교류가 진정으로 일어나는가? 혹은 이런 과정과 무관 하게 속성교류를 전제해야 하는가? (6) 속성교류의 원동력은 누구인가? 아버지의 선하신 뜻 (*eudokia*), 아들의 의지, 혹은 성령이 속성교류를 일으키는가? 이 복잡한 논쟁은 이미 초대교 회에서부터 활발하게 전개되었고 개혁주의 시대를 거치면서 더욱 치열해졌는데, 여기에 대해 서는 다른 지면에서 다룰 것이다.

인간이어야 함을 설명한 후에 II.12.3에서 다음과 같이 결론짓는다.

요약하면, 하나님 홀로 (그리스도께서 단지 하나님이라면) 죽음을 느낄 수 있었던 것도 아니고, 인간 홀로 (그리스도께서 단지 인간이라면) 죽음을 극복할 있었던 것도 아니므로 주님은 신성과 함께 인성을 가지고 있었다. 죄를 무르기 위해서 한 본성(인성)을 죽음의 약함에 굴복시켰고, 다른 본성(신성)의 능력으로 죽음과 싸워서 우리를 위한 승리를 쟁취하셨다.

이렇게 칼뱅은 신성과 인성이 함께 연합되어 있다고 주장하지만, 인성은 고난을 당하는 역할을, 신성은 승리를 쟁취하는 역할을 각각 담당하는 것으로 구분지어 설명한다. 인성과 신성 간의 이런 기능적인 구분은 그리스도의 성육신과 관련해서도 여러 차례 표현된다. 특히 성자가 성부보다 더 열등한 것으로 표현되는 성경 본문은 대부분 그리스도의 인성으로 해석되고 있다. 마태복음 24:36의 "그날과 그때는 아무도 모르나니 하늘의 천사들도 아들도 모르고 오직 아버지만 아시느니라"는 말씀은 예수님의 인성에 관한 것으로, 곧 필요할 경우에 예수님의 인성이 따로 분리되어서 일하시며 신성은 쉬고 있다고 해석한다.[96] 문제는 십자가에서 그리스도께서 죽임을 당하셨다는 점인데, 여기서는 신성이 죽을 수 없다는 impassibility의 오래된 철학이 중심에 자리 잡고 있다. 결국 육을 입으신

---

[96]. 요 12:27, "아버지여 나를 구원하여 이때를 면하게 하여 주옵소서"라는 겟세마네 동산의 기도를 해석할 때, 칼뱅은 신성이 감추인 채 쉬고 있으며 인성은 인간의 감정까지 입으셨다고 주장한다. 또한 『빌립보서 주석』 2:7에서도 "자신을 비워"는 전적으로 그리스도의 인성에만 적용될 수 있고 신성은 감추어져 있으며 가려져 있다고 해석한다.

이유는 죽을 수 있는 존재가 되기 위함인데,[97] 인성은 십자가에서 경멸을 당하셨고 신성은 부활에서 그 능력을 드러내셨다.[98]

칼뱅의 십자가 사상은 죄의 심판이라는 수동적인 면뿐만 아니라 앞에서 언급한 대로 더러움을 씻음, 화해, 의로움의 회복, 생명의 문이 열림 등과 같이 능동적인 면도 포괄적으로 가지고 있다. 물론 십자가의 죽음은 부활과 긴밀한 연관 속에서 이해되어야 한다. 믿는 자들의 눈이 부활의 능력으로 향하면 십자가는 믿는 자들의 가슴 속에서 마귀와 육, 죄와 사악한 인간에 대한 승리가 될 것이다.[99] 십자가는 구원의 시작이고 부활은 완성이다. 십자가는 죄의 소멸이요 부활은 의의 획득이다.[100] 그러나 십자가의 죽음과 부활이 긴밀하게 연결되어 있다고 할지라도, 예수님의 두 본성 중 인성이 죽음의 역할을, 신성이 부활의 역할을 기능적으로 행하는 것은 결코 아니다. 이런 이분법적이고 인과관계적인 사고는 인간의 단순한 논리체계에는 잘 부합할지 모르지만 결코 성경적이지도 않을 뿐더러 십자가의 신비와 역설을 잘 드러내지도 못한다. 한편으로 그리스도의 인성과 신성은 인간이 정의하는 인성과 신성의 테두리를 가지고 있어서, 그리스도는 진정한 하나님이요 진정한 인간이라고 규정할 수 있다. 하지만 다른 한편으로 그리스도는 자신의 고유한 신성과 고유한 인성을 가지고 있다. 이 고유한 신성은 임마누엘의 하나님으로서 십자가의 죽음에 깊이 참여한다. 또한 그의 고유한 인성은 최후의 만찬에서 선포하신 대로 십자가의 죽음

---

97. 『히브리서 주석』 2:14.
98. 『요한복음 주석』 1:14.
99. 『강요』 III.9.6.
100. 『고린도전서 주석』 15:3.

으로 자신의 몸과 피를 모든 인간과 함께 나누신다. 이렇게 신성의 한없이 낮아짐과 인성의 높아짐은 인간이 정의 내릴 수 있는 신성과 인성과는 다르다. 두 본성이 한 그리스도로 연합되어 있다는 것은, 인간이 이해할 수 있는 신성과 인성의 연합으로 한정한다 해도 물론 엄청난 신비다. 그러나 그리스도의 한 인격 속에 우리가 감히 정의 내릴 수도 없는 신성과 인성이 하나로서 그의 탄생, 삶, 죽음과 부활에 연합되어 있다는 것이 바로 깊고도 깊은 신비인 것이다. 십자가의 죽음으로 그리스도는 하나님과 인간을, 유대인과 이방인을 화해시켰고(엡 2:13-18), 모든 민족을 자신에게로 모으시며(요 12:32-33), 버림받음으로써 다 이루셨고(요 19:30), 죽음과 인간의 고난에 참여하심으로써 승리를 이루시고 해방을 주시며 시험받는 자들을 도우셨다(히 2:14-18). 만약 이 죽음에 있어 그리스도의 신성이 수동적이라면, 비록 그 인성이 이미 하나님의 선물을 받은 고유한 인성이라고 할지라도,[101] 인성은 주체적으로 화해와 평화, 성취와 해방, 승리를 이루실 수 없다. 반대로 인성만이 그리스도의 고난의 주체라면, 인간의 아픔과 고난과 가난과 한계를 자기 자신이 짊어지신 우리 하나님은 결코 그리스도에게서 발견될 수 없다. 인성과 신성이 하나 된 한 분 그리스도께서 십자가에서 돌아가셨다. 그리고 이렇게 하나 된 위격이 바로 그리스도라는 고유한 한 분의 본성일 수 있다.[102] 또한 이 위격적 연합이 오히려 십자가에서 더 강력하게 드러난다고 할 수 있다. 따라서 비록 칼뱅이 그리스도라는 한 분

---

101. 『시편 주석』 8:5, 『그리스도의 나심에 관한 설교』 2.
102. 이런 점에서 그리스도의 본성과 위격은 서로 구분되지만 일정한 연관성, 혹은 지속성을 가지는데 이 점을 칼케돈 정의는 놓치고 있다. 그리스도의 본성과 위격의 관계에 관해서는 별도의 글에서 다룰 것이다.

7인의 십자가 사상

이 십자가에서 돌아가셨다는 사상에는 충실했을지 모르지만, 그의 십자가 사상은 그리스도의 인성과 신성의 동시성을 십자가와 관련해서 충분히 강조하지 못하는 한계를 가진다.

8.4. 결론

칼뱅의 십자가 사상의 폭과 깊이는 새롭게 재조명되어야 한다. 칼뱅에 의하면 십자가를 통해서 우리는 하나님께로 나아갈 수 있다. 십자가에서는 하나님의 영광, 진노, 사랑이 드러난다. 십자가에서 하나님은 인간을 총체적으로 구원하신다. 십자가는 세례와 성찬의 실재를 드러낸다. 십자가는 정의로운 심판, 죄를 짊어짐, 하나님과 인간의 화해, 사탄과 죽음과 세상에 대한 승리다. 그리고 십자가는 그리스도를 믿는 자들을 의롭다 하시고 거룩하게 하신다. 이렇게 칼뱅은 그리스도의 십자가의 죽음을 하나님을 알게 하는 인식론적 수단이요, 하나님을 드러내시는 그분 본성의 내용이며, 구원 사역의 종합이고, 교회 성례의 실재일 뿐만 아니라, 우리에게 주어진 객관적인 혜택이요, 또 우리 안에서 일어나는 주관적인 혜택으로 이해하고 있다.

　이렇게 칼뱅이 포괄적으로 그리스도의 십자가를 이해했지만, 대체로 그의 사상은 형벌적인 대속론으로 축소되어 해석되고 비판받아왔다. 이 점에 대해서는 형벌적인 대속론 자체에 대해서도 더 전문적이고 균형 잡힌 조명을 할 필요가 있지만, 칼뱅의 십자가 사상이 형벌적인 대속론으로 축소되어 이해되어온 배경에 대해서도 주의 깊게 살펴볼 필요가 있다. 문제의 핵심은 칼뱅 역시 인간이 사용하는 정의와 개념을 갖고서 십자가를 이해하고 해석하는 틀로 삼았다는 점이다. 물론 신학은 인간의 해석학적인 틀과 지성의 이해 가능성을 전제로 한다. 그러나 십자가는 인간의 논리에 앞서는 신비다. 십자가에는 용서와 사랑이 동시적으로 드러나고, 한 사람이 죽음으로써 모든 사람이 함께 죽으며, 한 위격의 죽음으로 그의 인성과 신성이 함께 그 죽음에 참여한다. 마침내 십자가는 우리 지성의 견고한 틀을 파괴하고 우리를 건져내어 하나님께로 인도한다. 십자가는 인간이 그 내용을 다 알 수 없기 때문에 신비가 아니라, 인간이 고집스럽게 집착하고 있는 자기 지성을 압도하는 구체적인 실재이기 때문에 신비다. 동시성이란 이런 신비를 적절하게 표현하는 단초라 할 수 있다. 칼뱅은 누구보다도 그리스도의 신비에 주목했고,[103] 더 구체적으로는 그리스도의 죽음이 놀랄 만한 신비를 담고 있다(insigni mysterio non caret)고 고백했으며,[104] 보혈로 하나님과 인간을 화해시켰다는 에베소서의 말씀을 신비라고 표현했다.[105] 그럼에도 십자가의 신비를 해석하는 데 있어서 법정적이고 제의적인 틀을 사용했고, 교환의 논리에 의존했으며, "고난 당할 수 없다"라는 신적 속성의 개념을 십자가의 신비에까지 무리 없이 적용하려 했던 것 같다. 물론 하나님과 인간의 본질적인 차이는 기독교 신앙의 핵심적인 내용이어서 그리스도를 이해할 때도 중요한 전제가 된다. 이 책이 제시하는 "동시성의 신비"는 인간과 하나님의 질적 차이를 부정하려는 것이 아니다. 오히려 하나님과 인간의 질적 차이야말로 그리스도께서 그 차이조차 자신의 죽음으로 화해시킨다는 점에서 동시성의 가치를 역설적으로 드러낸다. 십

---

103. 『강요』 II.9.2, II.12.7, II.14.1, III.22.1, IV.17.1.
104. 『강요』 II.16.6, *CR* 30: 372.
105. 『강요』 II.17.2.

자가에서 그리스도는 만물을 포괄적으로 자신에게로 모으셨을 뿐만 아니라 몇몇 중요한 점에서 동시에 모으셨다. 하지만 칼뱅의 십자가 사상은 그 깊이와 포괄성에도 불구하고, 동시성을 분명하게 강조하지 못함으로써 결과적으로 형벌적인 대속론의 극단적인 유형으로 축소되어 분류되고 부분적으로 오해되어온 한계를 가진다.

에필로그

십자가 그 자체로부터
넘치는 십자가로

십자가 그 자체로: 죽음과 함께 죽는 것

지금까지 우리는 7인의 십자가 사상을 통해서 성경적 대신론을 근거로 하는 다양하고 풍성한 십자가 이해를 살펴보았다. 그러나 우리는 여전히 어려움에 직면해 있다. 십자가 그 자체란 무엇인가? 넘치는 십자가는 어떤 것인가? 죽음은 그리스도에게 발생했다. 그리고 그 죽음은 우리의 죽음에 영향을 끼친다. 그러나 이 두 사건이 어떻게 연결되는지 우리는 알기 어렵다. 7인의 십자가 사상을 살펴보면서 우리는 십자가 그 자체로 다가감에 있어서 다음과 같은 양자 사이의 딜레마에 빠지게 된다. (1) 대신론이 채용하고 있는 빚과 변제, 죄와 심판, 희생제물과 축복 등의 교환의 논리로 십자가 그 자체가 훼손되지 말아야 한다. (2) 이런 인간의 논리를 배제하고 도달할 수 있는 십자가 그 자체는 "죽음 그 자체"가 되고 말 것이다. 십자가는 죽음과 동어반복인가? 혹은 여전히 우리는 인간의 사회, 사상, 논리가 사용하고 있는 개념을 채용해야만 하는가?

십자가에 대한 가장 순수한 이해는 "그리스도께서 죽었고, 동시에 그 죽음이 인간의 죽음에 영향을 끼친다"라는 것이다. 그리스도가 죽었으므로 모두가 죽었다(고후 5:14). 그리스도가 우리와 함께(*in nobis*) 십자가에서 죽었을 때, 우리도 그리스도와 함께(*in Christo*) 죽었다(갈 2:20; 롬 6:8). 궁극적으로 바로 죽음이 십자가의 핵심이다. 이것이 십자가 그 자체의 출발점이 되어야 한다. 그러므로 우리의 모든 의문은 "어떻게 해서 그리스도의 죽음이 우리의 죽음이 되는가?" 하는 질문에 달려 있다. 십자가 그 자체는 "죽음"과 "그리스도의 죽음이 우리 죽음과 연합함"에 관한 것이다.

죽음으로. 창세기 3장은 죽음을 가리켜 인간이 원래 왔던 곳, 곧 먼지로 돌아가는 것이라고 설명한다(창 3:19). 죽음은 인간의 마지막이 무엇인가를 나타내기 때문만이 아니라 인간 기원의 뿌리인 먼지로 돌아가게 하므로 인간이 누구인가를 존재론적으로 보여준다. 허무로부터 허무로, 어떤 변화나 발전도 없이 무로부터 무로 돌아가는 것이다. 먼지로 돌아가는 것은 현명한 자든 어리석은 자든(전 2:16) 모든 존재가 겪는 것이다(전 2:14). 이렇게 창조는 부패함에 종속되어 있다(롬 8:21). 죽음에 관한 한, 땅과 인간과 동물은 아무런 차이도 없다(전 3:19). 모두가 한 곳으로 돌아간다. 모두가 먼지로부터 왔고 먼지로 돌아간다(전 3:20). 죽음은 다음과 같이 인간의 무와 허무의 이중적인 의미다. (1) 인간 존재의 무, (2) 먼지로 돌아가므로 어떤 새로움도 없는 것. 인간 존재는 죽음으로 끝나며, 그 종결조차도 새로움이 아니라 다시 본래의 시작으로 돌아감이다. 우리는 먼지로부터 와서 먼지로 돌아간다. 생명에서 죽음으로의 가장 극단적인 변화조차도 아무런 새로운 변화를 만들어내지 못한다. 인간 기원은 인간 운명과 동일하다. 인간은 죽음으로 향해갈 뿐만 아니라 죽음으로 돌아간다. 먼지에서 시작해서 먼지로 돌아가는 인간은 인간에게로 버려져 있다.

죽음보다 더 참혹한 삶. "먼지로부터"와 "먼지로" 사이에서 우리는 얼굴에 땀을 흘리며 살아간다(창 3:19). 고통에 찬 삶이란 그 자체가 죽음의 일부다. "너는 반드시 죽을 것이다"라는 하나님의 경고는 고통에 찬 삶이 땅으로 돌아감으로 귀결된다(창 3:17-19). 따라서 죽음이란 인간의 모든 실존적 삶을 포함한다. 투쟁, 전쟁, 고난, 부조리, 병, 천박함, 죄악, 차별, 무관심이 모두 고통에 찬 인간의 삶과 관계한다. 생존만을 위한 삶은 더 이상 삶이 아니다. "어찌하여 내가 태에서 죽어 나오지 아니하였던가 어찌하여 내 어머니가 해산할 때에 내가 숨지지 아니하였던가"(욥 3:11). 죽음으로써 악한 자가 소요를 그치고 피곤한 자가 쉼을 얻을 수 있기 때문에, 먼지로 돌아가는 것이 참혹한 삶보다 더 낫다(욥 3:17). 더 심각한 것은 우리가 죽음을 만들어낸다는 것이다. 가인의 이야기로부터 시작해서 인간의 역사는 빵을 얻기 위한 전쟁의 역사다. 이런 인간의 현실은 현대에 이르러 더 악화되고 있다. 고대에는 타자를 죽이는 것이 주로 생존을 위한 것이어서 그나마 정당화될 수 있는 미약한 근거를 가지고 있었지만, 현대에는 권력을 위해서 타자를 죽이고 자신의 풍요를 위해서 타인의 가난과 학대를 방치한다. 고대에는 타자의 죽음과 내 삶 전부를 교환했다면, 오늘날에는 우리 삶의 아주 사소한 부분을 위해 타자의 피를 착취한다. 바로 우리가 죽음을 만들어내므로 삶이 죽음보다 더 참혹한 것이다. 인간은 죽음의 창조자다. 인간은 죽음보다도 더 참혹한 삶에 버려져 있다.

죽음과 인간의 본질. 아담은 그가 왔던 땅으로 돌려보내졌다. 하나님이 인간을 생명나무에서 격리시키자(창 3:24), 인간은 시공에 얽매어 사는 존재로서 죽음에 내던져졌다. 따라서 죽음은 불멸과 멸절, 하나님과 인간 사이의 건널 수 없는 간격이다. 물론 이 죽음이라는 격리는, 불멸을 소유할 만한 도덕적·영적 수준을 가지지 못한 인간이 영원성을 가지게 될 때 발생할 수 있는 참사를 예방한다는 차원에서 신적 축복이다. 죽음이 인간을 끊임없이 일깨워도 인간의 도덕적·영적 본질은 결코 바뀌지 않았는데, 만약 죽지 않는다면 얼마나 심각한 대 참사가 일어나겠는가! 이런 점에서 볼 때 "반드시 죽으리라"(창 2:17)라는 말씀이 "흙이니 흙으로 돌아가리라"(창 3:19)라는 말씀과 "영생할까 하노라"(창 3:22)라는 말씀 사이에서 얼마나 많은 것을 담고 있는지를 우리는 차마 다 깨달을 수 없다. 죽음은 인간의 본질에 속하는 것만도 아니고, 죄의 당연하고 필연적인 결과인 것만도 아니며, 하나님의 심판만도 아니다. 창세기가 전하는 죽음 이야기는 실로 엄청난 다양성을 가지고 있다. 그러나 그 가운데 가장 두드러진 죽음의 모습은 인간과 하나님의 건널 수 없는 간격이다. 인간이 설령 선과 악을 알아도 하나님처럼 될 수 없는 이유는 영생할 수 없기 때문이다. 죽음의 지배력은 이런 인간의 본질을 가장 선명하게 드러낸다. 율법이 없었던 시절에는 죄가 선명하지 않았지만, 아담으로부터 모세까지 아담과 같은 죄를 짓지 아니한 자들에게까지도 사망이 왕 노릇 했다(롬 5:13-14). 죽음이 인간을 지배하고 왕 노릇 하는 것, 이것이 인간의 본질이다. 우리는 죽기 때문에 인간이다.

우리 안에서(*in nobis*). 죽음은 인간의 두려움의 근원이다. 그리스도도 이 두려움과 가감 없이 함께했다. 다가올 죽음에 직면해서 "내 마음이 심히

고민하여 죽게 되었다"(막 14:34)라고 하셨다. 죽음은 죽음에 대한 생각 자체만으로도 우리에게 죽음을 몰고 오는 인간 한계의 실재다. 어느 누구도 죽음을 원하지 않지만 모두가 죽는다. 이 얼마나 놀라운 일인가? 그런데 모두가 "나는 아니다"(Οὐκ εἰμι, 요 18:17)를 외치며 죽음으로부터 도망가려 하지만, 그리스도는 "내가 그다"(ἐγω, εἰμι , 요 18:5)라고 선포하며 죽음을 맞이하셨다. 그는 시작과 끝이 먼지에 불과하고, 죽음보다 더 고통에 찬 삶을 살아가며, 죽음의 한계로 그 본질을 드러내는 인간과 바로 그 죽음을 나누셨다. 그리스도는 우리가 주리고 목마르고 나그네 되고 벌거벗고 옥에 갇힐 때 우리 속에(in nobis) 계신다(마 25:31-40). 그리스도는 우리의 약함을 나누시며, 모든 면에서 고난과 시험을 당하시며(히 4:15), 우리의 몸과 피에 참여하신다(히 2:14). 그리고 마침내 그리스도는 죽음으로써 인간과 참으로 나눈다. 거룩한 신적 존재가 인간이 되었다는 그리스도의 성육신은 그리스도의 죽음으로 그 진정성이 절정을 이룬다. 죽음으로써 그리스도는 우리와 동일한 인간이 되시는 것이다. 그의 생명이 인간 가운데한 명의 생명이듯이, 그의 죽음도 인간 가운데 한 명의 죽음이다. 그의 죽음은 인간의 죽음을 모방하거나 맛본 정도가 아니다. 그의 죽음 자체는 다른 모든 인간과 자신을 공유하는, 가장 실존적이며 가장 본질적인 모습이다. 그리스도가 실존적으로 구체적인 시공에 얽매여 있을 때, 그는 본질적으로 인간과 공유한다. 모든 인간이 공유하는 한계를 그리스도도 공유한다. 그리고 죽음으로 이 모든 인간과의 나눔이 절정을 이룬다. 한 인간이 죽는다면 그는 진정으로 인간이다. 인간이 어떤 환경과 지위를 누리고 산다고 하더라도 죽음에 관한 한, 전 인류는 인간 됨을 공유한다. 그리스도는 인간과 나누시면서 인간에게로 버림받았다. "어찌하여 나를 버리시나

이까?"(막 15:34) 그리스도는 우리 안에서 죽는다(Christ dies *in nobis*).

그리스도 안에서(*in Christo*). 다른 한편으로 그리스도의 죽음은 자신을 인간과 나누시는 죽음이므로 인간의 죽음과 다르다. 그리스도는 인간을 공유하고 죽으신 동시에 자신을 우리와 나누신다. 이로 인해서 우리 모두는 그리스도에게 포함되었다. 우리는 그리스도 안에서 죽는다(We die *in Christo*). 그리스도는 모든 존재의 머리이고(고전 11:3), 만물을 그에게 모으시며(엡 1:10), 만물이 그 안에 있으므로(골 1:17) 그의 죽음은 모든 죽음을 총괄적으로 포함하는 죽음이다(고전 11:3). 그는 인간에게 포함됨으로써 인간을 포함하신다. 십자가는 이런 점에서 성육신과 구분된다. 그리스도 자신이 우리에게 나누어짐으로써 그리스도는 자신을 모든 인간과 나눈다. 자신이 나누어짐으로써 자신을 나눈다. 그리스도의 몸과 피가 우리에게 나누어질 때, 우리는 그리스도와 함께 십자가에 못 박혔다.

나눔과 짊어짐. 그리스도께서 인간을 나누시고 인간이 그리스도를 나누는 이 두 가지 일은 십자가에서 동시에 발생한 하나의 사건이다. 한 사람이 죽었고 따라서 모든 사람이 죽었다. 십자가 그 자체의 가장 구체적인 실재는 그리스도의 죽음과 인간의 죽음이 함께 발생했다는 점이다. 함께 죽었다는 것의 의미가 무엇인지를 전개하기 전에 우리는 먼저 신학적인 판단 중지를 해야 한다. 그리스도가 우리 안에서 죽었다는 것은 성육신의 신비를 받아들이기만 하면 결코 이해하기 어려운 문제는 아니다. 그러나 어떻게 우리가 그리스도 안에서 죽을 수 있는가? 이 질문은 결코 우리의 능력에 관한 것이 아니라 그리스도의 십자가의 실재에 관한 것이다. 그리스도의 죽음을 우리의 죽음과 연결시키기 위해서 상업적·율법적·제의적 메타포를 사용하는 것은 별다른 의미를 가지지 못하는 것 같다. 왜냐하면 어떤 메타포를 사용해도 단 하나의 죽음이 모든 사람의 죽음을 포함한다는 것을 제대로 표현할 수 없기 때문이다. 때로는 한 사람의 죽음이 많은 사람을 대신하기도 하고, 한 사람이 많은 사람을 살리기도 한다. 그렇다고 할지라도 그렇게 교환된 죽음이 한 사람의 죽음 속에 포함되어 있는 경우는 불가능하다. 죽음은 많은 사람을 대신한 바로 그 한 사람에게만 발생하기 때문이다. 그런데 십자가에서 우리 모두는 진정으로 그리스도와 함께 죽었다. 이렇게 그리스도의 포함하는 대신은 세상의 어떤 인간 현상에서도 찾아볼 수 없으므로 "십자가의 신비"라고 고백할 수밖에 없다.

1) **그리스도의 신성.** 비록 함께 죽는 신비가 인간의 이해 능력을 넘어선다 하더라도, 비록 십자가 그 자체가 우리의 지성으로는 이해할 수 없는 신비라고 할지라도, 우리는 다음과 같은 몇 가지 점은 논의할 수 있다. 첫째, 그리스도의 신성이 이 모든 신비를 이해하는 데 반드시 포함되어야 하는 내용이다. 신은 죽을 수 없다는 impassibility라는 서양 기독교 사상은 더 이상 기독교의 본질을 드러내지 못한다. 하나님이 십자가에 깊이 개입하셨을 뿐만 아니라—"아버지의 원대로 하옵소서"(막 15:36)—그리스도의 죽음이 신-인의 죽음이다. 이것은 그리스도의 인성을 약화시키거나 등한시하는 이론이 아니다. 그리스도의 죽음은 그리스도가 참으로 인간이라는 것을 극명하게 보여주는 동시에 그의 인성이 결코 우리와 동일하지 않다는 것도 보여준다. 그리스도의 인성은 자신이 우리 속에서, 우리가 그리스도 속에서 함께 죽는 십자가의 **신비의 근원**을 이룬다. 이런 신비스러운 인성

과 함께 우리는 그의 신성 또한 십자가 신비의 핵심적인 내용을 이룬다는 것을 고백한다. 그리스도의 신성은 **십자가의 주체**다. 그리스도가 위로부터 오신 자요, 그의 나라가 이 세상에 속하지 않는다(요 18:36)는 믿음은 함께 죽는다는 것을 고백할 수 있는 근거가 된다. "나는 하늘로부터 온 생명의 떡이다"(요 6:51). 하나님이 그리스도를 보내셨고(요 17:18) 그리스도는 아버지로부터 왔다(요 17:8). 아버지는 그리스도 안에, 그리스도는 아버지 안에 있으므로 그리스도를 본 자는 아버지를 보았다(요 14:9-10). 그리스도는 이 세상에 속하지 않는다(요 17:14). 그는 자신을 비워 종의 형체로 하늘로부터 이 세상으로 내려왔다(골 2:7). 그러나 "그리스도가 누구신가" 하는 것이 십자가의 내용을 실제로 보여주는 것은 아니다. 그리스도가 신성을 가졌다는 것과 죽는다는 것이 서로 무관할 수 있기 때문이다. 더욱이 십자가는 일반적으로 신적 존재를 이해하는 내용과는 정반대다. 여기서 중요한 점은 그리스도의 신성이 그리스도의 십자가 일의 선험적인 요소라는 것이 아니라, 그리스도의 죽음과 우리 죽음을 연결시킬 수 있는 주체라는 점이다. 인간의 인과관계 논리가 십자가의 신비를 해석할 수 없다는 사실 그 자체가, 왜 우리가 그리스도의 신성을 주체로 삼아야 하는가 하는 질문에 대한 근거가 된다. 그리스도가 자신을 우리와 나누실 때, 인간의 논리로는 우리가 그와 함께 십자가에서 죽었다는 실재를 받아들일 수 없다. 따라서 하나님께서 십자가의 신비를 떠맡으셔야만 한다. 우리는 그리스도의 신성 속에서 우리가 그리스도와 함께 십자가에서 죽었다는 기독교 신앙의 비밀을 이해할 수 있는 실마리를 발견한다.

2) **위격적 연합**. 함께 죽음은 십자가 신비의 위격적 연합(*unio personalis*)

의 중요성을 드러낸다. 앞에서 언급한 그리스도의 인성과 신성이 별도로 "함께 죽음"의 신비를 이루어내는 것이 아니라, 바로 그리스도 안에서 하나의 위격으로 연합되어 있으므로 이것이 가능하다. 그리스도의 죽음이 하나의 사건이지만 두 개의 측면, 곧 그리스도께서 우리와 함께 죽으심과 우리가 그리스도와 함께 죽는 것을 동시에 품고 있다는 것을 그리스도의 위격과 함께 생각해볼 수 있다. 우리 속에서(in nobis)와 그리스도 속에서(in Christo), 이 두 사건이 하나의 사건이 될 수 있는 근원적인 이유는 우리와 그리스도가 하나로 연합되었다는 사실보다, 그리스도 안에서 이미 이런 연합이 이루어진다는 데 있다. 그리스도 속에서 두 사건이 하나로 연합되어 있다! 나눔(sharing)과 짊어짐(bearing)은 그리스도의 한 위격 안에서 하나의 사건이다. 짊어짐이 없는 나눔은 자기파괴에 불과하고, 나눔이 없는 짊어짐은 죽음의 진정성을 의심받는다. 짊어짐이 없는 나눔은 인간의 죽음일 뿐이요, 나눔이 없는 짊어짐은 하나님의 행위일 뿐이다. 그러나 이것은 결코 그리스도의 신성과 인성의 이원론적인 역할 분담을 의미하는 것이 아니다. 나눔도 그리스도 자신을 나누기 때문에 전 인류를 짊어짐으로써 나누는 것이며, 짊어짐도 그리스도 자신이 전 인류 속에서 짊어지는 것이기 때문에 나눔 속에서 짊어지는 것이다. "나눔과 짊어짐", "우리 속에서와 그리스도 속에서"가 그리스도의 한 위격 속에 포함되어 있으며, 그리스도의 신성과 인성이 그리스도의 한 위격 속에서 구분되지만 분리되지 않는다(distinctio sed non separatio). 그리스도께서 우리 안에서 죽으셨을 때, 우리도 그리스도 안에서 죽는다.

3) 하나님이 인간에게로. 그리스도의 위격적 연합은 하나님과 인간의 관

계를 보여준다. 인간에게 버림받음으로써 그리스도는 인간을 포함하셨다. 위격적 연합이란 그리스도 안에 있는 하나님이 인간에게 버림받을 정도까지 그분이 우리와 함께하시는 동시에, 인간이 그리스도의 죽음 안에서 하나님과 연합된다는 것을 드러낸다. 그런데 이 모든 일의 주체는 인성과 신성을 그 위격 안에서 연합한 그리스도다. 따라서 십자가 그 자체에서 인간은 절대적으로 수동적이다. 십자가 그 자체는 비록 십자가에 우리가 포함되었다고 할지라도, 우선적으로 그리스도의 일이다. 여기에는 깊은 통찰이 담겨 있다. 인간과 하나님의 연합은 쌍방 간의 화해나 만남이 아니라 일방적인 하나님의 희생이다. 그것은 죽기까지 우리와 하나 되신 그리스도의 일이며, 죽기까지 우리를 자신에게로 모으신 그리스도의 일이다. 하나님께서 그리스도 안에서 자신을 우리와 연합하신다.

4) **어리석은 인간의 논리와 구체적인 문화 상황.** 십자가 그 자체는 함께 죽는 신비로 그리스도의 일이요 하나님의 사건이므로, 인간의 논리는 그 앞에서 무너지고 옷을 벗어야 한다. 벗은 채로 돌아가신 그리스도는 인간을 발가벗긴다. 인간 지성의 가치가 결코 미약한 것은 아니다. 인간 지성은 하나님의 가장 심오한 선물이다. 그러나 십자가 그 자체를 인간의 지성과 사회제도에 더 부합되는 것으로 이해하려는 시도, 십자가를 더 쉽고 더 그럴 듯하고 더 자연스럽게 이해하려는 일체의 시도는 십자가 앞에서 늘 어리석고 부차적인 것이 되어버린다. 인간의 논리는 인과관계와 교환을 토대로 하기 때문이다. 빚과 지불, 죄와 심판, 제물과 보상이 바로 그런 예다. 심지어 희생제물을 드리는 제사 제도조차 희생이라는 개념에 모순되는 교환에 가깝다. 십자가를 우리 자신의 토대로 이해하려는 것은, 그리스

도게 십자가에서 우리의 자리로 뛰어내리라고 외치는 것과 마찬가지다(막 15:32). 십자가가 우리 자신의 사고 체계로 조각나버리는 것이다. 그리고 그 부서진 조각들을 다시 꿰맞추려고 노력할 때마다 축소, 변형, 왜곡이 발생한다. 심지어 어떤 조각은 우리의 사고 체계에는 도저히 들어맞지 않는다. 설사 인간의 체계와 논리 속에 부합되는 몇몇 부분이 있다고 할지라도, 그 부분이 치러내야만 하는 복잡한 분석의 결과는 십자가를 인간의 작은 사건과 일에나 끼워 넣을 수 있는 것으로 축소해버린다. 인간은 일부를 택한 결과 전부로부터 소외되었다. 상황신학의 흐름을 좇아서 종종 십자가를 특정 상황에 끼워 맞추려는 노력이 있었다. 예를 들어 솔로몬 제도 출신의 한 학자는 십자가의 화해를 붉은 조개와 연관시켰다. 솔로몬 제도에서는 부족의 족장이 붉은 조개를 소유하고 있어서 분쟁이 발생할 때 이 조개를 화해의 도구로 사용하기 때문이다. 이런 십자가 이해는 비록 솔로몬 제도의 문화 속에서 십자가의 일부를 더 쉽게 알 수 있게 하지만 십자가의 신비를 드러내기에는 턱없이 부족하거나 피상적이다. 붉은 조개는 죽음이나 신적 존재와 전혀 무관하기 때문이다. 바누아투의 그리스도인들에게는 돼지의 어금니를 땀땀(Tamtam) 위에 얹어서 십자가 모양을 상징하는 그림이 아주 친숙하다. 땀땀은 족장이 사람들을 부를 때 두드리는 일자로 된 긴 모양의 나무통으로 족장의 권위를 상징한다. 또한 바누아투의 돼지는 입 밖으로 길게 어금니가 나와 있는데 이 어금니를 탐탐 위에 가로 방향으로 걸쳐놓아서 십자가의 형상을 작위적으로 만들어낸다. 하지만 이렇게 자기 문화의 일부를 조각조각 붙여 십자가를 만들어 놓는다고 해서 십자가를 올바로 혹은 더 적합하게 이해하게 될까? 이 어금니와 땀땀이 만들어놓은 십자가는 어떤 의미로도 신적 존재를 가리키지 않는다. 돼지를 제사의 제물로 바친다는 풍습 외에는 죽음과 직접적인 연관도 없다. 더구나 그리스도의 죽음이 우리의 죽음과 어떤 연관을 가지는가에 대한 어떤 단서도 발견하기 어렵다. 이렇게 그리스도가 우리와 함께 죽는다는 십자가 그 자체의 신비는 인간의 논리나 사회제도를 넘어선다. 십자가는 공평, 자연스러움, 정의, 쉬움을 넘어선다. 함께 죽는다는 것은 충격적이고 부자연스러우며 정의롭지 못한 일이고 한없이 난해하며 역설적인 자기희생이다. 이렇듯 십자가의 신비는 십자가의 심오함이 인간에 의해서 평가될 수 없다는 것을 선포한다.

5) **상호 내주**. 요한복음은 그리스도가 우리 안에, 우리가 그리스도 안에 있다는 상호 내주(mutual abiding) 사상을 표현하고 있다(요 17:21-23). 십자가 그 자체가 드러내는 "함께 죽음"은 그리스도와 그리스도인들의 상호 내주의 초석이 되지만, "함께 죽음"과 상호 내주가 결코 동일한 것은 아니다. 상호 내주는 그리스도를 따르는 자들의 성육신적 삶(incarnational life)과 이 삶 속에서 역사하시는 성령의 일(요일 3:24)을 포함하지만, 십자가 그 자체는 일차적으로 그리스도의 일이다. 상호 내주는 지금부터 다루게 될 넘치는 십자가의 측면에 더 가깝다.

십자가 그 자체로부터 넘치는 십자가로

김상용의 "남으로 창을 내겠소"라는 시에는 "왜 사냐건 웃지요"라는 구절이 있다. 말로 다 표현할 수 없는 인생의 의미를 가장 짧은 언어로 표현한 시구다. 십자가의 신비는 인생의 신비를 압도한다. 우리 삶의 무게와 의미뿐만 아니라 우리와 관계하시는 하나님의 모습이 충격적이고 역설적이기 때문이다. 그런데 십자가의 신비는 단순히 인간의 절대적 무지를 의미하지 않는다. 에밀 브룬너(Emil Brunner)가 말하듯이 십자가의 신비는 신비스러운 무엇이 아니라 대단히 확정적인 신비다.[1] 십자가가 우리에게 드러났는데, 그것은 우리의 개념으로 십자가 그 자체를 발견할 수 있기 때문이 아니라 그리스도께서 십자가 그 자체로부터 넘치는 십자가로 우리에게 다가오시기 때문이다.

그리스도가 십자가 그 자체를 우리에게 체계적으로 설명하시거나 알리신 것은 아니다. "왜?", "어떻게?" 십자가에서 그리스도와 우리의 죽음이 함께 이루어졌는가를 알려주시는 것 대신에 그리스도는 넘치는 십자가로 우리에게 다가오신다. 예수께서 넘치시는 것이다. 그는 자신을 내어주심으로써 우리에게 생명을 주신다. "내가 온 것은 생명을 얻게 하고 더 풍성히 얻게 하려는 것이라"(요 10:10). 십자가 그 자체는 많은 사람을 위한 죽음에 가깝지만, 넘치는 십자가는 또한 넘치는 생명의 은총으로 우리에게 다가온다. 그뿐 아니라 그리스도는 자신의 십자가의 죽음과 그를 따르는 자들이 마땅히 해야 할 일까지 십자가와 연관시킨다. "나를 따라오려거든 자기를 부인하고 자기 십자가를 지고 나를 좇을 것이라"(막 8:34).

십자가 그 자체와 넘치는 십자가는 서로 분리되는 것이 아니라 구분될 뿐이다. 십자가는 그리스도께서 나누어질 수 없듯이 나누어지지 않는 단하나의 사건이다.[2] 넘치는 십자가에서 넘친다는 의미 자체가 이미 십자가 그 자체와 깊이 연결되어 있다는 것을 의미한다. 그리스도의 피를 통한

---

1. Brunner 1947: 436.
2. 『강요』 III.16.1.

구원은 하나님의 은총의 풍요로움을 따라 이루어지고, 이로 인해서 하늘에 있는 것이나 땅에 있는 것이 모두 그리스도에게로 모아진다(엡 1:7-10).

그러나 넘치는 십자가는 십자가 그 자체와 구분된다. 십자가 그 자체에서 십자가는 죽음이요 오직 그리스도의 일이지만, 생명을 주시는 넘치는 십자가의 은총 아래에서 십자가는 죽음이 불러오는 넘치는 은총을 의미하며 우리도 십자가에 적극적으로 참여한다. 십자가 그 자체와 넘치는 십자가는 구분되지만 분리되지 않는다. 죽음과 생명이 혼동되지 않아야 하며, 그리스도의 일과 우리 일이 혼동되지 않아야 하지만, 그리스도의 십자가는 이 모두를 넘치는 은총으로 포용한다. 그의 죽음은 죽음의 죽음이요(히 2:14), 이미 생명을 품고 있기 때문이다(골 3:9-11). 죽음이 결코 생명을 대신할 수 없지만 죽음은 많은 열매를 맺고(요 12:24), 마침내 죽음은 생명을 낳는다(롬 11:15). 그리스도와 우리는 함께 죽었고, 그 죽음으로 우리가 살아갈 때 그리스도께서 우리 안에서 사는 것이다. "내가 그리스도와 함께 십자가에 못 박혔나니 이제는 내가 사는 것이 아니요 오직 내 안에 그리스도께서 사신 것이다"(갈 2:20).

죽음의 죽음. 넘치는 십자가는 죽음으로부터 죽음의 죽음으로 넘친다. 사망으로 사망을 이기시는 것이다(히 2:14). 그리스도가 우리 안에서, 우리가 그리스도 안에서 죽는다. 죽음은 단순히 인간에게로 죽은 것이 아니라 인간을 죽인 것이다. 십자가로 그리스도는 우리의 속박을 십자가에 못 박았고(골 2:14), 죄에 대해서 죽고(벧전 2:24) 저주가 되심으로써 저주를 죽였다(갈 3:13). 일체의 어둠의 세력, 죄의 속박, 무지, 시공에 속한 인간 한계를 죽이신 것이다. 세상이 나에 대해서 못 박히고 나는 세상에 못 박힘으로써

(갈 6:14) 세상과 인간이 십자가에서 죽었다. 그리스도는 십자가에 못 박힘으로써 죽음과 죄, 사탄과 세상, 인간을 십자가에 못 박았다(Being crucified, Christ crucified death, sins, devil, world, and humanity).

죽음에서 생명으로. 예수께서 세상과 우리 옛 사람을 십자가에 못 박았고, 우리는 새 사람을 입는다(골 3:9-10). 죽음과 생명의 급진적인 변화가 십자가로 시작된다. 우리는 그리스도의 십자가 외에는 어떤 것도 자랑할 수 없다. 새로 지으심을 받기 때문이다(갈 6:14-5). 예수께서 자기 자신을 십자가에서 드리자(갈 1:4), 우리는 자유와 의와 나음으로 생명을 얻는다(벧전 2:24). 하나님이 그리스도를 죄로 삼으신 것은 우리로 의가 되게 하신 것이다(고후 5:21). 비로소 우리는 하나님과 다른 사람들과 화해를 누린다. 십자가의 피로 평화를 이루사 하나님은 만물을 자신과 화해되게 하신다(골 1:20). 평화의 새 생명은 그리스도의 피로 멀리 있는 자들을 가깝게 만들고 하나의 새로운 인간으로 만드셨다(엡 2:13-15). 그리스도의 십자가는 그 자체로 머물러 있는 것이 아니라 흘러넘치는 생명이 되어, 우리 옛 사람을 새 사람으로 바꾸고 자유와 평화와 의를 누리고 살도록 한다.

죽음이 일상적 삶으로. 십자가는 그리스도의 영이 함께하심으로써 죽음으로부터 우리 일상의 삶으로, 또 영원한 삶으로 흘러넘치면서 그리스도의 부활과 종말론적 연관성을 가진다. 우리는 그리스도와 그의 부활의 능력을 더 알기 위해서 그의 죽음에 참여한다(골 3:10). 그리스도는 우리에게 십자가로 친히 모범을 보이신다(벧전 2:21). 우리가 예수의 죽음을 우리 실존에 짊어지고 살아감은 예수의 생명도 드러내기 위함이다(고후 4:10). 일반적으로 우리의 영적·도덕적 삶은 성령의 일로 이해되어왔다. 예수를 죽은 자 가운데서 살리신 이가 우리에게 생명을 주시는데 우리 안에 거하시는 성령으로 우리의 죽을 몸도 살려내신다(롬 8:11). 그런데 십자가가 바로 모든 그리스도인의 도덕적·영적 삶의 내용이다. 우리는 죽었고 우리 생명은 그리스도와 함께 하나님 안에 감추어져 있다(골 3:3). 그리스도 안에서 우리가 살아가는 삶이란 바로 고난이다. 우리는 사는 동안 그리스도를 위해서 항상 죽음에 넘겨진다(고후 4:11). 우리에게 사는 것이 그리스도이기에 죽는 것도 유익이다(빌 1:21). 우리는 날마다 죽는다(고후 15:31). 십자가는 기독교 영성과 윤리의 가장 구체적인 내용이다. 그리스도의 십자가가 우리에게 흘러넘쳐서 우리로 하여금 자신을 부인하고 십자가를 짊어지게 한다(막 8:34).

우리는 십자가를 따를 수 없다는 실재와 십자가를 따라야만 한다는 요청을 혼동하지 말아야 한다. 요청은 결코 실재를 대체할 수 없다. 십자가 때문에 우리는 십자가를 따를 수 없다. 우리의 참여는 그리스도께서 우리를 나누시고 짊어지시는 것과 비교될 수 없다. 우리는 형제자매의 고난과 죄를 나누고 짊어지려 하지만 그러나 우리는 결코 타인의 죄와 고난을 짊어질 수는 없다. 누군가가 장터에서 피리를 불어도 함께 춤추는 사람이 없고, 통곡해도 함께 울어주는 사람이 없다(눅 7:32). 우리가 세리와 죄인들과 나누는 삶이란 지극히 제한적이고 임시적이다. 우리는 결코 타인과 삶을 나눌 수가 없다. 예수 홀로 십자가에서 통곡하고 계신다. 그리스도는 바로 이 인간에게 버림받았다. 그러나 그리스도는 전 인류의 머리이시다. 아담이 자연적·유전적으로 인간의 조상이라면, 그리스도는 자연적이면서도 초자연적으로 우리를 자신에게로 모으신다. 그리스도가 자신의 몸과 피를 죽음으로 우리와 나누실 때(막 14:22-5), 우리는 그리스도와 한 몸을 이룬다.

그리스도 홀로 인간과 나누고 짊어지셨지만 우리 모두가 그리스도에게 포함되었다. 죽음은 모든 사람을 모은다(요 12:32).

다른 한편 우리의 실재는 요청을 배제할 수 없다. 십자가 때문에 우리는 십자가를 따라가야 한다. 따를 수 없다는 실재는 따르지 않아도 된다는 의미가 아니다. 왜냐하면 우리는 그리스도의 몸과 피를 나눈 자들이기 때문이다. 십자가가 우리에게 흘러넘치는 것은 우리의 능력에 관한 것이 아니라 그리스도와 우리의 하나 됨에 관한 것이다. 십자가를 따르기 위해 그리스도의 죽음을 우리 삶에 짊어지고 나눌 때, 그리스도께서 우리 속에서 죽음으로 흘러넘친다. 그리스도의 죽음은 어린 양의 보좌로부터 흘러내려 우리 삶의 길 가운데로 흘러내린다(계 22:1-2). 그리스도는 생명수를 목마른 자에게 선물로 주신다(계 21:6). 그 생명 속에서 우리는 그리스도를 위해 우리 자신을 버리고 십자가를 짊어진다. 어린 양이 나무를 적시고 죽음의 열매, 희생과 헌신, 의와 평등, 화해와 연민의 열매를 맺을 것이다.

참고 문헌

차재승, 2006. "십자가 앞(*coram cruce*)에서의 인간의 자율: 피에르 아벨라르, 임마누엘 칸트, 맥레오드 캠벨". 「기독교학 저널」 2. 79-104.

_____. 2013A. 『십자가 그 신비와 역설』. 새물결플러스.

Adriaanse, H. J. 1995. "Enkele godsdienstwijsgerige notities bij De Jonge's systematisch-theologische opmerkingen over Jezus' wederkomst." In *Totdat Hij komt. Een discussie over de wederkomst van Jezus Christus*, eds. H. J. de Jonge and B. W. de Ruyter. Baarn: Ten Have.

Alsford, Michael. 1995. "The Atonement and the Post-Modern Deconstruction of the Self." In *Atonement Today*, ed. John Goldingay. London: SPCK.

Althaus, Paul. 1996. *The Theology of Martin Luther*, tr. Robert C. Schultz. Philadelphia: Fortress Press.

Amalarius. *De Ecclesiasticis Officiis*. *MPL* 105.

Anselm. 1946. *Cur Deus Homo. S. Anselmi Cantuariensis Archiepiscopi*

Opera Omnia II: 42-133, ed. F. S. Schmitt. Edinburgh: Nelson et Filios.

_____. *De Conceptu Virginali et de Originali Peccato*, eds. Brian Davies and G. R. Evans. *OWC* Anselm of Canterbury: the Major Works: 357-389. Oxford: Oxford University Press.

_____. *De Concordia*, eds. Brian Davies and G. R. Evans. *OWC Anselm of Canterbury: the Major Works*: 435-474. Oxford: Oxford University Press.

_____. *Epistola de Incarnatione Verbi*, eds. Brian Davies and G. R. Evans. *OWC Anselm of Canterbury: the Major Works*: 233-259. Oxford: Oxford University Press.

_____. 1974. *Meditatio Redemptionis Humanae*, eds. and tr. Jasper Hopkins and Herbert Richardson. Toronto: The Edwin Mellen Press, Schmitt III: 84-91.

_____. *Monologion*, eds. Brian Davies and G. R. Evans. *OWC Anselm of Canterbury: the Major Works*: 5-81. Oxford: Oxford University Press.

_____. *Proslogion*, eds. Brian Davies and G. R. Evans. *OWC Anselm of Canterbury: the Major Works*: 82-104. Oxford: Oxford University Press.

_____. "Why God became Man." In *A Scholastic Miscellany: Anselm to Ockham. LCC* 10:100-183, ed. and tr. Eugene R. Fairweather. Philadelphia: The Westminster Press.

The Apostolic Fathers, vol. II. 1950. London: William Heinemann LTD.

Aristotle. 1995. "*De Interpretatione*." In *The Complete Works of Aristotle*. Bollingen series 71/2, tr. J. L. Ackrill. Princeton: Princeton University Press.

Athanasius. *Incarnation of the Word. NPNF2* 4.

Augustine of Hippo. *De Civitate Dei. NPNF1* 2.

_____. *De Trinitate. MPL* 42. *NPNF1* 3.

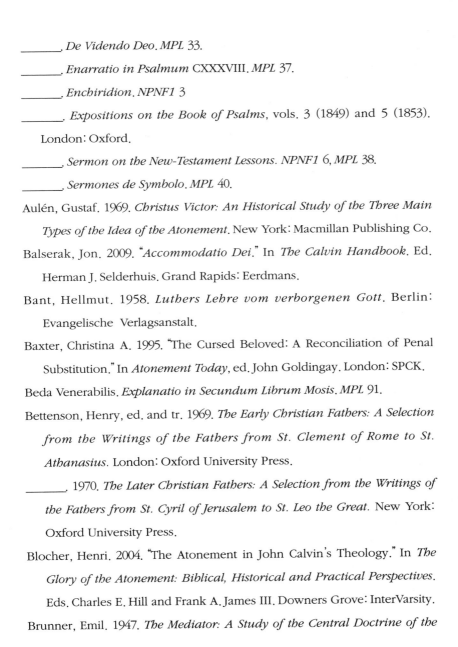

_____. *De Videndo Deo. MPL* 33.

_____. *Enarratio in Psalmum* CXXXVIII. *MPL* 37.

_____. *Enchiridion. NPNF1* 3

_____. *Expositions on the Book of Psalms*, vols. 3 (1849) and 5 (1853). London: Oxford.

_____. *Sermon on the New-Testament Lessons. NPNF1* 6, *MPL* 38.

_____. *Sermones de Symbolo. MPL* 40.

Aulén, Gustaf. 1969. *Christus Victor: An Historical Study of the Three Main Types of the Idea of the Atonement*. New York: Macmillan Publishing Co.

Balserak, Jon. 2009. *"Accommodatio Dei."* In *The Calvin Handbook*. Ed. Herman J. Selderhuis. Grand Rapids: Eerdmans.

Bant, Hellmut. 1958. *Luthers Lehre vom verborgenen Gott*. Berlin: Evangelische Verlagsanstalt.

Baxter, Christina A. 1995. "The Cursed Beloved: A Reconciliation of Penal Substitution." In *Atonement Today*, ed. John Goldingay. London: SPCK.

Beda Venerabilis. *Explanatio in Secundum Librum Mosis. MPL* 91.

Bettenson, Henry, ed. and tr. 1969. *The Early Christian Fathers: A Selection from the Writings of the Fathers from St. Clement of Rome to St. Athanasius*. London: Oxford University Press.

_____. 1970. *The Later Christian Fathers: A Selection from the Writings of the Fathers from St. Cyril of Jerusalem to St. Leo the Great*. New York: Oxford University Press.

Blocher, Henri. 2004. "The Atonement in John Calvin's Theology." In *The Glory of the Atonement: Biblical, Historical and Practical Perspectives*. Eds. Charles E. Hill and Frank A. James III. Downers Grove: InterVarsity.

Brunner, Emil. 1947. *The Mediator: A Study of the Central Doctrine of the*

Christian Faith, tr. Olive Wyne. Philadelphia: Westminster Press.

Campbell, John McLeod. 1996. *The Nature of the Atonement: with a new Introduction by James B. Torrance*. Scotland: The Handsel Press.

Calvin, John. 1863-1900. *Corpus Reformatorum Ioannis Calvini opera quae supersunt omnia*. Eds. G. Baum, E. Cunitz and E. Reuss, *et al*. Vols. 29-87. Braunschweig.

_____. 1843. *Calvin's Commentaries* 22 vols. The Calvin Translation Society.

_____. 1960. *Institutes of the Christian Religion 1559*. Ed. John T. Mcneill and tr. Ford Lewis Battles. Philadelphia: Westminster Press.

_____. 1975. *Institutes of the Christian Religion 1536*. Tr. Ford Lewis Battles. Atlanta: John Knox.

_____. 1998. *The John Calvin Collection* CD. Albany: Ages Software.

Campbell, Richard. 1979. "Anselm's Theological Method." *Scottish Journal of Theology* 32/6: 541-562.

Carey, George. 1992. *The Gate of Glory*. Grand Rapids: Eerdmans Publishing Co.

Catholic Church. 1994. *Catechism of the Catholic Church*. Washington D. C.: United States Catholic Conference.

Cha, Jaeseung. 2001. *Luther's Concept of Posteriora Dei and Its Relevance to his Thoughts on the Atonement*. Th. M. Thesis, Western Theological Seminary.

_____. 2013B. "Calvin's Concept of Penal Substitution: Acknowledgement and Challenge." In *Restoration through Redemption: John Calvin Revisited*. Ed. Henk van den Belt. Leiden: Brill.

Church Fathers. 2007. *New Advent* CD. Kevin Knight.

Copleston, Frederick. 1950. *A History of Philosophy*, vol. II. Westminster: The Newman Press.

Daley, Brian. 1976. "The Origenism of Leontius of Byzantium." *Journal of Theological Studies* NS 27/2 (October): 333-369.

Daly, Robert J. 1972. "Sacrifice in Origen." *Studia Patristica*. Vol. XI/Part II: 125-129.

_____. 1978. *The Origins of the Christian Doctrine of Sacrifice*. Darton: Longman and Todd Ltd.

_____. 1989. "Sacrifice in Origen and Augustine: Comparisons and Contrasts." *Studia Patristica* 19: 148-153.

_____. 1992. "Introduction." In Origen's *Treatise on the Passover. ACW* 54, eds. Walter J. Burghardt, Thomas Comerford Lawler, and John J. Dillon. New York: Paulist Press.

Denney, James. 1956. *The Christian Doctrine of Reconciliation*. London: The Tyndale Press.

_____. 1956. *The death of Christ*, ed. R.V.G. Tasker. London: The Tyndale Press.

Dillenberger, John. 1953. *God Hidden and Revealed: The interpretation of Luther's deus absconditus and its significance for religious thought*. Philadelphia: Muhlenberg Press.

Dillistone, F. W. 1968. *The Christian Understanding of Atonement*. Philadelphia: Westminster Press.

Ebeling, Gerhard. 1970. *Luther: An Introduction to his Thought*, tr. R. A. Wilson. Philadelphia: Fortress Press.

Eckardt, Burnell F. Jr. 1992. *Anselm and Luther on the Atonement: Was It "Necessary"?* San Francisco: Mellen Research University Press.

Epistle to Diognetus. ANF 1.

Evans, Craig A. 2001. *Word Biblical Commentary*, vol. 34B, *Mark 8:27-16:20*, eds. Bruce M. Metzger, David A. Hubbard, and Glenn W. Barker. Nashville: Thomas Nelson Publishers.

Feenstra, Ronald J. and Plantinga, Jr., Cornelius, eds. 1989. *Trinity, Incarnation, and Atonement: Philosophical and Theological Essays*. Notre Dame: University of Notre Dame Press.

Fiddes, Paul S. 1989. *Past Event and Present Salvation: the Christian Idea of Atonement*. Louisville: Westminster/John Knox Press.

Forde, O. Gerhard. 1997. *On Being a Theologian of the Cross: Reflections on Luther's Heidelberg Disputation, 1518*. Grand Rapids: Eerdmans Publishing Company.

_____. 1984. "Seventh Locus: The Work of Christ." In *Christian Dogmatics*, vol. 2. Philadelphia: Fortress Press.

Forsyth, P. T. 1909. *The Cruciality of the Cross*. Grand Rapids: Eerdmans Publishing Co.

_____. 1962. *The Work of Christ*. London, New York: Independent Press LTD.

Gerrish, B. A. 1960-1961. "Atonement and Saving Faith." *Theology Today* 17: 181-91.

_____. 1982. *The Old Protestantism and the New: Essay on the Reformation Heritage*. Edinburgh: T. & T. Clark.

Gestrich, Christof. 1997. *The Return of Splendor in the World: The Christian Doctrine of Sin And Forgiveness*, tr. Daniel W. Bloesch. Grand Rapids: Eerdmans Publishing Co.

Girard, René. 1977. *Violence and the Sacred*, tr. Patrick Gregory. Baltimore and London: The Johns Hopkins University Press.

Gockel, Matthias. 2000. "A Dubious Christological Formula? Leontius of Byzantium and the *Anhypostasis-Enhypostasis* Theory." *Journal of Theological Studies* NS 51/2(October): 515-532.

Grant, Robert M. 1997. *Irenaeus of Lyons*. London and New York: Routledge.

Gregory of Nyssa. *The Great Catechism. NPNF2* 5.

Gregory the Great. 1844-1850. *Morals on the Book of Job. LF* 18, 21, 23, 31. Oxford: J. H. Parker.

Grenz, Stanley J. 1994. *Theology for the Community of God*. Grand Rapids: Eerdmans. 『조직신학: 하나님의 공동체를 위한 신학』(크리스챤다이제스트 역간).

Grillmeier, Aloys. 1995. *Christ in Christian Tradition*, vol. 2: *From the Council of Chalcedon (451) to Gregory the Great (590-604)*, part 2: *The Church of Constantinople in the sixth century*, tr. John Cawte and Pauline Allen. London: Mowbray.

Gundry, Robert H. 1993. *Mark: A Commentary on His Apology for the Cross*. Grand Rapids: Eerdmans Publishing Co.

Gunton, Colin E. 1983. *Yesterday & Today: A Study of Continuities in Christology*. Grand Rapids: Eerdmans Publishing Co.

_____. 1989. *The Actuality of Atonement: A study of Metaphor, Rationality, and the Christian Tradition*. Grand Rapids: Eerdmans Publishing Co.

Hagen, Kenneth. 1997. "Luther on Atonement? Reconfigured." *Concordia Theological Quarterly* 61/3 (July, 1997): 251-276.

Hanson, A. T. 1989. "Origen's Treatment of the Sacrifice of Jephthah's Daughter." *Studia Patristica* 21: 298-300.

Hart, Trevor A. 1989. "Irenaeus, Recapitulation and Physical Redemption." In *Christ in our Place: The Humanity of God in Christ for the Reconcili-*

ation of the World, eds. Trevor A. Hart and Daniel Thimell. Exeter: The Paternoster Press.

_____. 1990. "Anselm of Canterbury and John McLeod Campbell: Where Opposites Meet?" *The Evangelical Quarterly* 62: 311-333.

Heine, Ronald E. 1989. "Introduction." In Origen's *Commentary on the Gospel according to John* Books 13-32. *FC* 89, ed. Thomas P. Halton, tr. Ronald E. Heine. Washington: The Catholic University of America Press.

Hengel, Martin. 1981. *The Atonement: The Origins of the Doctrine in the New Testament*, tr. John Bowden. Philadelphia: Fortress Press.

Heppe, Heinrich. 1950. *Reformed Dogmatics: Set out and Illustration from the Sources*. Trans. G. T. Thomson. Grand Rapids: Baker Books.

Holmes, Steve. 2005. "Can punishment being peace?: Penal substitution revisited." *Scottish Journal of Theology* 58(1). 104-123.

Hughes, Thomas H. 1949. *The Atonement: Modern Theories of the Doctrine*. London: George Allen & Unwin, Ltd.

Irenaeus. 1853. *Against Heresies. ANF 1. Sancti Irenaei Episcopi Lugdunensis Detectionis et Eversionis Falso Cognominatae Agnitionis seu Contra Omnes Haereses Libri Quinque*, ed. Adolphus Stieren. T. O. Weigel: Lipsiae.

_____. *Fragments from the Lost Writings of Irenaeus. ANF 1.*

_____. 1952. *Proof of the Apostolic Preaching. ACW* 16, tr. Joseph P. Smith. New York: Newman Press. *SC* 406.

Jinkins, Michael. 1993. *A Comparative Study in the Theology of Atonement in Jonathan Edwards and John McLeod Campbell*. San Francisco: Mellen Research University Press.

John of Damascus. *Exposition of the Orthodox Faith. NPNF2* 9.

Jones, L. Gregory. 1995. *Embodying Forgiveness: A Theological Analysis*. Grand Rapids: Eerdmans Publishing Co.

Kettler, Christian D. 1985. "The Vicarious Repentance of Christian in the Theology of John McLeod Campbell and R. C. Moberly." *Scottish Journal of Theology* 38/4: 529-543.

Lang, U. M. 1998. "*Anhypostatos-Enhypostatos*: Church Fathers, Protestant Orthodoxy and Karl Barth." *Journal of Theological Studies* NS 49/2 (October): 630-657.

Lawson, John. 1948. *The Biblical Theology of Saint Irenaeus*. London: The Epworth Press.

Lohse, Bernhard. 1999. *Martin Luther's Theology: Its Historical and Systematic Development*, tr. Roy A. Harrisville. Minneapolis: Fortress Press.

Luther, Martin. 2000. *The Complete Sermons of Martin Luther*, 7 vols., eds. John Nicholas Lenker and Eugene F. A. Klug. Grand Rapid: Baker Books.

_____. 1955-1986. *Luther's Works*. Vols. 1-30, ed. Jaroslav Pelikan. St. Louis: Concordia Publishing House; vols. 31-55, ed. Helmut Lehmann. Philadelphia: Fortress Press.

_____. 1969. *On the Bondage of the Will*, ed. and tr. Philip S. Watson. *LCC* 17. Philadelphia: Westminster Press.

_____. 2000. *Table Talks. Christian Classics Ethereal Library*. Grand Rapids: Calvin College. Database on-Line, http://www.ccel.org.

_____. 1983-. *D. Martin Luthers Werke. Kritische Gesamtausgabe*. Weimar.

_____. 1912-1921. *D. Martin Luthers Werke. Tischreden*. Weimar.

Macquarrie, John. 1990. *Jesus Christ in Modern Thought*. Philadelphia:

Trinity Press International.

Mather, G. B. 1958. "The Atonement: Representative or Substitutionary?" *Canadian Journal of Theology* 4/4: 266-272.

McCormack, Bruce L. 1998. "For us and Our Salvation: Incarnation and Atonement in the Reformed Tradition." *The Greek Orthodox Theological Review* 43/1-4. 281-316.

McDonald, H. D. 1984. *Forgiveness and Atonement*. Grand Rapids: Baker Books.

_____. 1985. *The Atonement of the Death of Christ in Faith, Revelation, History*. Grand Rapids: Baker Books.

McGrath, Alister E. 1985. *Luther's Theology of the Cross: Martin Luther's Theological Breakthrough*. Oxford: Basil Blackwell.

_____. 1992. *What was God Doing on the Cross*. Grand Rapids: Zondervan.

Melito of Sardis. 1979. *On Pascha and Fragments*, ed. Stuart George Hall. Oxford: Oxford University Press.

Moltmann, Jürgen. 1974. *The Crucified God: The Cross of Christ as the Foundation and Criticism of Christian Theology*, tr. R. A. Wilson and John Bowden. New York, Hargerstone, San Francisco, London: Harper & Row.

Morris, Leon. 1965. *The Apostolic Preaching of the Cross*. 3rd ed. Grand Rapids: Eerdmans Publishing Co.

_____. 1983. *The Atonement: Its Meaning & Significance*. Leicester: Inter-Varsity Press.

_____. 1999. *The Cross in the New Testament*. Grand Rapids: Eerdmans Publishing Co.

Moses, John. 1992. *The Sacrifice of God: A Holistic Theory of Atonement.*

Norwich: The Canterbury Press.

Muller, Richard A. 1985. *Dictionary of Latin and Greek Theological Terms: Drawn Principally from Protestant Scholastic Theology*. Grand Rapids: Baker Book.

Nigen, Dennis. 1995. *The Suffering of God According to Martin Luther's 'Theologia Crucis.'* New York: Peter Lang.

Olin, John C. Ed. 1966. *John Calvin and Jacopo Sadoleto: A Reformation Debate*. Grand Rapids: Baker Books.

Origen. *Commentary on the Gospel of John* Books 1, 2, 4, 5, 6, 10. *ANF* 9.

_____. 1989. *Commentary on the Gospel according to John* Books 13-32. *FC* 89, ed. Thomas P. Halton, tr. Ronald E. Heine. Washington: The Catholic University of America Press.

_____. *Commentary on the Gospel of Matthew* Books 2, 10-14. *ANF* 9.

_____. *De Principiis. ANF* 4.

_____. *Exhortation to Martyrdom. ACW* 19, eds. Johannes Quasten and Joseph C. Plumpe. Westminster: The Newman Press.

_____. *Prayer. ACW* 19, eds. Johannes Quasten and Joseph C. Plumpe. Westminster: The Newman Press.

_____. *Treatise on the Passover. ACW* 54, eds. Walter J. Burghardt, Thomas Comerford Lawler, and John J. Dillon. New York: Paulist Press.

Pannenberg, Wolfhart. 1977. *Jesus-God and Man*, tr. Lewis L. Wilkins and Duane A. Priebe. Philadelphia: The Westminster Press.

_____. 1988. "A Theology of the Cross." *Word & World* 8/2: 162-172.

_____. 1994. *Systematic Theology*, vol. 2, tr. Geoffrey W. Bromiley. Grand Rapids: Eerdmans Publishing Co.

Paul, Robert S. 1984. "The Atonement: Sacrifice and Penalty." In *Readings in*

Calvin's Theology. Grand Rapids: Baker Books.

Paulson, Steven D. 1999. "Luther on the Hidden God." *Word & World* 19/4 (Fall): 363-371.

Perschbacher, Wesley J. 1995. *New Testament Greek Syntax*. Chicago: Moody Press.

Peterson, Robert A. 1983. *Calvin's Doctrine of the Atonement*. Phillipsburg: Presbyterian and Reformed Publishing Co.

Prenter, Regin. 1971. *Luther's Theology of the Cross*. Philadelphia: Fortress Press.

Quasten, Johannes. 1953. *Patrology*, vol. II. *The Ante-Nicene Literature after Irenaeus*. Westminster: The Newman Press.

Rashdall, Hastings. 1925. *The Idea of Atonement in Christian Theology*. London: Macmillan.

Root, Michael. 1987. "Necessity and Unfittingness in Anselm's *Cur Deus Homo*." *Scottish Journal of Theology* 40/2: 211-230.

Rupp, George. 1974. *Christologies and Cultures: Toward a Typology of Religious Worldviews*. The Hague: Mouton & Co.

Schwager, Raymond S. J. 1985. "Christ's Death and the Prophetic Critique of Sacrifice." *Semeia* 33: 109-123.

Shults, F. LeRon. 1996. "A Dubious Christological Formula: From Leontius of Byzantium to Karl Barth." *Theological Studies* 57: 431-446.

Siggins, Jan D. Kingston. 1970. *Martin Luther's Doctrine of Christ*. New Haven and London: Yale University Press.

Smail, Tom. 1995. "Can One Man Die for the People?" In *Atonement Today*, ed. John Goldingay. London: SPCK.

Southern, Richard. 1996. "St. Anselm at Canterbury: his Mission of

Reconciliation." In *Anselm Aosta, Bec and Canterbury: Papers in Commemoration of the Nine-Hundredth Anniversary of Anselm's Enthronement as Archbishop, 25 September 1093*: 17-33, eds. D. E. Luscombe and G. R. Evans. Sheffield: Sheffield Academic Press Ltd.

Strimple, Robert B. 1996. "St. Anselm's *Cur Deus Homo* and John Calvin's Doctrine of the Atonement." In *Anselm Aosta, Bec and Canterbury: Papers in Commemoration of the Nine-Hundredth Anniversary of Anselm's Enthronement as Archbishop, 25 September 1093*: 348-375, eds. D. E. Luscombe and G. R. Evans. Sheffield: Sheffield Academic Press Ltd.

Stott, John R. W. 1986. *The Cross of Christ*. Downers Grove: InterVarsity Press.

_____. 1986. *The Message of Galatians*. Downers Grove: InterVarsity Press.

Thimell, P. Daniel. 1989. "Christ in Our Place in the Theology of John McLeod Campbell." In *Christ in our Place*, eds. Trevor A. Hart and Daniel P. Thimell. Exeter: The Paternoster Press.

Torrance, James B. 1996. "Introduction." In *The Nature of the Atonement: with a new Introduction by James B. Torrance*. Scotland: The Handsel Press.

Tylenda, Joseph N. 1975. "Calvin's Understanding of the Communication of Properties." *Westminster Theological Journal* 38(1). 54-65.

Van Buren, Paul. 1957. *Christ in Our Place: The Substitutionary Character of Calvin's Doctrine of Reconciliation*. Grand Rapids: Eerdmans.

Van de Beek, A. 1980. *De Menselijke Persoon van Christus: Een onderzoek aangaande de gedachte van de anhypostasie van de menselijke natuur van Christus*. Nijkerk: Callenbach.

_____. 1990. *Why?: On Suffering, Guilt, and God*, tr. John Vriend. Grand Rapids: Eerdmans Publishing Co.

_____. 1998a. *Jezus Kurios: De Christologie als hart van de theologie*. Kampen: Kok.

_____. 1998b. "Origen as a Theologian of the Will." *Reformed Review* 51/3 (Spring): 242-254.

_____. 1999. "De verre of de nabije God." In *Jezus: bij hoog en bij laag: De christologie van Van de Beek en Kuitert*. Kampen: Kok.

_____. 2000a. *Gespannen Liefde: De relatie van God en mens*. Kampen: Kok.

_____. 2000b. "God werd waarachtig Mens." *Theologia Reformata* 43/2 (June): 92-100.

_____. 2002a. *Jesus Kyrios: Christology as Heart of Theology*, tr. P. O. Postma. Zoetermeer: Meinema.

_____. 2002b. *De kring om de Messias: Israel als volk van de lijdende Heer*. Zoetermeer: Meinema.

Van Dyk, Leanne. 1995. *The Desire of Divine Love: John McLeod Campbell's Doctrine of the Atonement*. New York: Peter Lang.

Von Loewenich, Walther. 1976. *Luther's Theology of the Cross*, tr. J. A. Bouman. Minneapolis: Augsburg Publishing House.

Wallace, Ronald. 1997. *The Atoning Death of Christ*. Eugene: Wipf and Stock Publishers.

Welker, Michael. 2000. *What Happens in Holy Communion?* tr. John F. Hoffmeyer. Grand Rapids: Eerdmans Publishing Co.

Zachman, Randall C. 2006. *John Calvin as Teacher, Pastor, and Theologian: The Shape of His Writings and Thought*. Grand Rapids: Baker Books.

7인의 십자가 사상

십자가 그 자체로부터 넘치는 십자가로

Copyright ⓒ 차재승 2014

1쇄발행_ 2014년 5월 23일
2쇄발행_ 2014년 12월 1일

지은이_ 차재승
펴낸이_ 김요한
펴낸곳_ 새물결플러스
편 집_ 김남국·노재현·박규준·왕희광·정인철·최율리·최정호
디자인_ 이혜린·서린나
마케팅_ 이성진
총 무_ 김명화

홈페이지 www.hwpbooks.com
이 메 일 hwpbooks@hwpbooks.com
출판등록 2008년 8월 21일 제2008-24호
주소 (우) 158-718 서울특별시 양천구 목동동로 233-1(목동) 현대드림타워 1401호
전화 02) 2652-3161
팩스 02) 2652-3191

ISBN 978-89-94752-69-3 03230
책값은 뒤표지에 있습니다.

이 도서의 국립중앙도서관 출판시도서목록(CIP)은 서지정보유통지원시스템 홈페이지
(http://seoji.nl.go.kr)와 국가자료공동목록시스템(http://www.nl.go.kr/kolisnet)에서
이용하실 수 있습니다(CIP제어번호: CIP2014014624).